政协文史“亲历、亲见、亲闻”文库

辛亥革命

·第五辑·

《“三亲”文库》编纂工作委员会　编

中国文史出版社

创办于1909年的云南陆军讲武堂，为辛亥革命和护国运动培养了大批骨干。

云南陆军讲武堂部分支持革命的学生合影。

1911 年 10 月 30 日，云南同盟会联合新军发动起义。起义军在昆明五华山建立云南省军都督府，将办公大楼命名为光复楼。图为光复楼。

辛亥时期昆明的街道。

1911年10月29日，山西新军中的革命党人响应武昌起义，成立山西军政府。图为辛亥革命时的太原城。

太原起义门。

山西民军进攻清军驻扎地——直隶井陉县。

山西民军与清军激战处——山西娘子关。

目　录

第五辑　各方响应

（云南、山西）

滇省“光复”始末记

蔡　锷*

清廷腐败，秕政杂出，陷国家于危险，置生民于涂炭。有志之士，群深愤懑。为国计民生，不能不将清廷倾覆，另行组织，俾得与世界各国谋真实之和平，图人民之幸福。蓄势待时者，已非一日矣。

* 蔡锷：时任云南新军第十九镇第三十七协协统，云南军政府都督，后任四川督军兼省长。
整理者谢本书注：此篇为云南省图书馆所存手抄未定稿，封面有“云南光复史料”字样，内页又有“光复篇第二”的标题，书名题为《滇省光复始末记》，作者署名“蔡松坡（锷）先生稿”。细阅手稿，却非蔡锷手迹，手抄未定稿，部分字迹不甚清楚，有的地方似删未删，标点符号很不规范，还有错漏之处。我在整理过程中，除标点外，凡有不明白或错漏之处，加括号注明，似删未删部分则根据内容决定是否保留。

一　滇省举义之近因

清廷滥借外债，供私人挥霍之用。宣统三年夏，外人瓜分中国之议起，而清廷方攘夺各省民修之铁路，于是全国物议沸腾，群起反抗。六七月间，蜀中争路潮起，军民激变，影响波及云南。

初，滇督沈秉堃调留日士官生回籍，李鸿祥、谢汝翼、张开儒、李根源等分委为步炮军职及办理讲武堂。于是，兵卒、学生皆言革命，而滇督李经羲，暗弱大义，遂以遍于军学各界（后句含义不明）。及武昌发难，湖南继之。本省军界由统领蔡锷与将校中之同志，密议多次。九月初七，蔡锷、李鸿祥、沈汪度、殷承瓛、韩凤楼、雷飙、张开儒、谢汝翼、黄毓英、刘存厚、黄永社等 10 余人于唐继尧（宅），许决心于九月初九日举义，为他省之声援；复定恢复云南全省作战及分途出师川、黔计划。预定计划，实行攻击省城。

二　滇省举义时之概况

九日下午，蔡统领发令，命李参议官根源带步队三十七标，由北校场向省城北门及东门一带进攻；管带李鸿祥、教官刘祖武、罗统带佩金率步队七十四标，由巫家坝向南门及东门一带进攻，以唐继尧佐之；命炮队统带韩国饶率队一营，分 3 部，联络步队，进城后列西、南、东 3 门城楼附近；命教官张开儒等率讲武堂全部出发，自城内为开城之准备；命机关枪营分属于步炮各队，均于夜半开始行动，同时攻城，于揭晓前，将全城四周城垣及城内之圆通山占领确实。俟天明时，同时进攻。以步队七十三标攻击军械局及五华山；以炮队据置城垣，协同步队施行射击；置预备队一营于江南会馆，为各队之策应。

初，步队七十三标正值准备之时，事机泄漏，该标统带李鸿祥率标署卫兵，出而弹压（人名有误）；顽固将校亦群起干涉，两方遂激起冲突。官兵中死伤20余名，清标统丁锦遁去。根源遂率第二、三营向城垣急进，时九日午后9时也。9时30分，李部攻入北门，派队占领银元局、兵工厂等处，以其主力逼攻军械局。其时，清统制钟麟同以五华山空处，率巡队两营、辎重营、宪兵营、机关枪队及镇署卫兵占领之，顽强抵抗。军械局内守卫兵（60人）亦据险盛行射击，机关枪之发射尤烈。我军死伤将校以下30人，肉薄（搏）数次，均未奏效，仅占领五华山北端之一部。根源以敌兵据险以守，兵力甚优，且弹药将竭，乃举火为号，冀巫家坝军队之来援（时已11时半），而仍竭力攻击军械局。排长文鸿逵以长梯登，中弹而殪，我军益奋。

10时，锷在巫家坝集步、炮两标重要将校，详细规定攻击计划后；10时30分更集两标全体将校，述明举义宗旨，词严义正，每出一语，各将校齐呼“万岁”，欢声雷动，誓出死力。宣布既毕，将校中有欲将军官之满人容山、惠森二人处以死刑者。锷、佩金力为禁阻，命暂行拘留，俟事后释放（翌日即纵之使去）。正值判决之际，有人从黑暗中射二人，幸未中。

集合两标，将举义宗旨简单宣布，士卒莫不欢欣鼓舞，乐于用命，遂于当场发给子弹，检查武装，于午后12时陆续出发。时城内火发，枪声四起，即命分道急进。以路重天暗，行进颇迟滞，炮队尤甚。

初十日午前1时半，机关枪队（仅两队，余为钟调去）至天台会合于本军，分隶之于步炮两标。1时40分抵南校场，时驻扎南城外之巡防队200人来降，锷优予嘉奖，命分扎南城外，弹压匪徒，保护居民。2时抵大东门城外，遇马标队伍，锷与该标统带田书年相晤，令其梭巡城外四周，预防匪类，检查宵小。马标之来，实系麟同调以防革命军者，锷误以马标预知其事，而田统带亦误以革命军系奉钟之调，来相救援者，遂得相安于无事。

午前3时，步队七十四标第一营已占领城西垣，第二营已占领城南垣，第三营已占领江南会馆，（预备队）炮队则于东、南、西3城门附近占领阵地，准备攻击。

午前3时半，步队七十四标第一营管带唐继尧，率所部向制台衙门突击二次，未得进；而第三营管带雷胜以一队增援七十三标，猛扑军械局数次，亦未得手。

午前6时，根源军危殆。天微明，据城各炮队向五华山敌人阵地及督署开始射击。7时，李军及罗军第三营之一部攻五华山及军械局，罗军第一、二两营攻督署。时据圆通山军火局之巡防队一哨，向预备队所在地射击，而七十三标反对派之官弁，亦收拾残兵在东城外向城垣一带射击，遂分预备队中之一队御之。敌据山地，颇得形势，相持亘2时之久，始行击散。

午前9时，谢汝翼洞军械局围墙，更以药炸，谢先入，我军从地道随之。军械局、五华山之全部几为我所得，敌军全数降，遂合围武侯祠，李凤楼以机关枪来助，麟同尚抵死不退，因以负伤。经医兵抬出南门，为兵士所见，处以死刑。王总办振畿于被擒后，自愿投诚，嗣复为众兵所杀。

军械局既为我军所得，各队弹药得以补充，士气百倍，遂占领五华山全部，督署亦同时陷落。军司令部乃出示安民，一面饬各队整顿队伍，分投驻扎，并定警戒区域及警戒法。是夜，军队于五华山及城垣四周，彻夜露营。综计是役，彼我死伤者将校以下150余人。我军死亡20余人，伤者40余人。

翌日，清藩司世增、清督李经羲、提法司杨福璋、提学司叶尔凯、巡警道郭灿、粮道曾广铨、劝业道袁玉锡、盐道王玉麟皆就获，全城“光复”。十三日，军政府成而宣告独立。

三　滇省“光复”后之概况

（一）整理军队，严修战备。

（二）致电全省各文武官衙，照常供职，维持地方治安。

（三）电饬大理、临安两步队速即反正。

（四）设军政府于五华山之师范学堂。

（五）派定军政府临时职员，分担职任。

（六）派西行支队，赴楚雄，截取张镇台之军械。

（七）致电各省宣告本省反正情形。

（八）延见政界、绅界各员，宣告一切。

（九）组织军政府，派定各部、司长官。

（十）分编军队，派定各军将领。

（十一）派罗总统为南征军统领，向蒙自前进。

（十二）派谢支队赴呈贡等处，游击北上之蒙自巡防队。

（十三）派张开儒支队巡游武定州禄劝各属。

（十四）得临安陆军步队第七十五标于十二日反正、“光复”临安之报，饬令以主力向蒙自进攻，确实占领之。嗣该标以一部留临安，以大部向蒙自与龚道军相遇于途，一战破之，其督带、管带等阵亡，龚道心湛、孔镇繁琴闻风遁逃，其所部皆降。

（十五）大理步标于十五日反正，营内小有骚动，旋即平靖。

（十六）开化于十五夜巡防队叛变抢劫，经夏镇台文炳剿平，十六日即率军民反正。

（十七）全省文武官衙暨地方自治团体，皆纷纷具文电伸贺，一律反正。

以上皆农历九月十六以前之事。

（十八）派援川军第一梯团赴川。

（十九）改巡防队为国民军，更正装服礼节。

（二十）改订陆军编制及饷章。

（二十一）规定省城防御计划。

（二十二）核定文官各衙门章程。

（二十三）编定援川军第二梯团。

（二十四）腾永革命军支部陈云龙、蒋树本怀抱野心，肆行骚扰，经军府电饬榆标剿办，于漾濞一战破之。陈退走，蒋于蒙化伏诛，腾永事粗定。

（二十五）派迤西及四川巡按使，宣示宗旨，抚绥军民。

（二十六）更换重要各地行政官。

（二十七）颁布各项重要政（纲）。

（二十八）派全权委员赴南京提议政纲。

（二十九）将驻城军队仍派回屯营，严行训练，规复秩序。

（三十）改编军队，将新募之兵，陆续编配入伍教练。

（三十一）清理全省财政。

（三十二）恢复省城警察。

（三十三）赏恤在事出力各人员。

以上系九月十六以后迄九月杪之事。

滇省反正以来，全省颇属宁静。唯迤西各属有陈云龙等之滋扰，旋即平定。所惜者，蒙自因赵道复祥办理不善，滥招匪人成军，致有十月十三日之变。嗣经滇军府派员前往查办，将肇事之人正法 30 余人；其余兵丁，分别调省改编，惩其首要，解散胁从，销祸患于无形。现则各属已一律平靖矣。

滇省内政，经此次改革后，颇见进步。从前秕政，多经革除。经理财务，亦日有起色。百姓对于新布政令，俱极悦服，纳税输粮，较清廷时代甚为踊跃。故财政上不甚困难，金融机关，甚形活泼。

滇省军备，除巡防团队不计外，共有陆军两镇。现有一镇开赴入川及贵州，代平川黔匪乱。现军府决定实行征兵及短期兵役之法，预计战时可出兵 5 万以上。枪械新式者约足敷二镇之数，旧械历年所积，颇为可用者亦不少。现军府筹划，拟将兵工厂大加扩张，专制新式枪炮子弹云。

滇省此次反正，纯由陆军主动，故势力雄厚，不旬日而全滇底定。其主要人员，每有政治知识与经验，故一切善后布置，俱能井井有条。秩序上之严整，实为南北各省之冠。军府现正筹划振兴实业，并注意整理变通事业。

滇省政界重要人物，都督为蔡锷，军政部长为罗佩金，参谋部长为殷承瓛，军务部长为沈汪度，第一师长为韩建铎，第二师长为李根源。反正时最出力者，尚有将校谢汝翼、李鸿祥、唐继尧、黄毓英、雷飙诸人。谢、李现均任旅长，唐已赴贵州任该省都督云。

（选自云南省政协文史资料委员会编《云南文史资料选辑》第41辑，云南人民出版社1991年9月第1版）

周钟岳回顾续录

周钟岳*

辛亥革命军之起也，其远因一则由清室以外族入主中华，汉人蜷伏于专制政体之下者数百载，汉满之阶级不平，国初之文网又密，人心早已不平，又近世民族思潮，输入国内，而颠覆清室之念，益勃发而不可止；一则因清季失政，亲贵揽权，外患凭陵，国势日蹙，清廷虽言立宪，而其意止以牢笼人心，环海交通，相形见绌，国人益觉非推翻政府，则政治无由刷新，故近来革命风潮，已酝酿日急，而近因则由于铁道国有政策。予辛亥八月十八日记载此事颇详，兹摘录如下：

---

* 周钟岳：字生甫，号惺庵，时任云南军政府秘书长，后任南京国民政府内政部长、考试院副院长。新中国成立后，任第二届全国政协委员，云南省文史研究馆馆员。本文原标题为《惺庵回顾续录》。

初，邮传部尚书盛宣怀主张实行铁道国有政策，川人反对甚力。护督王人文劾盛，而政府左袒之。王解职，赵尔丰继任，一反王所为，力主压服，并密电中枢，谓王与蜀绅蒲殿俊有逆谋。时王方拟入京，已至秦。予商诸同乡京官，电阻其来京。中枢致电赵督，谓川事系匪徒煽乱，如有暴露情事，宜格杀勿论。川人尤激昂，汹汹欲变。政府令岑春煊往治蜀事。岑与端、赵不协（时端方为川汉铁路督办），至鄂，请假不肯入川（岑之不肯入川，原因甚为复杂。当初派岑时，庆王不画诺，嗣因川事急，朝议均主非岑往不可，庆不得已任之，然终因往事介介不释。岑启行前，作告谕蜀中父老书，辞甚恳切。赵见而哂之，密电中枢，谓蜀事已平，岑可勿来。且岑系会办蜀中军务，而出示不列赵衔，为侵越权限。又岑至鄂，见瑞澂，瑞力劝其带兵入蜀。岑谓带兵则事益不可解，与瑞意相抵牾。瑞又电中枢，谓岑意不可测，请止其入川，否则不认滥保匪人之咎。岑请中枢发关防，而中枢复电，谓可自行刊用。岑益愤懑，遂决意不去）。川事益不可收拾矣。

八月二十二日，京报载鄂督瑞澂在武昌拿获革命党，并有防患未然之奏，廷旨嘉之，并令其择优保奖。旋即闻十八日武汉失守，瑞澂潜逃之信。廷旨又切责之。都中人心震恐，各王公会议甚秘，外间不得知，第闻肃亲王主张以禁卫军严守宫廷；东西洋留学生，暂令出境；派陆军大臣铁良督师赴鄂而已。又有主张挖断黄河铁桥，阻兵北来者。可见当时清廷之无谋，朝臣之张皇失措，欲不覆亡不可得也。二十三日，予赴顾君仰山晚餐之约，因即辞行。李君灿高在坐，谓行何猝也；鄂中方演新剧，可稍待观之。予谓此次之剧，恐全国将为一大舞台，滇中排演日久，吾辈早日旋滇，或亦凑一角色，无徒在台下观人也。相与一笑而散。二十四日晨，予即出都南下。九月初一日至上海，闻长沙、西安相继失守，人人皆有欢欣鼓舞之色。《时事新报》有革军小挫之揭示，观者愤恨，几欲毁其报馆。于此亦可以见人心之趋向也。初八日至香港，初九日游太平山，山麓外人设有升降车，用铁絙轮绞上下。是日为重九，中外士女，游者如云。予登山顶，前望九龙，后览螺洲，极天风海涛之致。下山至公园坐一时许，乃归。十一日由港上船，闻广州将军凤山初进省城，即被炸死。十七日至海防，遇辜兰荪（湖南人、师校教员）闻云南新军九月九日反正之信，都督为蔡君锷，号松坡，湖南人。十八日至河口，径赴督办署，许君九畹已赴蒙自，闻署中人云，法人运兵至老街者已 2000 余。又云九畹截留鄂省协款数十万，已定悉解省城。龚仙洲（名心湛，安徽人）至河口时，坚索此款，九畹不交云云。二十日至蒙自，晤子畅、九畹。二十一日，偕子畅登车赴省。行抵禄丰村，遇省军护送李督出滇。李督相见下舆，立谈片时。李谓滇中举事，予不非之，唯滇处边隅，英法环视，且距中原僻远，可稍缓以观其变。今既已如此，望转达蔡某善自为之。

二十二日至省，由印泉介绍见蔡都督。蔡公恂恂如书生，而英迈不群之气，溢于眉宇。其性坚忍深沉，平居不轻自表露，而遇当为之事，则奋厉踔发，穷日夜不息，无论如何艰阻，必期于成；又断制力极强，每议一事，众论纷呶，公徐出一言，则当机立断；自奉甚约，洁己奉公，不肯滥用一人，轻举一事，故改革之初，百端待举，而财政尚属裕如；唯稍褊急少容，是其短耳。

都督府设立于五华山，即前两级师范学校，内置三部一院：曰参谋部，凡作战计划、编制队伍、军事教育等项皆属之；曰军务部，凡关于军需、军械、军法等事皆属之；曰军政部，其下又分民政、外交、财政、教育、实业、司法6司；曰参议院，为备咨询建议之所；又设秘书处，掌理机要文牍；登庸局，掌管铨叙事宜；法制局，掌管编订规章。予于二十四日奉委为军政部参事兼参议院参议。十月初五日，委兼登庸局长。因初归患病，且一身亦难兼数差，迭辞未获。十八日，乃扶病到差，旋奉委为都督府秘书长。时同事有秘书3员：张云搏（名一鹏，江苏人）、熊铁崖（名范舆，贵州人）、李鹿笙（湖南人）也。未几，张君充代表赴南京，熊、李两君专司核阅文牍。改革之初，军书旁午，每日文电至百数十件，皆蔡公命意，予援笔伸纸书之，自黎明至夜分不少休息，而志气甚锐，颇不觉有疲劳也。予在秘书处虽少暇晷，然地居清要，不与外界相接触。有以事相干谒者，则以机要重地，不便会客谢之。酬酢简疏，心境殊适。且秘书处在军府岑楼，近瞩翠湖，远望滇海，碧鸡金马映托太华诸山，互相环拱，风景绝佳。常笑谓诸同事云："此间乐，虽南面王不易也。"既而熊、李两君亦先后他去，承其后者为袁树五（名嘉谷、石屏人）、陈古抑（名度，泸西人）、覃楚白（名宝珩，昆明人）、汪子文（名锡彬，鹤庆人）诸君。公余则相与谈文论诗，颇极一时之乐。予撰拟文电颇多，爰择其稍重要者，汇为一编，颜曰《天南电光集》，云南"光复"以后之事，借此可略窥一斑矣。

武昌起义后，各省纷纷响应。辛亥十月，公推鄂军政府为中央政府，举黄兴为大元帅，黎元洪为副元帅。清室起用袁世凯为钦差大臣，节制各军，以冯国璋为第一军总统，段祺瑞为第二军总统。旋以袁为内阁总理大臣。冯、段两军进迫武汉，激战数日，南北两军停战议和。十一月六日，孙中山先生由美国渡欧洲归国。十日，集合于南京之17省代表，会议投票，选举中山为临时大总统。农历十一月十三日是中华民国元年元旦日（1月1日），孙公就大总统职于南京。26日，清统将段祺瑞等，承袁世凯意旨，连名电请清帝退位，宣布共和。

当滇事之初定也，军府会议以清室犹存，派兵攻鄂，不能不急图北伐，早定中原，而四川扼长江上游，当秦陇右臂，关系中国全局，又与滇唇齿相依，设蜀道梗阻，则滇与中原隔绝，形势尤为孤危；且当时川督赵尔丰犹据成都，蜀中同志会蜂起，全省糜烂，亦不能不派兵援川，乃一面编北伐军，以唐继尧率之，一面编援川军两梯团，以谢汝翼、李鸿祥分率之，归师长韩建铎节制。谢出东川昭通向叙府，李出宣威永宁向泸州，分道入川。北伐军出发之初，黔省为土匪窃据，该省士绅组织耆老会，密派代表来滇乞援，军府乃允以北伐军道出贵阳，先平黔乱，再由川鄂出师。民国元年2月抵黔，击败匪党，余众尽降。黔人挽留滇军镇慑，推唐继尧为黔军都督。唐以出师本旨，原在北伐，顺道援黔，不过救灾恤邻之计，未允所请。而黔人挽留甚切。适清帝退位，南北统一，北伐军亦中止，唐乃留督黔军。

谢梯团抵叙州时，成都已宣布独立，而土匪托同志会名义，四出滋扰。谢下令击之，匪徒败走。未几李梯团亦抵泸州，乃分兵击合州、自流井各匪。余匪溃散，流言滇军将占领四川，于是川滇两军乃交恶矣。时四川成、渝、泸分设三政府，政令分歧。蔡督迭电告谢、李两君，谓川省已宣布独立，我军不宜急图进取，唯宜督促成渝两军统一政权，戢平内战，即会师北伐，以定中原。未几，成渝两军合并，南京政府亦成立，宣布共和。蔡督遂电催谢、李克期班师旋滇矣。

2月11日，清室授袁世凯全权，与民军议皇帝退位条件。12日，清帝宣布退位。14日，孙总统率阁员全体辞职，并推荐袁世凯为候补者。15日，参议院选举袁世凯为临时大总统。当日，滇中得电，不明真相，开会讨论。予谓中山辞职，并荐项城，此中必有原因，或有别种作用。项城具有雄略，而全以权术御人，将来恐堕其计。某君（李子畅）谓中国局势纷乱，正赖有机智如项城者，乃能安定。予谓所可虑者，正为项城之机智与权谋，将来一攘政权，必为中国之祸。但此时既不识真相，只好沉几观之，不表示意见。蔡公以为然，遂不发电表示赞否。

滇军反正之前，张文光、刀安仁等亦于9月6日在腾越起兵，宣布独立。然兵匪混淆，军无纪律，而文光、安仁皆称都督，角立争雄。张部下陈云龙称都指挥，率兵自永昌东窜，进窥大理。时大理得省电，已赞成反正，并挽留赵介庵先生在榆，维持秩序，保卫地方。乃陈云龙兵分略永平、漾濞、顺宁。榆绅屡电阻止，陈肆意要求，辞益不逊。蔡督得榆电，遂命迎头痛击，大败之。陈遁回腾，腾永士绅电省请和平解决。政府乃派军政部总长李根源率兵前往，相机办理；又以赵介庵先生为迤西巡按使，偕李赴腾办理善后。腾永之事遂平。根源乃请解兵柄，介庵先生亦辞职回里养亲。

省军反正时，驻临军队赵复祥亦响应，略定蒙自，称南防统领，添募新兵，流品太杂。又军中赌风甚炽，闻蒙自道库尚有存款，又因赵截留由河口解省之鄂省协款10余万，匪兵觊觎，突尔哗变，攫取公款无算，并焚劫歌乐士洋行，南防大震。法人亦藉保护铁路为名，欲派兵入境。军府一面阻止法兵，许以竭力保护洋商，一面派军政部总长罗佩金赴蒙查办。罗单骑到蒙自，诛首乱李镇邦等10余人，并分别遣散兵卒，不旬日乱平。唯歌乐士洋行索偿太巨，乃归省城交涉完结。蔡公命立炯戒碑于蒙自，予为之撰文（存文集中）。

革命初兴，清室瓦解，蒙藏亦怀携贰，图谋独立。而西藏与滇接壤，警报频闻。蔡督初得法文哈发士报载露透电，言华兵被藏兵击败情形，即迭电中央，早为布置，并电川督协商办法。旋奉中央电，令随时确探情形，密令筹备，又令迅派劲旅会同蜀军协力进行。蔡督乃委殷承瓛为援藏总司令，率兵西行。时予为蔡督撰文，咨省议会，叙述藏事较详。兹附录于下：

查西藏地势广袤，连接滇川，为西陲之奥区，中国之屏蔽。历朝惮于远略，仅事羁縻。前清末叶，外患日殷，乃渐于巴里塘、察木多一带，改设流官，并派兵驻扎拉萨等地。惟当事者懵于边事，措置未尽适宜。自去岁军兴，川藏交通隔绝，驻藏川兵饷银不继，遂于9月23日溃变，四出劫掠，番众交怨。今年2月，达赖由大吉岭招纳布丹廓尔喀游民二千余人，乘虚窜入。川军危困不支，达赖唆迫缴械出境，诡谋自立，迫逐班禅逃入印度，后藏驻兵，尽为所逐，饥流印境。拉萨被困，衙署被占，惨杀汉人，几无遗类。定乡番众，相继侵扰，贡格失守，稻坝继陷，进攻里塘，旁窥中甸，边境乱状，岌岌可危。迭接李师长根源转呈印度陆兴祺电文，丽江姚守转呈中甸冯倅舜生电文，暨驻藏代表顾占文等，驻藏川军管带潘文华等函电请援，情词迫切。当将藏事危迫情形，电陈大总统暨国务院核办在案。旋奉大总统5月佳电，令随时确探情形，密为筹备，以重边卫。又奉5月巧电，令迅派劲旅，会同蜀军协力进行，奠安藏境。又奉6月文电，令协商川督，即派滇军先援巴塘，以固滇边门户各等因。查滇藏境界毗连，势同唇齿。自缅越沦亡，藩篱既失。若藏卫复陷，滇省益复门户洞开。现藏事日危，万难坐视。惟滇距拉萨六千余里，道路险阻，向无台站，番族中梗，转饷尤艰。据四川筹边处报告，由雅州运米至拉萨，每一百斤米运费约需银二十两。滇藏相距窎远，运费尤属不赀；且藏乱方殷，兵力不宜太薄。迭开军事会议，佥谓宜派一先遣支队，约计三千余人，月饷约需二万五千两，出征加饷，每月约需六千三百两，驮马每月约需一万八千两，统计每月约需五万二千三百余两，而出发以前之筹备费尚不在内。滇省财政支绌，自昔已然，反正以前库储只有四十余万，至反正后收入既微，而协款骤停，来源顿竭，幸政费力从撙节，得以勉强支持。现藏事为国防所关，不能置之不顾，而需饷甚巨，筹措为难，已饬财政司勉力筹拨二十万元，然只敷两三月之用，此后如何接济，不能不先事筹维。原拟请中央协助，而近日中央窘困尤甚于滇，实亦无从呼吁。贵会为全滇代表，于人民生计知之最稔，于国防重要轸念尤深，宜如何筹集饷糈，于民生无伤，而于国计有裨之处，应请特开会议，妥筹见复施行，实为公便。

时省议会虽不赞成援藏之举，然以国防所关，未能坐视，故殷司令仍进兵至阿墩。藏番闻风，亦多倾向。唯川军初则以经营藏卫，蜀当独任其难。继又复迭电中央，请阻止滇军前进。殷遂班师还省。中央以尹昌衡为川边经略使，新设各县节节沦陷，而川边遂不可收拾矣！

予自辛亥十月入蔡公幕府，至民国元年8月就教育司职，计为秘书长者凡十阅月，昕夕与蔡公相处，见蔡公励精图治，事必躬亲，遇事英发迈往，当机立断，而综核名实，不稍迁就，尤为难能；其对内则剿平腾、永、临、蒙之乱，对外则北伐援川援黔援藏，皆于滇事甫定之后，从容处理，措施裕如。至对于中央，则当南京政府成立之初，即电请行政秉一大公，用人廓除党见；及南北统一，即首请于军事财政外交3者，先谋统一之方，其词甚切。又主张修滇桂铁路，并谓滇邕路线宜延长至龙门岛。以龙门岛去南宁不过400余里，岛屿环抱，为舶船最良之海湾，而风浪不惊，较北海为尤善，以之辟为商港，则粤桂滇黔四省之物产皆委输于此，商业可期发达，且此中海水深广，可泊兵轮，而港口颇窄，间有暗瞧，新到之船，亦难遽窥堂奥，可并营军港，以屯海军，将来铁路军港，首尾衔接，滇桂不至坐困，庶可巩固国防云云。凡所筹画，皆关国家大计，而予有所建议，亦立见采纳施行也。

民国元年春夏之交，予于公暇著有《漆室危言》一书，所言多忧时之语，当时颇不敢出以示人（书首有一小序云，往年游学日本，阅其新闻杂志，每讥斥吾国，几视为亡国奴。今革命告成，共和成立，不禁狂喜，以为吾辈此后当一跃而为一等国民矣。乃抢攘数月，国中政象，多不副其所期。独居深宇，辄多感喟，每有所触，奋笔书之，既不敢出示人，以遭时谤，嘿而息焉，则忧沈沈袭予心而不能已。乃姑记目所见，耳所闻，心所怀者，缄之行箧，以待后来。壬子秋日，惺庵记）。唯蔡公曾一阅之，因嘱摘其中事较关重要者，通电国人。兹摘录数电，以见一斑。元年1月19日致南京政府电云：

临时政府成立，内政外交得有主持，无任欢忭。惟造端宏大，正费经营，非集群策群力，不足以巩固国基而恢弘国势。我国幅员既广，省界夙严，势格情疏，每多隔阂。此次武昌倡义，各省响应，已除往昔秦越相视之弊风。惟改革之初，事权莫属，不能不各设军府，以为行政机关。然宜有通力合作之谋，不宜存画疆而守之势。设用人行政，省自为谋，恐土豪寖起割据之思，边疆又有孤立之虑，于国家统一，障碍实多。今中央政府成立，缔造经营，当先从破除省界入手，此宜注意者一。我国人士，蜷伏于专制政体之下数千年，几以谈议国是为厉禁。自外力内侵，清廷穷蹙，国人激于时势，急图改良。于是革命、立宪、君主、民主各党竞出，虽政见不同，而谋国之心则一。今政体确定，歧论自消，全国思想皆将冶为一炉，即平日政见稍殊者，果系杰出之才，皆可引为我用。现值肇造之初，万端待理，只宜惟贤是任，不必过存党见，使有弃才，益自树敌，此宜注意者二。清廷朽腐，弊政相沿，诚宜扫荡廓清，与民更始。惟外鉴世界之趋势，内察本国之舆情，必审慎周详，节节进步，庶全国得以按弦赴节，不致有纷扰滞碍之虞。若期望太高变更太骤，恐事实与理想不相应，而人民未易奉行，或法令与习惯有相妨，而急切难生效力，故新旧递嬗之交，目光固宜远大，而手段则不妨平近，此宜注意者三。某才识无似，惟坚守以上三义，与滇中士夫循轨进行，不无小效，卑无高论，聊备甄采，尊处必有伟画远谋，尚希随时电示，用资圭臬，滇都督蔡锷叩效印。

又元年6月27日致北京政府电云：

清廷颠覆，建设共和，弥历半年，政府乃能成立。而内则祸机潜伏，外则警告频来，群情汹汹，国事益棘，较之法国恐怖时代，虽未见事实，而已露端倪。推其末流，必生二大恶果：一则专制复活，吾国革新，原以求人民幸福，乃革命后之现象，转有人怀自危之心。恐一般人民倚任共和政府之心日薄，反追慕帝制时代，尚可以靖乱而平争，而专制淫威，可以复活；一则外力侵凌，共和立宪，足以保障民权，伸张国力，法美既行之而有效矣，乃输入吾国，转成一无气力之政府，而运掉不灵，全国有分崩离析之形，而社会有杌陧不安之象。群将疑吾国无政治能力，而益启列强干政之端。由前之说，则必酿二次革命；由后之说，则必自投于奴隶之域，而国以沦亡。此虽过虑之言，然见微可以知著，窃谓当此国体甫定，人心浮动之秋，当政诸公宜有信仰共和诚意，恪循政治之轨道，发挥民主之精神，庶可以巩固国基，不至激生内变。而各方对于政府，亦宜深谅其艰难，当经营缔造之初，应内外相维，而不必过为束缚驰骤，使政局时时动摇，致陷于无政府之状态。庶国家政治，可以渐图刷新；否则事变迭兴，人民颠踣。上述两大恶果，恐难幸免，而国事益不可为也。愚戆之言，尚希共鉴。滇都督蔡锷叩感印。

阙后数年，果有袁氏之帝制自为，以及各省分裂之争，列强共管之议，迭起旋生，诚所谓不幸而言中也。

元年 5 月，中央任予为云南教育司长。予犹豫不肯就，教育总会迭函敦促，予乃复以书云：

接读赐书，谆谆以大义相责。钟岳愚陋，何敢固执己意，抗中央之命令，违诸君之厚期。惟省己循涯，实有不敢奉职之故，今请沥诚为诸君陈之。云南省城，学堂林立，成效可观，此皆诸君热心提倡之力。惟各州县小学，成立者实属寥寥，城阙时见子衿，胶庠鞠为茂草，每行数十百里，而略不闻弦诵之声，教育普及之期，渺不可望。钟岳前充学务公所普通科长已三年有余，充两级师范教务长者亦四年有余，投身教育界中不为不久，而计划全非，效果若此。滇中父老纵不我责，宁复敢抗颜居教育最高之机关乎！此其不敢就职者一也。各国教育费，居地方行政费之强半，教育发达，实由于此。吾国国家费与地方费尚未划分，教育经费已苦支绌。滇省财政尤为困难，计每年岁出约需六百万，而岁入只有三百余万。前清时代，恃中央与外省协济者每年两百余万。自去岁起义，省自为谋。协饷既停，来源顿涸。而军府援蜀援黔，今复出关援藏，用费日繁，均属必需之款。幸军政裁浮节冗，得以勉强支持。然上自都督每月薪水只六十元，为数甚觳。使钟岳担任教育，一方面见财政之困难，而力求撙节；一方面谋教育之发达，而急欲恢张。两念交攻，进退失据。此其不敢就职者二也。吾国曩日学规太严，学校之苦甚于囹圄，夏楚之威酷于桁杨，诚非教育之宜。然自兴学以来，矫枉过正，师长之尊严堕地，生徒之气焰熏天，要挟未偿，风潮顿起，学生稍觉谨厚，辄被以奴隶之名，校长惟其进退，而复藉共和为号。学风颓敝至此，可为寒心。钟岳卞性浅中，往往期望学生者甚殷，而督责学生者甚厉，未敢博开通之誉，必致贻专制之讥。物议哗然，人已两失。此其不敢就职者三也。吾国人民生计日艰，而读书人之落拓者则尤占多数。钟岳昔在学务公所与师范学堂，位望甚早，权力甚小，而遗书累尺，半皆觅馆之言，投刺盈门，多属求差之事。吾漫许之，则口惠而实不至；吾婉谢之，则怨望而辄生后言。自憾无广厦万间以庇寒士，而坐视暗修绩学之子失所凭依。中夜傍徨，罔知所措。若复任教育司，当用人行政之冲，供求既难相剂，应付必穷于术。此其不敢就职者四也。故前奉总统任命，即恳都督代为力辞。复经李司长敦促就职，钟岳仍请其继续担任。再三磋议，乃允勉留。兹承来示，恐诸君不识钟岳之本怀，与李君始终推让之雅意，故特见缕言之，统希鉴谅。

既而李君适生复迭催，蔡公亦力劝，乃于8月1日就职。秘书处长，荐由君夔举继任，间有重要文电，则蔡公仍嘱予为之赞助也。

予在教育司任，所最注重者，为推广小学，养成教员，整顿学风，注意实用4事。当宣统末年，各县小学已有渐次发达之势，及改革后，因经费及教员之缺乏，而停闭者不少，予乃通令各县教育费应行独立，不得移作他用。又以培养教员，只有省城两级师范一校，学生来省就学既不便利，且省城费用较大，习染较多，乃另筹省费，于大理、永昌、丽江、蒙自、昭通、曲靖添设初级师范6校。其中学则除省立各校外，并令各县得联合用地方费增设。又因工矿农桑各校，从前多不注重实习，毕业后不能应用，特通令增加实地试验时间，数月之内，皆能次第实行。

予在教育界既久，夙有感情，凡所计划施行，略无窒碍。唯数月之内，亦曾经两次风潮。一则省议会咨请限制教员担任钟点，以免妨碍功课，实则本省师资原属缺乏，一加限制，而各校即苦无人担任学科，各校长遂愤而关聘议员兼充教员。省议会又欲弹劾各校长，予乃致省议会一函，略谓限制教员担任钟点一案，于滇省现情，颇有窒碍。此事本可由钟陈明情形，请都督转咨贵会，变通办理。如实际果有难行，想贵会亦无不允可。不意始有各学生之要求，继有各校长之关聘，以致容易解决之事，转生波澜。此皆由钟德不足以感人，才不足以应事，遂至顾此失彼，枝节横生。唯各校长对于此事，意气不无过激，而办理学务，夙具热忱，近因办事困难，时思引退，经钟再三敦劝，得以勉留，设一遇讥弹，必致全体瓦解。想贵会为教育前途计，不能不加意维持。至此事处理不善，咎全在钟。弹劾纠参，唯钟是受。尚冀贵会审责成之有在，期举劾之适宜。使钟岳以外之人，不至分任其过，裨益学界，实无量涯。省议会得此函，亦遂置之不议也。一则重九纪念会期，学生与警察冲突。警察局长某夜中，由电话报告都督，谓学生聚众与警察为难，必不得已，只好以武力对付。时予适与蔡公阅小学生提灯会，因谓学生赤手空拳绝无暴动之理予当嘱各校管理员，约束学生归校，至明日查明情形，再行处理可也。次日学生因有被警察殴打者，遂全体罢课。予乃召集学生于师范学校，切加告诫，一面将学生首先滋生事端者，分别斥退；一面陈明都督，将警员处理不善者，亦酌予撤差。学生即受课如恒，风潮遂息矣。

民国 2 年 1 月，蔡公复聘予兼充“光复”史局总纂。时方卧病，即上书固辞，略谓钟岳学识浅陋，不足以阐发幽光，润色鸿业。且年来胃病时发，正欲上书辞教育司，复奉兼领史局之命，病躯固不足惜，棉力实有难胜。若坐拥虚名，而杀青无日，既仰负委任之意，亦久淹“光复”之勋。返之寸衷，尤多咎戾。唯有恳请另委贤能，专司其事；如必以钟岳厕编纂之列，亦不敢辞。但请准其开去教育司一职，专任修史，庶于职务无丛脞之虑，于身体亦有修养之望。既而蔡公复书以事关史乘，不宜固辞，且可综其大纲，聘员分纂，于身体亦不至有碍。遂于民国 2 月 1 日设局，并聘赵星海（式铭）、张景中（肇兴）、郭履初（燮熙）、刘伯膏（润畴）为编纂，分任撰述。蔡公急欲成书，再三催促，遂于 7 月蒇事。而省议会据周宗洛上书，颇有异议。予乃作一文呈明编纂“光复”情形，文曰：

奉公函内开，准省议会公函，据行政公署顾问官周宗洛上书称：云南光复史乘，昭信天下后世，事属全省名誉，所关甚大，非一二人传略私家著述可比，自应于编纂之前，通令各属转采各界见闻，以免遗漏，成稿之后，分缮多本，发交省会，延请各界通人校阅，以杜徇私，然后订稿。否则不能发刊，倘冒昧发刊之后，被人历历指出虚谬，争执迫请毁板。事属良心所在，谁敢驳斥；事至毁板，全省名誉所系，谁执其咎等因，到会。当经开会研议。佥谓武汉起义，云南首先赞同，扫专制余毒，为共和先导。所有反正伟人、死难烈士，以及赞成绅民，流风余韵，景仰同钦。反正始末及援川援黔事绩，均与滇省名誉大有关系，务须博采舆论，广征著述，垂为信史，而昭来兹。兹周顾问官所请，于编纂之前，通令各属采取各界见闻，以免遗漏，及脱稿后交会延请通人校阅，以杜徇私。洵属正当办法。事经公决，相应函请查照转饬光复史编纂局办理等由，准此。查此项史乘，昨准贵总纂来牍，业经编纂完后，缮成清本，呈送军政鉴核，并如期撤局各在案。兹准前由，除转函军都督查照核复外，相应函请贵总纂查核施行。并希见覆。等因，奉此。查云南光复史，编纂之先，预定6月蒇事。以一个月为采访期间，征集官府文书及各界著述；以一个月为汇录期间，由各编纂官将采集文书悉心浏览，分类抄录；以二个月为编纂期间，由各编纂官依据所得史料，分门撰述，复由总纂核定；以一个月为校阅期间，史书脱稿后，缮呈军府，先行油印多本，分布各界，详加校阅，如有疏漏舛误，请即于稿本签注，掷还本局更正；以一个月为修正期间，即将各界交还史稿，视所签注，果符事实，即照为厘订，以成实录。此未开局以前之计划情形，曾由钟岳缮成清折，并拟具修史体例，呈请军都督审定。及2月1日开局，当经呈请军都督令各机关及各属县，将光复事实，广为搜采，汇送本局，以资参考。嗣因各处投稿者寥寥无多，复于3月初旬于各报登载广告，征求光复在事人员投稿及私家著述，此后以光复事实径投本局。及奉军府转发者，先后亦数十起，虽采辑尚未完全，而事实则已略具，且时期已迫，未能久延。爰于4月1日着手编纂，所有史材，悉依据都督府秘书处所存文电及各机关各界来稿，并借助于稽勋局所汇表册。至6月下旬，计编成光复史稿：《光复起源篇》一册、《光复篇》一册、《迤南篇》一册、《迤西篇》一册、《援蜀篇》一册、《援黔篇》一册、《援藏篇》二册、《军事变迁篇》一册、《建设篇》一册。当初编史稿时，意在文简事赅，故抉择较严。嗣因所得文电，佳者颇多，虽未能尽入正编，太增篇幅，惟趁此次编纂之便，将采辑所得，汇为长编，实足以备将来纂修国史者之参考。故于7月内别编光复史汇稿一书，以与前编之本，互相参证；复取各界所投云南光复在事人员小传，汇为《云南光复诸人事略》一册。各书甫经脱稿，而修史期限已满，遂将史稿缮成清本，呈送军府鉴核，并将史局如期撤销。计自着手编纂迄于史稿告成，以三数人之心力，三四月之时间，而任此重大之事业，又加以投稿之无多，疏舛挂漏，诚所难免。惟是书原定草创以后，油印多本，裱散各界，详加匡正，俟修订之后，始行付印。此时未敢遽视为定本，亦并未冒昧付诸梓人，厘订修改，正有余地。至此次史稿编录之间，悉有依据，间或参以见闻，亦取有征信者录之，毫不羼以私意。若显违公论，自昧良心，以曲笔为阿谀，以微文为讥刺，此则钟岳与诸编纂官所堪共信绝无者也。兹奉前因，理合将编纂光复史情形，缕析陈明，呈请查核，咨复省议会，并函商军都督饬员，速将《光复史稿》，先行油印多本，发交省议会，延请通人校阅匡正，俾成信史，而昭来兹，实沾公便。

查此书体裁，略仿王壬秋《湘军志》，虽仓卒成书，而事皆征实。惟送呈军府后，久未发印。及蔡公离滇，仍交予收存。未几唐公蓂赓移节还滇，索阅此书，亦未发还。今历数年，迭更事变，未审此书尚存否？以后另行搜葺，较前更难，而当时予亦未钞有副本，殊可惜也。

民国2年3月，复奉中央任命予为滇中观察使，予性耽岑寂，不欲当用人行政之冲，前任教育司，已不愿就职，今复任滇中道职，益乖本怀，盖此本出于蔡公推荐，然事前并未商予也。予复力辞，而蔡公不允，迭令将筹设本道事宜，妥为规划。予乃于3月17日呈请先行核定两事：一曰区域太广也。查此次划分各道区域，尚未奉钧府令知，唯闻滇中一区，系管辖云南、澄江、曲靖、楚雄、东川、昭通6府，武定、镇雄两州地，统计所辖州县共41属，几占全省之半，行政事务，已属殷繁；而镇雄、绥江、大关、永善、与川省及巴补、凉山为界，每年川匪蛮匪过界抢劫者必十数起，故江防尤为吃紧。查旧制云南、澄江、武定二府一州分隶粮道，曲靖、东川、昭通、镇雄三府一州分隶东道，楚雄一府分隶西道。今统归中道一区，范围未免过广。且旧制迤东为兵备道，能节制巡防各营。今军政民政截然划分，游匪横行，地方官束手无策，必函请防营堵截，而刁难坐视，又所难免。文报到省，需时甚久，一旦有事，遥顾为难。钟意为安靖地方计，不如仍添设东道一职，或虑政费支绌则以现设昭通镇兼摄东道，于经费可以节省，而于地方极有裨益；否则将各道区域匀为划分，每道以二十四五县为标准，庶繁简皆得其平，而事务不虞丛脞。一曰权限未清也。查此次中央颁布暂行划一地方行政官厅办法，于司道权限未经划分。以规制上言之，则各司为民政长所设行政公署之内部机关，当司考核之责，而各县直接受观察使之监督。地方行政自以观察使为枢机。然自事实上言之，以各司旧日执行事务，一切归之观察使执行，则内务科科长科员 3 人即应管向日民政司各科之事，而吏治、自治、警察、道路、土木工程皆属之，匪势力有难行，亦力所不及。且闻教育司亦有将直辖学校归道管理之说，则道署教育一科亦必如教育司署分设科长科员 10 余人而后可。且省垣各学校归之滇中道管辖乎？则以省立之学校责成于一道，负担既不平均，权利亦有偏重。归之各道分辖乎？则各道既难遥为管辖，而学校亦难遥为禀承。此外财政实业两科，其繁赜亦复相等。此则观察使虽有出群之智，兼人之才，亦难称职。况才力薄弱如钟岳，实未敢操刀试割者也。钟岳自去冬卧病，精力益疲，迭蒙钧府给假调理，而迄今未见痊可。兹复奉令饬筹设滇中道事宜，闻命之余，实深悚惧，虽死而后已，先哲所自期；而量而后入，君子所不废。若冒昧就职，而将来力有不胜，不特负钧府期望之殷，亦且贻地方父老之害。故不能不先行陈明，恳请核示。既而军府复再三令催，予乃先定办事地址、办事经费、办事人员、办事规章四者，于 4 月 1 日就职。

滇中观察使一职为新设机关，署内人员亦全由予遴委，既无迁就之弊，亦少冗杂之人。故予虽久病未痊，而办事极有条理。予自民国 2 年 4 月就职，至民国 3 年 8 月解职。一年 7 个月间，各政皆能循轨进行。所属镇雄、绥江、大关、巧家、元谋、武定向称盗匪充斥之区，而年余并无劫案发生，人民得以安居乐业。又予察吏甚严，于贪赃枉法之员（如昆阳、巧家等县知事），一经查明，即行惩处，各县有所儆惕，吏治为之一清。又滇中一区，禁烟尤著成效，一面派巡视员分区视察，督饬各县认真铲除，计查铲烟地约在1000余百亩。禁种一项，已告肃清，一面于本署附设禁烟调验所，计受验官绅110余人。检查得实，受处罚者60余人，出具向未吸食或已吸戒断各官绅切结保结70余张。风声所播，各县黑籍中人咸知儆惕，因而戒断者实繁有徒。如果赓续进行，则滇省毒卉，将有尽绝根株之望。惜西南各区未能一律认真办理，而予解职后，禁令复弛，官民又或倚为利薮，近来已有滋蔓难图之感也。

予自辛亥任军府秘书长，适当改革之初，军书旁午，夙夜在公，略无暇晷。及次年七八月间，已积劳致病，每日午后胃痛甚剧。至民国2年春夏之交，则饮食不进，盛夏袭裘，气体大衰，几至不起。乃静心摄养，秋后病势稍痊，遂于公余学琴，习《归去来辞》《平沙落雁》《屈子问天》诸操，心神渐觉恬适。3年8月，病稍愈，身体仍甚羸弱，乃决意辞职，转地疗养。原拟赴美游历，而中央来电，令赴京觐见。乃于10月由滇启行，11月到京，眷属暂留上海。至12月觐见后，奉政事堂给咨赴四川以道尹用。予以非其本怀，仍请出洋。适蔡公充全国经界局督办，开办之初，事务殷繁，挽予襄助。予允以1月为期。未及期满，蔡公即呈请委予为该局秘书长，力辞不获，乃接眷至京。时已在民国4年2月也。

（选自云南省政协文史资料委员会编《云南文史资料选辑》第41辑，云南人民出版社1991年9月第1版）

辛亥革命前后有关云南史实三则

禄国藩*

一　清末云南编练新军概况

清朝末年，云南防务系由巡防军担任。当时清廷认为云南乃边防重镇，特命满洲大员锡良为云贵总督，接替丁振铎的职务。丁振铎老成持重，清白自持，对云南虽无什么显著政绩，但对云南财政异常重视，他的任内积存藩库的现银约有数百万两。锡良接任后认为云南地处边陲，介于英法两帝国主义侵略势力之间，对于国防十分重要，可是云南只有巡防军之设置，虽有五六十营之数，而使用

* 禄国藩：时任云南新军七十四标第二营队官（连长），后任云南宪兵司令、防空司令兼昆明警备司令。新中国成立后，任云南省人民政府委员、参事室主任，云南省政协委员，民革云南省委员会委员。

的武器，仅有九响毛瑟枪，并无大炮机枪之配备，如一旦有事，应付为难，就决计另行编组新式陆军，担负此项重任，于是拟定计划，至少应编组新式陆军一镇，以资应付。所需款项，云南藩库所存的现款或敷应用。锡良就照上述情形，说明原由，奏经清廷允准，编练陆军一镇，依新军番号，暂编为陆军第十九镇。所需经费，由国库开支，购械款项，即由云南藩库拨用。锡良奉旨后，向德商购买一镇人用的步枪、马枪、机关枪、管退炮、手枪等武器，附有计划表册，交与德商订立合同，限期运到云南应用。

先是云南已经编组了一个混成协，亦称新军，协统为陈宧（即陈二庵），但内容还是不完备，所用武器极不一律。迨锡良的计划奉准后，就用这个混成协做基础，添募壮丁，扩编为暂编陆军第十九镇。事前已在昆明的巫家坝、北教场、干海子及大理、临安等处建立了12个营、4个标本部和驻扎的营房。于宣统元年（1909年）编成后，即开始训练。

陆军第十九镇，下设三十七、三十八两协，每协设两标，即步兵第七十三标、第七十四标、第七十五标、第七十六标、炮兵一标，马兵一标，工程兵一营，辎重兵一营，重机枪一营，宪兵一队，军乐一部。军制为雇兵制，所有各标营队的兵员，都就驻扎地点招募。驻在省城附近的，有步兵第七十三标、第七十四标、马标、工程营、辎重营、机关枪营，均由省城附近州县招募。驻大理步兵第七十五标、驻临安步兵第七十六标，亦均由大理、临安附近各州县招募，服役时期无定制。辛亥“光复”后，即废镇改编。

陆军第十九镇镇统为崔祥奎，三十七协协统为张毅，七十四标标统为元升，第二营管带为胡忠亮，后改委刘存厚。我于1910年5

月由日本回国，到达昆明，即奉委到第二营任左队官职务。第一营管带为张翰卿，后改委唐继尧，第三营管带为刘禹九，后改委雷飙。这时新购的武器已经运到分发，我标所领到的步枪名六米粒八，系德国制造，非常锐利好用，以后因训练打靶，需要实弹，由标本部领有少数发营存储备用，“光复”之夜，全持此项储备弹药应用。

锡良于1909年调为东三省总督，遗缺由李经羲继任，未到任以前，由云南藩台沈秉坤护理。1910年冬季，李督到任，我标曾派第二营前往大板桥迎接，李乘坐绿呢大轿，毫不理会，引起全营官兵愤慨不满。

当时为了整训新军，在总督署特设有督练公所，为幕僚机关，负责办理新军训练、粮饷补充事宜。内设总参议一人，参谋处总办一人，兵备处总办一人，教练处总办一人。总参议（总参议即等于总督的参谋长）为靳云鹏，参谋处总办为胡景伊，兵备处总办为高尔登，教练处总办为韩建铎，粮饷局总办为杨百绳。以上人员，到1911年又有变更，教练处总办韩建铎调为炮标统带，其遗职调三十七协协统张毅接替，张所遗协统职务由王振畿接替。为时约半年，王又调任参谋处总办职务。因胡景伊经广西巡抚沈秉坤调去任职，其所遗第三十七协协统职，又改调广西协统蔡锷接替。这时镇统崔祥奎早已另换钟麟同接替，第七十四标统带又另调曾鹏程接替，越数月即换曲同丰接替。至1911年夏，曲同丰调升为三十八协协统，所遗七十四标统带职务，由罗佩金接替，未久即“光复”。

二　云南“光复”的经过

1911年，我国掀起了一个推翻封建王朝统治的革命，一般通称之为辛亥革命。这次革命之所以能发动，主要因素是受到了孙中山先生倡导革命以及组织同盟会所起的作用。当时回国奔走革命以及策动革命的，多半是在国外加入同盟会组织的人。另外还有国内学生，也因为痛恨清朝的残暴专制（如大辟徐锡麟案）而赞成革命，在全国主要各省分头进行活动，以推翻清朝统治为总的目标。但在云南进行这次革命，是以军队为主要因素。云南过去曾编组有新军一镇（即一师），其中带队官由协统（旅长）以至队官（连长）大部分都是留学日本学军事的学生以及国内军事学校的学生，自参加到军队以后，即暗中进行活动，各级都有人负责。据我所知，当时在云南的人员中有蔡锷、李根源、罗佩金、李鸿祥、谢汝翼、唐继尧、刘祖武、顾品珍、刘存厚、庾恩旸、赵福祥、张开儒、黄毓成、李培初、黄子和、禄国藩、邓泰中等；国内学生有刘云峰、黄永社、王秉均、马为麟、赖心辉、杨蓁等。当时这些人担任联系，在事前都有秘密的活动。其中主要做这一工作的有黄子和、黄永社、邓泰中、杨蓁等人。对军队学校中可靠的人员进行运动联系，尤其是黄子和进行得最积极，随时都将情况对各标营的负责人互相交换。七十三标（一团）的负责人有管带（营长）李鸿祥、排长黄子和，七十四标有标统（团长）罗佩金，管带唐继尧、刘存厚，队官有李植生、禄国藩，炮标（炮兵团）为谢汝翼、刘云峰。此外，还有工程营、马标（骑兵团）、机关枪营、辎重营等，因为军官中均无可靠的人员，事前未与联系，只对各该标营的军士进行联络。对推翻清朝专制皇朝改变为共和国体，挽救国家危亡这一宣传要点，都为当时的官兵中有识者所赞同。到了宣统三年（1911 年）八月间，湖北首先起义推翻清朝，建立共和国，通电全国，我省即首先响应，即于是年九月九日夜起义，发动军事，推翻清朝在云南的政权。当时蔡锷亲到七十四标，发布命令，我标为主攻部队，派第二营为前卫，附机关枪一队，我队为前卫，前队附机关枪一排，炮标附于本队之后，向省城东南门攻击前进，由标统罗佩金任指挥官。七十三标由李根源以及第三营管带李鸿祥负责统率该营全营及第二营大部，向北门、西门一带攻击前进，该标第一营被该营管带齐世杰蒙蔽，将全营率带至虹山上扎营自卫，到拂晓该营士兵暗中得到通知，才自动反正进城，并入李鸿祥部。同时顾品珍负责指挥讲武堂学生为内应，夺开城门。当时统制钟麟同，于事前已调有辎重营两队以及机关枪一队，据守于五华山上，并于当晚又调有马标全标集合于东门外，阻止我标行动。待我队开到时，该标士兵知系七十四标，不听命令，即让我标通过。该标统带等军官认为事不可为，遂即将全标队伍撤退回干海子营房。工程营表示中立不奉调遣。总督衙门是用他自己的卫队营防守，但以兵力悬殊，寡不敌众，仅一夜之间，到拂晓时，新军即已全部占领省垣。本标占领了五华山、总督衙门；七十三标占领了军械局；总督李经羲被俘，统制钟麟同自杀，镇本部参谋长杨吉祥、参谋处总办王振畿因反对起义，均被击毙于江南会馆，总参议靳云鹏乔装逃走。其余事前未参与的军政人员，临时大都赞成附和，唯七十三标统带丁锦、第一营管带齐世杰等北洋系军官，除少数反对被枪杀外，其余的均被去职，至此省城军事行动即告停止。随即组织军都督府，公推协统蔡锷为都督，宣布省垣“光复”。军都督府组织成立，随即通电全省军民，公布起义经过。时驻大理新军七十六标、驻临安新军七十五标，皆有国内外军事学生在内主持，均一致响应，拥护起义。因此，南防、西防两方面的巡防军虽有数十营，未敢表示反对，当即宣布全滇“光复”。所有在职文武官员，照常供职，安定地方，是为第一步的处理。其次对三迤的巡防军队为数不下1万余人，其中在职的官员不无忠于清朝者，暂时虽无异动，难免发生变故，为防患未然计，由当时的谘议局召开会议，联合在省的军政大员，联名通电全滇父老及文武官吏等，遵奉命令，拥护都督府，各安职守，勿得惊扰失职，影响治安，用民意机构补助宣传号召。为使各地方的军政人员得到安定，解除顾虑，另外还由在省的卸职军政大员，对省外有交情的人，用私函开导，使他们知道大局实况，已非清朝能够挽回，幸勿固执己见，遗误个人的前程。因为当时的迤南方面有开化镇兼统领夏豹伯，统有巡防军约40余营，迤西方面有大理提台李福星、丽维镇兼统领张含英共带领约有巡防军20余营，迤东方面亦有10余营，他们是可以联合起来反对的。如果听任演变，发生军事，要平定他们还是要费相当的时日，且将使地方糜烂，所以作了以上处理，结果收效很大，他们知道大势已去，始终未敢妄动。又因我新军七十五标驻扎临安，七十六标驻扎大理，对这两方面亦有镇摄力量。例如临安之七十五标响应省城反正，开化镇兼统领夏豹伯认为是新军叛乱，命令驻个旧督带孔繁琴率所部三个营驰赴临安平乱。当新军负责人赵福祥（标教练官）闻报，即派新军一营前往阻击，中途遭遇，新军由前卫队伍先行占领阵地，巡防军来到即加以反击，巡防军不懂战术，被新军猛击，伤亡惨重，遂即溃败退走，巡防军受到这一教训，知道远非新军的敌手，更感觉到妄动不得，全省得到统一，未出任何事件。为了要进一步消患于无形，于次年1月（即民国元年），由都督府选派大员出省巡阅，作实地的调查整顿，使地方得到进一步的安定。迤西方面派李根源为西防巡阅使。迤南方面派罗佩金为西防巡阅使。迤东方面，比较安定，故未派遣。对内的处理，已如上述。对省外因川黔两省政局混乱，哥老会横行，大肆骚扰，波及邻省，复经两省绅耆上书于本省政府求援，我省乃派兵援助。当即派了两个梯团援川，第一梯团团长是谢汝翼，第二梯团团长是李鸿祥。又派了一个纵队援黔，纵队长唐继尧。因此邻省地方秩序得以安定。这三路军队都是从迤东方面开出的，对地方起了安定作用故未另派大员巡路阅。

三　“光复”后滇军援川的经过

辛亥全滇“光复”、政局已告统一后，经邻省人民的请求，于是遂有出师援川之役。清宣统二年（1910 年），清政府将四川铁路权收归国有，遭到四川人民的反对，群起向总督赵尔丰请愿，没有结果，群情更激愤，抬光绪皇帝的灵牌，身披黄钱冲入总督衙门，跪求总督，赵非但不允许，反而用武力将请愿人民赶出，因此人民更加愤怒，筹组“同志会”加强准备，若不允准，誓死反对到底。这个运动由成都发起，这时因用书面已受阻碍，用木牌写上此会的宗旨，顺岷江上游放下，唤起全川人民起而响应。这个组织的主旨是要争回四川铁路权为地方所有，是一种民意的正大要求，殊不知竟被哥老会利用。宣统二年（1910 年）的冬季，在上川南、川东沿江一带地区，都有“同志会”的组织，自行成立各种各样的司令部，截收地方各种捐税，扩大自己的武力，跟着又受到湖北首义的影响，声势更大，当时的府县官厅已无力镇摄，有的地方连自己本身的安全都要大绅保护，地方秩序紊乱已极，人民受到了骚扰，完全失去了对这个会的信赖。正在这时，云南响应湖北起义。不数旬间全滇“光复”，政局统一，地方秩序恢复如常。这时旅滇四川同乡会接到各该地方商民求助的意见，向云南政府请求派兵援助，以拯民于水火。当时都督蔡锷，允许出兵相助，遂于是年农历十二月由省派出两个梯团开赴四川之叙府、泸州一带。第一梯团由 3 个步兵大队（即 3 个营）、一个炮兵中队（即一连），附机关枪一排、担架一分队编成。梯团长为谢汝翼，参谋长为顾品珍，副官长为禄国藩，大队长为李修家、辛丞贵、吴馨兰，炮兵中队为王璧钧。第二梯团仍为 3 个大队、一个炮兵中队，附机关枪一排、担架一分队编成。梯团长为李鸿祥，大队长为王秉均、马聪等。第一梯团首先出发，由省经过昭通、大关、盐津出四川叙府。第二梯团经过宣威、威宁、毕节、永宁出四川泸州。

本梯团于农历腊月下旬进到四川叙州府城，沿途的“同志会”均未阻止，我军只向他们作警戒处置，未向他们进行攻击。“同志会”的首领，都是府河一带的哥老会头子，即胡潭、罗子洲、关得胜等人，于府城外陕西会馆内设有司令部，截收各种税捐，并擅自提取盐款。梯团长谢汝翼认为他们还是反对清朝的，不作敌人看待，采取善意的办法，召集他们到本梯团部来开会商议，意欲晓以大义，要他们自动解散，各归田里，恢复地方秩序。但他们都怕我军暗算，拒不到会，为要解除他们的顾虑，梯团长派参谋长顾品珍和我亲自拜会这几个头子，说明本军对待他们的诚意，希望他们坦率商量解决办法。他们提出要收编他们为正式队伍，发给饷项后就服从命令，不再截收税款，意甚坚决。谢梯团长仍抱委曲求全之旨，再度召集地方官绅商议，仍不拟用武力对待，用折中的办法允许他们有枪支的收编为地方部队，以服从整训为条件，但他们不接受这种办法，仍坚持要一概收编，并要求发给枪支。他们误认为人多势众，本军不过 1000 余人，不敢用武力对待，因而逐渐强硬起来，毫无尊重本军诚意。谢梯团长认为仁至义尽，万难迁就，只好作军事的处理，除派李修家大队先期进驻自贡保护各警场不许任何部队侵扰外，在府城方面，情势已成僵局，不得不用武力解决。当即派辛丞贵一大队，附炮兵一排，机关枪两挺，在万不得已的时候，令其向据守附近各山头及各险要之“同志会”队伍进行攻击，将其驱散为度。“同志会”虽然人多，不过是些乌合之众，只有点旧式枪支，经不起我军犀利武器的攻击，有几个山头的营盘，我步兵未到，即被炮兵击中，营盘爆炸，其众皆飞奔逃走，时仅一月，即告平定。所有他处之“同志会”，闻风自散，地方秩序渐次恢复。自贡、犍为各井场均未遭受损火，旋即派队清乡。在泸州方面第二梯团亦同样进行，这时“同志会”组织已无形消灭了。但有两件事应提出叙述：

（一）在叙府方面清扫“同志会”时，当天下午有魏焕章和毛老四（即龙云）两人率部 20 余人有枪 10 余支来投诚，自称为滇人，请求收编。谢梯团长即命我前往查看，原系认识的人，魏焕章是永善县大井坝粮户，毛老四名龙志舟是昭通恩安县属燕山的粮户，确是滇人。我即据实回报，谢梯团长允许收容，交第三大队收编，魏、龙两人给予候差员名义留队服务，以后即随军回滇。

（二）自贡井方面有一税务总办为黄德润，号玉田，系云南会泽县人，由前清进士授四川知县。其次子黄子和，一生奔走革命甚力，于云南“光复”后率兵援黔，中途遇害，均为同辈所痛惜。为此其父亦受到崇敬，本军班师时，邀其随军回滇，以后成为云南政局中的一个重要人物。

至次年（即民国元年），四川政府由尹昌衡任都督（日本士官学生），组织完善，全省已趋于统一，我军已无驻川之必要，遂即准备班师回滇。是时四川政府为补偿我军的费用起见，筹备有川银20余万两送给我军，只好接受，表示无其他野心。因当时我军进至自贡井以后，川省当局深惧我军进驻成都，谋取政权，无法应付，只有送点礼物，表示感谢，以观察我军的态度。殊不知我军援川，出于道义，如果有此阴谋，以两梯团之兵力（3000余人）在扫荡“同志会”之后，乘机直抵成都，并不是难事。因当时川省部队多系旧式，非我军对手，所以不肯出此者，完全为保持我军信义，才不失援助之本旨。有人说：我军向四川要到银子才走，这种说法是不知实情的一种揣测。我军于是年三月，即全部开拔回省，随即办理老兵退伍手续，援川军事，至此结束。

（选自全国政协文史资料研究委员会编《辛亥革命回忆录》第7集，中国文史出版社2012年6月第2版）

云南“光复”阵中日志

刘存厚 *

一　云南陆军之沿革

前清川督锡良于光绪三十三年改任滇督，随调胡景伊、陈宧、张毅创办陆军，以胡景伊总办参谋处，掌军事计划，以陈宧总办兵备处及教练处，掌军事筹备及教育计划，以张毅充统领，实行练兵。所有军事局所学堂及队中官佐头目，与夫饷项器械，概由川省补充。军事初基尚形稳固。旋陆军部派崔祥奎充云南陆军第十九镇统制，随带北洋学生百余名入滇，补充成镇军官。旋因南北将士各不相能，戎行颇欠辑睦。

* 刘存厚：时任云南新军第七十四标第三营管带（营长），后任国民革命军第二十三军军长。

宣统元年，李经羲督滇，调靳云鹏充总参议，王振畿统领三十七协，钟麟同统领三十八协。靳、钟、王皆山东人，随带江北学生数十名，裁去川军官佐以之补充。李经羲复参用滇人。彼时该滇军官略分三派：

1. 北派以山东人最占优势；

2. 南派则为川湘及江北在滇军界人员，团体涣散，势甚薄弱；

3. 滇派系本省留学生组织而成，其势力在南北两派之间。

三派水火，积不相容，识者忧之。即李经羲与崔祥奎意见不协，乃电部调崔入京，以钟麟同代之，王振畿调充参议。

是时，靳、钟、王 3 人同操重柄，一味徇私，不持大体。钟又粗暴寡识，屡杖辱军官，专横无理。以致军纪废弛，人心解体，滇中革命之起实若辈促之。

二　革命之潜势

初，存厚在日本留学陆军时代，曾与今川都督尹昌衡、黔都督杨荩诚、唐继尧等数十人，以革命目的组织会党，标其名曰研学会，实则研究革命之进行法也。学成归国，抱定宗旨，分赴川、滇、黔、桂各省实行其志。

存厚入滇于前清宣统二年春间。外人瓜分中国之说传至云南，人心惶恐，各界骚然。存厚即利用此机会联合同志，暗中鼓吹军界，谓外患迫切，内政不修，此致亡之道。欲图补救，必须先从根本解决。解决之法，唯有实行革命，推倒清廷，扫除专制，建设共和。盖专制国之皇帝以天下为一己之私产，共和国之总统乃国民之公仆，公私既分，人民之趋向自异，万众一心，合力进取，然后可以救亡而图存。军官中多然其说，微有动机。存厚平日教兵，亦隐隐以国体关系存亡力为倡导。复与李凤楼、刘云峰密商革命进行之法，其要诀不外先使革命思想普及于军界，一旦实行，始有把握。即与讲武堂同学诸君议行方法如左：

1. 先由讲武堂教员暗中施以革命教育于该堂各班学员生；

2. 及时遣讲武堂甲、乙班学员（甲班学员系陆军军官，乙班学员系巡防官弁）、特别班学生（特别班学生系由丙班中学生选拔者），分别入十九镇及巡防见习或充官弁，借以运动陆军巡防官弁；

3. 派遣丙班学生分科到十九镇入伍 3 个月，借以联络运动全镇目兵（是时，李鸿祥充教练处提调亦发此议，与右之计划案相合，即于是年次第施行。而丙班学生即于五月初十日前后分科入伍，实行运动，收效颇巨）。

三　实行革命之动机

前清宣统三年七月，四川争路风潮传至云南。彼时交通阻塞，传闻异词，有谓赵尔丰已被川省民军戕杀，民军割据城邑已倡独立者；有谓赵尚存活，肆行屠戮者。纷纷其说，人心摇动。于是存厚商同周卓（川人，充云南农务学堂教习）利用此机，嗾报馆鼓吹，故甚其辞，谓赵尔丰已被诛，各司道被逐，川已独立。人心愈益惶惑。存厚复遣所部排长邓泰中等运动各军队官兵，使军心感触，以便利用。李督办、钟统制、王参议等顿滋疑惧，遂发给子弹与七十三标、机关枪第十九营、宪兵第十九营，令暗中警备，以防七十四标、炮标起革命军，城内戒严。

四　实行革命之迫切

八月末，湖北武昌首义之消息传遍滇中，人民如醉如痴，一般志士欲舞欲狂。而李督办及钟统制、王参议等则异常惶恐，连日集各司道及军械局总办唐尔锟、机关枪营管带李凤楼等秘议防御之法；并一面飞调蒙自防军四营至省，一面在军械局建筑碉楼，以防袭击；尤疑七十四标及炮队联合起事，防范更严，入夜则派侦探到巫家坝附近搜索。至九月初六日午后，李督传见存厚，因入督署接见。语长时久，夜深未出，本营官兵颇疑存厚被缚，有激动状况。

五　革命人员之组织

如上所述，革命之时机既迫，不得不思临时人员之组织。但滇中军界党派分歧，互相猜忌，而各党中具有革命思想者虽不乏人，均各不相谋，未能一致。存厚川人而留学生也，介乎各党之间，调停介绍俾得贯通一气，协力进行。

初，存厚与李凤楼同时被李督调滇，素称同志，往来甚密。而李君沉默，为钟统制、王参议等所信任，一切秘密警戒计划，标营军官独李凤楼与闻。存厚知而往探。李谓曰："上峰方疑君，近可勿常至仆处。城内警戒计划，仆亦不能早泄。君如实起革命军，时间决定，早半日告，仆当以示君，共图伟业。君其谅仆。"存厚诺之。

六　革命之进行

时机迫切，革命实施刻不容缓，于是密集同志磋商进行。

（一）侦察阵地领取子弹　初八日早，有讲武堂学生吴伟功等七八人，至寓报告开城门斧凿已备，请问实施时间。存厚答以临时自有唐监督告知，未便早泄。午前，存厚到五华山、南门城楼及南城外巡防第二第四营所住之财神宫附近侦察阵地，途中见陆军小学生唐继禹等三五结队，各具盛勇之气，而面带伤感之容，相对而行，若不认识。存厚知其为决死队，前曾在南城公园与该部志士同盟决死者也。侦察毕，返营时已午后2时，蔡统领锷偕熊铁岩、刘希陶（李督之幕府也）、张毅至营内参观。以该3人本有用之才，诱之出城，以免攻击时误受损害。

是时，弹药尚未入手。罗统带佩金因有海防之行，亦不以此事措意。存厚顾时机迫切，屡向罗催促，具领每枪子弹150发。罗始具领每枪子弹30发，印领到镇。又经钟统制改给每枪子弹15发。领运到营，计已天晚，未及检查，即经军需收库。

（二）钟麟同之觉察　初九日早，有排长邓泰中突来报告，谓探闻昨领子弹系钟统制作祟，悉发给9子弹，与现用之5子弹不合。正惊疑间，忽报钟统制已到营外发集合官兵号。存厚即趋出集合。钟向众云：得有确报，今夜有匪作乱攻城，将谋革命。凡尔官兵如发觉妄言革命者来报，本统制见官加一级，并奖银200元云云。后至七十四标本部集合上中级军官，复曰："谣传今夜巫家坝军队将作乱，你们看如何？"蔡统领答曰："此处军队保无此事。但天时人事现已如此，何不劝李督办自行宣布独立？"钟云："该统领且莫胡讲，你我吃王爵禄，当报王恩。要云南独立，非23省中那22省俱已独立则可；否则，纵有21省独立，我都不肯任云南独立的。你可莫乱说独立！”

钟去，存厚即回营，欲检查子弹，殊知库钥已被军需长带进城矣，第三营军需亦已进城。随即商之雷管带飙，亦云子弹种类既不明白，而钟统制复云今夜有匪起事，定有准备，不如延至明晚如何？余谓此事须请命于蔡统领。即同雷君谒蔡统领，谈及延期。蔡亦谓然。存厚当遣邓排长泰中至讲武堂见唐监督，言延期至初十夜事。旋泰中返，谓唐监督请管带进城面商。存厚即进城晤唐继尧。据云此事已通报，各方面皆知，若改期机密泄尽矣。余应之曰：“既经通报，即应照行，纵使徒手，成败利钝非所计也。”遂别唐君，绕道经小西门借以查看地势。至机关枪营晤李凤楼，索敌军警戒计划，且告以实施时间。李君遂将敌军警戒计划授存厚，且谓今夜二鼓凤楼当赴贵营秘商，且将机关枪全数率至南天台集合附君，共奏肤功云云。

（三）**弹药之准备**　存厚驰归，计时已午后5钟矣。不暇他顾，遂命护兵捽库门，扭箱键，出弹检查，幸是五子。即密集前队官李修家、左队官禄国藩等歃血为盟，以坚其同起义军之志。存厚窃思所领弹数无多，若不筹减敌之方，难操胜算，同时即命左队禄队长，派员往财神宫运动巡防第二、四两营，晓以大义，说以利害，使助我；否则，亦当中立。

是日午后7时，蔡统领锷、机关枪李管带凤楼、唐监督继尧均先后至，存厚复邀集步兵第三营管带雷飚、炮兵管带庾恩旸、刘云峰、谢汝翼等，至七十四标本部集合会议。分配任务如左（下）：

1. 步兵七十四标第一营临时管带唐继尧，率所部（附炮兵第一营之炮6门）由南门进攻督署；

2. 步兵七十四标第二营管带刘存厚，率所部（附炮兵第二营之炮6门、机关枪8尊）扑灭财神庙之巡防第二、四两营后占领南城，援助唐营攻击督署；

3. 步兵七十四标第三营管带雷飚，率所部随蔡统领为预备队，位置于城内江南会馆附近；

4. 其余之机关枪由李管带凤楼配布南城外各要隘，以防敌军外来袭击；

5. 行进次序按步炮兵一二三营之次序。

议毕，存厚回营部，于8时召集本营可靠军官，临时分配职务如下：前队官李修家为督队官，前队官以排长邓泰中任之，左队官禄国藩仍旧，右队官以王排长保国任之，后队官以刘排长发良任之，即按图预定本营攻击财神宫防军之计划。并下如左（下）之命令：

命　令

九月初九日午后8时于七十四标第二营本部

1. 敌人巡防第二第四营在财神宫，本标第一营由南门进攻督署；

2. 本营拟攻击该巡防营；

3. 左队禄队官率所部为前卫，经塘子巷、得胜桥占领羊神庙南端，以掩护炮兵放列；

4. 右队占领大东寺南端林缘，向财神宫攻击，但须派一组有力斥候于清真寺东北十字街口警戒；

5. 炮队在两湖会馆西南三叉路附近选择阵地，向财神宫射击；

6. 其余为预备队，在大东寺位置；

7. 予在预备队。

注意：

1. 运动开始时间听管带后命；

2. 敌人口令系“靖边”“安民”。我军口令系“军”“总”；

3. 我军帽上通附白袋。

同时又商第三营雷管带加派卫兵，无论何人不许离营，以防泄漏机密。

七　革命实施之战斗

布置已毕，时已 8 时 25 分。镇部来电谓：七十三标某营兵变，饬本标戒严听命。是时接此电，以所约起事时间系是夜（明晨）3 时，何至发作太早？当即派侦探一组往探，并派人铡断省城通马、工、辎队之电线。

（一）韩国饶赞成革命　炮兵第十九标韩统带国饶，素与该标所属之军官不合，于起义时该标军官有伤害之事。蔡统领闻而怜之，欲以势迫之使从；否则，置之死地。遂邀韩至七十四标本部，以手枪相向，操日语谓曰：“今晚动作。”韩询：“何事？”蔡云：“革命是也。”韩云：“时机未到。”蔡云：“此时不问时机到不到，只问君同意不同意。”韩允同意。蔡遂留之于本部。

（二）步炮兵勇于赴义　计时过 10 时，侦探回报城内火起，枪声隆隆，知事已发作，不能待所约时刻矣。遂请蔡统领发集合号音，集步、炮两标官兵于七十四标本部前，由蔡统领宣言谓：钟统制疑本协及炮标目兵将作乱，今日已有命令到协，饬我限今夜将枪、炮机柄收缴后再行严加惩办。我辈军人无辜受累。清廷专制数百年，纪纲不振，政以贿成，四万万同胞如坐涂炭。现在武昌首义，四处响应，皆欲扫除专制，复我民权，我辈军人何莫非国民一分子？与其被疑缴械，徒手待戮，何如持此利器同起义军，革命清廷，驱逐汉奸，复我山河，兴我汉室之为愈耶！果能如此，诚汉族之荣军界之光也。赞成者举手三呼“革命军万岁”。步、炮两标官兵齐声高呼“革命军万岁”者三。存厚当即向众宣布，公推蔡统领为临时革命军总司令官。众皆三呼“万岁”，以表赞成。存厚恐步、炮两标中之满人及外省军官以平素党派不和之故，此次革命不明宗旨，疑惧不安，于前途有阻，复宣布云：此次革命实系为改良政治增进国民之幸福起见，非种族革命也。吾辈同志不独不分省界，即清廷官佐亦当保护，俟大局定后同享幸福。众又鼓掌赞成。故步、炮两标官军无论何省人员，对于此次革命无反对者，即清廷官佐亦未损害。

（三）步兵第二营先发之原因　宣布毕各回营，每枪发给子弹30发，每炮发给炮弹10发，一切准备完结，计时已达11时。殊第一营系唐继尧临时管带，子弹一切均未预行开箱，一时尚难整备。恐迟误事机，存厚遂率本营先行。出发至南天台（距省约8里），而李凤楼已将机关枪率至集合附本营同行。

（四）财神庙宫军守中立　至吴井桥（距城5里），得左队所派运动财神宫巡防营之目兵报告，该巡防第二、四两营官兵，均谓我军起义本应相助，奈李督待我等甚厚，不便反颜，只要我兵不加危害，定严守中立。现该两营已各派代表数员至塘子巷欢迎管带，以表中立，请我军不必攻击。存厚诺之。同时复接七十三标王排长定邦报告，谓小东门已由讲武堂学生打开，南门有宪兵巡警，机关枪把守，不易打开，请由小东门入。行至塘子巷，果有防军第二、四两营代表10余员，持帖向存厚言，敝两营守中立，不抗贵军，请无加害。复高呼“义军万岁”。

（五）我军中途之被阻　行至机关枪营操场，有马标统带田书年督率部队拔刀阻路，大有白兵巷战之势，存厚呼机关枪前进放列。该马队稍却，口中述同胞口号。我军亦漫应同胞，该队遂不甚阻。存厚见马标田统带书年。遂诘问贵标统系何目的？田书年不应，引马避走。我军遂驱过。

查田统带引避原因，系该标队官有江北学生方斌、洪树敏、章炳文3人，素具革命思想，彼时按兵中立，不应渠命，该统带无可如何，故尔趋避。

（六）南城之占领及宪兵之投诚　自入小东门，即以占领南门援助唐营攻击督署为目的，沿城墙街巷向南门前进；恐城上有伏，同时派邓泰中率队为左侧卫，沿城墙上经大东门城楼向南门前进，令抵南门合于本队。是时淡月朦胧，道绝行人，灯光灼耀，步伍整肃，只闻军械局、五华山方面机关枪及小枪声断续不绝。是夜1时30分，我营先头行抵南门，见有宪兵约一大排守卫城门，我军开枪击之。该宪兵官长系谢汝弼，川人，见系存厚之军队，遂愿投诚。使缴械纳之，于是占领南城。令步、炮、机关枪诸队均登城配备周妥，时已2钟。且派投诚宪兵至督署说卫队来降，借以侦探内容。

（七）侦探之派遣　同时复派侦探4组如左（下）：

第一组侦察督署左侧沙腊巷及甬道街附近；

第二组侦察督署右侧文庙街及交涉司、东辕门附近；

第三组侦察五华山附近；

第四组侦察军械局附近，且与第七十三标联络。

2时15分，得第二组侦探报告云：

1. 督署东西辕门各列机关铳1尊；

2. 辕门屋上有伏兵放枪甚烈；

3. 本标第一营由文庙街向两辕门突进，被敌击毙数人，伤10余人，现第一营已向南门引退。

同时25分，得第一组侦探报告云：

1. 沙腊巷通二纛街口有督辕卫队扼守；

2. 甬道街有辎重兵约两队扼守；

3. 西院街有消防队百余名集团。

同时40分，第三组侦探回报：五华山有辎重兵固守，且有机关枪向红栅子、黄河巷施放，击毙我军多名，不能深入。

（八）东门之占领　3时许，有本标三营李队官植生率队至南门来，谓进城时与雷管带失联络，寻知刘管带在此，特率队听遣。存厚思进城经过大东门时无我军扼守，该门乃要道，遂令李队官率所部占领该门。

（九）盐库存款之保全　存厚又令前队邓队官率所部步兵一队严守盐库，以防外人掠夺储款也。殊毛盐道玉麟闻我兵至，惊投井中。命兵拯起之，始免于死。

查盐库内置24柜，每柜储现银25000两，合计存银60万两。以存厚派兵严守，得以全数保存。

（十）炮兵射击开始　4时，天微曙，即命附属炮队由南门城墙上布置放列，向督署开始射击二三发，以寒敌胆。但天未明，不便观测，即命中止。

（十一）增援大东门　同时25分，接守大东门之李队官植生报告如左（下）：

1.4时10分，有小轿一乘，两人扶轿，前一人持开城门钥匙，叫大帅到，快开门；

2. 我队即开枪轰击，登时击毙抬轿2人、扶轿1人，持钥1人；

3. 当即详查不见坐轿1人及扶轿1人；

4. 刻闻前李督自河口所调之防军四营今早可到；

5. 风闻七十三标未入城之军队亦将反抗；

6. 总以上情报，请派兵一连增援。

存厚得报后，当即由本营后队派兵一大排往援。

（十二）收纳降参　6时顷，天大明，西南城之炮用集中火向督署猛击，小东门城上之炮即向军械局轰击，以炮弹少，每炮四五发后乃中止。自6时至午后3时之间，城内督署卫队、巡防消防各衙门亲兵及弁护，均各携枪纷纷至南城归降。经存厚纳降者略计如左（下）：

1. 陆军警察约60余人（多有手枪）；

2. 辎重队七八十人（旋使之归营）；

3. 消防队约百余人（带枪）；

4. 督署卫队及防军共200余人（带枪）；

5. 各处弁护亲兵约七八十人；

（以上受降之虏及枪械，除辎重兵使之回营外，余均送交讲武堂收存。至枪械，旋由讲武堂送军械局存储。）

6. 镇司令部守卫机关枪排长陈耀武，持机关枪机柄来投诚，众欲格杀，存厚乃阻而纳之。初，镇部饬机关枪营管带李凤楼派排长1员，枪2尊，进部守卫。存厚即商之李君，嘱派一明白事体者前往，以便因之取利。李君即选派陈耀武往。存厚即先与陈耀武密约，我军进攻彼不得放枪，故此次携机柄投诚，纳之不疑。

（十三）钟麟同授首　7时许，存厚在南城用望远镜窥探五华山，始悉钟统制等在五华山盘踞，遂移炮射击之，见该高地所集之敌兵四散。同时35分，有本营右队侦探正兵某报告云：正兵至红栅子，闻炮声即伏铺侧，见钟统制云："此处有炮弹飞来，不可久居，我们向大帅衙门去。"遂上马。正兵以弹击之，中其马腿，马倒。钟统制乃以手枪还击正兵。中正兵左背。正兵遂走伏柜台下观察，见彼时钟统制左右只有弁兵二三人及苏执事官随从。钟统制云："我钟麟同命运尽矣！"遂欲以手枪自击，苏执事官阻之。乃向苏执事官放击，苏逃。钟统制遂自击穿左肋，倒卧地下。适有卫生队抬担架由南城入，存厚即命往抬钟统制至城。8时顷，果将钟抬至南门城上，众兵环视，钟口头犹叫你们勇于作乱。众愈憾（恨）之，遂被本营右队正目陈占元挥刀斩决。

（十四）合攻督署之计划　9时顷，据各处侦探报告，军械局尚未攻开，督署卫队坚抗如故。此时统计步枪子弹，每枪平均不满10发，每炮只炮弹二三发。警报频来，全城未克；而马、工队及步兵七十三标之半部尚在城外，赞同反抗尚未可知；又李经羲前调蒙自防军四营回省，计日将到，时机急迫，军心渐摇。存厚同唐继尧协商分道合击督署，唐营经三牌坊由二纛街破壁向督署攻击，存厚率第二营经陆军小学堂、福照街由二纛街破壁向督署攻击。计划将定，时已10时50分矣。此时接得军械局被我军攻开捷报，军心欢忭，士气大振，即往取多数枪炮弹，首由南城炮兵猛向督署攻击。正拟以七十四标第一、二营继续前进，殊炮才数发，督署卫队及甬道街之辎重兵纷纷溃走，守督署之机关枪排长白正光，亦携机关枪 2 尊之机柄来降。

八 革命之战捷

（一）军械局及五华山之占领　谢汝翼督同炮队队官杜文泳，率队由小东门进攻，始则占领小东门左翼之城墙为炮兵阵地，能对五华山直角射击。殊意骡马不能上城，遂用人力搬运而行放列。然滇之城墙内方俱有尺许土墙，非挖开不能射击，于是施作工事，并派司务长杨遇田带兵 3 名向五华山侦察。维时但见五华山顶火光照耀，枪声猛烈。

旋据杨司务长遇田报告云：到黄河巷即被辎重营兵数十名集中射击，八棚正兵彭玉昆阵亡，三棚正兵范绍清右腿受伤，火力甚猛，不得上坡云。同时接到步兵李营通报：钟统制、靳参议等带有辎重营机关枪一挺及防军占据五华山前后，其主力在潘公祠右后端；又军械局四角皆置有格林炮，并有防军固守。杜队官得报告后，即用 500 米之距离开始射击，以潘公祠左屋角为假标点，俱用子母弹试击。因开花弹破坏力大，设有偏差，必致损伤人民房屋，并恐误击军械局，致绝弹药补充之路。共施放 5 弹，颇著效力。盖友军闻炮兵开始，胆为之壮。至敌人纯系步枪暨机关枪，辎重营官兵多有思退却者。当奉蔡统领面谕，射击暂停。于是杜队官即带目兵陈小二、任来有、段如凤等，从右翼经高帝巷、梅园巷而至五华山北麓，见军械局四周向外射击，弹如雨注，七十三标步兵死伤颇多，并伤排长一员，前后门坚闭如故。谢管带与杜队官在军械局前后侦察，非破坏大门不能进，遂决定运炮在虹溪试馆右方，直射军械局前门。杜队官回至小东门阵地，挑选精灵勇敢目兵数名，驮载毕，仍由昆明县署、圆通寺街、高帝巷、梅园巷，即选定虹溪试馆之右后高地始射击。盖此阵地在敌人阵地射击死角之内，左右均有树林荫蔽。每放一开花弹，军械局大门只穿一子弹大一孔，该队所带开花弹只有 6 发，一面派兵向第一营、二营补充，亦只得数发。盖第一、第二营斯时皆未开始也。

谢管带云，事势至此，非炸药炸其前后门必不能奏效。谢管带与李根源携来炸药二桶，杜队官即命副目陈小二等，提药直接军械局大门。斯时枪弹、格炮较前尤猛，谢管带与杜队官暨此一炮，目兵冒弹接近，即由副目陈小二燃药炸毁大门，李根源烧毁后门。局内防军遂如鸟兽散，有脱衣窬墙者，有枪毙在内者。七十三标步兵于此时内亦冲进大门，死伤约十数人。至此始将军械局占领，计时已在初十午前 11 时矣。同时该队复以全力占据五华山。

（二）督署之占领　12 时顷，存厚即派本营左队官禄国藩率左队占领督署。该队先头甫进西辕门，尚有卫队在大门内放枪，我军还击，南城之炮兵闻督署枪声，复开炮向督署轰击，遂误击毙左队兵一人，伤数人。午后 1 时顷，七十三标某队亦至督署，协同占领。存厚即单骑入督署内巡视，见署内办公室及李督私室，一切陈设井然未紊，唯办公人员及李督与夫眷属均无踪迹，署侧督练公所景况亦同，唯兵备处会客室炕上，有辎重营范管带死尸横置其上。巡毕复回南城，即同韩统带国饶乘马经大、小东门城上，沿城慰劳目兵。至江南会馆，晤临时总司令官蔡锷等商善后事宜。

（三）王振畿杨集祥之枪毙 存厚至江南（会）馆，甫进客室，见王参议振畿、杨参谋集祥僵卧地下，血染遍体。究其致死原由，本日午前4时，王振畿在督练处闻炮声，知势不支，即走赴关帝庙，寻陆军警察营陈管带，至小西门即被炮兵第一营拿获，搜身中带有手枪，疑是奸细，殴之。彼时庾管带恩旸见而怜之，呵止所部殴辱，扣留城上。至午后3时，送彼至江南（会）馆，同时杨参谋集祥亦至。该二人正与蔡锷坐谈间，突来讲武堂学生数名，以手枪向王振畿、杨集祥轰击，登时毙命云。

（四）总司令部之迁移 时已午后5时，天色黄昏，突来报告，谓步兵第七十三标第一营全部及第二营之一部，本日投诚殊非本意，拟合讲武堂之虏卤，今夜袭击总司令部。蔡司令以存厚兵踞南城可靠，即令移住南城。行至小西门，突闻枪声四起，军械局方面火光甚炽，未识何由。遂发停止射击号音，清查来由，莫知所自。推系初经战后，人心惊疑，杯弓蛇影，草木皆兵，一处发枪，四处响应，皆由误会所致。行至南城，见城楼上除伤亡将士外，悉系堆积虏获之战利品（枪械之类），不便办公，遂移入盐道署。

九　革命成功后之建设

是夜存厚在道署同蔡司令、唐继尧、殷承瓛、雷飙商议善后各条如左（下）：

1. 临时政府之组织并参谋部之职守；

2. 都督府决定以五华山师范学堂改作；

3. 照会英、法两国领事宣布独立；

4. 慰劳战胜军；

5. 访查李经羲所在。

（选自云南省政协文史资料委员会编《云南文史资料选辑》第41辑，云南人民出版社1991年9月第1版）

“光复”滇省事略

谢汝翼 *

前清宣统三年六七月间，四川因争路风潮，军民激变起同志会，影响波及云南。至八月初间，讲武堂学生300余人意起革命，欲于八月二十日特别班百人毕业，李督经羲到堂行毕业式，发给文凭即行刺杀，共同举事。监督沈汪度、总办唐继尧均知其事。沈即告之谢汝翼。谢谓时机未到，如以少数人骤行之必至失败，极力阻止之。

继于二十日，闻武昌已于十九日起义。二十五日，同在沈（汪度）屋会议联络官兵方法手段，并保守秘密。其时则蔡君松坡、刘君存厚、韩君凤楼在焉，于是各分担实行联络主义。

至三十日，在唐君蓂赓处会议各方面联络运动之方针及其进行

---

* 谢汝翼：时任云南新军第十九镇炮兵第十九标第三营管带（营长），后任都督府参谋厅厅长，代理云南都督，云南陆军讲武学校校长。

之如何。谢汝翼报告，炮标第三营业已运动成熟。刘君存厚报（告），该七十四标第二营已十之七八悉听任使。黄君毓英报告，七十三标官兵已共千余人开单画押，赞成义举。后又偕邓君泰中报告，铁路上段巡防第四营及卫队亦已联合。李君鸿祥云，七十三标联通之事恐难确有把握，令黄君毓英再行确实结合。沈君汪度报告，讲武堂全班学生早经联合听命。是日并议请罗君佩金迅速领发子弹一事及拟定作战计划。

九月初三日，在刘君存厚处会齐订盟。其时则与蔡君松坡、李君鸿祥、沈君汪度、殷君承瓛、韩君凤楼、雷君飙、张君子贞、唐君继尧、黄君毓英、刘君云峰、黄君永社等10余人共矢誓词，愿同生死共患难，啮指沥血，和而分饮。即刻会商发难日期。佥谓为保守秘密起见，未可遽定何日。须各自竭力进行，务期广为联合，总以多数赞成为要，庶一举即可有成，无虞失败。随公同议决：设机密偶破，何人遇害，各方面即同时并起；并派递步哨，俾巫家坝北校场皆互为声援。

至初七日，在唐君继尧处会议，遂决定发难日期于九月初九（十）夜（晨）3钟。讲武堂学生一部分归张君子贞指挥统带开小西门，一部分归沈君汪度指挥统带开北门。先意本欲开南门，以便接应巫家坝步、炮兵队入城，以南城外有巡防驻守，关帝庙有陆军警察驻守，南路防备甚严，学生兵力薄弱，遂决意开小西门进兵。步队七十三标标兵由北门破城缺口处逾垣而入，以一部分砍开北门，迎北校场军士前进。此时并议定七十三标兵认占领军械局及五华山；第一营炮队占领撞钟楼射击督署，第二营炮兵占领五华山，第三营炮兵一队以二门占领白泥坡，以四门占领大东门城埂；七十四标步兵以第二营攻督署，以一营占据南门，并攻击藩署、盐署各衙门。此筹划攻击之方略也。

初八日，蔡松坡在七十四标本部住宿，与罗统带及步、炮两标各营管带会议一切事宜。

初九早 7 钟，第十九镇钟统制以外间人言啧啧，风声渐露，深恐兵变，亲往巫家坝，训戒各兵不可轻听谣言。倘有言及革命者，将其扭送镇署，重赏百金，并升以官职。谢汝翼恐此业已运动有成之各军，因训戒而或生畏沮以致解体，复命同志等仍往讲武堂严密侦察，各目兵有离散之情形与否。乃该目兵等团体全未动摇，众心益其坚固。午前 10 钟，忽得蔡君松坡命令，谓据刘君存厚报告，步队七十三、四两标联络尚不稳固，发难日时再从另订。谢汝翼速命邓君泰中、杨君蓁赴北校场，侦探七十三标究系如何情形，命范石生、潘万成、聂明德确探步、炮两标内容。尚未复报，午后 3 钟，蔡、李、沈、唐、张、雷诸君会议皆已决定，照原议本夜（次晨）举义。其刘存厚所报各情，尽属子虚。唯李君鸿祥主张最坚，万不可以改期。午后 4 时，侦探尚未回报，谢汝翼乃亲至讲武堂面晤唐、沈二君，始知仍从原议实行。旋急驰马往巫家坝准备一切，以待时机。下午 7 时，下令假托夜间演习，命各队司务长炊爨，其实暗为部署。于 8 时令军需长李和声发给手枪及子弹，并马枪子弹，恐机密破泄，以便应用。随即到七十四标标本部会议，会议人员如下：

蔡松坡　刘存厚　雷　飙　刘云峰　庾恩旸　罗镕轩　谢汝翼

所议决之事件如下：

1．12 时鸣号，传步、炮两标官长在七十四标标本部前集合，宣布革命宗旨，本夜（次晨）3 时发难。反对者用手枪击毙；

2. 午前9时，由炮三营派官长一员、目兵6名，将巫家坝、干海子、归化寺各电话线剪断，并将通迤南各电话线尽行剪之；

3. 由七十四标二营派兵6名，在关上之西方约200米达之桥梁处，由炮三营派兵6名，在双龙桥之东方约100米达之桥梁处，阻挡报信，断绝交通。有不听阻者以枪毙之；

4. 由唐君蓂赓带七十四标第一营，附炮标第一营、炮队一营、步队一队；

5. 军队区分另单开列。

当会议未毕，炮标统带韩国饶命人前来请谢汝翼到彼议事。看其情形恐事机漏泄，随听范石生言，托故未往。8时半，韩统带亲来至寝室，言及现今风潮甚大，夜间演习恐致人民惊惶，命令可以旋止。当即答以业今准备完全，既系如此，可就近在小板桥、跑马山一带演习。韩仍未允。因即假传命令中止。约聚谈一小时，韩辞归标本部。旋蔡君松坡命人邀韩至七十四标标本部，将刻下发难一切详细告之。韩即极力赞成。遂同至炮标三营，半途会遇，彼此言明同意。

唯时已见城内大火冲天，知七十三标已经举动，赶即传令鸣号，集合步、炮两标官长到七十四标标本部前，蔡、罗、谢、刘诸人先后演说革命宗旨，并示攻击方略。众皆极表赞同，三呼“万岁”。满人惠禄文裕，有欲以枪毙之者，蔡、谢咸不允许，只许送入七十四标惩禁室。刻即军官各散回本营队，集合目兵再为演说攻击进取方法，分配子弹，准备出发。

12时各事完毕。先分七十四标二营并炮队第一营为一纵队，往攻督署；次以七十四标一营、炮队第二营为一纵队，占领五华山，攻军械局；炮队第三营占领东、南两门。12点30分钟，巫家坝出发完毕。

闻城内枪声隆隆，火光烛天。行至天台，北校场来报告，七十三标全军业已入城，正围攻军械局。又闻小东小西两门已为我军砍开，七十三标一部队占领小东门，讲武堂学员占领小西门。于是第一纵队由小西门直进，第二、三纵队由小东门直进。至南门外塘子巷，有马兵全标全副武装在机关枪营操场集合，确系李督调来防御革命军者。因城内交通断绝，该标统莫知底蕴。蔡君随将伊唤出，告之以故。渠军三呼“万岁”。旋令该统带率领全标，往迤东一带镇压土匪。进小东门时，因我兵甚众，异常杂乱。炮队第二营由小东门直向五华山前进，至黄河巷口，乃知钟统制已带兵在山防备。该第二营管带急命退却，被钟统制兵队将炮马击毙二匹，抢去一炮管退机，幸未伤人，仅为掳去目兵二三名，于是该炮队绕道占领大东门城埂。因阵地不适宜，由城埂上变换阵地，于南门附近向督署放列。炮标三营炮兵一队，因入小东门人众纷扰，命潘督队官带炮二门，掩护兵27名，占领白泥坡，其目的有二：1. 预料七十三标必有反对者，以便射击；2. 设我军战斗不利，亦可以制城内之死命，且适以收约阵地。第三营炮4门，放列大、小东门适中地点，向五华山准备射击。炮队第一营由小西门而入，占领关帝庙城埂，亦向督署放列。步队第一、二营皆进攻督署，并由该二营分一部分占领粮饷局、盐库、藩库。第三营围攻五华山。七十三标之一部分，占领机器局、大清银行、电报局。天尚未明，藩库、盐库、巡警道署、粮饷、机器、电报各局及大清银行，均为我军所得。唯军械局、五华山、督署清军兵力颇厚，抵抗最力，彻夜机关枪声不绝于耳，我军未发一枪。及天将明，第一、二营炮队向督署猛攻，一一皆中，署内各兵势不能支，遂有逃散者，有愿降者。李督闻炮，赶即逃进民家藏匿。初十日午前9钟，已全城为我所有矣。

炮队第三营在大小东门之间，天将明时，亦向五华山射击，十数发未见效力。闻军械局尚未破开，谢汝翼深为愤急，仅剩子母弹4发，亲率炮一门，由螺峰街经学院署到升平坡。其时军械局守兵由屋上开枪，向我炮兵射击，我炮兵难以前进，因命卸炮，将炮身炮架一一抬至梅园巷，距军械局50余步放列。炮兵奋勇异常，在敌人有效射击之下，利用地物将炮及子弹抬至目的地点，亲自照准向西南角射击。该局之墙系外用砖块，内用土基，约3尺厚，连放二发，仅崩砖石四五块，土基数片。因炮弹只余二枚，乃令炮兵用十字锹挖洞。将至通时，五华山钟统制及局内枪声皆向我挖洞之兵射击，兵遂退出。复向洞旁发一炮，见洞穴稍大，赶即命炮兵3人，往白泥坡及南城埂运炮弹接济。正守候间，李君印泉命讲武堂学生自机器局运来黑色炸药5桶，以无导火线，速买火爆引线。由民间觅得火爆一封，取5寸长者分为数份，每桶以火爆半入之，令炮兵将桶抬往墙洞轰放，渐渐炸开。连放3次。局内守兵知势不敌，惊溃而出。谢汝翼命七十三标步兵由大门进入，自率五六名径由洞内跃入。至大门，被钟统制五华山之兵将我军步兵击毙3名，炮兵中伤1名，其枪声向军械局猛烈直发。我军在门内严防，恐敌人逆袭，时已午前10时。不数分钟，而五华山敌军已尽溃走，大功告成矣。

彼时仅谢汝翼一人在军械局，各军士入局纷取子弹。有在库内即用刺刀敲击弹箱者，恐其爆发，遂命将第二库子弹抬出院内分给军士，其他库不暇照应。彼其时一切刀、矛、手枪、零件私行取去者不少。午后5时，始无人入内私取。此日约发出步枪弹200余箱，手枪弹10余箱，炮弹40余箱。

6时后，局内守兵仅存20余名，乃亲向江南会馆机关部请兵保护。旋回时，张毅带兵一队到局内坐谈，约20余分钟之久，形迹殊为可疑。张率队甫出门，枪声即发。守兵20余名亦乱射，屡命停放，均不听，至四五分钟乃停歇。复自率兵士6人出局搜索，竟无人踪。至9时，江南会馆来步兵一队，因即指挥配备。其时沈君石泉亦在局，相与共宿局内，竟夜枪声忽发忽止，两人终宵巡察，不敢安眠。

十一日早7时，体育学堂学生赴局估索军装，气势汹汹。因令将前后门关闭，不准入局，谕以如须用时，俟清查局内有何种枪支，再行散给。随即发出曼利枪70余支，子弹七八千。由7时起，各标营目兵纷纷前来领取子弹，均令在局外守候，陆续将各种子弹砍开四五十箱，在局外分散各军。内有昨日各兵将子弹错领，来缴换者络绎不绝。此皆由该兵等不辨所用，应领何种子弹也。

正午12时，工兵大队至军械局交代守备，韩管带凤楼亲自配备守兵。午后5时，齐到五华山师范学堂会议一切，布置及进行各方法。所议之事件如下：

1. 省城守兵之配备；

2. 安抚铁路上段巡防第二及第四营；

3. 军政府组织；

4. 迅速修理通信机关。

十二日早，巫家坝守兵及机关枪营管带飞报，有迤南巡防一二营攻击巫家坝，营房已为占踞，并且焚去数间，蔡统领随拟命令，各部队纷纷出城。炮兵有在火车站向巫家坝放列者，有在天台向巫家坝放列者。谢汝翼单骑经火车站顺铁道至素珠营侦探敌情，杳无踪影。询之土人，咸谓早间闻有枪声，但未见何动静。又询由呈贡来者，据称昨晚有铁路下段巡防第八营到呈，该县令鄢谕劝该管带，谓省城刻已反正，如愿投诚，可速带兵自行前进；否则，速即退出30里外屯宿，免致大兵将至，人民涂炭。该管带果即退扎梅子村。谢汝翼随饬人将此情节报知蔡统领，一面即回至巫家坝，亦别无异状，唯见伙夫等肩挑行李物件出营。移时，邓君泰中率七十四标第二营步兵二队前来。炮标第一营头目潘永珍、排长张桐报告，本日天将明，有巡防兵十数名在营房对面村落，向巫家坝营房连发10余枪，伊等应射数枪，不见形迹。谢汝翼又将此情转报蔡统领。

随与邓泰中商议，巡防现住呈贡，如果反对，进兵省城，人心甫定，势必扰乱，且不便整顿一切，莫若先将此步兵二队开往呈贡抵御，以便后方布置。邓队长遂表同意。斯时已正午12时，邓队长报告，兵士自昨夜至今未得眠食，精神异常困敝，须到官渡令其饱餐，然后直下呈贡。行抵旧门里军士饥甚，遂休息命村人造饭，并买柿子给与充饥。见合场人民虽然赶市，颇有惊惶气象，田间农人亦照常耕作，唯运菜蔬、粮食晋省者竟至绝迹。有一二老民谓宜出告示安辑人心。因向伊等演说革命宗旨并城内情况，以抚慰之。

午后2时饭毕，随部署警戒行军向呈贡出发。士卒因劳顿，进行殊觉迟缓。5时，约距呈贡五六里，前卫侦探报告，呈贡附近并无敌人，乃整队入城。鄢令率绅民七八十人出郭迎迓，招待至县议事会住宿。因命准备饭食铺陈。又命邓泰中、王保国、刘发良、郭槐等侦察地形，配备守兵于各城门；遇有警报，主力在三台山防守，以便抵御。午后8时，士卒造饭毕，即命令除警戒人员外概行就眠。

至夜3点钟，南北两城门枪声忽起，亲率主力往三台山占守。又命侦探6名探查南北两门情形。旋来报告，系省城已投降之巡防第四营兵30余名由省逃至此者，为北门守兵所知，备晰查问原由。我兵由城跳下，该兵惊惧，意图逃窜，我兵开枪射击，擒获3名，掳回九子枪7支，子弹13带，余向晋宁一哄而逸。闻土人云，昨在梅子村宿夜之巡防第八营，本日清早向河阳退却。赶即专信前往招降该营。

十三日仍扎呈贡防守。谢汝翼亲解逃兵3名返省，商议组织一切事宜。其日午后会议之事如下：

1. 公推蔡松坡为都督；

2. 研究刊刻都督印信；

3. 组织军政府各机关；

4. 照会各国领事；

5. 通电三迤各地方一律赞成反正。

（选自云南省政协文史资料委员会编《云南文史资料选辑》第41辑，云南人民出版社1991年9月第1版）

回忆辛亥革命前后

陈天贵*

云南在1902年以前，只有巡防队和亲兵队。带兵官类皆目不识丁的武人，兵丁多是好吃懒做、抽大烟和从事赌博之徒，平日绝少操练，每年冬季在北校场举行一次大操，操演一些刀矛、弓箭、藤牌之类。我当时只十二三岁，曾去看过。1904年着手改编为新军，在这时间办有一个武备学堂，培养一部分下级军官。军队改编后，即委派武备毕业生来任排长、队官，从事训练，始有单响毛瑟步枪和三生的七旧式炮。操法采取德国式，每日早晚上操一次，一年后才上讲堂。但兵丁仍是原来巡防队旧人，绝大多数不识字，颇难吸收新的军事知识。我因母老家贫，这时投入新军炮兵当兵。当时部

---

* 陈天贵：时任云南新军第十九镇炮兵第十九标第三营中队司务长，后任云南护法第三军第十梯团参谋。

队中大部分是哥老会人，我入营不久，便有人来约我入会。我看见他们作高揖的怪状和奇怪的言语，心里十分厌恶，便婉言谢绝。

1906年后，锡良来做云贵总督，调来一个陈宧，把军队扩编为一协，以陈宧为协统。陈宧带来一营湘军的步兵，首先在每一营中派湘军一排担任卫兵，不许官兵外出，宣布禁烟禁赌，整饬军风纪。不久，炮兵营内有一个士兵烟瘾大发，越墙逃走，被卫兵拿获，次早陈宧来到营内，召集全营官兵宣布这个士兵违禁越墙逃走罪状后，立即处以枪决。从此烟赌不禁而自禁。又隔多日，陈宧来营视察，见有一个士兵学写字，便当面嘉奖其好学，升为准尉。因此外县青年闻风而来投军者日渐增加，旧的士兵陆续淘汰，军队面貌一新，操练亦日有进步。陈宧带来的湘军多数均分派在各营内任正副目，枪支亦改用五响毛瑟。

1908年，沈秉堃护理云贵总督，云南留学日本学生毕业回国后，均分派回云南，有李根源、李鸿祥、殷承瓛、何秉钧、顾品珍、唐继尧等，外省留学日本学生亦有派到云南者，如李烈钧、刘存厚、方声涛等。沈秉堃创办讲武堂，以李根源任总办。是年冬李经羲来任云贵总督，办来德造七生的半口径山炮54门，六米厘八步枪8000支，10响手枪2000支及军用品等。一般日本士官毕业生初任各标教练官或讲武堂教官，不久即改委管带，一切操作均改为日本式。随即扩编云南军队为暂编陆军十九镇，以崔祥奎为镇统，旋以钟麟同任镇统，以靳云鹏任总督署总参议，殷承瓛任参谋处处长，韩国饶任教练处处长。这时我任炮兵十九标第三营中队司务长。谢汝翼任第三营管带，到任不久，他指派我为营部购置桌凳等家具。我以为这些事是军需长的职务，何故派我；但既奉派，只好去办。办后谢即要我到他办公室询问木料做工等事，最后即嘱我星期休假到他小西门住所谈话，并嘱我不必对他人提及。最初两三次谈话，所谈的都是一些学术上的事，谢并对我加以鼓励。接着几次，他就谈到云南受英法两国侵略的情况和清朝政府丧权辱国的种种事实，越南亡国之痛，可为殷鉴。当今之急，非集有志之士，同心同德，打倒清朝政权，建立民主，断难挽救危亡。最后他命我审慎秘密联系官兵中有志者，以备他日待机发动，并一再嘱咐我，不可对家属吐露，联络工作切勿急进，非其人不可轻易开口。

这时适有排长缺出，总督署派参谋教练处来考试中队长以下军官，包括提名考升排长的在内，谢汝翼提出我名，考试结果，我考取第一名，即被委升右队中尉排长。与此同时，讲武堂炮科丙班入伍生 30 人交三营训练，谢即保我兼任入伍生教官。谢于我任职后，又面示对这班学生可以比较深进一层地灌输革命知识，因学生中有一些是入过同盟会者，其他大都是知识较新的青年，然亦须谨慎从事，我均遵嘱进行。

次年端阳节后数日，我将已经联系妥当之军官佐（包括一、二、三营）20 人，如毛少连、莫玉廷、王璧君、何镜澄、尹谊、李福昌、朱文远及士兵共 152 人，开列名单，面交谢汝翼审核。他非常高兴，又一再嘱我务须告知各人，切勿对他们父母弟兄言及一字，并勿自动集会；今既有此成绩，以后不必贪多，以防泄露。又过了 10 多天，谢命我先将军官佐 20 名分为两批，由我偕往何国钧家里谈话；接着又在 152 名士兵中指定 20 名去谈话，仍分两批。

到中秋节后 5 日，风声甚紧，钟麟同带着辎重营一营，武装实弹，来到巫家坝，召集步兵七十四标、炮兵十九标全部官兵训话说：

“近来革命党散播谣言，摇惑人心，早已密令严予查拿法办。过去广州、四川曾有乱党聚众扰乱，当经消灭殆尽，并将为首多人立即枪决，抄没家产，国恩浩荡，免诛九族，倘有乱说乱讲、捕风捉影者，一律以造反论，断难逃出法网。”接着他提出谢汝翼之名厉声说：“国家把你送去日本留学，毕业回国后又优予委用，你不思报答国恩，反而到处散布流言，必是受乱党鼓惑”，并说了“你真是一个造粪机器，是一付猪大肠，举不上墙去”等等极端侮辱恐吓的言语。谢汝翼态度如常，唯唯听命。散队后，炮兵三营里的一部分军官（江北陆军毕业生）对谢极尽讥讽嘲笑之能事。他们互相见面，开口便说“你是造粪机器，是猪大肠”，甚至在营部前后大声嘲笑，故意使谢闻知。谢亦置若罔闻，我们却万分愤慨，同时鉴于罗佩金被撤差事，恐谢汝翼被撤或被调远处，颇为忧虑。

九月初三日（农历），谢命我转知约妥军官毛少连、莫玉廷等于午后 8 小时到何国钧家里。我们到齐后，谢说：“武昌起义，大功告成，各省响应，风起云涌，时机紧迫，已决定九月初九日（重阳节）午后 9 时全部发动，省会七十四标有蔡统领、唐继尧、刘存厚等负责，七十三标有李根源、李鸿祥负责，外县都已联系妥善。入城后以攻占五华山军械局、总督衙门、电报局、银行、藩台衙门为首要目标，炮兵射击要注意约定旗号。今晚散会后，须分别密告已经联系妥的军士，慎勿对他们家属好友泄露一字。”谢又嘱我于发动前两小时率领讲武堂炮科特别班毕业生李雁宾、梁謇 2 人，并选士兵 4 人，由西后门出去，照指定地点破坏电信，剪断电线，至于地点和方法，则待日内借实习筑城工事时再作指示。

九月初六日，谢命上月操习工事的官兵李雁宾等由我率领，在距营房约 1000 米的地方操作，待谢到来面示。我们施工后 10 多分钟谢即来到，一一指示破坏方法。这时李根源骑马来到，下马后即与我们谈话，他指着铁路说，“法国人筑铁路已到昆明，攻到我们的心腹，再不拼命，就会成亡国奴”，言时声泪俱下。谢对李根源说：“我已向他们说过多次，你快去会老韩，我有事进城。”言毕俱各离开工地。

九月初九日入暮后，我们都作准备，擦枪收拾一切。韩国饶从来不来士兵宿舍，是时带了一个马弁前来，并问我为何这时还擦枪，我答以奉管带命令，今晚要野外演习。他说：“你告知管带，改日再演习，可命士兵休息。”我即答以“请向管带商量，我们要奉到管带命令才好遵办”。于是他点首向营部走去，我随后跟着他去。他一见谢汝翼，尚未开口，谢即先说腹痛。他便说：“你既腹痛，不必演习；叫他们休息，改日再演习吧”，并派马弁去标本部取仁丹给谢。谢却厉声说：“风声不好，民心难安，今晚非演习不可。”这时谢之左右站着我们七八个人，大家都表现出愤怒的神色。韩看见势头不好，立即对谢说：“既如此，我甚赞成，惜乎你不早对我明说，我一向是同情革命的。”谢即笑答：“统带既然赞成，我们竭诚欢迎。”言毕即出房门命我即去破坏电信，并嘱李福昌带兵一班监视韩国饶，勿令逃走，如逃即行格杀。我率李雁宾等 6 人去破坏电线，任务甫完，时只 8 点钟，即闻北校场枪声越响越密。我回营时，谢汝翼已立在营部外集合队伍，我即率士兵 20 多人到马料储藏室取枪炮弹，因此项弹药是历次实弹射击设法留下来，藏于马料室马草后边的。弹药分发完竣，全标队伍均已集合齐备，只各营留下卫兵 20 人，就中指定军士一人为留守队指挥员，大队即向省城进发。行至南天台路边，即有机关枪营李凤楼管带率队等候，一道集结前进。行至塘子巷口，又见太和街口有骑兵队伍，初以为是阻止我们的，旋闻对方有人大声询问谢管带来到没有，我们都答在此，他们即口呼万岁，于是齐向穿心鼓楼前进。谢汝翼传令说，城门已有讲武堂学生负责，打开进城后，从军械局后方进攻。进至皇城角口，才知钟麟同已先我们占领五华山，扼守军械局，用机枪向我们射击，我们炮兵无法再进，只由步机队伍围攻。谢命我们炮标挖开城墙，迅速占领大南城一带地方，炮轰五华山总督衙门及军械局各目标，协助步兵攻击。我们即遵令完成任务。天将明时，我在大南城上指挥炮兵分向五华山总督衙门射击，有一炮弹很巧，命中西边桅杆，射下桅杆斗及杆尖一段，大家欢呼说，他们垮台了，这是先兆。

到10点左右，有一个排长率兵10多人抬着钟麟同送到大南城，问蔡统领在不在。谢汝翼一看是钟麟同，询问从何处抬来，据称钟在四吉堆被击伤，送来交蔡统领。谢说："统领已赴前方，可以交与我。"随即问明排长姓名，记在手折上，并写了一字条给这个排长。士兵闻是钟麟同，便大骂："你这'满奴'，昨夜还用机枪扫射我们！"说着便用刺刀向钟杀去。谢即大声阻止说："不要杀死他，留他活命有用处。"可是士兵已经几刺刀把钟麟同杀死了。

午后3时，蔡统领来，谢报告杀死钟麟同经过后，蔡以军械局尚未占领，要炮兵派一连向军械局后墙轰击，限一小时内占领。谢命我率炮4门前往，射了10多发，炮弹已将墙击破。我们步兵冲进后，里面敌军只有士兵20多人，当即缴了他们的枪支，占领了整个军械局，并取出炮弹补充。这时五华山已全部占领，看到钟麟同取出的大炮8门，旁边堆着很多炮弹，炮筒内也装有炮弹，因为弹后只有铅质底火，未装铜质底火，所以他们发射不出，否则我们就要受到很大的损害。蔡统领随即到来，命令营长以上军官齐集浙江会馆内开会，队伍由各营督队官负责指挥。是晚蔡在浙江会馆漏夜办公，次日成立军政府于五华山，蔡被推为都督，下设军民财参各部，市面恢复正常。靳云鹏装成轿夫，抬着一项轿子混出城逃走了。李经羲躲在柿花巷内居民家里，查获后，蔡命送出滇境。

云南举义成功后，随即分派队伍前往三迤。我奉委为炮兵中队长，率队随军赴蒙自，统兵官是罗佩金。行至通海后，罗佩金召集县知事、绅耆及中队长以上军官在秀山开会，宣布3事：

1. 男子一律限24小时内剪去发辫，女子除50岁以上者一律放足；

2. 出示安民，令百姓各安生理，铺面一律开业，不许高抬市价；

3. 由县会同绅士及军队组织巡查队，分赴各村乡巡查宣传，非有准许证，不许留宿任何人。

会毕罗即返回昆明，我们即开赴蒙自，通海只留兵一连暂住，以后听候蒙自长官命令。我们炮兵到蒙自时，赵复祥（又新）已先日到达。我队驻中学校内，在蒙自编成步兵三营，炮兵一中队，协统是赵复祥，兼任蒙自道道尹。我在蒙自驻了20多天，奉令调任新编炮兵第四大队第二中队长，训练新兵，以我队排长范石生升任中队长。我交代范接任后，准备次日起程回昆，范石生备了酒菜为我送行。在入座前他向我深深作3个揖，对我说，外边风声不好，闻有哥老会人纠集一部分士兵作乱，队上士兵都是我训练的，一旦有事，恐难掌握，要求我多住3日，如3日内无异状，决不留我，等语。我以公谊私情难却，即允所请。谁料是晚7时半即闻街外有枪声，据报铺店已关门。我即鸣号集合队伍，配好实弹，率队前往道台衙门，谒见赵统领。赵指示我说，叛军是第三营，一、二营是友军，命我注意。我即出来指挥，约 10 多分钟，即有百多个不成队伍的兵向炮兵阵地走来，据称是第一营的队伍。我待他们进到阵地后，拿出白布，每人发一块，套在左手。随见东门外火光冲天，我乃复进道台衙门见赵统领，赵已不在，据说已从城墙上逃走。一些乱兵在抢大宝（银质大宝，每个系 50 老两），满地都是。我见有一人在电报房对着 20 多人讲话，旁边的人说是掌旗官李振邦，就是现在的头子。我走向前去，听见李振邦说："现在只有打电上省，报告部分士兵叛乱，我们出面维持，请省方派大员来蒙主持，可惜电报生一个都不见。"我即上前称他一声李大哥，赞成他打电报省，并说，我有一个亲戚在临安任电报局长，我可以持电稿去请他发出。李振邦很高兴，便嘱他身旁一人立即拟好电稿，李振邦盖了一个私章，交我去发，并写了一张准予出城公干的条子给我。电文大意是：某日午后 8 时部分乱兵纵火抢洋行，统领已出走，振邦等出面维持，现正集中队伍整饬中，请派大员兼程来蒙主持。我持电稿出来，唤了 18 个士兵同行。这时范石生已被他们举为指挥官，我临行时范石生只说"小心"二字，他似已会意我将借此脱身。

我出城后，遇一拉洋纱的牛车，乃请赶车人引了一段路，又遇他车再引一段，于次日午后 3 时到达开远，遇见平日相识之时霖（差遣员）在第一楼旅馆，询悉他奉派查报铁道情况。彼此谈及蒙自兵变经过，他说车路不通，要前行 40 里左右才能搭上省火车，建议我住一夜，明早再去。我住到夜间 11 时左右，总觉不安于心，乃率兵向省出发，一直走到禄丰村，遇见省军，询悉是罗佩金带来赴蒙自戡乱的。我见罗佩金报告一切经过，并将李振邦电文稿呈阅。罗即命我速到省城向参谋部殷承瓛部长报告。我又行 20 里左右搭上火车，于次日午后 4 时抵昆明，即命士兵暂住毡子街旅店内，我赴军政府报告殷承瓛部长。我当时问殷炮兵四大队现住何处，他告知我在巫家坝，大队长是聂明德，嘱我快去到职，并写了一张条子给聂大队长，将我带来士兵 18 人编入队里，不必再去蒙自原队。又数日后，闻罗佩金到蒙自后即委李振邦为参议，重新整编队伍，并开庆功会，设宴邀李，席终送客时，李一出大门，便将他逮捕枪决。一场变乱，至此结束。

（选自全国政协文史资料研究委员会编《辛亥革命回忆录》第 6 集，中国文史出版社 2012 年 6 月第 2 版）

辛亥革命前后的回忆

詹秉忠*

辛亥革命前（约 1905 至 1906 年），是云南青年学生思想大转变的一个时期。这时期中，有云南留日本学生赵伸等在东京组织了一个《云南》杂志社，专编印宣传中国革命的文章，如当时在东京出版的《民报》等是。该社在昆明兴隆街成立了《云南》杂志分社，代总社推销刊物。《民报》是宣传民族、民主革命的一种秘密刊物，都是夹在别的杂志中寄来，不能公开传递，目的在激发当时青年的革命思想。主持分社的负责人是何其恭、詹秉忠、杨荫楠、刘世英等多人。随着帝国主义者夺取云南七府矿产的事件发生，更加激起了当时青年学生的愤怒，就在大西门内三迤会馆里组织了一个三迤

* 詹秉忠：曾任云南都督府谍查课课长。

学生联合会，推举总干事一人，干事数十人，以洱源县人杨荫楠为总干事，我和大理人杨大铸、顺宁（今凤庆）人罗小池、宣威人惠我春等人为干事，随时集会示威游行。有一次，是在湖南会馆内集会，到会者约有数百人，在慷慨激昂、痛哭流涕的演说中，当场有两个青年截指、一个割臂为誓，坚决表示非收回主权，誓不罢休。每次集会地址都是借用湖南、广东、江西等省会馆内举行，因场址宽大，可容多人。当时掀起的一个全省群众反帝国主义、反清廷封建王朝的高潮，使本省青年头脑获得了觉醒，深刻知道帝国主义者的万恶罪行，清廷王朝的懦弱无能及丧权辱国的事实，明确了革命方向，思想上大有改变。以我个人亲身的经历来说，本省青年的思想获得大转变，还是根源于中山先生在日本东京所组织的兴中会传播而来的。这时期，是云南青年学生的思想大转变的时期，情绪的高涨不可以言语形容，每次集会都是大声疾呼、痛哭流涕地说："要救国非推翻清廷不成功。"

记得有一天，我们有 100 余人在小东门外于公祠里集会。散会后（下午四五点钟），我们有 10 余人经过圆通街，刚走到昭忠祠门前，遇着当时的昆明县令有瑞，坐着凸杆大轿由对面蜂拥而来，轿前有衙役数十人，手持皮鞭向行人乱打。我们同行青年看见，不由得怒火中烧，涌到轿前，将轿窗打得粉碎，县令有瑞抱头鼠窜而逃。这一件事，很能说明当时的青年对清政府的愤恨和不满情绪。当时云南虽没有统一领导革命的组织机构，但学生们奔走呼号，挨饥受饿，在所不辞，无论传达什么事情，都是争先恐后地去干，真是满腔热血，至死不怨。

1907 至 1908 年间，云南旧民主主义革命活动的形势大有发展。

同盟会由日本派遣不少留日学生回国宣传革命，云南方面派有黄子和、杜寒甫、邓泰中、马幼伯、胡源等多人。黄、杜是由缅甸进入滇西而到昆明的。黄到昆明没有相识的友人，他虽与我是会泽同乡，但他生长四川，我俩并不相识，经多方访问才见了面，此后，时常晤面详谈。黄性情爽直坦率，对我无话不谈，就将兴中会派他回滇的工作任务详细地对我说明。他说，中心任务就是推翻清廷王朝，要我协助他的工作。我接受了他的要求。从此，我们成了契友。我在当时的学院坡脚海潮庵巷替他租了一间房子，给他住下。

那时我刚从高等警察学校毕业，调充云南商埠总局巡官职务。每逢星期六和星期日，我们约定见面，并约同平日所联系的人，如杨荫楠、刘世英等筹商工作方法。黄子和提议进入军营里面作宣传工作。当时的云南陆军虽然成立了第十九镇，但正在召练新军，还没有组织完备，带兵官多数是总督锡良由四川带来的人，简直无法插足其间作宣传工作。

那个时间，云南的哥老会盛行，在城市乡村里都公开组织活动。凡是旅社、茶室和酒馆等处都是他们的市场，风行一时，参加的人很多，尤其是当兵吃粮的人没有不参加哥老会的。因此，我同黄子和商定先从联系哥老会的头子做朋友入手。首先就同东南六城的负责头目戴光仪、戴光廷、马海堂、王海廷等人认识。还有一个何升高，是云南全省哥老会的总头子，是掌握最高职权的一人。我们分别与他们接触，结果良好。哥老会的组织纪律严格，对头子所讲的话绝对服从，不敢稍有抵触，并且讲义气，相处熟了，什么事情他们都可以帮忙去办。我们通过这几个头子，介绍了那时在营队里的上中级军士数十人（五六十人），随时同黄子和及我们会见。假期集会，多半在距城十里八里的寺庙，如归化寺、昙华寺、铁峰庵等处。

接着，一批留学日本陆军士官学校学生毕业回来了，如李根源、唐继尧、谢汝翼、李鸿祥等都担任了军职。这时，同盟会在云南的革命活动面大大地展开，黄子和、梅子玉、邓泰中等更深入到各营队里面宣传活动。记得有一天晚上八九点钟时间，我和黄在他寓所聊天，他笑着向我说："清政府对我们革命党人是恨死了，我们的脑袋随时有不保的可能，万一不幸的话，我被杀，你收我的尸，你被杀，我收你的尸。"他又说："这是说笑的话，干革命工作，不考虑这些问题。"此君以革命为家，我和他相处数年，语不及私，真是令人敬佩。

1910年，唐继尧担任当时七十三标三营管带，委派黄子和为该营的见习排长，邓泰中为司务长，深入到各营队里面去做宣传革命工作。因各营队里的军士多数是哥老会中人，平日间已有了联系，所以容易深入进去。这时，黄子和等不避艰险，大肆活动。跟着，讲武堂丙班学生分派到营队入伍见习，更有机会插入其间，所以，辛亥革命在云南重九之夜发动起义时，没有受到很大的抵抗，枪声一响，平日间所联系的营队大起作用，有的反动军官要想集合队伍出来对抗，军士和队兵不服从命令，反而结合起来将官长驱逐跑了。因此，在一二日内，秩序恢复照常，全局就稳定了，并没有遭遇大的损失。这当然是当时的领导得宜，而哥老会帮助的力量也是不小的。

云南在辛亥年起义发动的日期，本来是定于九月十四日夜行动，因当时驻滇的北洋高级将领如靳云鹏、钟麟同辈已得密报，集议要将七十三标管带唐继尧、李鸿祥、谢汝翼等调职，并收缴各营队兵枪的机柄，情势紧张恶劣，迫不得已，提前于九月九日夜里发动起义。当时，可靠兵力是以七十三标的二、三两营和炮兵第三营为主力，标统罗佩金、第二营管带李鸿祥、第三营管带唐继尧、炮兵营管带谢汝翼等首先占领六城门，攻击目标重点是军械局、总督署和镇统衙门，这三处是准备打仗的，对别的机关公所只是派人占领就完事了。攻击的时候，总督署卫队抵抗，谢汝翼的炮兵自大东门城楼开炮击中督署，天明以后，卫兵才投降。镇统钟麟同，闻警就率领着他的卫队到五华山上抵抗。在军械局遇到了坚强的抵抗，李根源、唐继尧、李鸿祥、谢汝翼等都亲临督战，一直攻到第二天早晨始攻破一个缺口，随即占领该局。钟麟同本想占据五华山，一面抵抗，一面等待援兵。到了午正时分，四处都没有枪声，他知道大势已去，就率领着随身卫队想冲出重围逃跑。刚到马市口前，中弹负伤，被抬送陆军医院，至南城为守兵所杀。云南辛亥的“光复”大事就告成功了。

蔡锷并非同盟会中人，为什么在重九“光复”时会做全省的指挥官，人人听令指挥，后又推举他做云南都督，这不是偶然的事。就我所知，蔡是滇督李经羲特别从广西奏调来滇训练军队的人。李很相信他，蔡本人也有很大的作为。而黄子和冒险去见蔡的面，游说他和同盟会协作，是其中最关键的问题。当黄到蔡家去见蔡，说明来意后，他问黄：“你怎么敢来见我？”黄答说：“不怕你我才来见你；要是怕你，我就不来。”黄将云南当时情况详细谈后，蔡慨然地对黄说：“我接受你的来意。请你转告同人，我自会应用时机，机会到了就干。但是要特别小心，不要稍有泄露。”

在这个时间，凡是李经羲对士官生中有怀疑的人，蔡都尽力代为解释和掩护。这样，使当时的革命工作得以顺利地进行。蔡督滇的由来，实根源于此。

（选自全国政协文史资料研究委员会编《辛亥革命回忆录》第7集，中国文史出版社2012年6月第2版）

辛亥重九云南“光复”亲历记

苏镜川 *

一　起义前夕

云南重九“光复”前夕，我任警察内东区代理区官（相当于区公安分局长）。该区局设在昆明城内新华街，辖区大小东门、平政街至马市口、长春坊一带。全区巡官 1 人、巡长 4 人，巡警约 80 人。步枪约 80 支，均系独响毛瑟及少数五子枪。

清末，我曾经在云南警察学校与赵世铭（字鼎臣）同学，赵后来报考云南陆军讲武学堂。我与赵及赵之同学、讲武堂学生杜宗琦（字谓卿）等人交好。他们常在星期天休假时来找我玩，并告知我：

* 苏镜川：时任云南昆明警察局内东区代理区官。

要革命，推翻清廷。革命起事时，你们巡警要维持治安。加之，重九之前个把月，农历八月间，我区巡警就时常向我报告："租左家巷杨家房子住的唐继尧家，天天夜间有军官进去，有时深夜才出来，怕是要干什么事！"唐当时任驻滇新军管带，相当于营长。唐家可能开会之事，当时我只有向警务公所报告，不便如何处置，也不便如何主张。由于上述，我对于革命宗旨，及革命将起，早已知道。

起义前约二星期，巡警道办公机构（即警务公所）通知我去参加秘密会议三四次。会上宣布："就在这几天内有事，事情发生时，警察的责任要保护辖区内洋人生命财产，以免发生意外，还要维持治安。"观察开会情形是策划政变者与警务公所人员已有所接洽，召我们开会是宣布。我当时年轻，听见此种情况，兴奋赞成，对于革命工作是愿意参加。问我们的意见，我们拥护赞成。我即召集全区巡官长会议，商讨如何完成任务。当时我区管内居住的洋人，有平政街的溯源宫与天主堂两处教会，及大东门城脚的英领事府。每处予先分派巡长一人，巡警 20 名，准备有事时，即行分遣，前往保护。我意英领事府为外交官办公居住所在，尤为重要，乃亲往接洽。我对副领事与翻译说："如昆明发生政变，希望你们不必惊慌，巡警道要叫我们来保护你们。"翻译外省籍，其姓名已不能记忆。他们答："如果有事，到时候希望你先生自己来，你是我们本区的区官，我们平时就认识你的，我们一定开门，如果别人来，我们就不便开门。"

二　起义之夜执行任务维护治安

农历九月初九日夜 8 时许，我在区局接着警务公所电话通知：

“今晚已经有事，一下枪声响，你们不必惊慌，即派人前往保护洋人。”我就集合巡警，发给枪弹，按照事先部署分派前往，临行再打电话请示，电话已不通了。行至绿水河口，即闻北门外枪声已响，时将9点。

我率巡警20人抵英领事府，上前敲门。府内人员听见我口音，立即开门放入。领事站在打开的大门后面，翻译出来招待，请我和巡警全入会客室。我们都坐椅上，巡警各抱持所用枪支，西崽（仆役）泡茶给我们喝。静坐约20分钟，翻译来说：“领事请你先生一位上楼。”楼梯为曲折式，梯脚、中段、梯顶都装置电灯，我上楼梯时，翻译站在楼梯脚电灯开关旁，顺着由下而上的秩序开关电灯。当时，我区局虽有电灯，开关装在灯上，尚未见过领事府这种电灯装置，颇感新奇。到了楼上领事办公室，领事、副领事都先在。我对他们说：“云南政变，我率巡警前来，是保护领事府。”领事问：“你带来的这些巡警可靠吗？”我答：“这些巡警都训练有素，可靠的。”领事道：“你们所持枪支性能太差，如有事发生，使用这种枪，恐不能应付，我不放心。”随叫翻译引我到楼上一间房门口，打开门锁，请我看，只见室内一方壁上，挂着整齐一排步枪，约30多支，全擦净涂油，乌青闪亮。每支附弹带一条，子弹30粒。翻译说：“领事意见，万一发生事故，你们将带来的枪放在一边，每人来这里领一支枪和30粒子弹，拿去使用。”副领事又引我到领事府后围墙脚，察看该府的警戒部署，只见大班和亲兵共10余人站在后围墙脚，担任警戒。大班就是轿夫，亲兵就是领事乘轿外出时跟随护卫人员，平时不带武器。副领事说：“外围墙的防守，我们已有人负责，不要你们担任。”继引我到前院，指着大门头上的平台说：

“我们拟请你们担任防守这个平台。”我由大门后面平台侧边石梯登上平台一看，平台正对城墙，面向城墙的一方，砖砌如城堞形，可以利用砖堞掩护，由堞孔向城墙射击。当时感想：洋人真厉害，消息这样灵通，应付事变，早有准备，枪支这么多，办事计划周密，人员也组织妥贴，真了不起。约夜 10 点，听见小东门方面枪响，我就命所率巡警将自己枪支放在客室内，领取英领事府枪支子弹，都到大门头的平台上防守。我站在大门里，静听外面动静。不多时，听见不断开来队伍，排列大门外城墙脚，不知是何意图，颇着急。只见领事、副领事也很焦灼。旋闻有人传达命令，首先，命一部往报国寺街占领电报局，继命一部往报国寺街占领劝业道衙门。于是，命其余队伍完全到大小南门外的南校场集合，与另部反正队伍会合。随着一阵人声嘈杂，纷纷开拔，门外逐渐寂静。

天将亮，我考虑：既未发生任何意外，不如先率一部回区，公有枪支放在英领事府也不恰当，应该带回。如有事故发生，可以空手再来，使用领事府枪支。又考虑：电报局、劝业道都已被起义部队占领，走报国寺街回区局，要经这两个地点，恐走不通。于是，留 10 名巡警在英领事府，继续保护，率领 10 名带着 20 支步枪，由英领事府后门出来，顺报国寺墙脚，绕回兴华街区局，派往天主堂、溯源宫之长警，亦已回局，他们报告我：“两处都未发生事故。”

这时，枪声渐稀，我想昨晚起事，部队纷纷入城，如有任何队伍来我区局，将枪支提出，日后要我区局执行任务，维持秩序，就不好办。因此，迅命巡警将区局枪共 80 支，连同弹药，完全收藏在后楼上。

三 翌日担任巡查，并闻钟麟同死状

初十辰约8时，我带巡长一人巡视管区，经四吉堆遇官兵10余人，其中士兵二人，左右挟架驻滇新军第十九镇镇统钟麟同，由红栅子出来，转四吉堆。行至轿铺门口，钟似不能支持，躺卧在地上。红栅子在五华山之南，四吉堆在今华山南路东端。军人等趋轿铺，敲门雇轿，店中人惧不敢应，我乃上前敲门，大声呼喊说：“我是本区区官，现有几位军士要雇轿，这事你们要辅助，他们要抬到那点，你们抬去就是，不会为难你们。”轿夫乃抬出小轿一乘，士兵扶钟坐上，向柿花巷、长春坊走去，据称：“抬往大南城楼。”当时观察，似乎钟伤在腿部。后闻反正部队任职的朋友们言：“钟被抬至大南门城楼上，当时第七十四标标统罗镕先驻在城楼，钟被军人用大铁铲将头砍下。”

中午，果然有云南陆军讲武学堂的人员来提枪支，我答复：“我区局枪支，早被别个部队全数提去。”来人一看枪架是空的，信以为真，走了。

下午，我带巡警巡视辖区，至东大街财盛巷坡脚贵州会馆门口，遇反正部队军官马子祥，率士兵10多名巡察街道。我与他们会合，一同巡查。

四 奉命代剪行人发辫与联合查夜

十一日，吴尧（字子樵）奉蔡都督命来任云南警察局长，当晚亲来我区局点名，征询情况。我将保护洋人及保全枪支、维持治安各情报告。吴即命全区官警剪去发辫，将枪支弹药交到警察局、派我次辰起，率官警至大东门一带代剪行人发辫，每晚与军队联合查夜。管内未发生事故，也无异状，地方安静，自初十起，市面照常，人民安居，各乐所业。自此以后，在蔡都督求治心切的领导下，维持地方秩序工作逐渐紧张。

五　云贵总督李经羲潜匿、自投以迄出境

重九二更后，李经羲由督署东北角越出后墙，经文庙门口，下东大街（今长春路），趋大东城门，见城闭，为反正部队所据守，乃折回。将至迎恩街（今报国街南段）口，转入东大街北廊一小横巷，遇一胖妇，乃某布店老闆之妻，家居巷内，适返。李上前哀告，述明身份，请予收容暂避。妇诺之。匿二三日，移至督署武巡捕肖某家，在东大街如意巷。清督署有文武巡捕各一，文巡捕专司公文收发，来客传答，总督会客谈话笔录，武巡捕率武弁，逢总督乘轿外出，骑马跟从、护卫，文武巡捕均总督亲信。数日后，李闻蔡都督寻访其下落，扬言决不为难，乃书至蔡，蔡发交云南省谘议局张议长。遂约同议员，临肖家，接李至谘议局居住，并通知我区局届时派警察维持秩序。

是日下午，我率长警10余人至肖家门外警戒，旋有军队20余人，随同议长议员到达肖家，将李接出，军队分行李与议长、议员之两边，一同出巷。李戴平顶纱小帽，发辫垂脑后，着茶陀色绫绸袍、青马挂，烟容满面。出门方前行，两边士兵中突有一人上前，一手握李发辫，挽一道，拎之，作捕拿罪犯状。当时感想：“既派议长、议

员来接，士兵作此姿态，颇为不必，然也无人加以干涉。”

李与议长等出巷，转东大街，上马市口，迳入谘议局（现云南省外贸局位置）。李等甫离巷，遂有士兵与地方龥神拥入肖家，大肆抢劫，一粗制破烂风炉也无遗留。

后闻肖向李诉苦，李告知蔡锷，蔡以无从追究，有拨予大洋2000元作为赔偿费之说。李之三姨太亦至局相聚，居约月余，由蔡派员礼送，经滇越铁路出境。

（杨维骞　记录）

1962年3月25日

（选自云南省政协文史资料研究委员会编《云南文史资料选辑》第15辑，1981年8月）

云南讲武堂的回忆

周开勋*

一　云南讲武堂是怎样创立的

1905年，光绪下诏书变法，命令陆军部开办一系列的军事学校。如在威海卫设立海军学校，在保定设立军官学校，又在青海、西安、武昌、南京、云南等地区设立武备学堂和陆军中学堂、陆军小学堂。1909年（即宣统元年），又在极少数省设立讲武堂。云南的讲武堂就是在这样的历史背景下创立起来的。

当时行将没落的清政府，国内外处处充满了矛盾和斗争，危机

* 周开勋：时为云南讲武堂学生，后任国民革命军第五十七军副师长兼四川达梁师管区司令，国防部军风纪视察组中将组长。

新中国成立后，任云南省人民政府参事室参事，云南省政协委员。

四伏，而又不甘心死亡，退出历史舞台。相反地对外进一步投靠日本帝国主义，维护它的政权；对内豢养一些军阀和贪官污吏效忠皇室，妄图永保清室的反动统治皇朝。因此决定兴办军事学校的同时，并命令陆部编练新军 36 个镇（一镇即一师），以袁世凯在小站训练 6 个镇为皇家的护卫军，其余 30 个镇分配于各省，云南设一镇，称为第十九镇。

清室为了要培养一批新的军事人员和建立新的武装力量，挽救摇摇欲坠的政权，因而命令各省选拔留日学生，到日本入士官学校和陆军大学，向日本学习新的军事技术，以备回国充当各级带兵官，巩固其反动政权。

1908 年农历十月，光绪皇帝和西太后先后死去，溥仪嗣位，称宣统皇帝，其父醇亲王载沣当国摄政（光绪之弟溥仪之父），他在军事上执行光绪生前决定的练新军、开办军事学校的主张。当时清室认为云南乃边疆重地，处于英、法两帝国主义侵略势力之间，对内对外关系很大。特派满州大员锡良到云南接替丁振铎云贵总督之职，组织新军。锡良接任后，得悉的防务，虽有巡防军万余人，又分驻三迤，使用的武器，是一些独响毛瑟和九响毛瑟枪和土造的铜冒枪，甚至还有使用戈矛的。不但武器落后，训练也十分陈旧，只求学会能打枪而已，根本谈不上新的战略战术，一旦有事，难于应付。因此决定着手组织新军第十九镇。一面招募兵丁，一面将巡防军中的一部分士兵编入第十九镇，称之为新军。锡良鉴于要建设一支名符其实的新军，没有新的武器装备是不行的。于是动用了云南积存藩库的现金数万两，向德商购买步枪、马枪、机关枪、手枪、管退炮等武器，为装备十九镇使用。当时十九镇的编制是：镇统（即师长）

一人，镇之下设两个协统（即旅长），每协之下设两个标统（即团长），每标设3个管带（即营长），管带之下设4个队官（即连长），队官之下设3个哨官（即排长），每哨人数约五六十人，设3个班长。锡良将陆军第十九镇组成后，感到云南原有的武备学堂和陆军小学堂，所教授的军事课程，虽有一些改进，但不完整；而各级带兵官若无统一的军事教育，就不可能有新的军事改革。遂奏请清廷在云南开办讲武堂，将原有的武备学堂和陆军中小学堂撤销，归并讲武堂，从新造就一批新的军事人员，准备派到第十九镇，充当各级干部。清室采纳此议，即照准开办讲武堂。当锡良正拟筹备办讲武堂时，己酉（1909年）秋后，被调任东三省总督，遗缺由广西巡抚李经羲继任。李到任以前，由云南藩台沈秉堃护理。这时沈护督即按锡良的计划积极筹备开办讲武堂，撤销武备学堂名称，以原任武备学堂总办高尔登为云南讲武堂总办。高接任后，对教育改进不大，虽设了步、炮两科；但与武备学堂的情形相似。戊申（1908年）十二月，中国留日士官生毕业。次年三月，沈秉堃电调云南学生李根源回云南主办讲武堂。

李根源遵照沈的指示，积极进行筹备，选校址于承华圃（即现在的翠湖旁农展馆处），开始办公，扩大了学校的组织。聘请教官招收学生，准备教材，购买通讯和卫生器材，和骑炮科使用的骡马等等，于1909年八月十五日正式开学。

二　云南讲武堂的组织概况

云南讲武堂的组织形式，分为两个阶段，在清末时期，负责人称之为总办。首任总办者为高尔登，这时学校的组织比较小，有甲、乙、丙 3 班学生，每班人数为 80 名，因此用人不多。对学生的训练只有步、炮两科。教学方面虽讲授步、骑、炮、工的学术，但不完整。着重讲授国文史地、算术、孙子兵法等。而且操场上的训练时间多，讲堂次之。高尔登任总办的时间很短，不到半年就辞退了，由李根源任总办。李接任后，即着手改组，扩大了组织，学生和教官也增多了。其组织如下：

校部设总办（即校长）一人

校部下设五个处：

1. 监督处（即教导处）负责全校教育事宜。

2. 提调处：负责人事调动和对内外事宜。

3. 编修处：负责对内对外文牍事宜。

4. 财务处：负责会计财务事宜。

5. 军医处：负责医疗和卫生事宜。

每处设处长一人，处之下设科长、科员及工作人员。监督处较为重要，拟订各兵科的教育计划，制定进度实施表，严格要求各兵科，使学生完成学业，做到学了能用，到部队中能发生作用。在学生组织方面，分设了步、骑、炮、工 4 个兵科。因而在这个处之下，设有各兵科的科长一人。

在科长之下，设有队长和队副，本科的科长，即本科的主任教官，负责本科的教育训练事宜。在各科长之下，设有队长队副直接管理学生，负有执行教育计划和进度实施表之责。4 个科长及队长队副必须是军事专科人员。官阶与其他四处不同，如科长有少将或上校中校级，队长有中校少校级，队副有上尉或中尉级。

至于各科学生的多寡，是根据部队的需要而决定的。因为当时部队中无马无炮无工兵器材，所以特科学生经常不超过 100 人，有时只三五十人。设特科学生，是为将来的准备。因特科学生人数少，在校统称骑兵队、炮兵队，工兵队。步兵队学生多，称为第一、二、三、四区队，每区队人数至少都有六七十名，宿舍也是每区队一室，特科学生，每队一室。讲堂分第一、二、三、四教室，每教室规定 60 人。上讲堂时步、骑、炮、工学生是混合的。因为特科学生，尽管是特科，首先要学好步兵的动作，然后才学特科的学术，照样能当步兵的干部。有特种兵的组织，如果某部队需要若干人，学校分发学生时，即派往这个单位。

当时学校的职别分为三等九级，如将官级即分上、中、少将，校官级分上、中、少校，尉官级分上、中、少尉，另有准尉级。在士兵当中，如班长即分上、中、下士，士兵中分一、二、三等兵。全校学生一律带一等兵的肩章。

学生在校的识别，军帽是硬盔，缝上一寸宽的红呢条子；帽顶是白色，周围镶了红色边，遮阳是皮制的，帽花是金色的三角星。步兵科的领章是红色，骑科的领章是黄色，炮科是蓝色，工科是白色。肩章是 4 个色，但四边镶了红色边，中间缝了一条金线，中央有一个三角金色花，表示一等兵级。骑炮科学生每人发给一双马靴，骑在马上便于操作。骑科学生每人发一把战刀，骑在马上练习砍杀。星期日放假，步、炮、工学生腰上佩带刺刀，骑炮科学生一律使用马枪，骑科学生佩带战刀。这些规定都采用日本式。由于云南讲武堂学生的军帽是红色，全省军队的军帽颜色也随之变改了。由于军帽的颜色是红的，外省人称之为红头军，又称为滇军。

此外在制度方面制订有五项规则：

1. 寝室规则；
2. 讲堂规则；
3. 饭堂规则；
4. 卫生规则；
5. 外出规则。

学校对 5 大规则，要求极为严格，极为细致，一点不得随便。

三　教师的来源

当时教职员的来源，在军事教官中，大部分来源于日本士官学校毕业生；在队职员中有的是保定军校毕业生，有的是武备学堂毕业生；在文职教官中，大部都是留日学生毕业回国的知识分子。己酉年由日本士官学校毕业回国的人很多,有的委派在讲武堂任专职，有的委派在第十九镇带兵，而在昆明附近的带兵官，在讲武堂担任专职或兼职，兼任了讲武堂的军事教官的统计有 40 余人。当时讲武堂的军事教官和文职教官，成了留日学生的集中地，是他们回国后谋出路的一个场所。

四　学生的来源

李根源任总办后，沿着高尔登在职时原有的甲、乙、丙 3 个班的学生继续上课。但这 3 班学生人数每班只有 80 人，学校既然扩大了 4 个兵科，学生就少了。因此着手招收学生。由于要改造第十九镇的军事教育，遂选调第十九镇中的管带、督队官、队官、哨官等人员约七八十人入堂受训加入原有的甲班生，人数就到一百五六十人同堂听课。继之又调巡防军的营长管带、帮带、哨官、哨长等人员约七八十人，入堂受训，加入原有的乙班生；人数也到了一百五六十人同堂听课。另外招考了一批青年学生（由各县考送的）约 300 人，加入原有的丙班生，人数到了三百六七十人，同堂上课。同时又考了一部分社会中的知识青年约 100 余人，称之为特别班学生，到毕业时同丙班学生一道列为丙班生。当时学校对学生先后入校的时间以班为称号。学生学习的时间规定两年毕业。但甲、乙班学生，多半是带职受训，将近一年半，有的就回原部队任职了。丙班、特别班将近两年才毕业。李根源任总办时间有两年多，培养了 700 多干部，派在第十九镇和巡防军当各级带兵官。辛亥革命，云南九月九日“光复”起义，这三班学生与昆明的封建统治阶级的守城部队互相冲杀，发挥了旧民主革命的精神，打垮了守城部队，占领了许多重要机关，使云南的统治者垮台逃命，完成了革命的任务，是起了很大作用的。

五　学校的教学内容

讲武堂的教育，以军事学科为主，普通学科次之。学校开办初期，在军事教材中，采用了日本士官学校的教材，有战术学、筑城学、兵器学、地形学、交通学、马学、测绘学，这些教材称之为大教程。另外有步兵操典、野外勤务、射击教范、阵中要务令，称之为小教程。此外有图上战术作业、沙盘教育，实地测绘等。经过学习大小教程，明确了什么叫战斗，什么叫战术，什么叫战略，认识了怎样叫做攻防战，怎样叫遭遇战，在实战中争取占领要地，发扬火力，打起来有佯攻主攻侧翼攻，中央突破，胜则追，退则守等。在学生学习到将毕业时，学会了师团的战术，军的战术等战术上应用的方法。能指挥一军人作战，也就能指挥大兵团作战。这是学校教学的要求。

在操场上学会了班、排、连、营、团的队列教练。动作起来非常整齐，不论横看纵看都在一线上，步法都是一致的，左右转弯时，决没有参差不齐，每个排面都在一条线上。

在野外方面，学生学会了指挥法。以一个团说，知道什么时候当开进，什么时候当展开，什么时候就要散开；也明白了排的跃进，各个跃进、展开等战术上的用法。

普通学有国文、史地、数学等要求不严。

在操场上的训练，是采取日本军国主义教育的方式。层层节制，绝对服从。在操作时，要求姿势端正，动作敏捷，每个动作必须做到纯熟而后已。否则反复地学所有的动作，与书本上要一致。

学校为了在操场上和野外的动作敏捷，在技术上设有铁杆木马平台大小双杠天桥、吊绳，以及跳高、跳远、撑杆跳等等设施。每周下午 4 时至 5 时半，有 3 次操练，每一个课目，有技术教官到场，作出示范动作，讲授操作的要领。讲授完后，分成若干小组，临时指定几个学生当小组长，把这一小组学生带到铁杠、木马或天桥等面前，轮次地学习。基本技术做好了，就要求做高等技术，如铁杠上的大车轮，杠上拿顶等操练。

此外每周有两次劈剑术和刺枪术，做到勇猛地对劈对刺，能防能攻。

六　学校的管理制度

管理方法，是层层节制，绝对服从。本科科长、队长、值星队长、值星队副、值星学生，直接负责教管本科学生之外，另设有值星科长、值星队长、值星队副、值星学生，时间为一周，轮流充当。凡当值的人，挂一识别带，科长挂的黄色带，由右肩挂于左胁；队长、队副挂的是红色带，带宽约 1 寸 5 分；值星学生，左手臂上挂一个袖套，用红布做的，宽约 2 寸，用白色布缝上 3 个字：“值星生”。值星科长的任务，管理全校各班各期学生的行动；值星队长、队副只管本期本班各科学生之责。如有两期或三期（班）同时在学校，因而值星队长就有 3 个，队副亦然，值星学生亦然。凡当值的人，每日执行作息时间表，不论上讲堂下讲堂，出操收操，吃饭下饭堂，早上起床，晚上自习、睡眠，一切行动，听到校部的号音，值星生即吹哨子集合学生，清点人数，除病事假外实到学生多少。如上讲堂时，把学生带入教室后，教官到时，由值星学生发起立口令，向教官口头报告人数，教官还礼后，值星生喊座下口令，同时还要填写一张人数报告表，将缺席人数和实到人数写明交给教官。下讲堂的号音响后，教官即停止讲课，值星学生仍然喊立起口令，教官出讲堂后，学生才能出讲堂休息一刻钟。上讲堂时，值星官长有时到堂外视查一下。但在早上起床，晚上点名睡眠，和出操时，各级值星人员都要到齐，值星学生将学生集合清点人数后，即发立正口令，向值星队副口头报告人数外，呈上实到人数表。报告完毕后，发稍息口令，继之值星队副即向值星队长报告实到人数，由值星队长向值星科长报告人数，呈上实到人数表。各级报告时，均发立正和稍息口令。

这些是层层节制的表现。凡出操时全校科长、队长、队副均要到场。由值星队长向科长报告实到官长若干员，学生多少名，报告完后，科长即宣布照表实施开始动作。这时值星队长队副即向学生讲授科目，作出示范动作。讲毕后，将学生分为若干组，指定优秀的学生为临时的组长，指挥学生操作，所有的官长在旁监督看见有缺点，即行纠正，要求极严。有时校长来看操，值星科长即发出立正口令，向校长报告，全校实到官长若干员，学生若干名，报告完后，喊稍息，仍然操作。在收操前半小时，科长将学生全体集合，讲评今天操作的优缺点和操作中每个人的精神，是否鼓劲等等，然后收操。

七　云南讲武堂在辛亥革命中所起的作用

云南讲武堂创立时，正处于中国封建社会行将灭亡，孙中山先生倡导的旧民主主义革命传遍全国，反清浪潮日益高涨之际。虽然清政府筹办云南讲武堂，是为了培养一批军事人员和建立新的武装力量，来挽救摇摇欲坠的政权；但是由于云南讲武堂的教育，基本上搬用了日本的尚武精神教育，而且教师中大多数都是从日本士官学校毕业回国的，受着日本资产阶级革命思想的影响，加上许多教师都是同盟会会员，因此孙中山先生的旧民主主义革命思想，很快在学生中传播，这就为云南讲武堂师生能在旧民主主义革命运动中起到一定的作用，奠定了思想政治基础。另一方面，讲武堂的学生毕业后，即分派到第十九镇和巡防军充当中下级干部，因此革命的种子已播于全省的军队中，控制着全省的军事力量。

1911 年八月十九日，武昌首先起义，由于力量悬殊，汉阳、汉口在短短时间内得而复失，但革命的风声，传遍全国，云南即响应武昌起义，重见“光复”。继之出兵援川、援黔，促成多数省份相继起义，在推翻数千年专制政体、建立民国中起了一定的作用。

1915 年 12 月，云南宣告护国讨袁后，即组织编制三军。蔡锷任第一军总司令，李烈钧任第二军总司令，唐继尧任第三军总司令，戴戡任黔军司令，归第一军总司令蔡锷指挥。三军组成后，即拟订作战方略，第一军向四川进军，第二军向广东进军，黔军向川、黔、湘边境进军为策应。组成的三个军，各级干部完全是讲武堂的师生。

云南讲武堂的师生，虽然在辛亥革命和护国运动中起了一定的作用，对国家有些功绩，但以后大都变成危害人民的大小军阀，只有少数人站在革命的立场上继续革命。

（选自云南省政协文史资料研究委员会编《云南文史资料选辑》第 15 辑，1981 年 8 月）

蔡锷先生事略

雷 飙*

一

蔡公松坡名锷，原名艮寅，湖南邵阳人。12 岁进学，13 岁补廪贡生。当时学政江标，对公极器重。适时务学堂招生，得入学讲求新学新政。师事梁启超，此其始也。乃该校突因物议解散，同学师生，一时星散。公年未弱冠，而长沙又无亲故相扶助，复单身挟数千文作江南之行。两江总督刘坤一及同乡达官不少，一见此十数龄之有志青年，靡不欣悦而款待之。获资少许，即东渡日本，考入成城学校。成城卒业，即入士官，班次第三期。士官卒业归国，即为江西巡抚

* 雷飙：时任云南新军第十九镇第三十七协第七十四标第三营管带（营长），后任南京国民政府军事委员会第三厅厅长。本文原标题为《蔡松坡先生事略》。

夏时电调赴赣，办理军事材官学校。旋以夏时去职，办事颇感困难；且以数载未归，思亲念切，遂辞去。过湘时，为湖南兵备处总办俞明颐坚留任武备、兵目两校教官，兼兵备处提调事。飙与岳森等亦皆学生之一，与公既系同乡，故出入其门甚便，每与我等论及时事。而两校较优之学生皆乐与公接近。其时，东三省总督赵尔巽奏调公入奉，广西巡抚李经羲奏调公入桂，湖南巡抚端方亦奏留湘省任用，而李经羲复分电赵督端抚，意谓广西边省重要，风气又甚闭塞，创办新军及各军事学校尤为需人，请将蔡君让与该省任用；桂林新练军统领郭人漳复奉李经羲之命派专员到湘迎迓蔡公并飙等同学一齐赴桂。公即先行辞归省亲，再转桂林，并令学生岳森、谭道源、彭新民、罗质、周曰旦、易绍英、苏国屏、马孝笃、何上林、杨炳焱、萧锡赞及飙等一同入桂。

蔡公抵桂时，首晤郭人漳，嗣即同谒李经羲，李即任蔡公为广西新练军总参谋长，兼随营学校及陆军测绘学校总办。于是，派飙与马孝笃、彭新民、易绍英、苏国屏、何上林、萧锡赞及郭部之杨虎、杨祖时等为随营学校教官或队长；派岳森、周曰旦、周南等赴南宁、龙州察看地势，预测略图，派谭道源、何国球赴梧州以上各县局所检查储存枪炮弹药及各项军用品良窳多寡并保存方法等等。当时各处革命党人来游桂林者蔡公均委以学堂秘书、教员名义，如谭人凤（后为北方招讨使及粤汉铁路督办）、李燮和（后为烟台都督及长江下游总司令）、唐练心（后为湘衡道尹）以及曾叔轼、梅霓仙等皆曾分在两校任职。随营、测绘两校招生事宜，因广西风气闭塞，应考学生寥寥，故暂不分畛域。测绘学校学额仅数十名，随营学校学额约200名，即照各省陆军速成章程办理，积极教育训练，进步甚快。

李经羲初次检阅，极为满意，并训诫教员学生，要成为广西各学校、军队之模范；对蔡公尤嘉许备至，而统领郭人漳不与焉。郭人漳从此与蔡隙矣。

时南北新军在彰德秋操，实行对抗演习。陆军部电令各省督抚速派知兵大员观操。蔡公奉派前往，飙亦随行为观察员。蔡公拟一去不返，随营、测绘两校即派员代理。会操时，袁世凯为南北两军总司令，派蔡充中央军审判官。蔡公观操毕，与士官同学多人同赴北京考察军事政治情况。某贝子与在京之士官同学甚欲蔡公留京任禁卫军标统之职，蔡公未决。适清廷电饬各省督抚开办陆军小学校，广西巡抚林绍年当电蔡公速即返桂，公亦欣然就道矣。唯广西风气未开，小学招生尤感困难，年龄合格者大半文理不通，文理稍通者又多年龄太大。故将陆军部所定章则，关于资格、年龄及国文程度稍加变更，一面筹备招生及一切事宜，一面派飙赴广东、香港、上海、日本等处购办书籍、仪器及各种军用物品，并为测绘学校聘请在日留学习测量卒业之优等学员数人回桂充测绘教员。一切办就，飙即回桂，奉命任陆军小学校监督，兼兵学教官。林绍年调豫抚，桂抚由张鸣岐升任，对蔡公更深倚重。凡关军事机构及边防改良设备等事，均由蔡公一手筹划，即军事奏议亦多出其手。张鸣岐在桂垣加设兵备处，委王芝祥兼总办，蔡公兼会办并总办一切。又于龙州设讲武堂，委庄蕴宽主持其事。桂垣又设干部学校，委陆军部分发来桂之士官生程守箴、刘毅等任总办、监督及教官。桂省风气为之一变。

以龙州讲武堂办理不甚得手，后派蔡公前往整顿，并创办模范新军一标，蔡公兼标统，其中下级军官皆由讲武堂学员内选用。蒋尊簋来桂接办陆军小学后，因办理不善，引起风潮，蒋即不辞离桂。

该校以后虽接办有人，而风潮时起，几无宁日。张鸣岐复电蔡公从速返桂，将兵备、教练两处及各军事学校均归其全权办理。蔡公从容处理，愿留者留，愿去者去，请假辞职，均听其便。数日之间，秩序大定。张鸣岐于时有去志，请假进京觐见，清廷许之，并任魏景桐为广西巡抚。魏与蔡虽同乡，但非素识，且其知识言论极腐旧，对新军、新学校、新政又不讲求。蔡公斯时只得维持现状而已。而前此因闹事被斥退之人，心怀叵测，遂乘机鼓动，煽惑联络各学校及省谘议局不良分子出头与蔡公为难，并讼以数十条罪状，朦请魏抚派大员查办。魏即将全案移送京师陆军部核办。幸蔡公在桂前后所办各军事学校机关及新军工程事务，凡属财政经费收付各事宜，均请抚藩台派专员负责办理，蔡公不过计划指示而已，于银钱丝毫无染，故自请进京面质。结果皆无关蔡公事，一场纷扰从此烟消云散。适云贵总督李经羲奏调蔡公入滇接统新军，遂决计离桂赴滇。

二

蔡公到滇，李经羲本拟以之接充第十九镇统制职，但当时该镇军官多系北方人，四川、云南两派军官占极少数，加之，总参议靳云鹏、协统钟麟同、王振畿、标统曲同丰及各中级军官又皆系段祺瑞所荐之部下及学生，未便任以统制之职，劝蔡暂任协统。遂决定由钟麟同接崔祥奎统制事，蔡接任王振畿之协统，王改任兵备处总办，钟之协统遗缺由曲同丰升任，余皆仍旧，北派势力仍占优势。

第十九镇器械皆新置，士兵素质亦佳，尤能服从耐劳，可一用也。唯本省士官生如罗佩金、李根源、唐继尧、李鸿祥、殷承瓛等皆分置各学校处所任总办、监督、提调及教练、参谋等职，殊少带兵者，以是胡文澜、李协和、方声涛等士官生颇为不平，陆续离滇。适蔡公至，以后士官同学方被重用。而靳云鹏等则甚嫉之，时谋打击蔡公，以革命首领之罪名谗毁而离间之。李经羲曾对靳曰："蔡松坡极稳重干练，非轻举妄动者比，君可放心，我自有道理。望彼此和衷共济，整训军队，以备他日应用。"靳等无可如何。而蔡公处此毁誉相煎之际，曾以数昼夜著《曾胡治兵语录》一书，借以塞奸人之口。

蔡公任协统后，所统之二十三、二十四两标，改委罗佩金、丁锦为标统，唐继尧、刘存厚、李鸿祥、雷飙为管带，公时时亲任检阅训练，对官兵均以诚恳相待，官兵无不欣悦乐从。又时与全军中知心官长如韩凤楼、刘云峰、李凤楼、谢汝翼等畅谈时事及军事政治之改革等，故皆对公极钦敬，知公可与共患难大事也。

武昌起义，风声所播，全国震动，靳、钟等复入谗蔡公确系革命党首领，宜早去之，以安军心。李曰："此次武昌事起，全系鄂省当局仓皇失措，操切过甚所致，吾滇宜镇静处之，使之潜消默化为妥，不可再事操切，以坏大事。"靳等又无如之何。嗣闻湖南响应，川黔动摇，滇更吃紧。在蔡公方面，不能不先事准备，免失机宜；在靳、钟方面，亦暗中动员，以防不测，双方几有一触即发之势。蔡公于辛亥年九月一日约集同志刘云峰、刘存厚、唐继尧、沈石泉、韩凤楼、殷承瓛及飙等歃血为盟（罗佩金标统颇畏惧，事先运动赴河口接收军械，二十四标事由蔡兼摄，直接主持一切，更为便利）。蔡公曰："我们这人头愿已许了多久，迟完不如早完。"各同志均同意早日发动。蔡公乃规定动员时间，准于九月九日午后3时发难。如敌方先动，当立即群起赴敌。黄子和、杨蓁、邓太中、何鹏翔、梅治逸、黄永社、彭权等各中下级军官，虽未与盟，但皆为革命同志，信其必能一致行动也。1时，李鸿祥营有令缴械解散，以事急，蔡公即于九日下午三四时赴巫家坝标部准备一切。正与本标各官长及炮标统带韩国饶、管带刘云峰、谢汝翼、余恩旸等说话间，忽闻李鸿祥营因勒令缴械，官兵已起冲突，蔡即下令9时出发，分配步炮各队进城攻击地点目标，即时出动，并派李根源到李鸿祥营帮助一切。蔡公对李经羲及其眷属关怀甚切，即草函派员送督院同志熊铁崖、文案刘显治速为李督及其全眷准备临时移避办法。又切嘱本军各官长，如攻督署时，务留意保护李督及其眷属。蔡公率全军出发，至城南街头，突遇马标统带田书年已率全标马队停止该处，截击我军。田见蔡公军势甚盛，加之李凤楼以机关枪全营开城响应，几有七鬯不惊、一弹不发，即告成功之势，慑不敢动。时钟麟同率新军两营及巡防队数营已占据五华山，居高临下，死力抵抗。虽我军士气甚旺，而枪弹炮弹无几，战至次日午间，尚无进展。尤以军械局围墙甚固，一时不能攻开，至为焦虑。飙即以一营兵力加入，并派兵一连到机器厂赶抬黑色火药数十桶，于军械局外墙下突洞数处，装药一轰而墙倒数丈，乃与李营进局肃清敌军，迅即补充各步炮队弹药，随即猛攻五华山，钟麟同当场被杀，靳云鹏变装逃走。王振畿及参谋长杨某亦同时被杀。蔡公闻知，即严令制止，不得擅开杀机。闻李经羲及其家属已避入法领府，蔡公当即派员前往慰问，并请法领代为招待。随即迅速饬各部队官长稳定城内秩序，不得妄发一枪。同时严办乘机抢劫烧杀、扰乱治安之流氓匪类，省城于是大定。乃分电各府州县告以省城“光复”，全城已安定如常，各应照常办公，毋得妄自惊扰。蔡公旋即亲赴法领府谒李经羲请其出维大局，李以个人历史关系，不肯遽出，且滇中军人亦多不同意，恐生不测，遂不复相强。当请其移入五华山临时军政府居住，并为之整装，准备送其离滇。行时蔡公与飙等均随轿步行，送至车站照料上车，并派彭权率兵一连随车送至河口。

都督府组织成立，举蔡公为都督，各部处亦随即组织就绪。当时全城庆祝都督得人，各府州县亦纷电驰贺。唯腾越边区各县离省过远，风气又素闭塞，诚恐不肖匪徒煽惑鼓动，扰乱治安，当以李根源系腾越籍，熟悉当地情形，即特派李为腾越边区各县巡阅大使，以抚绥之。又特派罗佩金等赴迤南蒙自接收道尹及巡防营总统各职，因道尹龚心湛兼南防总统，不辞而逃也。又昭通以上各地，以新军旅长曲同丰遵电反正，各县地方亦得安静无事。至此全省遂告底定。

时川黔两省扰攘不安，两省军政当局及地方绅耆纷电蔡公从速派兵应援，蔡公即时开会讨论，决定应援办法。于是，派韩国饶、谢汝翼、刘存厚等率队援川；派唐继尧、韩凤楼、黄子和、梅治逸等率领军队，名为援川，实则援黔，恐有所阻碍也（援川、援黔，飙本有任务，嗣以种种关系，故未出发，后奉派赴南京出席参谋会议）。川中党派林立，意见分歧，对于入川之滇军，请撤请留，极不一致。蔡公乃于川局初定之后，即将滇军尽数开回。

滇军入黔后，贵州宪政派举唐继尧为都督。黔中驻京人士，一面以黔人治黔为辞，请总统另拣贤员接充黔督；一面要求蔡公设法命唐继尧率军回滇。蔡公乃决意将滇督让于唐继尧。适于此时江西都督李烈钧宣告独立讨袁，重庆熊克武等响应，蔡公乃派刘云峰率一旅之众开赴四川泸州，相机动作，并与熊克武切取联络。乃刘旅将到泸州，而江西李军溃败。事为袁世凯侦知，而去蔡之心决矣。

蔡公徇黔人之请，保唐继尧督滇兼省长职。未发表时，罗佩金、谢汝翼、李鸿祥等知之，均愤愤不平，颇思异动，而唐又未到，省政无人主持。谢、李等闭门不出，阴谋破坏，尤以罗佩金因中央勒令辞去省长职，心怀不服，从中捣乱，事极危殆。飙乃设法调处，请蔡公暂行变更办法，许谢汝翼以师长兼护军使，许李鸿祥以师长兼署省长。蔡公同意，乃与谢、李等秘议，并将盖章之电文交彼等拍发，以坚其信。两日后中央政府即予发表。一场纠纷乃得暂弭一时。而唐之在省党羽又起风波，纷纷电唐速即回滇，而蔡公去滇之心乃益决，即电内阁总理熊希龄代呈辞滇督职。袁即照准，并佯许以湘省军民重寄。盖袁乃将计就计，调虎离山，而熊内阁不知也。

三

蔡公离滇时，随行者唯秘书修承浩、副官长龚泽润及何鹏翔与飙数人。车至越南河内，法驻越总司令及文武官员到站欢迎，并设宴款待。该总司令某年将七十，须发皆白，在筵席间拍蔡公肩而言曰：“如此青年，功在民国，官至上将，法国未有也。”蔡公颇惭赧，盖东西各国陆海军人，非到相当年龄，不能为将官也。到沪时袁世凯早派代表范熙绩来迎，并请公先行入京，恐其直赴湘耳。车抵北京，袁派代表多人到站欢迎，公馆车马供帐亦甚齐备，袁并时送酒食物品，以示殷勤。

公每次与袁见面，袁谈话似极坦率，一时难以看破其意图。嗣即派公为陆军部编译处副总裁。总裁段祺瑞虽因钟麟同、王振畿等在滇被杀，靳云鹏、丁锦等狼狈逃京事对公颇感不满；及公到京以后，相见时多，而公对编译处事又极认真负责，且对人朴实恳挚，言笑不苟，对公渐生钦敬之意，事事就商于公，非如袁氏之一味虚假相待也。公对段亦十分敬重，处处以老前辈相待，纵靳云鹏、徐树铮等从中挑拨离间，无效也。适湖南赵恒惕、陈复初两士官学生因湖南独立事及党派闹意见，为巡按使汤芗铭拿解陆军部幽禁，确有生命危险。加以徐树铮与陈复初在日本时即有私嫌，欲借以置之死地。经蔡公约同陈宧向段请求，乃得出狱。从此蔡公与段更为接近，复被委充模范团副团长兼统率办事处主办，嗣又任为全国经界局总办。蔡对经界局事特别重视，一切章则计划多出其手（章则计划集成大册，后为某秘书避嫌烧去，真可惜也）。费年余精力，得以布置妥善，规模大具。

袁世凯积极筹备帝制，对蔡公极不放心，但无何项证据，乃秘密派人伪装盗匪闯入蔡宅，阳为劫夺财物，阴实检查函件电报，翻箱倒箧，终无所得而去。袁又作态，严饬军警当局捕拿盗犯，并从监狱提出罪犯数名枪决，以资掩饰。蔡公虽洞烛其奸，泰然自若也。从这时起，蔡公迭次密函诫飙（其时飙在四川任旅长，驻扎泸州），略谓"兄在川治军，须处处留心人才，即土匪中有知识才能魄力者，亦宜力加开导维护，俾将来为国家出力。凡各军队官长，尤应特别留心团结一致"云云。函极机密，不署姓名。飙亦知其用意所在矣。公与滇中盐运使萧堃及岳森、唐献、罗仲素等亦早有联络准备，又密派何鹏翔、黄实等赴滇接洽，派彭权、何上林赴广西运动接洽，派赵恒惕、陈复初赴湖南接洽，派毕厚赴广东龙督处接洽，为异日反对帝制作准备。京中有人主张蔡公与袁见面时，即效荆轲、聂政之所为，但蔡公为人光明磊落，不愿作此行险侥幸之事。袁复密派便衣侦探多人暗中监视其行动。

一日，公在统率办事处，袁之私党忽执一赞成帝制题名录向公试探，公即大书“赞成”二字，并代蒋百里、蒋尊簋书写赞成字样。筹安会开会时，袁之党羽每论及蔡公，多怀疑忌，并非难之。幸筹安会“六君子”中之杨度系湘人，与蔡公交情极厚，多方维护，并谓蔡对帝制事已迭次表示赞同，确信无他。当时在会诸人遂无复非难者矣。但袁之密探仍追随如故。蔡公表面若不为意，一面密送老母眷属分批离京，一面日夜逍遥于市场、戏院，并常涉足于八大胡同妓院，此小凤仙一段佳话之所由来也。日久，各密探亦觉蔡某如此冶游，当不至有其他动作，监视亦渐松懈。

一日晚间，在小凤仙处请客，正当游客满座、狂歌畅饮之际，公即单身赴崇文门车站乘火车赴天津。当时无一人知者。次晨抵津，暂住日本共和医院。袁得报，即派蒋百里与某参议官赴津挽留。蔡公谓此次来津，确为养病计，稍愈即回京，请他们转达于袁。复密约蒋百里速再来津，同行赴滇；又与梁启超密商对策，并恳梁速赴两广，与龙、陆两督商抵制办法。蔡公知津不能久住，料蒋百里亦不能速来，当晚即易姓名，变服色单身赴塘沽，搭海船赴沪。不料船到沪，岸上军警林立，侦探上船密查。公知事不妥，即不上岸，仍搭原船赴日本神户，而神户警察侦探搜查尤严。蔡公着工人装，混迹普通客舱，镇静处之，得不露痕迹。适石陶钧等由东京来接蔡公，见警察正在检查中，不敢与公打招呼，佯言某人未到，即匆匆离去，盖使警察不疑也。公复原船回沪，仍不敢上岸。乃秘密买通该船茶房代购赴香港船票，于夜深时用小舟送上赴香港轮船。到港，仍不敢遽然上岸。幸殷承瓛先蔡公到港，乃约同刘云峰将公迎至旅馆。先是，殷承瓛到港后途中偶遇刘云峰与路孝忱，殷即私约刘到旅馆谈话。刘乃得知蔡已出京，不日即可抵港。路孝忱本系袁世凯派往云南运动唐继尧并许以侯爵,唐遂派刘云峰同路孝忱赴京答谢。刘本欲借此进京看望蔡公并报告唐之动向,今既获悉蔡公即将到港，乃设计骗脱路孝忱，使路一人前往北京，而路不知也。殷、刘一面将公安置在旅馆，一面赶办前赴河内证书和船票，公到河内时，法警侦探搜查特严，并声言闻中国蔡某人已到此，要求见面一谈。殷、刘二人极力否认，蔡公乔装上岸，未被发觉。迨车至河口桥南中国地界内，有云南许多军官在站欢迎，法越当局乃得知之，然已无及矣。其时唐继尧曾为蔡公来滇事有电请示袁世凯如何办理，回电虽不得知，料是凶多吉少。闻唐曾密饬阿迷州知事张一琨设计谋刺，只以云南上中级军官来接者甚多，故未敢下手。次日公即安抵滇垣（以上赴滇情节均系蔡公口述）。

四

蔡公到滇，趋访唐继尧，见面寒暄数语，即慷慨对唐曰："我已到此，只有两个办法，不是你从我，便是我从你。如要我从你，你可将我头断下送交袁世凯，你可得一个公爵或一个亲王头衔。如你能从我，我两人一个坐镇滇中，一个率师入川作战。两事你任择其一可也。"唐曰："老前辈途中辛苦过甚，稍事休息，改日再商。"此时唐之父在隔壁房间，大声训斥唐继尧曰："你现已封了侯，尚嫌不足，岂欲做皇帝耶？"蔡公即辞出。次日开大会讨论此事，滇中各级军官，大多数赞成蔡公主张，有人谓："如唐有异心，即以手枪对待。”唐见势不佳，表示自愿坐镇滇中，由蔡率师入川。乃于 1915 年 12 月 25 日通电宣布独立，反对洪宪帝制，举蔡公为护国军总司令（以上皆蔡公口述）。即命令全省军队从速集中编组。总司令部组织，大致分参赞、参谋、秘书、副官、军政、军备、军需、军医、财政等处，以罗佩金为参谋长，李曰垓为秘书长，何鹏翔为副官长，李守庄为财务处长。任戴戡为护国军右翼总司令，殷承瓛为右翼总部参谋长。军队编组为 3 个梯团，以刘云峰、顾品珍、赵又新分任梯团长。首委刘云峰为第一梯团长，委杨蓁、邓泰中为支队长，并即时选拔省内较好之军队编成，出发昭通，向四川进发。其余各梯团俟编成后陆续出发。并令戴戡偕王伯群赴黔，与黔督刘显世洽商动员办法。旋由戴戡率熊其勋旅出发松坎，准备阻敌西上或进取四川綦江要地。派王文华率师向湘西出发，约定攻守。并密电四川将军陈宧及泸州雷飙旅长，请其一致反对帝制，并策动各军将领从速响应。约熊克武、但懋辛、向传义、卢师谛等先行入川，与各方接洽，以张大声势。委袁华选、石陶钧、唐献、何上林等为总部参赞、秘书、副官。部署就绪，只待出发，而唐继尧百计推延，故为阻滞。前已指定出发的督署军队数团，不允开动。乃由各防区抽调训练缺乏、枪支窳劣之零星部队凑集数营，交顾品珍编组，委王秉钧、聂某为支队长。赵又新梯团未即组成，后委为泸州道尹兼任第三梯团长。蔡公不顾一切，毅然率领顾梯团少数部队出发，各军官对唐继尧已有忍无可忍之慨矣。嗣唐继尧竟自由变更护国军组织，以蔡公为护国第一军总司令，以李协和为第二军总司令，均归唐节制指挥。

当时飙在泸州，接到蔡公马电，即与陈宧之高等顾问刘一清、永宁道尹修承浩持电与师长刘存厚密商办法。刘极表赞同，并允密电川军各知友一致行动，反对帝制。旋接陈宧电，略云“顷得蔡松坡电，确已到滇，并即整军入川，事极重大，仰该旅长速整队伍待命。当加派得力部队数团来泸，用备调遣赴边防滇”等语。当与刘一清密商，刘谓此非陈之本意，不可遵信，即复电辞之。谓“袁氏称帝，蔡公反对，事极正当。况蔡公系旧长官，兵戎相见，非义也。若既奉将军之令，不战而退，或附和蔡公，非忠也。不忠不义，何以为人。且川中将士，多明大义，虽欲反抗，亦所未能。请加曲谅，另委贤员接充旅长职务。准飙回蓉，面陈详尽。”即奉电照准。复与刘一清、修承浩、刘存厚商应付办法数条：

1. 请刘师即率本旅官兵开赴永宁一带相机应付，因泸州附近北军已多，恐发生冲突危险。

2. 飙回成都探视陈将军意志如何，并当乘机开导。

3. 约定密码电本数本，以便随时密通消息。

4. 刘师在省官佐薪饷问题，当请陈将军照常发给。

5. 刘师宜速电川中各知好将领，一致参加倒袁运动，或合电陈将军宣布独立。

飙即与刘一清先后返成都。忽闻叙府伍祥祯旅失利，滇军刘梯团已占据叙城，陈宧及左右皆惊惶失措，特约飙密谈，询问滇军详情。遂乘机进言，大意为：“滇军至少可出五师之众，兵强械精，川军不足以当之。前接蔡公电，谓江南冯督、广西陆督、贵阳刘督均有电赞同。况蔡公为国兴师，名义既正，士气尤旺，将来响应者必多，则川局更加孤立，请将军慎重考虑。为将军计，表面上仍宜服从北政府，同时准飙秘密斡旋其间，俾将来左右运用自如。”陈大然之，但畏部下北人多，意仍不决。继与刘一清、邓汉祥、修承浩、王彭年等于每晚 12 时后约集陈将军某秘书洽商与蔡公接头办法。当决定由飙派员陆续密往叙泸及蔡公处报告联络接洽情况。飙并将刘存厚此次反对帝制之坚决，及其联络师长周骏、旅长钟体道及各将领一致行动等情况详报陈宧。陈意稍动，嘱飙随时密电刘师长相机应付，如蔡公到永宁，应力加保护云云。飙即照电刘存厚，刘复将此情密告周骏，请其从速策动响应。不料周骏竟电北京告密，刘存厚即被革职查办，袁并严电陈宧，切责之。

蔡公抵永宁时，刘存厚即电告蔡公已到，拟联合出兵，分道进取泸州，望即转告陈将军为要，飙即将此电送阅。陈宧谓："成都暂难表示态度，因曹锟、张敬尧不时到渝，势甚汹汹，稍一疏忽，我之地位动摇不足惜，于蔡军亦有不利。"陈又一面敷衍曹、张，一面电请袁世凯速电曹、张军宜十分慎重，不可轻进，谓泸州永宁间地势险要，滇军又极勇猛善战，总以稳扎稳打为妥，稍一失利，川局危险实甚。飙复将陈意及种种牵制迟滞北军办法电告刘存厚并转知蔡公。其时滇军已会合刘师分道进取泸州，滇军到达泸州对面上游附近，刘部到达泸州对面江岸，准备进攻泸城。而北军一部已到泸州上游，周骏所部之川军熊祥生旅已到泸城准备渡江应战。刘师川军初次接战，经验极少，又不忍炮击泸城，恐伤绅民；滇军远道疲乏，兵少械劣；北军与川军熊旅以重赏拣选敢死队分上下游渡江猛击，川滇军不支，即分向纳溪方面退却。幸团长邓锡侯勇敢有谋，力阻追兵，并于纳城附近收容队伍，急加整顿。滇军虽未溃败，但亦无力出击。差幸北军进攻极为慎重，不敢穷追，熊旅亦不敢独进，故损失尚不甚大。当时蔡公与顾品珍急率后续部队赶到纳溪，昼夜整顿布置，有退者斩，得以稳住阵线。嗣后张敬尧全师到泸，曹锟亦分兵布置泸州上游，拟即合攻纳溪。旋于纳城城南之运花坡两军鏖战达40余日，时进时退，不分胜负，战事之激烈，以此役为最。蔡公曾步行查视战地前线，为敌方侦知，即以炮火集中射击。蔡公伏水田中得免。当时若以兵力论，北军及川军共六七师之众，滇川两军共不满万人，而刘部又不甚得力，滇军复饷弹缺乏，实难久持。张敬尧对此颇有所闻，突于某日拂晓派兵两团进袭纳城。适滇军支队长何海清率兵一营先据要隘，迎头痛击，张师二团之众进退维谷，伤亡殆尽。陈宧乃据以电告袁世凯，谓张师轻进失利，伤亡颇大。袁即电责张敬尧不听陈言，轻进失败，记大过一次，以后张即不敢再进矣。

其时滇军全部军官电促唐继尧从速补充饷弹，以救危急，否则应由彼一人负责。因滇军从出发以来，每枪仅300发子弹，炮弹尤少，唐始终未予补充，虽迭电催促，均置不理。嗣闻滇军在纳溪亦继叙城退却，遂复与袁世凯勾结，拟定投降办法。北军兵力极厚，饷弹充足，蔡公知难以力取，遂决计暂退大州驿（离城约30里许）。退时秩序井然，虽敌炮如雨，弹中司令座右，蔡公尚镇静不动，直至退却令下达并将一切布置妥当后，始将司令部转移。大州驿地方虽小，而山势险恶异常，滇军士气甚壮，故能迭次夜袭，用刺刀、大刀杀毙张师士兵不下二三千人，破坏敌人防线二三道，张师丧胆，不敢越雷池一步矣。时蔡公喉病加剧，但仍与秘书长李曰垓日夜处理军书，忘其劳病也。适刘显世及戴戡所部之王文华师在湘西方面获捷；戴戡所部之旅长熊其勋，出入松坎、綦江间，亦能以少击众，而北军李长泰、齐燮元虽有二三师之众，所受损失极大。这两方面的胜利，对纳城方面之敌起了牵制的作用。加以左翼叙府方面，刘云峰梯团迭次战败伍祥桢、冯玉祥、倪聘卿三旅，因而声势复振。袁世凯曾以重金数十万及上将头衔诱降，刘未置理。

当袁世凯电陈宧限期收回叙府时，陈即派高等顾问刘一清为总指挥，令伍、冯、倪各旅归其节制指挥。刘一清在下达进攻命令时，对于各旅之配合，有意识地不作统一部署，以致各旅向叙城进攻，到者先后不一，未能作有利的配合，战区极为混乱，故滇军得以各个击破。此事唯飙与邓汉祥、修承浩知之。冯玉祥旅之所以一鼓而下叙城者，实因滇军后援未到，弹药耗尽，故暂退至离叙城十数里之地休息待援故也。冯旅迭次伤亡，兵力亦极单薄，且叙城两面皆水，进展颇感困难，故亦不敢穷追。飙与刘一清、邓汉祥向陈宧进言，欲使冯玉祥旅与刘云峰梯团联合一气，停止攻击，陈颇赞成。飙即选派学生胡济濬等持函赴叙城冯旅处商得同意，再赴刘云峰处商洽，亦表赞成，并一致表示反对帝制。飙并电告蔡公请其电奖冯玉祥，或再派代表与冯妥为接洽，将必得助不少。飙复与刘一清、邓汉祥、修承浩等向陈进言，请设法停战议和，以待机缘。陈颇为难，但曰：可试电南京冯督国璋出为调停。电文略谓："滇军虽暂退，官兵勇敢过人，蔡松坡用兵如神，地方多乐与相助，终不可侮。且黔省刘显世与蔡共攻守，桂省陆荣廷不日响应，久更生变，滋蔓必多，将来收拾尤难，请公速电袁总统先行停战议和。"冯督照电袁氏，袁复电照办。飙即奉陈宧令克日率谭道源等10余人先赴泸州张敬尧处。张初颇强硬，即力陈利害，心稍动。唯袁氏派路孝忱驻泸州监视张师行动，故张甚有顾虑。张拟将路送至蔡公处，路闻息，即于夜间乘舟逃去。嗣复诱张至电机上与蔡说话。两人意气甚洽，张意更活动，停战议和事乃得顺利进行。飙即赴大州驿报告蔡公，滇军将领及高级幕僚如罗佩金、李曰垓、顾品珍、袁华选、石陶钧、唐巘、何鹏翔等亦皆认为满意。适陈宧又派刘一清来蔡处商议和办法，复约张敬尧在电话上与蔡公谈话，双方意见更为接近，即决定先停战40日，两方军队离开相当距离，不得擅行开衅，然后再议和约。唯张敬尧总以袁取消帝制后仍作总统为条件，蔡则坚持袁须下野，争持不下。停战期将满，事尚未决。曹锟、李长泰、齐燮元等亦均坚持袁作总统，和议几至破裂。飙请蔡公再电陈宧从速宣布独立，以资推动。陈复电："本处兵力单薄，如欲即时独立，请以四个梯团兵力交雷飙率领，先到叙府与冯玉祥换防，使冯旅得移自井及资中援应省城，紧急时再由雷军赴援，用免疏虞。"蔡公阅电，颇有难色，踌躇不决。飙曰："请公不必拘泥，可派一个梯团或二、三营兵力，只说四个梯团就是。"蔡照此复电陈宧照办，即以第一梯团名义交飙编组，以原第一梯团长刘云峰为第三梯团长率队赴赤水方面，防敌袭击后方永宁一带。飙暂率两营兵力即将出发赴叙，并拟约同刘存厚部队同行，以壮声势。蔡公不甚赞同，拟将刘师另行改编，调刘为永宁道尹。飙极不谓然，恐临阵易将，有碍军行，力言不可。且刘师长热诚响应，如遽将其调职，恐川滇双方意见从此更深矣。蔡公以为然，唯云："刘太怯弱，你再为帮助何如？"飙曰："我从旁帮助可也。"即电陈宧将刘师薪饷照发，随飙行动。当由刘存厚派团长邓锡侯率领全队随飙向叙府自井等处前进。行至南溪县，忽接陈宧电令暂行停止前进，知其意尚犹疑不决。飙即复电力陈，谓大军在途，决难中止；且威信所在，时不可失，宜速决，免破裂。并派副官长谭道源赶赴叙城与冯玉祥接洽，并说明利害，速电陈宧表示赞成此举。冯深然之。更时即接陈复电，仍照原议办理，冯亦来电欢迎速行接防。飙到叙府未数日，陈又来电，嘱即拔队赴自流井，使冯军全部开资中镇慑地方。当复电陈宧即刻率两梯团兵力赴自井维持秩序，留两梯团守叙。其实只留一连兵守叙，而率一营三连兵赴自井。忽接张敬尧电，谓和议尚未告成，不应自由行动，破坏前议。飙复以本梯团奉蔡总司令及陈将军命开赴自井维持秩序，与战事无关。嗣闻广西陆荣廷宣布独立，护国军气势更为之一振（陆荣廷独立原因：1. 彼素敬佩蔡公，其部下多系蔡之学生；2. 梁启超赴陆处接洽推动；3. 蔡公在京时，曾派人在陆处联络，故有此举）。陈宧得此消息，加以飙军在自井，冯旅在资简间，随时可以响应；又得飙所荐之卢师谛，以师长名义在成都附近联合孙、吴、丁、张所谓四大金刚之民军拥陈独立；又有刘一清、邓汉祥、修承浩、王彭年在陈身边相机督促，终于促成陈氏宣布独立。

刘云峰在大州驿停战期满，先数日谓蔡公曰："战事又将发生，我们滇军饷弹缺乏，如何应战？"蔡公曰："无办法。"又曰："无办法即不办耶？"刘曰："唐督不肯接济饷弹，如何再战？"蔡公曰："有刺刀否？"刘曰："刺刀杀不得这多。"蔡公曰："汝等投降可乎？"刘曰："要投降早就投了。"蔡公曰："岂另无办法乎？各有手枪，杀敌不足，杀自家有余。"刘曰："可否打电张敬尧商办法？"蔡曰："不示弱乎？不惟无益，且有害焉。"刘曰："由我打电约张到电机上说话，可乎？"蔡曰："可。"乃约张谈话。刘谓张曰："停战期满，你尚愿打否？"张曰："哪个王八蛋愿打！"又曰："滇军愿再停战乎？"刘曰："只要有办法，不战亦可。"张曰："有何办法，你可说说。"刘曰："你可派我所认识之陶总参议或胡参谋长到大州驿商办法，如何？"张曰："一个赴渝未归，一个抽不动，不能去。”刘曰：“我个人到你司令部何如？”张曰：“很好。”刘以此告蔡公。蔡公曰：“张一武夫，恐有不测，奈何？”刘曰：“无关系，他杀我干吗？我与他均北方人，早已熟识，当不至此。”蔡曰：“你既不怕，愿去甚好；如有危险，我为你报仇就是。”刘曰：“好极！”即与张约定会面时间地点，并请张派人至某处一接。到时张果派人马欢迎。遂先至纳溪城会见吴、田二旅长，复同至泸州张之司令部。见面时非常欢洽，并大排筵宴，随即谈话。刘曰：“我已到此，有何办法，请说说吧。”张曰：“你说怎么办就怎么好。”刘曰：“办法就是再停战两星期，方好商议。”张曰：“极好，我可电前方再行停战两星期。”刘曰：“你能办到，我就打电告蔡总司令照办，决不有误。”刘又曰：“到底你尚愿战否，又能战否？”张曰：“我不瞒你老弟，我的精锐部队已损失大半，曹三爷（曹锟）直属部队多不能战，全靠我师来撑局面，打死仗，我才不干了呢。若再打下去，我这个师长就当不成了。只要有办法，我决不再打了。”刘曰：“袁能退位否？”张曰：“推倒老袁，能举老段当总统，定能成功。”刘曰：“约法规定，总统去职，副总统继任，举段恐不能办到。”张曰：“什么约法不约法，只要咱们赞成就行。”刘曰：“只要能倒袁，这事好办。举段一事俟归告蔡公后再定如何？”张曰：“很好，其余都不成问题。”即照此具函蔡公。刘携归大州驿送蔡公一阅，亦以约法关系，未能同意张的意见。刘复约集滇中各将领劝蔡公暂不反对举段，俟大局定后再由全国公议。蔡曰：“暂时敷衍，未尝不可。”刘复至张处商议倒袁拥段问题，并谓张曰：“这事重大，你一个人说话能算数吗？”张曰：“我可打电请曹三爷和李、齐各师长派全权代表来泸会商办法。”果然各代表均到，议及请袁下野及举段为总统，一致赞同，并共同组织南北同盟军一致倒袁举段，赞成者为国军，反对者以敌人相待。袁闻此事，知大势已去，即气愤而死。

唐继尧闻袁死，即电贺蔡公成功，同时并将滇边军队开进四川。这部分军队，即彼所组织之挺进队，久驻川边，当战事紧急时逗留不进，一闻倒袁成功，即昼夜向川中挺进。蔡公迭次严电制止，均置不理。其用心险诈，于此可见（此事《蔡松坡墨迹》中记载甚详）。

斯时，张敬尧约蔡公到泸商善后事宜，异常融洽，并订兰谱盟。张军北还时，所余军械子弹粮秣马匹及军需物品均赠送蔡军，并约曹、李、齐各军一律北还。唯曹锟恨陈宧特甚，行时赠送周骏枪械等甚多，并陆路大炮 6 尊，嗾使周赴成都迫陈交代将军职务，而周竟悍然不顾一切，整军就道，西上赴任。其时周师兵力共约 2 万之谱，由重庆至成都布一长蛇阵势，资内置重兵，防我军也。周骏先由北道兼程赴蓉，逼陈交代。时冯玉祥在简州，本可一战却之，可能另有他图，竟为示弱，且强劝陈让出成都。飙梯团在自井，亦被周军隔断，陈虽迭电请援，亦力有不及。罗佩金亦按兵不动，并阻止我之第二支队赴援。嗣面质之，彼云："我们作渔翁不好吗？"其阴险有如此者。蔡公曾严电周骏不应如是，并晓以利害，竟亦悍然不顾。

蔡公命飙与顾梯团，一取内江，一取资中，同时进发。飙出发时曾约熊克武派一二连兵力佯攻隆昌，阻敌西上，即率本梯团进攻内江。不两日即克内江县城，并降服周军两支队 2000 余人。顾梯团向资中进攻，虽已得资中对岸之高山，而渡河尚费时间，且资中敌兵尚多，飙得报，即派何海清支队先向资中会攻。飙在内江整饬一切，安抚后方，即以投降之两支队交熊克武接管，以增厚其兵力。飙率田钟谷支队及独立营赶赴资中助战，资乃得下。休息一日，即分攻阳县。本梯团先向左翼进发，顾梯团随后继进，新编之赵钰衡梯团进攻中路，熊克武所部出发北道，向成都方面行进。本梯团隔阳县仅 30 里，忽得令谓“中路赵团失利，资中危急，仰该梯团即时围攻中路”等情。当即复以我军逼近阳县，攻取在即，请令后面之顾梯团就近转向敌之侧面进攻，或派兵抄敌后路，两方定可得手。我军仅两小时即赶到阳县，敌果退走。即派两连兵回攻中路同钟河之敌。以阳县既得，资中之围亦解。嗣顾、赵两梯团自告奋勇，先行进攻简州。该处周军甚盛，大炮尤多，鏖战两昼夜，两军死伤甚众。飙梯团赶到加入作战，敌始溃败，俘旅长一员，战利品极多，其中并有曹锟所送之陆路大炮 6 尊。飙即先率本梯团由左翼出发，绕道进攻成都。周骏军及其党羽早闻风星散矣。到蓉，当与刘存厚师切取联络，维持地方秩序。当将到蓉一切情况电呈蔡公，复会同川滇各军将领会电请蔡公速驾来蓉，办理善后事宜。

时蔡公患喉病极剧，本拟将驻军及地方一切事宜料理妥当，即离川赴沪就医，川中军民各事交川滇黔各将领共同处理，乃滇黔部属及川中父老军民敦促莅蓉办理善后，以当时情势论，亦非蔡公亲临蓉城处理不可。蔡公亦知善后事宜较打仗尤为紧要，非亲到处理无以对地方，不得已扶病西上。当时飙与修承浩见蔡公病势甚重，非速就医不可，某日晚进谒蔡公，谈及川省善后事，颇感诸多困难。飙曰：“总司令既到此，第一莫把四川当作征服地，第二莫把四川当作战利品。四川军政各界有资格声望者宜酌选任用，不可事事将就滇人，反有以害滇人。否则总司令出川之时，即川乱发生之日。况总司令病非寻常，宜速觅医诊治静养。川局应从速决定，快刀斩乱麻，或易就范。”蔡公深以为然。当时议定暂任周道刚为川军第一师长，熊克武以师长兼重庆镇守使，刘存厚以师长兼川边镇守使，敦请尹昌龄为政务厅长，加委卢师谛为警备部副司令。次日即到法国医院透视肺部，医生云病势极重，肺部已坏，宜速休养。蔡公亦急思离川就医，即决定罗佩金为四川督军，戴戡为四川省长，余照前日拟定办理，当电中央政府任用。数日后，政府即照所请发表。蔡公对川事部署初定，即赴日本就医，未几病逝。

（选自全国政协文史资料研究委员会编《辛亥革命回忆录》第3集，中国文史出版社2012年6月第2版）

我对蔡锷的回忆

李文汉 *

一　蔡锷在云南领导辛亥起义

蔡锷到云南后，不久就被委为三十七协协统。时云南军界，大半为北洋系和日本士官系，以所抱宗旨不同，竞争很烈。从蔡的表面看，似乎是不偏不倚，一视同仁；唯以砥砺志节，讲求学术策励所部。他的协司令部，就和讲武堂同在一道门里（同在旧日的洪化府），但他从来没有到过讲武堂，也没有和学生们讲过话（那时我是讲武堂的学生）。他真的是沉静吗？不，他内心是对革命事业非常热烈的一个人。他同总督李经羲是有渊源的，在广西是长官部属，

* 李文汉：时为云南讲武堂学生，后任广州大元帅府大本营高级参谋，滇军第五旅副旅长。新中国成立后，任云南省文史研究馆副馆长。

调到云南，更得到李的信任。钟麟同、王振畿等对日本士官系屡构谗言于李经羲的面前，而蔡锷则力为解释，如罗佩金、韩凤楼、谢汝翼、李鸿祥、唐继尧、刘存厚等当时得不被排挤，皆锷之力也。时清廷改铁路为国有，川中因争路权，形成群众运动，蔡逆料中国局势将以此为导火线，即与同志诸人迭次密商，着手布置。斯时，李鸿祥充七十三标管带，唐继尧、雷飙充七十四标管带，并伺机委派同志充任下级将校，党人势力遂几与北洋派势力相等。辛亥七月中旬，蔡以计划秋操赴宜良侦察地形。八月十九日武昌起义，蔡由宜良归，召集同志密议数次，有人主张云南不宜举动，俟全局大定，再为进行，以避外人乘机干涉。蔡以云南宜速举事，以为西南各省倡，进而戡定川黔，得此3省，以与清朝争衡；外人干涉之举，以大势计之，不足虑也。众多赞其议，遂决定定期举事，并决定了攻击计划。当时与会者还曾歃血为盟。钟麟同对此已有所闻，戒备极严，时派人尾随蔡后。八月下旬，钟麟同欲撤惩谢汝翼、李鸿祥诸人，蔡为力争，乃止。时武昌“光复”后的《讨满洲檄文》已秘密传至云南，风声更紧。只以子弹未领，预备未周，致稽时日。嗣闻汉口失守，腾越亦经起义，蔡乃于九月九日午后发令委派临时官长，按照预定计划分途布置，七十三标由李根源以及第三营管带李鸿祥等率领向北门一带攻击前进。蔡知巫家坝步炮两标，非亲临指挥，断难如意发动。乃于10时顷亲赴巫家坝集合两标将校宣布起义宗旨，词严义正，每发一语，则群呼万岁；继复集合目兵誓师，欢声雷动。分给子弹，整理装械既毕，即陆续出发。时正夜半，遥见城中火起，频闻枪声，知七十三标已入城，乃督军急进，途遇马标于南校场，该标系奉钟麟同调来城镇压起义者，蔡误以该标来援，与其将校握手欢呼，该标慑服莫敢动。旋率军由大东门入城，以步炮机关枪各队分布东南城一带，待拂晓施行总攻击；并派队协攻军械局及五华山督署各处。部队所领子弹，人仅15发，鏖战达旦，早经告罄，非攻下军械局，则子弹无从接济。乃以火药毁其围墙，众兵拥入，同时五华山及督署两处亦相继攻克。蔡下令，饬诸军分别占领各要地，不得擅离；并严饬各军，不得妄杀一人，不得妄取民间一物，以是人民安堵，省局大定。当蔡举事时，尝钤盖小水晶章，文曰“昭陵”，昭陵者，蔡原籍邵阳旧名也。事定，送省立图书博物馆陈列。

十二、十六等日，临安遵令反正，唯龚心湛据蒙自，希图反抗。蔡任朱朝瑛为南防统领，赵复祥副之，命袭取蒙自。与龚军遇于大哑口，一战破之，歼其督带孔繁琴，余众或溃或降，遂长驱入蒙，龚遁去。蔡以南防毗连越南，且防营实力颇厚，反侧不安，乃编成南征军一支队，以罗佩金率之赴蒙，开广镇夏文炳慑于兵威，亦率所部于十九日反正。鹤丽镇张继良图谋反抗，蔡命榆标严为防备，相机剿办；并命讲武堂教官刘法坤率步骑兵要截解往鹤庆之军械于禄丰，悉被截获，张势穷，求放归。旬日之间，全滇遂定。

二　蔡锷在“光复”后的措施

云南“光复”后，秩序很好。蔡以四川清总督赵尔丰仍据蜀，川民遭其涂炭；且四川据长江上游，若赵挟川中兵力、财力，北连秦晋，东下武汉，足以制民国之死命。乃搜集军实，编成一师，以韩建铎长之，分为两梯团，第一梯团以谢汝翼将之，第二梯团以李鸿祥将之；谢团取道昭通、叙州，李团取道毕节、泸州。迨师次叙、泸，赵尔丰被迫交出政权，另行组织政府，蔡即命两团暂驻叙、泸，毋庸前进。时川中军府林立，政令纷歧，李鸿祥、谢汝翼、黄毓成诸将电请积极进军，扫荡廓清，另组统一政府，蔡切电阻之，川事稍定，即撤军回滇。

迤西方面，因张文光在腾越起义后，分兵下永昌，出大理，裹胁甚众，乃命李根源率省军出巡迤西，饬将腾永号称30余营之军队缩编为7营，调张文光为大理提督。李根源经营西事，拟从事改土归流，蔡以财才两乏，命采渐进方针，宜从兴教育、修道路、办警察、务垦殖入手，设行政委员领其事，将土司司法、财政收回，不改犹改，且较为有利。李皆遵照次第施行。

十月中旬，蒙自统领赵复祥，因滥招新兵，匪类混入，临标及新招之一营全体哗变，戕杀官长，焚劫市场，将校逃匿殆尽，南防震动。越南法兵势将借口侵入，蔡与法领交涉，谓蒙乱指日可平，铁路一带，当派兵沿途驻扎保护，决无他虑。蔡一面谕蒙自叛军无得擅动，一面饬临安（今建水）、开广各军严加防堵，令朱朝瑛赴蒙抚慰叛军，命罗佩金赴蒙，恺切宣慰，众心稍定，乃饬将蒙军陆续调省，严加淘汰，编为二营，将为首之李镇邦等20余名置诸法，军民为之肃然。

时汉阳失守，民军失利，南北和议迁延不决。贵州自治党与宪政党斗争剧烈，宪政党假贵州军府名义向云南军府借兵。蔡正在考虑中，宪政党戴循若、刘希陶、熊铁岩等时在昆明，复当面请求，蔡遂派唐继尧用假道北伐名义率兵入黔。黔军府尚设供张，唐继尧至贵阳，不驻招待之处，径令军队分扎山头，并架设炮兵，指向贵阳。越日，军府被围，而赵纯臣逃矣。于是宪政党之耆老会遂正式出面，举唐继尧为临时都督，戴循若、任可澄、刘显世以下均分据要职，以后钟山玉、赵纯臣、杨树清均先后被杀，其他军队，无论官长士兵，恐其不为己用，缴械之后，驱至东郊坑杀。当酝酿派兵入黔时，李根源颇持异议，他所撰《雪生年录》有这样一段，节录如次：“滇黔唇齿，当此国基未定，武汉战急，只能维持现状，出以调和，不宜走入极端。蔡公信熊、刘言，待余西行，以唐继尧编一军率之入黔。未几蓂赓入贵阳，逐杨、张，杀赵、黄，占有贵州，遂结两省恶感，种两派祸根……不能不恨五华山头，余言之不用也。”派兵入黔，实种后来若干祸根。当时余在贵州下游游击军任骑兵大队长，曾参加铜仁、松桃战事，所亲见亲闻者也。蔡在云南“光复”后措施，此为一大错误，不能为贤者讳也。

三　蔡锷被调入京的原因

1913年，李烈钧在湖口起义讨袁，蔡锷不顾当时省议会少数议员的反对，毅然任命谢汝翼（当时谢汝翼是第二师师长）组织军部，派步兵一团、炮兵一营入川。他通电各省，谓将率军到前方调解。但是他的主旨不是出而调停，是想出而与袁世凯争衡。不久，南方起义各省先后失败瓦解，袁迭电蔡锷撤兵，这是很触袁氏之忌的。当时西南各省，只滇、川、黔还没有袁的力量侵入，而云南又比较完整，袁更不放心，因此通过梁启超的运用，调蔡锷入京。蔡即推荐唐继尧继任滇督，中了袁的诡计。这是蔡锷离滇的主要原因。

云南内部也有矛盾。云南“光复”初期，是李根源、罗佩金相继任军政部长，以后李赴迤西，事毕辞第二师长职赴京，罗后委为民政长，都失去了兵权。援川军回滇，委李鸿祥为第一师师长，谢汝翼为第二师师长，他们都想继承蔡锷的职务。但蔡并没有交给他们的意思，李、谢对蔡心怀不满，李较谢尤为明显。当酝酿唐继尧调滇之初，第一师参谋长李伯庚就授意新编六团团附周兴权出来要约军界同人给唐继尧写信，大意说，滇军的力量只有向外发展，不能把现有地位失去，反而收缩回来的道理。有些人表示赞成，有些人没有表示意见，就假借大家名义写信去阻止。阻唐回滇，亦即反对蔡的主张，亦即表现了对蔡的不满。有时蔡还受到李鸿祥的挟制，此亦蔡锷离滇之一因。

（选自全国政协文史资料研究委员会编《辛亥革命回忆录》第3集，中国文史出版社2012年6月第2版）

追忆蔡锷先生

唐才质*

清光绪二十三年（1897年）冬，湖南时务学堂成立，余与松坡同时考入，始识松坡。当时同学中，在我脑中印象最深者，为虎村（李炳寰字虎村，庚子年武汉起义殉国）、松坡二人。虎村年长于余，且同住一宿舍，意气投合，遂换贴为兄弟。松坡在同班中年龄最小，体质亦复文弱，初不为人重视，然而言论见解，有独到之处，乃知年少好学，根柢甚为深厚也。

松坡原名艮寅（后来投考日本士官学校，乃改名锷），湖南邵阳人，松坡其字也。生而颖异，年十一，补弟子员。母舅樊锥，博学多能，在邑中有才名；松坡请从之游，学业益有进步。丁酉冬，松坡应考

* 唐才质：曾任《东华新报》主笔，后任南京国民政府外交部委员会委员。新中国成立后，任湖南省文史研究馆馆员，湖南省政协委员。本文原标题为《追忆蔡松坡先生》。

时务学堂，名列第三；在堂每月月考，皆居前列。英气蓬勃，同学皆敬慕之。

松坡在堂，所居与余辈斋舍接近。课余之暇，必过余言学论政。谈到当前政治败坏，声情激越，决心贡献自己一切力量，以挽救国难。

按察使黄公度（名遵宪）与时务学堂同学联系密切，常约吾辈往官舍谈话，娓娓不倦，态度和蔼，无官场习气。公度在湘仅一年，旋以戊戌政变去官，养疴海上。翌年即归嘉应故里。其己亥怀人诗即是时作，内有怀李炳寰、蔡艮寅、唐才质云：“谬种千年兔园册，此中没埋几英豪。国方年少吾将老，青眼高歌望尔曹。”其期望与勖勉吾辈为国致力，情意至为殷切。

戊戌八月政变，新政尽废，时务学堂亦有趋于解体之势，学生多愤而退学。余与松坡、静生（范源濂字）亦与焉。吾侪商榷之结果，决定继续求学，以求深造。顾是时国内研究实学之学校，寥若晨星。武昌虽有两湖书院，院内事务，多半为旧派掌握。政变之后，对于湖南时务学堂之退学生，拒不接纳。南京亦无学校。于是吾侪不得不以上海为目的地。己亥夏五月，松坡与余辈同考入上海南洋公学。时值暑假，幸前时务学堂英文总教习李维格先生，在该校任教，特许先入宿舍。七月，梁启超自日本来函相招，又得家兄才常先生资助，遂东渡。

松坡与余到日本后，其他时务学堂学生，继续冒危险经上海而抵东京者，并余等共 11 人。梁在东京小石川久坚町，租赁 3 间房屋，让吾辈居住，为投考日校作准备。此是时务学堂解散以后，余与松坡在上海、东京二处，又得继续聚处求学，约为一年左右。物质生活方面，虽然甚苦；但精神方面，异常愉快。

庚子（1900年）春间，家兄才常先生决意在武汉起义，军事部署，略已就绪。当日时务学堂同学来到东京11人中，除松坡愿留日本学习陆军，静生愿研究学术，致身教育以外，余皆回国参与其事。同学既行之后，松坡心不自安，旋亦毅然变计，只身回沪转汉，参与武汉起义。才常先生以松坡在同学中年龄最幼，暂不欲其担任艰巨以误学业，即函介赴湘见黄忠浩，面商机要，要求黄在武汉发动之后，同时在湘起义，以相策应。黄原在湘训练新军，此时正奉令移鄂。黄认为才常先生所谋，目的虽对，方法不行。结果使无数青年志士，白白牺牲，未免可惜。于是挽留松坡商论数日，未即遣行。未几自立军起义失败，松坡尚留黄寓，因而得免于难。黄仍送松坡赴日留学，以图上进。

松坡第二次到日本后，时时以学习陆军为念。梁启超笑之曰："汝以文弱书生，似难担当军事之重任。"松坡答曰："只须先生为我想方法，得学陆军，将来不做一个有名之军人，不算先生之门生。"松坡一生长处，意志坚定，日后事业，即基于此。当年到日本学陆军者，非由政府派遣不可。其时自费陆军学生，只有松坡、百里（蒋方震字）二人；但不久仍补官费矣。蔡、蒋二君，是士官学校第三期学生，毕业成绩，皆极优良。在日本百余学生之中，百里名列第一，松坡大致第五。松坡毕业回国，先到广西，开办讲武堂；旋到云南，初任标统，渐次升至协统，辛亥革命时期，成为云南新军唯一之首领。武昌反正，云南响应，西南局面，于是确定，皆松坡之力也。

庚子自立军武汉起义，吾友赵君曰牛辅助何君铁笛（名来保）担任常德发难之责。事败，铁笛殉国，曰生走免。后来曰生蛰居日本横滨，松坡自江户来，与共食宿者逾月，同作海水浴以为常事。

曰生昔尝告我曰："余与松坡居横滨，日赴海边沐浴，以为一门功课。松坡曰：'凡作海水浴者，原为锻炼身体，非仅为水上游乐也。须以烈日晒之，海水浸之，时晒时浸，日久不怠。久之，皮肤焦黑，便成钢筋铁骨矣。'约余日日赴海滨习之，余不能耐，或作或辍，而松坡则未尝一日间断也。"

庚子起义失败，吾辈各有所图，遂皆离散。余与松坡居住异地，虽信使常通，而相见甚稀。余在领事撤职之后，漫游印尼各地，考察侨民情况，经过港、澳，略有流连。迨丙辰冬间，归抵北京，惊闻松坡为国劳瘁，已与吾辈永诀矣。丁巳（1917年）4月，举行国葬，余代表内务部同仁回湘，参与国葬典礼。每一追念往昔同学时言学论政、盘桓朝夕情景，为之怆然！

（选自湖南省政协文史委员会编《辛亥革命在湖南》，岳麓书社2001年9月第1版）

辛亥腾越起义的历史回顾

张天放*

辛亥革命是中国资产阶级领导的民主革命，这次革命推翻了清朝的统治，结束了几千年封建君主专制制度，产生了中华民国，提高了中国人民民主主义觉悟，它在中国近代史上有着划时代的历史意义。

辛亥革命前后，在孙中山先生领导下，各地相继举行武装起义。1907—1908 年，广东潮州、惠州七女湖、钦州边防城、广西镇南关等地有一系列武装起义。在云南，由于同盟会的积极活动，民主革命风潮迭起，1908 年的河口起义，就是全国著名起义之一。1911 年 10 月 10 日，武昌爆发起义，接着九月初六（10 月 27 日）云南就出

* 张天放：时任云南滇西军都督府第二军政府秘书，后任国民党东京支部执委，云南木棉公司协理。新中国成立后，任第二届全国政协委员，民革云南省委员会主委，第二至六届全国人大代表，云南省政协副主席。

现了腾越（云南腾冲县）起义，辛亥九月初九（10 月 30 日）昆明又举行了重九起义，推翻了清王朝在云南长达 250 多年的封建专制统治。云南人民的几次起义，对全国都有很大的震动，对中国资产阶级民主革命的推进，有着重要的贡献和不可磨灭的地位。

我有幸参加过九月初六的腾越起义。当时年纪只有十几岁，在滇西军都督府第二军政府当秘书，目睹了这场悲壮斗争的一些方面，为了纪念这场轰轰烈烈的旧民主主义革命和为这一革命而英勇献身的烈士，我愿将当时的所见所闻记录下来，献给广大的群众特别是青年一代。

一

19 世纪末 20 世纪初，世界资本主义进入了帝国主义阶段，它们为争夺殖民地发动一连串侵略战争。被侵略和被奴役的国家和人民纷纷觉醒和斗争。在这风云激荡的世界潮流中，被腐败的清政府统治而逐步沦为半封建半殖民地的中国社会进入了急剧动荡的时期。1894 年的中日战争，1900 年义和团运动和八国联军入侵的战争，都给中国人民带来了深重的灾难。帝国主义侵华的气焰更为猖獗。清政府对外丧权辱国，对内加紧剥削压榨本国人民，因而大失民心。

由于卖国的《辛丑条约》的订立，云南成了英法两个帝国主义角逐争夺的势力范围，侵略势力节节向云南推进。1900 年，法国驻云南总领事方苏雅，派人假买马为名，到云南各地探查险要，偷运军火入昆，并与越南总督都墨勾结，阴谋伏兵昆明，内外夹攻，武装占领云南。事件暴露，激起昆明人民的愤怒。1902 年清政府及驻云南官吏竟丧权辱国地将临安、元江等七府矿权出卖给英法。特别是1910年10月，英军又侵占了高黎贡山西侧的片马，震惊了全省，加上驻云南清朝官吏的贪赃枉法，云南人民不断觉醒，提出了“抗侮救亡”的革命口号，组织了震动全省的1900年反法斗争、反英占领片马等几次大的斗争。云南民主革命先驱者杨振鸿等，一方面秘密策划推翻清政府、抵御外来侵略，使祖国独立自强；一方面著文呼吁：“此是吾人之将亡复存，将死复生之一大关头。记之！记之！”当时我读后印象甚深，反映了云南人民和革命党人的共同心声。当时的进步报刊杂志都认为，清王朝腐败无能，要共御外侮，必须人民团结一致，动手推翻清王朝。当时的云南，已处于风暴来临的前夕，革命有一触即发之势。

孙中山先生1906年在日本东京，就曾经正确分析过云南的形势，他指出：“云南有两个导致革命的因素，一是官吏贪污，另一件是外侮日亟。英占缅甸，法占安南，都把云南当作侵略的目标。云南人民在反动官僚的压榨和外侮欺凌之下，易于鼓动奋起。”这是对云南形势的正确估量和指导。在孙先生领导下，云南有杨振鸿、吕志伊、李根源等人参加了同盟会，成立了云南支部，开展了各种革命活动。首先，杨振鸿离开日本，取道越南回国，对滇越边防要隘地区深入调查，揭露了英法侵略云南的大量罪行事实。他还曾准备刺杀云贵总督丁振铎，就地起义，可惜未成。后来，他在云南发展了一批同盟会员，并且到滇西，接受了担任腾越厅四营管带的职务。到了腾越，和刀安仁（即刀沛生）发展张文光入盟。他还在腾越南城外川主宫举办了组织革命党人的体操学堂，课程有日本式军事体操和木制枪刺，进行军事训练。还进行过一次攻城作战的演习。我就曾在那个学堂接受过训练。1907 年，杨拟于 5 月在腾越举行武装起义，然后进攻永昌府，进取大理，再以大理为根据地进攻昆明。可惜由于机密泄露，清廷四处缉拿，未能实现。杨被迫逃入缅甸。这些活动，为后来腾越起义准备了思想上和组织上的条件。

1908 年夏天，孙中山在越南河内设立了同盟会机关部，作为筹划两广、云南起义的据点，并亲自指挥，由黄兴发动，派黄明堂率领，于 4 月 30 日攻克云南河口，进逼蒙自。但由于清政府勾结法帝国主义，把在前线指挥起义军的黄兴扣留，在越南境内的武器弹药和粮食被禁运，起义军退守河口，并于 5 月 26 日被迫撤入越南，被法帝殖民当局解除了武装。河口起义终于失败，但却显示了云南民主革命的高涨。

1908 年 10 月，杨振鸿又由日本返回仰光，建立滇缅边区和缅甸华侨的革命据点，组织同盟会员，在云南的干崖建立“敢死队”，潜入永昌（今保山县）新街后埂的马岭寨，发动了攻打保山的滇西起义。可惜参加起义的队伍系农民临时组合，缺少枪械，终归失败，杨也忧愤得病，死于蒲瓢。杨振鸿以上一系列革命活动，完全是根据孙中山先生的指示和同盟会的部署进行的，是云南辛亥革命前夕的几次演习和准备。

朱德同志在《辛亥革命回忆》一文中指出：“孙中山派黄兴到云南河口发动起义，不幸失败；接着同盟会员杨秋帆（即杨振鸿）等又在永昌举行起义，结果也没有成功。这两次起义虽然失败了，但是革命的影响，却在云南日益扩张起来。”云南辛亥腾越起义，昆明重九起义，就是在这些背景和准备下应时而生的。

二

腾越，由于地处中缅交界，是商业交通的要冲，经济文化交流的重镇。大批英国商品由此输入，转销南方各省；我国西南大批药材、丝绸及土特产经此输出。因此行商云集，还设有外国领事馆，各种人物来来往往，中外书刊均有出售，促进了这一边陲县份经济文化的繁荣。孙中山先生曾派胡汉民、居正、杨思复、吕志伊等人在仰光建立同盟会，发展了一批腾越华侨及知识分子参加，并十分关注腾越的政治动向。不少腾越华侨都出人出资援助孙先生革命。记得刀安仁的管家刀静安就曾同我父亲张问政一起，联络和顺乡的财主，借贷过几次款项给同盟会作为党的活动经费。杨振鸿的学生张文光、彭蓂及同盟会员刀安仁，一直按照孙先生的指示进行革命宣传和组织活动。他们创立了自治同志会，发展了农民、会党群众数千人入会，还发展了一些清军的下层官兵。在学校，有张定臣、黄子和等一批跟随过杨振鸿搞滇西起义的教师，在学生中传播进步思想，团结了一批知识分子和群众。

1910 年，英军入侵片马，清廷屈辱求和，腾越同盟会党人抓住这一事件大力宣传反帝爱国和反清革命思想，以学校师生为核心，组织反英游行示威，抵制英货。对于被英军逼到腾越的缅甸人民，热情接待，送衣送饭，团结反帝。边疆各民族人民纷纷同情和投向革命，起义的时机日趋成熟。

1911 年 10 月 10 日，震惊中外的武昌起义爆发，消息传到腾越。同盟会支部、刀安仁和张文光进行商议之后，张文光召集陈天星、马登云、黄安和、刘得胜等人策划起义。10 月 25 日，陆防军部分官兵借口野操，在腾越郊外开会，决定以自治同志会为中心，发动会党、学校师生、少数民族、农民和清军士兵，于27日举事。辛亥九月初六日（27日）晚上七八点钟，张文光率领一批人进攻道尹公署和县政府，陈天星率领新军第三营和巡防军四、五营起义。当夜，击毙营长张桐，两支军队合攻入城。刀安仁、刀厚生所率援军相继赶到。腾越道尹宋联奎、县长温良彝潜逃，腾越总兵张嘉钰吞金自杀。整个起义没有遇到激烈的反抗，当晚就宣布建立滇西军都督府，张文光任第一都督，刀安仁任第二都督，设第一都督府于镇台衙门，第二都督府于道台衙门。陈天星为前军都指挥，刀厚生为后军都指挥。参谋由李汉兴、刘弼臣、俞华伟等人负责，秘书由黄柱臣、刀半安和我担任。这次起义比昆明重九起义还提早3天，是云南省内最先建立起的资产阶级政权。孙中山先生得知起义成功，还特别从香港来电嘉奖祝贺。

九月初七（10月28日），都督府开始办公。张文光、刀安仁等一方面彻底改组清朝统治及县治机构，改组警察局，还整顿军队，对起义军订立军约，重申纪律，不准扰害百姓；一方面出安民告示，要百姓安居乐业，不要惊惶，支持起义。我记得，不少文告是张、刀等人亲自商订的，特别是开始那几天，我当时抄录书写的很多，都体现了起义领导人对群众的爱护和对组织整顿军队的重视。由于安定工作作得较好，军队没有骚扰百姓的行为，市容很快恢复，秩序安静，集市照常营业，学校继续上课，机关人员照发薪水。张文光还动员祝宗云等学校老师，组织学生军（参加的有周开勋等人），维持治安，宣传起义。张、刀还很快委派了县长及一些部门人员，各种工作有条不紊，受到群众的拥护。有些惊恐逃下乡的百姓也纷纷回城。起义后的腾越，是安定和充满生气的。

为了发展起义成果，张文光按照杨振鸿原订的滇西起义计划，积极扩军，两天内即扩大为 6 个营。10 月 29 日，腾越起义军分兵 3 路进军永昌（保山）、顺宁（凤庆）、云龙，会攻大理。进军途中，各地都纷纷起义归顺，许多少数民族如傣、白、景颇、回族群众加入，义军发展到 23 个营，对促进及呼应昆明起义，起了一定作用。11 月 1 日，龙陵驻军起义，加入张文光、陈天星的队伍。到 11 月中旬，义军控制了腾越、永昌、永平、临沧等滇西广大地区，继续向东挺进。张文光、刀安仁都行文给大理，敦促他们投降。起义军所到之处，采取了一些打倒贪官污吏和清廷遗老的反封建行动，受到各民族群众的欢迎。

滇西封建官僚和地主当时十分惊恐。大理由清军协统曲同丰出面，联合官绅，组织游勇抵抗义军东进。一面宣布“反正”，一面向昆明“云南军都督府”报告，诡称腾越起义军“戕官掠民”“糜烂地方”，要求镇压。昆明军都督府一面电令张文光退回腾越，一面派兵到滇西堵截各路义军，对一些清朝封建官僚和豪绅地主进行安抚，任命他们担任新政权的官吏，压制了滇西起义人民的反封建斗争。陈天星被曲同丰击败，溃不成军，由保山经龙陵逃入缅甸，最后因为在腾越起义中杀了段祺瑞的学生张桐,陈由缅到北京之后，被段祺瑞逮捕杀害。占领剑川的义军被迫撤离。龙陵的义军在蔡锷都督府委派的龙陵县长到职后，亦被迫整编。大部分义军被撤回腾冲遣散，回乡的回乡，读书的读书，一些会党首领和 1000 多起义群众被杀害。滇西军都督府竟被取消，张文光被降为协都督，无兵无权，不久被迫辞职回家。到 1913 年孙中山、黄兴进行“二次革命”

反对袁世凯时，被唐继尧派人刺杀。刀安仁到南京晋谒孙中山先生，亦被逮捕入狱，经孙先生拍电给袁世凯极力担保，才释放出狱，最后死于北京。腾越起义从起义、胜利、进军直到被瓦解、遣散，历时不长，鲜为人知，它是一出新兴资产阶级政权由诞生、发展到夭折的悲剧。

三

腾越起义中，英勇献出生命的有志之士是不胜枚举的。其中最主要的英雄人物是杨振鸿、张文光和刀安仁。他们是政治上、精神上的先驱者，组织上的领导者。杨振鸿由于他的声名及影响，许多人都知晓他，我已有专文论述他的生平。刀安仁的传略我也另文介绍。这里只想着重介绍一下鲜为人知的张文光。

张文光，字少三，是腾越人。家住董库村。原名张文鉴，入同盟会后改名文光。他出身大户，家道中落，喜好交结朋友，性格豪爽，疏财仗义，在腾越哥老会中有很大影响。年轻时，做玉石生意，每年冬季都去缅甸玉石厂，往来于缅甸与腾越之间。由于亲眼目睹英帝在缅甸的侵略和清王朝屈辱卖国的腐败无能，他常愤激地抨击清政府。在缅甸的时候，他接触了不少进步思潮及孙中山先生的革命主张，对孙先生以及一些革命党人如杨振鸿等十分敬佩，使他坚定了推翻清朝，跟随孙先生干革命的决心。当时缅甸、腾越同盟会活动很活跃，不少华侨加入同盟会支持革命。张与朋友刘辅国结交了不少同盟会党人，经刘及刀安仁的介绍加入了同盟会，积极从事革命活动。由于他聪明好学、豪爽、善斗，表现了军事指挥与组织才能。他与刀安仁、刘辅国等秘密组织自治同志会，发展了 50 多个骨干，曾在腾越五皇殿共饮生鸡血酒，立誓拥护孙中山先生。1911 年九月初四（10 月 25 日），张文光到干崖与刀安仁、俞华伟等开会，分析形势，认为时机已经成熟，可以相机起义。确定刀安仁、刀厚生在后组织援军，城内组织及发动清军举事由张文光全盘负责，立即成行发动。临行前，刀、俞等人每人敬酒 3 杯，张文光慨然立誓，不成功当即成仁，此番决不空回，表现了坚韧不拔的信念。文光赴腾后，召集同志会及清军官兵密商，最后决定九月初六起义。经过较周密的组织，一举成功，迅速成立滇西军都督府，并趁胜率军直取大理。当时，张文光尽管由于率领军队缺乏经验，部队扩军很猛，部下又系各方面人等参加，一些游勇滋祸闹事，难于驾驭，但他还是很注意整顿军纪。比如永昌（保山）有个杜水牛，到腾扬言他可召集几千人为革命效力，张即委派他为营长，出兵永昌。但当得知杜利用营长权势，在地方敲诈勒索、胡作非为之后，非常气忿，立派马登云到保山处决了杜水牛。当时对腾、永军民有很大震动，提高了起义军的威望。后来有人诬称张文光“兵匪混淆”“糜烂地方”，横加镇压，无非是一种排斥、扼杀的借口罢了。昆明军都督府一些人出于对提早起义的腾越会党的嫉恨，一直设法遣散张的军队，削去他的权力，“整治”起义军民，张被迫辞职回家。后来，张准备去北京，腾越府派 500 人送他经滇西进中原，恰遇杨奎五在大理造反，交通断绝，张只得折回腾越，拟绕道缅甸北上。唐继尧等人怕张将来反他，就勾结袁世凯等军阀势力诬陷张与杨奎五“同谋”，由袁电令判张死刑。唐即派其走卒“段大队长”、李青龙等 6 人，趁张在腾越硫磺温泉洗澡之机，乱枪杀害。一代辛亥革命有功之臣竟死于非命。

腾越起义的领导人，就是在辛亥革命果实被袁世凯及军阀势力勾结篡夺之时，一一惨遭毒手的。这都是今古奇冤的血案，留给我们的教训是深刻的。

四

腾越，作为中国西南边疆一个县府，居然能继武昌、湖南、陕西起义之后，在云南首倡义旗，取得成功，而且比较革命和不妥协，的确是难能可贵的。这是为什么呢？

首先，是与腾越所处的地理位置、政治经济地位以及当时国内外革命形势分不开的。腾越是中缅交界的商业交通重镇，处于外侮的前哨，近代史上帝国主义觊觎云南，都在腾越进行过活动。清政府的屈辱卖国，也在腾越边境划界等问题上暴露得十分彻底。腾越各民族人民对反清、反帝的必要性理解比较深，民主革命觉悟较高，因此，一旦如片马事件发生，就能引燃起革命的熊熊烈火，取得各民族人民的大力支持。

其次，腾越革命党人的活动一直是在孙中山先生思想指导下进行的。同盟会成立后，孙先生曾多次接见云南同盟会员，对云南革命形势和斗争方针作过一系列指示，这些指示中，反帝反清的指导思想十分明确。直到 1920 年我在上海亲自晋谒孙先生时，他的指示也都贯穿反帝反封建的革命精神，给云南的民主革命指出了明确的方向。不仅如此，孙先生还约黄兴到河内和仰光，专门听取过云南河口、腾越、滇西情况的汇报，接见云南的同盟会员和革命党人，具体指导他们筹备武装起义。同时，派遣了杨振鸿、居正、吕志伊、杨思复、秦鼎奕、王仰思等数十名著名的同盟会员到过腾越，进行宣传和组织工作，从理论上到实践上对腾越革命活动进行了具体指导。

再者，腾越起义有一批忠诚的同盟会员起了骨干作用，是他们奋发努力、苦心经营的结果。突出的是善于团结广大群众，对清军下层官兵，对各学校师生，对少数民族土司和群众，对城镇各方面人士，都广泛动员，真诚团结，因而一旦发动起义，就能获得广大各族人民的支持，而不是只由几个热血男儿拼杀一阵，这一点是比较难能可贵的。

由各民族人民奋起的腾越起义，顺利成功，推翻了清王朝在边疆的统治，动摇了昆明的清政府，在云南近代史上有不可磨灭的功绩。可惜的是，它也同辛亥革命果实被篡夺一样，遭到了摧残。起义军兵发大理，东进昆明，冲击封建势力，是按照同盟会的号召和革命的需要，这是主流。东进途中，因扩军较猛，陈天星领导有不少错误，难免混进一些兵棍，有些行为义军也控制不住，但这是支流。难道革命队伍中不可能出现少数违反军纪的现象吗？义军方向是正确的，冲击地方封建官僚是必然的。有人诬称“糜烂地方”，昆明当局派兵收剿，显然是错误的。后来昆明都督府的一些人，以“正统”自居，嫉恨腾越起义在先，妄加排斥，并“安抚”重用一批封建官僚，维护旧的统治秩序，反映了他们进行的旧民主革命带有不彻底性和妥协性。至于后来发展到镇压滇西起义军民，甚至“援川援贵”，派兵扑灭川贵人民的革命起义，则更是逆历史潮流之举了。几位腾越起义的领导人，不死于清王朝屠刀之下，却死于标榜拥护革命的军阀势力之手，实属可悲。而过去腾越地处边陲，交通阻隔，起义真相竟湮没无闻，冤案长期得不到昭雪，我为此感到无限悲痛。

值此纪念辛亥革命70周年之际，回顾腾越起义的悲壮史实，不仅是为了还历史以本来面目,更重要的是缅怀革命先烈的英雄业绩，继承他们为争取中国人民的解放而英勇牺牲的献身精神。我深信，这对激励我国人民的爱国主义精神，增强各民族人民的团结，激发边疆人民建设四化的雄心壮志，一定会起到鼓舞作用的。

为了纪念云南辛亥腾越起义，特赋诗志感。

盈江风岭挺忠豪，志驱鞑虏节尤高。
是非混淆冤莫白，功罪颠倒恨难消。
从古偏多秦桧祸，而今更著岳公劳。
人间自有正义在，英风浩气青史标。

1981年4月25日
时年89岁

（选自云南省政协文史资料研究委员会编《云南文史资料选辑》第15辑，1981年8月）

回忆腾越举义

刘明德*

一　同盟会在云南的活动

1908 年，河口起义失败后，中山先生先后派杨振鸿、刀安仁、居正、秦力山等到干崖，策划滇西革命；次年李根源、罗佩金、黄毓英等在昆明开始活动，黄毓英并奔走于干崖昆明联络策动，这是云南辛亥革命的肇端。

杨振鸿永昌起义，实为张文光腾越起义的前导。兹先简介杨振鸿、张文光：

（一）杨振鸿，字秋帆，昆明人。日本振武军事学校毕业，留

* 刘明德：曾任云南滇西军都督府军需财政局副总办兼审判厅陪审官。新中国成立后，任云南省政协委员。

日期间加入孙中山先生在日本成立的同盟会。回国后腾越厅任巡防营管带（相当于营长）兼高等学堂体操算术教师，和他的副管带张俊臣（或定臣）以及他的学生董干臣开始严格整训部队，发展同盟会员。把清朝南校场演武厅房屋改为军事课堂，讲授日本近代军事学科，营部驻腾越西城角的川庙，部队散扎几处。同时，干崖宣抚司同盟会员刀安仁（字沛生）也从日本留学回家，带来长谷川等一批日本技术人员，搞机器织布等新工艺，暗地和腾籍人刘辅国等活动革命。在这时期由内地或缅甸来的党人居觉生（居正）、秦力山、杜寒甫、马佑伯等人在干崖住得很久（秦力山死于干崖）。

杨振鸿在腾越，一面以日本式的军事科学技术训练部队，一面对部队官兵灌注革命思想，向地方青少年宣传革命宗旨。在部队和地方上秘密发展同盟会组织，张文光就是他来腾越发展的早期会员之一。他并以腾越高等学堂为文教界活动基地（高等学堂是由科举过渡到科学文化并重的一种新学制，学生当中，有年纪相当大的“秀才”，也有以同等学历考试取录的年轻人，笔者便是当年投考被取入高等学堂，年仅 17 岁的学生）。杨振鸿到腾后西防军风纪焕然一新，他和年高的腾越厅丞龙文（字沛然）对边地事件，处理公正，不苟从道镇主张，深得腾越各族人民的信仰，腾越革命风气就自然暗暗高涨起来。

但不久杨振鸿的思想作风和活动意图，为迤西道关以镛、腾越镇总兵李宝书所发觉而大为不快，迫使杨振鸿不得不离开腾冲，出走缅甸，使腾越革命暗流，暂时转入低潮。

杨振鸿在缅甸一年多时间中，会同中山先生身边前来的胡汉民、居正、秦力山等人积极策划由云南边区起义，遂不顾一切疾速回国，秘密穿过永昌府土司地，过了潞江，到达永昌蒲缥的里布戛村，准备在永昌城起义。永昌知府谢宇俊得到情报后，便把永昌戒严起来，杨进不去，准备退到马岭寨待机又动，可是，才回到蒲缥，便中瘴毒，突然吐血亡故，就地安葬了。

杨振鸿提倡尚武救国，对地方教育界影响很大，光绪戊申已酉间，以进步教师康占年、方伯川、李启慈、赵韩维、寸保桢为首，联合城关学校及近城各乡村学校师生在南校场开秋季学生运动大会。当时英国驻腾越领事奥太卫（译音）正在密切关注我国政局，派领事馆西医师龚世疾（译音，印度人）骑马往来于运动会场周围，刺探情况，他见到学生队伍用的木质刀枪进行军事表演，阵容整齐，便报告了他的英国主子，奥太卫即密报北京，说腾越大搞革命活动，清廷便命云贵总督李经羲追查，好在当时驻腾越迤西兵备道秦树声电复李经羲说：运动会是他叫举行的，并非革命活动，另外暗地赐与当时在场的革命党人王尧明、王养石、李霞章等人各 50 两银子，叫他们回避到缅甸去了。

（二）张文光，号少三，腾越五保街人（今城关三街）。他父亲张大纲是腾越厅属的武秀才，转入商业，在本城本街开设大春号布匹丝绸店致富。张大纲死后，张文光跟着他的大哥文鉴、二哥文运（文秀才）三弟兄继父业，仍经营大春号老招牌生意，可是他们生长在闲穿乐吃的富商家庭，享受惯了，无经商经验，张文光又生性豪爽，仗义疏财，结纳朋友，大春号不久就垮了，然后把五保街的祖遗房产典当给绮罗村富商刘家，自家搬到城东董库村涌珠池旁居住，利用池子水利，开展养渔养鹅鸭农副业，但也搞不出什么成绩，张文光只好凑了点本钱到缅甸玉石厂做玉石小生意。

这时黄兴同志正在缅甸的华侨中活动革命，发展同盟会员，张文光在缅甸接触到更多的外来党人，受到革命影响，回家乡来就发起组成了以他为首的“革新会”全心全意走革命道路，积极活动，以革命为职业，以推翻清朝，恢复华夏为己任了。革新会会员证上印着寓意深刻的“革故鼎新”四个大字。他家居董库村时与刘辅国家相邻，刘逐渐发现他气魄才华非凡，介绍他认识刀安仁以及孙先生由日本派到干崖的居正、秦力山、王养石等后，他就放弃了“革新会”名称，和刀安仁等另成立“自治会”，自治会会员证里面印有“自立基础自富强，治身应如治家邦，会合同胞结团体，众志成城振我疆。”

他与干崖革命组织有了关系，又同缅甸腊戌方面的黄克强先生等取得间接联系，使他领导的腾越组织迅速健全壮大起来，辛亥九月六日的革命，一举成功，并非偶然。

杨振鸿在腾越缅甸发展的300多个同盟会员中，杰出的还有张成清。

张成清，字石泉，腾冲和顺乡人，缅甸华侨。清宣统元年在仰光瓦城之间的缅矛地方被英政府捕杀，是旅缅华侨为革命牺牲的第一人。

二　腾越起义前对清军及个别市民的联络

1910年，张文光的组织更壮大了，他的联络对象，主要是清朝新老军队，如西防各营，和大理派驻腾越的新军官兵，以及地方上各行各业阶层先进有志之士和认为可靠的一些哥老会员。军队的联络重点又放在大理驻腾新军上，他先联络好新军第七十四标，然后又得到第七十六标的靠拢。

新军第七十六标第一营管带蒋辅臣曾同意伺机发难，但正筹划中蒋部即被调回大理去了。接着大理派第三营来接防，仍驻蒋部原地萧公祠内（现腾冲县政府大楼所在地），张文光又把新军七十六标第三营管带张桐部下小队长陈天星、赖云洲、阎继武、何泽远、李盛久、窦云生等人联络好。

西防营方面也约好了哨官李学诗，刘德胜，及第四营什长刘竹云，钱泰丰（姚州人）张子良、管文书、李奇三（永昌人）第六营督队官宋保奎、马洪发及其他西防营干部黄剑锋。此外如玉器工人李光斗、刘云轩，昆明弹棉工人熊金山，哥老会首领杜云山、周维美，腾城义士黄安和 ×× 会员马登云、段祚庆，屠户廖香亭，小商小贩革勋言、陈定州、冯德斋、马连三，秀才竹宗云等共数百人，决定年底或明年起事。

三　贼绅破坏自治会

我们自治会秘密组织的发展壮大，风声难免有所外传，1910 年五六月间，有本县和顺乡水碓村人，一贯热心当小老爷的李苦弄到一张自治会会员证，拿着向迤西道、腾越镇、厅署报密讨赏，迤西道宋联奎（陕西人）、腾越厅温良彝（广东人）扬言要按名捉拿我会会员，张文光等首脑人物只好分头回避了一个时候。

后来，宋、温这伙官吏怕抓了人惹出乱子更不好交代，又改变口吻放出缓和空气说："远省边县有什么革命党人"，然后改由自治局（县议会前身）传话，叫自治会解散了事。一场风波从此平息，自治会又恢复了更加秘密的地下活动。把组织活动地点改在东街柴炭闹市马登云家（现城关第一街），因巷道深窄，连接正街，正街上人喊马叫的混乱嘈杂之声，对秘密会议能起掩护作用，使自治会工作安全推进。

四　腾越“光复”经过

辛亥年农历九月初二三，发难日期快到了，张文光带着刘云轩、段云楼等几人急忙前往干崖，向刀沛生取用孙中山先生手订的革命方略，行前向周维美、马登云、陈定洲、革勋言等人交待任务，叫他们在腾严密布置一切举义准备工作。九月初五，周等即按计划，召集骨干会员到五皇殿开了秘密动员大会，并按古礼吃过生鸡血酒，宣誓初六举义。

会上宣布：

1．以“独立”二字为夜间联络口号；

2．由陈定洲、革勋言事先准备好了大量妇女用的黑纱帕（几乎把腾越市场的胡绉、汴梁绉买绝了），分发给地方干部每人一块，规定初六夜间大家要把黑纱帕包在头上做标识，纱帕一端缠头，另一端要披在后肩上，防止假冒；

3．初六黄昏临举义时，紧急送信通知英领事馆、海关、基督教堂，叫外国人闭门勿惊（这任务既重要，又危险，是由陈定洲圆满完成的）。

当时腾越校场中，筑有小城堡两处，分驻着迤西兵备道所辖西防 10 个营中的第四、第五两营。第四营管带曹福祥（湖南人），思想顽固，不靠拢革命，对他联络无效，事先决定，临时由李光斗执行刺杀曹福祥任务。

九月初六，适值曹在营寓所（在戴家）大摆生辰宴筵，客散后，他醺醺大醉，倒卧床上，李光斗带上玉匠徒工王洪兴乘空冲入曹寓卧室，刀砍床上昏睡中的曹福祥，曹勇武多力，虽负了重伤，仍能与李王两人挣扎搏斗。互相扭打到屋前园地上，才砍死了曹福祥。

九月初六后，张文光由干崖站赶来到腾越城郊的来凤山北麓双坡（今红茶厂水塔址）停留下来，与城内同志取得联系，就地指挥全局。

九月初六快要黄昏的时候，西防营的彭蓂、钱泰丰等知道李光斗已立了刺杀曹福祥的举义头功，即按计划打响信号枪，与萧公祠的新军打了招呼，便带领各自部队由东营进城，但进城后，不见新军动静，犹豫起来，不敢单独进攻总兵官署，撒谎说：他们是带队前来镇台衙门为曹管带被刺报案的，随即带着部队返回东营去了。很快听到新军陈天星使人打响的信号枪声，即又带队出动，与张文光亲自带领的起义部队会和，攻入镇署、道署。

西营管带谭正兴听到新军信号枪声后，也带了他的部队，跟着进城，可是队伍才开到西华街（今鼎新制药厂前面这条正街，这条街又叫卖猪处），他自己怕死，就悄悄溜掉了！

九月初六下午，萧公祠新军晚操，直到快黄昏了还不收队，陈定洲忙到萧公祠营门外发出吹嘴暗号，指示陈天星动手，陈立命号兵吹紧急集合号集合队伍，管带张桐诧异，想下楼了解情况，才走到楼梯头，就被陈天星开枪打死。陈天星一面集合部队，一面叫人打信号枪知会东营部队，并马上带领营部全体官兵整队冲出萧公祠营门。同时张文光由黄安和、廖香廷、段云楼等随从保卫着，由双坡跑到萧公祠前，手持长刀，身先士卒，带着陈天星部，向城内前进，一路大声宣传："推翻清廷，不伤百姓……"等口号。这时彭蓂等部也再度赶来，驻扎南城楼上的西防哨官李学诗也带着他的兵下楼响应，按张文光的部署，分头进攻城内清政府军政机关。迤西兵备道宋联奎全眷，及腾越厅同知温良彝全眷，和前来腾越道署开会的永昌府同知陈立达一行人都逃跑了，住在城郊的英国领事及腾越海关的外国人员、外国传教士们不相信我军的临时通知，也都星夜跑往缅甸八莫去了。

清朝腾越镇总兵官张嘉钰，70 岁上下，他早就对人暴露思想说：边地形势危险，自己身无兵权，若有变动，除一死报"国"之外，无可如何！并且托他的同乡前永昌府知府腾越盐务总办彭友兰把他的小女儿带回家乡，表示决心。初六晚上张嘉钰听到枪声，并不准备逃跑或投降，反而步出镇署大堂，大声责问起义部队，被我军枪击毙命。张嘉钰在腾越多年，为人廉洁奉公，接近群众，身后还留得一些人对他惋惜。腾越军政府曾拨出银两，优厚抚恤了张嘉钰的家属，并把张的灵柩运回湖南。同时，也送给逃跑的西道宋联奎 3000 元，厅同知温良彝 2000 元，资遣回原籍，堂堂正正地对民愤不大的清廷官吏作了处置。

初七一早，全城集市秩序正常，南门菜市依然拥挤热闹，但忽有两防营士兵一人，荷枪实弹，尾着中学教师杨志章家的佣人不放，这佣人钻入人群左闪右避，最后避到义昌号商店前，店老板王伯雍正在店前烤太阳洗着脸，那佣人准备从王的背后钻进铺子，尚来不及跨进店门，即中弹倒在王伯雍旁边！菜市立即大乱起来，人群四散，店铺关门，市场秩序一时混乱。张文光闻讯，立即乘马来到现场，边走边摇手高呼，“……大家不要怕，这个军人这样做是不对的，以后如再发生类似事件，必须严加处理……。”群众才放了心，市面秩序又很快恢复正常。这是腾越举义后的第二天发生的唯一仇杀事件，其他一切，真正做到了人民安堵，鸡犬无惊。

张文光在初七出的布告上，署名腾越举义负责人。初八又称云南省军政使司。年号用“天运辛亥”，或用黄帝纪元 ×× 年，部队番号改称国民军。以后根据革命方略规定，各省范围先出兵举义者为都督这一条，又称云南军都督。初用九星旗，后改以红、黄、蓝、白、黑五色为帜。制订并公布执行了严明周到的腾军军法奖惩条文。

五　腾越军都督府编制人员名单

1. 财政局负责人张映宝，张鉴安；

2. 裁判局负责人寸开泰，赵勋太；

3. 警务局负责人李治，陈廷楷；

4. 参议处，团练处负责人钟春芳，寸万福，李文运，卢占魁，张德洋，杨连锦，曹锟，寸品升，金殿书，王伯雍，张映芳，蔡盛昌，林春华，杨炳兴，李时纯，陈廷标；

5. 银行关税负责人明瑞元，许佩，董友芳，杨大炳；

6. 秘书处负责人唐谬（外省人），黄国治，张洪纲（秀才），陈鉴明（廪生），章纯学（新贡生），曹之骐（诸生）；

7. 民政司司长刘辅国，下设文案，由廪生林新德等人负责。都督府编制定后，很快又采取了司法独立，成立腾越高级审判厅，王承谟向张文光推荐旧道署交涉委员赵开勋任厅长。

六 龙陵厅“光复”日志

九月初七

天明后，我由振国小学堂进城见张文光，他催我快到他身边。

初八日

参加了张文光召集的研究出兵问题的会议，我建议速取龙陵保山，张很以为然，在会上立即命我速去龙陵促自治会组织负责人姜廷祯（秀才）、王玉堂起义。我领到一支旧式老九子长枪。

初九日

我带上老九子，只身步行，出发龙陵。

初十日

日出后走到腾越龙陵交界处的桥头街（今团田公社所在地），上小馆吃了早饭，饭后逛街，因为我衣冠特殊，穿新式学生操衣，剪了发辫，被龙陵西防第八营派驻桥头街腾龙铁索桥上，防堵腾越来兵的中哨部队两个什长，一个叫李松先（贵州人），一个叫陈继美（右甸人）的盘查监视。这一天恰遇街天，赶街人有认识我的，代我证明我是老师，不是坏人，而两什长总不让我走开。

我就打定主意，向他们作了直言自我介绍，乘机向来围观的人宣传三民主义精神，民族大义，并向这两个什长说：“我是带有部队来的，我先到，快上桥告诉你们的长官跟我干革命，此外，无别路可走！”

这两人回去不多时，又来约我到桥边龙陵界上的小庙里，和他们的哨官李槐相会，面谈之后，知道李槐已心向革命，大家一谈很投机，他爽快同意跟我走，但要求我换身普通衣服，化装好才能前进，否则寸步难行。

我就跑到离桥不远的燕寺村我未婚妻家，抓紧时间，换上一件长衫，包上布包头，借了一匹小花马，寄下九子枪，请来一个认识姜廷祯家坐落地址的傈僳族中年男子蔡五带路，过铁索桥，跟李槐部队之后，向龙陵进发。

我们一行两人一马，过邦腊掌村时，已是当天午后了。我们走到村外山头，见山脚香柏河边有几个当兵的举枪瞄准着我，我就紧急下马，反而对着对方枪口跑下去，跑到离这些枪口不远处，大家才互相看清是自己人，多险哪！原来他们是李槐的兵，在河边杀人，被杀者是龙陵西防第八营管带龙德桂的亲戚，他要开小差去向龙德桂报密，故杀之。

在香柏河边，李槐却叫我先走，以便在城中内应他们。我又与李槐分手，乘马装病继续前进，沿途上巡逻的清兵更多了，他们每来盘查，我都不理睬，光嗯嗯……！表演马上呻吟，都由蔡五答话："我们是去腾越医病的，腾越反了，我们不敢在了，送病人回家……"这样，我们便通行无阻地，安全到达了龙陵姜家塘姜廷祯家。

黄昏后，我们刚到姜家开着会，龙陵城的枪声就响了，远望城上火光大起。会议结束后，我又换上短装，约着姜廷祯到大路边观察战局时，就有人来向我报告：中哨已攻入营部，厅官张济昌逃跑了，厅衙门起了大火！龙德桂负隅顽抗，战斗正在营部进行……

龙德桂是一个年纪 60 开外，有作为、有军事经验的湖南清军老军官。他得知腾越反正的几天内，已在关庙的营部过厅前，两边京柱脚筑了掩体矮墙，当中哨先锋冲入营部前院，他提了一支独响毛瑟枪，两挂子弹，在矮墙脚射击，中哨士兵袁子安为几天前出工修路受处罚，挨了龙的军棍，此时正想乘机报仇，便手提大刀冲上前去，不防反被龙德桂的子弹掀掉了右腮巴！好在龙德桂的枪接着夹了壳，始被我军击毙。与龙同命运的尚有营部厢房的两名士兵，至此攻克营部，战斗胜利结束。龙陵城军事行动告一段落。但龙陵局势仍然动荡不定，因为当天（初十）上午，龙德桂已把八营分驻三脚岩、象达的两哨人调回城上了，由于他们不明营部交火真相，枪响以后，两哨闭门不动。中哨立功以后，两哨动向如何，是莫测的！

十一日

黎明，我和姜廷祯进城观察占领营部情况，和厅署放火情况，当场和两哨的一个见习员相遇无言，后来才知道是周哨的人，名张清臣，永昌人。我随即到正街中心，蹬上板凳，宣传了革命道理，宣布龙陵反正。商同李槐，命部下棺殓了龙德桂。

这早晨我内心担忧的问题是，厅官张济昌和龙德桂的弟弟及四个儿子下落不明，两哨军心未测，该怎么办？最后向李槐托词，要飞速回腾越赶我带来的部队来龙相助，决计换匹好马，昼夜兼程回腾越，向张文光报告中哨孤军维持，龙陵现状岌岌可危情况，催促腾越增援兵力。

十二日

旭日方升，回到腾越，即往都督府见张文光，路上首次看到张称都督的布告。我向张请求：1. 发兵解龙陵危局；2. 建议提升李槐为新编第十营管带。张全支持我的意见，即命当时在座的新编标统薛朗准备率部出发，增援龙陵。张并委我为李槐的副管带，与薛同往龙陵，我自知我非武人，不能胜任，坚辞了。原西防左右两哨官中孙绍安（云龙人）比较老实，我又建议升孙为李之副管带。周希臣升副管带衔，听候调遣，而且都要先发委任状。张文光又同意了我的建议。

十三日

晨刻，我和都督府同志们欢送彭蓂（字尧阶）部队开往保山。

十四日

午后，张文光叫总财政局的人交给我白银 200 两公差应用。又当面叫薛标统拨一棚（10 名）兵随我先返龙陵。

十五日

近二更（夜 9 时），我们官兵 5 人（我的卫队 10 人，掉队 6 人）回到龙陵城关庙李槐营部，营部正在开始戒严，李槐见我到，大喜，他说："今夜左右两哨将有异谋。"我拿出都督府的安民告示和几份委任状，叫他派人把告示连夜张贴出去，每贴一处，挂上一盏照明油灯，李照办。全城军民连夜看了告示，才顿时安定下来。

十六日

李槐发动龙陵群众打扫街道，张灯结彩，迎接薛朗和朝选（原腾越东营哨官）部队入城，驻龙陵正街中学堂内。

清朝龙德桂部队的见习员张自明穿正式军服来薛朗驻地，见过薛和我。张自明，字智斋，龙陵镇安所人，他来见我后几天，即奉都督府委令他组织龙陵军需财政局，他是讲武堂毕业生。

十七日

孙绍安就副管带职，周希臣受管带衔听候调遣，曾在腾龙铁索桥畔盘查过我的什长（相当于班长）李松光、陈继美两人提升为哨官。从此，龙陵全厅方扎实地为腾军"光复"了。

薛朗和朝选部开赴镇康、顺宁。

十八日

我由龙陵回到腾越，往都督府销差，计这次我到龙陵应付危局的开支，除支付随行武装兵 10 人的几天旅费开支，支付傈僳蔡五初十那天带路酬劳十五六两，剩余白银 160 多两，如数上缴，张文光得知了我的账目报销，含笑对在座同志说，这是这次举义中仅有的事。

七　腾军三路东下

九月八日，张文光召集军事会议，研究继续用兵的问题，除龙陵问题已决定由我负责策动外，决定分兵 3 路，一路由李学诗部经永昌迂回进取顺宁府各地；一路由刘德胜（字玉田，腾越拐角楼人，讲武堂毕业生，原西防某营哨官）部取云龙；以陈天星为前总指挥，率李光斗、刘云轩、钱泰丰、马洪发等部取永昌。

（一）取永昌

初十日，李光斗、刘云轩两部为先锋，李部取道红木树，刘部取道老寨，待两部急行军到潞江坝会师时，永昌已奉昆明电宣告反正，派兵把守潞江惠仁桥，撤去铁索桥木板，阻断腾军。

十四日，在我军密集火力掩护下，刘云轩等爬过惠仁桥铁索，英勇突破永昌天险防线，长驱直抵永昌城郊。适值永昌新军教练郭昌龄与管带罗长庚发生争功冲突，保山知县毛汝霖惶恐自杀，罗主张继续阻止腾军入永昌城，永昌人民群众主张欢迎腾军，意见不能统一。郭昌龄带了本部人马出城，砍断通往昆明的电线，渡过澜沧江，断功果桥，退守沧江，不让腾军东渡。扬言他是故意让腾军进入永昌城的，其实他是决定以澜沧江彼岸为缓冲地带，以便首鼠两端，骑墙观望。

到我军李光斗、马洪发、刘云轩等部逼近永昌城时，罗长庚部队倒戈，杀了罗长庚，打开永昌城门，迎接我军入城。

十六日，陈天星所部主力部队继续开到永昌城。至此，腾越、龙陵、永昌3地均成我军控制的基地了。

永昌得手后，由于郭昌龄撤退时破坏了电线，使永昌与外界通讯联系中断，大理情况不明，昆明情况传说各异，都督府决计再由永昌分二路夹击大理，南路命李学诗为统领，督宋保奎、李光斗、马洪发等部入顺宁，略镇康、耿马、蒙化，指下关。北路则由刘德胜等部取云龙、上江迂回包抄上关，与李学诗会师大理。命彭蓂、钱泰丰、黄剑锋等部到永昌接防。命陈天星部按兵永昌为预备队，相机策应南北各路。

（二）杀谭鸿勋克顺宁

九月十六日，有哥老会头目谭鸿勋纠众攻占顺宁城，满洲人知府琦麟逃匿山中，十九日被谭搜山捕杀，分尸示众，谭气势汹汹，不可一世！

我南进部队闻讯，李光斗、李学诗、宋保奎等率部先后赶到顺宁，谭亲自出城迎接，表示愿与腾军合作。二十九日，谭以接受我军改编为名，阴谋策划，在顺宁文庙（中学校）特别布置了一个举行交接兵权仪式大会场，双方部队安排在文庙大院坝中间，相对而坐，另在大礼堂上摆设了军官座位，又秘密在大礼堂前簷天花板上安置了射击孔，要在天花板上面埋伏射手，待机暗杀我军将领，达到并吞我军的野心。我军得到情报后，决定按时到场，但要移位入座，并命我勇士唐和卿坐在谭鸿勋身旁，监视谭的行动。我军又向士兵规定以“点名”二字为开枪暗号。结果，由于移位入座，使天花板上的暗枪射手不敢开枪。交接兵权仪式开始，一声“点名”，在院中心的我军对准对方，众枪齐发，射杀谭众多人，唐和卿刀劈谭鸿勋未死，次日拖到武庙补行枪决！谭的余党则奔往镇康，投靠刀上达去了。

（三）平刀上达之乱

当时镇康已改土归流，不叫镇康土司而称永康县了，原世袭镇康土司刀上达对于改土心怀不满，改土后离开了镇康。这时从南甸回来说：干崖刀都督叫他恢复土司职务，枪杀永康县长陈文光及秘书黄湘生等人，气焰嚣张。驱赶德党坝农民离开各自家园，要纠合谭鸿勋余党反扑顺宁，横行无忌，我驻顺部队分兵两支，李光斗、马洪发、刘云轩一支专和刀上达匪帮正面周旋，赖庄一仗，刀败走，我军进据镇康州，当地农民武装马大义、鲁大议二部接受我军指挥。

刀上达又分兵3路，反扑镇康州城，我军退据赖庄，反攻跟追，李光斗部进取了大小猛统后返驻顺宁城。来自龙陵的薛朗、方涵、和朝选部队活捉了刀上达，解送永昌，验明正身，执行枪毙。

（四）进军蒙化挫败

我军宋保奎部由顺宁进攻蒙化，被大理部队狙击而败退。蒙化虽未攻克，而我军威已震撼及下关、大理一带。这时我军进攻大理主力尚未出动，张文光得知大理已于九月十四日响应昆明重九起义，宣布反正。腾军部分同志以革命方略规定：“举义之先后为主兵之从属”，主张急取大理，张文光不以为然，主张和平谈判解决问题，指示陈天星在永昌按兵勿动。

（五）陈文星攻榆大败

陈天星年轻气盛，不识时机，不遵张文光指示，竟派刘竹云部为先锋，渡沧江，席卷永平、漾濞、下关，直捣红岩。陈带了大理中学腾籍学生马世福、王泽厚、李再美等人进驻合江，准备进攻大理城，部队才到四十里桥，即被大理部队迎头痛击，打得落花流水。退到平坡头，再战再败，3 个学生被俘，陈天星张惶失措，率部溃退回腾越。

（六）腾榆对立

陈天星从大理四十里桥溃退到腾后，大理和腾越的关系更加对立，张文光指派都督府参议杨大森（云龙人）、祝宗云、陈定州和我本人前往大理和平谈判，临出发时我跌马受伤，去不成。其他 3 位代表和几个学生到大理后，即被大理当局加以囚辱，回不来了。直到李师长上迤西时，经他调解，腾越和大理之间的隔阂才得到了表面的清除，被扣的全体代表和学生始获释返腾，而大理腾越之间的派系成见，已根深蒂固，实难彻底清除！

（七）诱杀杜水牛

当我军南进顺宁、镇康部队失利，进攻蒙化被狙击，北上包抄上关之兵未动之时，永昌哥老会头目杜文理，绰号杜水牛的，假冒我军名义，率领乌合之众，窜扰槽涧一带地方，危害百姓。当时我军的刘德胜、窦云生等部已奉命出上江，取得六库、卯昭等大片地方。攻入云龙后，又奉命控制了杜水牛匪部，做了政治工作，用部分改编，部分遣散的和平方法，瓦解了杜的武力，然后命管带马登云诱引杜来腾越，至橄榄寨路上，马登云动手，刺杜落马，为民除害。

八　发军用票和筹饷

腾军军饷有战利品腾越海关“关银号”[①]库存银10万两左右，可供使用，但预计革命发展，军费应有充分准备，才依革命方略上关于解决财经问题的条例发起捐募，并印发了军用票（票面金额1两起码，最大面额为5两）。开放海盐内销，适当搞点税收，为扩大军费来源考虑。同时又向海外侨胞发起捐献运动。曾由缅甸华侨寸万福、李德贤、杨丽三等募汇到腾卢比若干盾，对当时军需有所补益。

腾越有些富商大贾却口是心非，消极对抗，如大药材商明恒芳，大富翁刘景华为首逃避税捐，逃跑缅甸，中途被腾军保商营管带黄安和部抓回归案，从轻惩处。

九　中山代表李汉兴来腾

李汉兴，广东人，同盟会员，自以中山代表身份，带了10多个广、福籍人乘马到腾（不久后，在腾越观音塘创办新法制革厂的邱民即其中一人）。张文光委李为滇西国民军总统官，李就职后，出过一张告示，仍用押韵文体，开头二句写道：“照得兴汉灭满，同胞受害深沉！”一时传为笑料！

① 清朝称海关金库为关银号，设“库大使”一人为“银号”出纳。

十　我就职龙陵记

龙陵“光复”局势安定后，张文光派张自明任龙陵军需财政局总办，但到职后，因为他是龙陵乡下人，不为城乡界限恶习严重的龙陵绅首所接受，使他在工作中处处碰钉子，行使不了职权，他才以人地不宜为理由向张都督辞职，批准后，张文光调革勋言接任其总办职务，调我任副总办并兼龙陵审判厅陪审官兼管警察、海关的事。我们接龙陵职务后，我首先向张文光举荐江廷祯为龙陵警务长，王玉堂为谍察长，张同意后，我便和革勋言（字子忠）持5万两军用票去龙陵就职（已如上述，革少在龙陵，财政局工作多由我经办）。

我们到职后，首先召开绅商大会，说明自清朝以来，龙陵成了鸦片走私要道，地方财力雄厚，但市面太小不能发行军用票，发了会增加军队和商人间的纠纷，全府军饷每月800两左右，除有一些经常收入抵补部分外，不足之数请大家斟酌，是否先请富户公平垫捐，维持两三个月，至地方“光复”的渐多，政权建设逐步走向正规后停止，垫款照还。大家一致表示同意，但要求军政府从严处理抗捐户，这是合理要求。我们立即表态同意，然而后来被他们送局处理的，竟是一些小商小贩无力捐垫之人。当时我才21岁，个性狂躁，不会走和平协商路线，绅士们每次送来的所谓抗捐户，我都大致问问情况，就把他们放走了。仍要真正的有钱人负责。为此，城上绅商们又用了他们对张自明那种办法来对付我了！他们的垫捐数字越来越小了！逐月军饷很难维持，甚至有兵到局放空枪威胁逼饷的。

龙陵绅士以姜彪、杨熊、赵老虎3家最不好惹。才一月尾，回来了一批前往昆明师范进修毕业的教师，为了想争取他们的同情和支持，我请了地方士绅和这批老师来局吃了一顿饭，饭后谈到筹饷捐款的事，杨占元（廪生）出首反对，我不客气地把他赶走了事。杨占元之弟杨某，清末欠下清政府2000两罚款逃往缅甸，听到“光复”，回家招摇过市，又大模大样起来，我把他抓了扣押起来，要清算他欠政府的旧账，罚他银子800两，即日交来300两。从此，募捐形势才有所好转，基本解决了军饷困难问题。因此龙陵绅、富多仇视我。

我们进攻龙陵时，原龙陵厅同知张济昌逃跑了，张文光新委龙陵厅张鉴安尚未到任时，我们已先奉命撤销军需财政局回腾越了。

李师长来到大理时，龙陵杨氏兄弟即捏造事实诬陷于我，用绅首联名控告方式把我告到云南省，告到李根源跟前。李到腾越，我把我负责龙陵财政局经手钱粮入出实际情况向李、向省城上了申诉，前后纠葛两年多时间才把我的冤情弄清楚，省上行文批驳了张鉴安，说他“有意挑剔”，李师长也命他照追罚款，反坐原告，龙陵辛亥年的财政案，才落实清楚。

民国元年3月8日，云南军都督府给我的同副校尉职衔文职保状一份及李根源对龙陵恶绅诬告于我的问题，给我的批复乙件，现在都还保存着。

十一　张济昌诈降谋变

1911年农历九月十日开外的一个下晚，我偶然到都督府北花厅，见在座一个高长四大，穿短衣，披短发，装束和我们差不多的人，他见到我，便起身避开了。我询问薛朗后，才知道他是原龙陵厅逃官张济昌，据说是来投诚的，更加引起我的怀疑，我曾密告张文光，请他警惕！

我军攻占龙陵西防第八营营部，“光复”龙陵之夜，张济昌失踪，过后方知他先躲在下街权绅赵学礼家，之后又逃往猛板（中缅边界），他在猛板听到我军不杀俘虏，优待民愤不大的清朝官吏，一句话，就是张文光不镇压反革命，宽大无边，杀人太少！他便大摇大摆乔装打扮，来腾自称投诚，别有用心地来到腾越与军民混居，经常出入都督府，千方百计地与张文光频繁接触，拉拢关系，素性坦直的张文光竟称呼张济昌“老宗兄”（同姓兄弟的意思），颇相信他。

十月初五晚上，张济昌刚离开都督府张文光处，电报局负责人来报，以张济昌为首的一些龙陵绅士，叫人到局发大理、昆明电报，电文说“光复”区人民如坐水火，民不聊生，污蔑张文光是土匪头子，请上面紧急援救等语！张文光立即派人到电报局拿人时，送电人已逃了，又立即抓了张济昌。

第二天，在自治会，即今腾冲第一中学，由张文光亲自主持，公审张济昌时，由他身上搜出一把匕首，一封待发昆明骂张文光的书信，信中攻击张文光的语言，比那电文更荒唐更恶毒，企图向上级散布流言蜚语，制造混乱，要取代张文光的位置，端腾越举义成功的砂锅！在审讯中，他仍然以清朝厅官姿态出现，出言不逊，张文光怒气冲天要当场杀他，卸任腾越镇总兵官老张军门（张松林）来讲情，搂着张济昌不放，被张文光的卫士周维美、马登云从张松林怀抱中把张济昌拖到院中刺死了，这是张文光首次镇反。

十二　镇压夏绳武

辛亥前些年，有一个巡防营外长夏绳武，湖南人，到现在团田公社我岳父家这个大队（燕寺大队）入赘钟家，这人和龙德桂有交情，龙也由龙陵来他家做过客。

当我军攻入龙陵的紧急时刻，龙德桂的弟弟和几个子侄即由龙陵逃到夏家躲起来，龙陵“光复”后的九月中旬，他们一伙即在杨家坪附近村子胡说：他们奉国民军命令就地竖大旗，招兵买马，组织武装力量。实际上他们是想挂羊头，卖狗肉，图谋不轨。

当其蠢动被我军发觉后，即派人下去，驱散了他们蒙蔽下的那群乌合之众，把首恶夏绳武捉到腾越城枪毙了。

十三　张文光之冤死

李根源率师西上后，以张文光为云南省军都督府协都督，旋调大理兼提督。当时滇军的将领谢汝翼、李鸿祥等几人认识不到张文光首先起义影响之大，认为自己原就是带领部队参加昆明举义成功的功臣，而名位不如张文光之高，心怀嫉妒，他们对张文光每事挫抑。民国元年 7 月，李根源解除滇西职务，张文光愤然请辞提督。蔡锷已心知其故，又爱张文光重公义、轻权利的素行，而蔡已有离滇之意，因而鼓励张留学日本，勿久居云南，并赠 3000 元作出国旅费。大英雄保全同志的用心，昭然若揭。张便于民国 2 年 5 月卸大理任，回到腾越，决意取道缅甸往日本。已商得英国驻腾越领事同意，允许张文光携带手枪二支过缅甸境，而英领事馆中文文牍韩维祚一意媚外（后来，我曾为首反对此人，终被云南省政府处理遞解回籍，而未出滇境，即被秘密处决——说他逃跑了。韩，贵州人，另有专文记述我和他的斗争经过），以危言耸动英国领事，说张文光当日手无一兵尚在腾越为首造反，腾越与缅甸毗邻，如允许张文光过境，恐有不测！英国领事害怕起来，忽然拒绝签发护照，张文光生了气，决计减少行李，从昆明取道安南往日本，于10月行抵永平，不幸适值大理杨辉五诈称奉李根源、张文光的命令造反于大理，张文光即停止前进，�回腾越。

此时蔡松坡先生已离开云南，唐继尧继任云南军都督，唐派赵钟奇平杨辉五之乱后，任谢汝翼为大理镇守使。他们为了献媚袁世凯，以收伏一个杨辉五不足以张大自身之功劳，便编造说：杨辉五即张文光任大理提督时的卫队长“杨贵五”〔副队长张骏丞。杨贵五与腾军第十三营副管带段云楼（名祚庆）为兰交。段于1967年，85岁病故于腾冲本宅〕。这样隐附名姓，含沙射影地向唐继尧报告，唐继尧又转报盗国大奸袁世凯，袁复电云：“张文光前属乱党（指国民党），今又与榆匪同谋，仰即设法诛锄。”云云，便织成张文光莫白之冤，实际上杨辉五是大理人，杨贵五为永平人，二者是风马牛不相及的。

唐继尧、谢汝翼得到袁电，转令腾越道尹杨晋、腾冲独立大队长周 × 谋害张文光，周惶恐犹豫，不敢动手。这时候前大队长施继伯升了团长驻在永昌，他一再昼夜往返于大理永昌之间，永昌人言啧啧，传说纷纭！前腾副管带永昌人邵华专人报信到腾，告诉张文光谨防刺客！但张文光心地坦然，得信后不以为虑，他又已定了赴昆日期，先约着他的几个旧部下到腾越硫磺塘温泉洗澡，料不到谢汝翼、施继伯即派排长李青龙带领枪兵 20 多人，伪装成打野操路过的样子，前来硫磺塘刺杀张文光。这天，张文光正在浴棚休息，随行人员也都找天生磺去了。张文光见李青龙到，便邀李入棚，招待谈叙，谈叙毕，张送别李青龙，正握手转身回棚，李青龙的士兵即向张的背面同时开枪，张文光身中十数弹，含冤殒命！

黄安和闻枪声赶来，见张文光已倒卧血泊之中，便奋身持枪追击李青龙一伙，打死对方 3 个兵，因众寡悬殊，形势不利，遂退避山中。当夜黄安和急行 20 余里山路，由硫磺塘山区窜回到现腾冲城关一街家中，准备取手枪远走，因贪吃其妻的一碗糖煮蛋，迟误时间，被兵把他家包围几层，他飞越数家房头，被从邻居梅逢春家房顶上打掉下来后，负伤伏避于梅家马槽下，又被来兵发现，开枪射杀，壮烈牺牲于梅家院中。

这是民国 2 年 12 月 19 日的惨事，憾哉！

十四　杂　记

（一）军民争亲，土翰林挑拨张陈关系

陈天星由大理四十里桥兵败溃退回腾后，他部下的一个军官和一个姓黄的本地人争娶一个姓徐的女子，到审判厅告状（黄的弟弟与张文光是连襟）。开庭审讯时，庭长赵开壎和张文光、陈天星同坐公堂，当两造激辩中，陈天星叫笞打姓黄的，张文光叫笞打军官！法庭气氛十分紧张，我在多数旁听群众里急得几乎出汗。庭长赵开壎郑重地对张、陈说："两位叫我当法官，案件应由我审理，你们现在的做法是表明我不称职，我就此要向二位辞职！”张文光听后，起身认错，陈也向赵道了歉，赵立即宣布改期另审、退堂……最后得王承谟先生以徐女的义父身份出面主婚，把徐女另嫁别姓人家了事。

（二）陈天星的结局

陈天星名云龙，新军第七十六标第一营管带张桐部下的小队长。北方人，身材高大，年 20 开外，赤面粗眉，气象可畏，对人却坦率和平，当了腾军前进时的前敌总指挥官。在一片灭清反正的热烈欢呼声中，带兵到处纪律严明，后因不执行张文光停兵永昌的命令，冒进大理，败退下来，造成腾越大理间的对抗局面。李根源先生西巡到了大理，他即逃避缅甸。由缅甸转到北京，被原大理新军协统曲同丰（北洋派）抓了，交袁世凯的陆军军法处，追究其枪击张桐事。司法部曾派永昌人何畏到腾调查陈天星在腾越的情况，在北京枪毙了陈！

（三）彭蓂、钱泰丰、李岐山之死

李根源先生自大理西上至永昌，委彭蓂为永昌部队统领，率钱泰丰、黄剑锋、和朝选、李岐山等部驻守永昌。李至腾越后又委和朝选为镇康知州，钱泰丰等在永昌城西之腾越会馆设宴为和饯行。席间，黄剑锋掏出他心爱的手枪请大家赏玩，钱接过手枪试打了几枪后顺手交给彭，彭看完交还钱时手枪走火，打死了钱，彭蓂伏在钱泰丰尸体上恸哭。钱的警卫人员张秉贤等不能谅解，要还击彭蓂，李岐山急忙跑去以身护彭，脑部中弹，立即倒毙，彭身中 4 枪也死了。这是辛亥 1911 年 11 月上旬（或云 21 日）的事。

（四）永昌兵变始末

民国元年 2 月 1 日，李根源先生到腾越，首先委任随他到腾的老年军官李泳德接替了张文光的腾越总兵官职务。接着严格执行裁军命令，与张文光商定先把驻腾的李光斗等部几个营遣散，又调永昌部队来腾编遣，但料想不到，腾越编遣的部分兵员竟流散到了永昌，和驻永昌部队中顾虑被裁的黄剑锋部，以及驻在永昌的大理部队营长王潜，绰号王豺狗的纠合起来，于民国元年2月21日夜间叛变，焚毁民房，大事抢劫！李师长派兵抓住王豺狗，把他在永昌枪毙了。张文光也把黄剑锋诱至腾越枪毙了。

这时，忽传李师长要押解永昌叛兵数十百人来腾越枪毙。我的老师王承谟先生写了一封信，叫我送给李师长，请他莫多杀散兵。信内说："永昌兵变，在于师长遣散腾兵限三日出境，为期过迫，沿途守军又搜取遣散川资，使其欲归不能，势出于叛……。"其实，保山叛兵并未解腾。

李师长以黄谦接替赵开勋任腾冲府知府，调赵开勋赴省，赵才去到大理，即被扣押。李根源由腾越回到大理时，大理中学的腾籍学生李德和等52人联名上禀，请求释放赵开勋，被批将签名学生各记大过一次。民国2年年初，永昌蒲缥人杨觐东（字毅廷），任迤西观察使来到腾越，我以教员名义，向杨写了呈文，陈述赵开勋有功于腾越，学生联名相保，纯属义举，不应处分。杨同意我的意见，把报告批转云南省教育司，取消了这些学生的记过处分，事迹载在杨毅廷著的《五月滇西报政录》中。

（五）七土司来献杯盘髦马

髦马是未吐牙的幼驹，献髦马杯盘是封建时代土司对上级汉官表示服从尊敬的一种古礼。腾越举义成功后10多天，七土司曾派代表送来髦马和银杯银盘等物品，向张文光举行旧的仪式。张文光给了陈定洲、革勋言两人每人髦马一匹。

（六）士林军

腾越举义之前，文教界人士起过不少作用，军政府成立后亦逐渐着眼于团结各界的问题，而成立了一个“士林军”，并委派了秀才张鉴安为管带，在老肖公祠挂了招牌，想把所有社会上的闲散人员都组织起来，为革命后的新政权出力。结果士林军有名无实，官多兵少，未达到预计目的。

（七）班龙珠事件

驻腾炮兵大队的大队长班龙珠，和驻南门内升官庙的营长张琦都是哥老会人物，他们在永昌兵变后不久，又打算在腾越搞叛变，抢劫腾越城，并决定先下李根源先生的手。他们认为这时张文光靠边站了，必然心怀不满，可以利用，便使腾越哥老会管事张青云（贵州人）联络张文光，说大家哥弟都愿照旧拥护张。张文光口头答应，并到东门外参加了班龙珠召集的一次黑会，约定半夜起事！散会后，张文光即跑到司令部叫开大营门向李根源密报。李不信，经张急切催促，李始派人调查，发现班龙珠部队确实已把炮口对准座落山脚的司令部了！李才连夜派人去收了大炮机柄，次日大辟了张琦。班龙珠则关押到李师长回到大理后才电令腾越大辟的。由此，李根源先生始进一步认识张文光深明大义、光明磊落的人格，与张文光结成兰交。

（八）《子和赠金》

张文光先生在起义前的活动中，每召开一次自治会的秘密会议，都要典当变卖一些家私来做开会费用。这情况为多次到腾越的黄毓英先生（黄是会泽人）所了解。有一次在他起程返回昆明前，顺路送 50 两银子到董库村张家，留作困难补助。张文光先生回到家，急忙拿了银子追到离城 60 里的橄榄寨旅社中如数退还了黄毓英。腾越“光复”后，编了一出戏目叫《子和赠金》的滇戏，便是歌颂这一段轶事的。

（刘堦　整理）

（选自云南省政协文史资料委员会编《云南文史资料选辑》第 41 辑，云南人民出版社 1991 年 9 月第 1 版）

“光复”临安纪略

朱朝瑛[*]

一　临安起义响应省垣

徐维新素抱革命思想，运动充临安巡官，藉以行其志。闻武汉起义，适朱朝瑛接龙济光电，招兵三营到粤，维新因说曰：君招兵应龙电乎？抑欲“光复”祖国乎？言之至再，瑛心甚韪之。及重九省城起义，初十日，瑛先知之。新来，瑛招至密室曰：省城起义矣。新曰：当今夜起义响应。瑛曰：今夜迫不及。新曰明日。遂相与计划，借保城为名，由府署领军械，先占四城，联络新军，由临起义。佴致中、朱朝玟甚赞成。瑛又曰：前吴传声、李镜明说我起义，虽未明言，

* 朱朝瑛：曾任云南临元镇总兵，后任云南督军唐继尧所部第五军参谋长。

而旁征曲引两次矣。君去探听新军中同志有几人，请速来会商。斯时午后12句钟也，城已闭，不便往，十一日甫出。

新约朱效文即到韩璋家，韩璋，同盟会党人也，与新军同志素通往来。新与璋坐言不一时，吴传声即来，谓璋曰：今日退伍交军械矣，奈何？慨叹不绝，尚未得省城消息。新曰：省城“光复”矣，朱君有电，传声喜曰：吾辈明日到省。新曰：到省如何？闻君素有大志，何不由临举义。传声曰：好、好！然而实难。新曰：此千载一时之会也，时不可失，君等有意，我任开城。传声曰：标统及本营管带，并地方官，顽固已极，虽有三五同志，又无实弹，可奈何？无已，得朱渭卿同谋，事乃有济。新曰：朱渭卿已表同情，新之来，正朱君教我而约君等耳。传声狂喜曰：君开城，任之乎？新曰：任之，万不有误。传声、维新等，〔筹〕划既定，即出韩璋家，维新到朱朝瑛府，将与吴之言告，朝瑛即命范嵩龄、王贻湘分往四城，密谕今夜新军入城之谋。传声即回营邀集同志，筹划一切，使人告维新，准晚10句钟进城，并告知赵复祥，今夜起义。8句钟，传声使卫兵报告管带张荣魁云：邓云广领人攻营盘。诱其发枪，仓皇之间，传声即枪毙张荣魁，周官和放火，营中反对官军警〔惊〕逃，即会同周官和、李镜明、盛荣超等，率队由南门而入。维新早使警士，携钳以待，闻声即扭锁放入，先攻府署，知府吴昌祀窬墙逃；继攻标本部，标统罗鸿逵闻府署枪声正隆，即领二人，各携小枪，由标本部出走。随即命号令上城，招降第三营管带赵瑞寿。先是吴传声等，写一函与省初派来讲武堂学生，谓城中枪响，将函呈与赵瑞寿。内云：全体反正，从违在君。赵疑全营皆变，随以号令应降。殊不知除讲武学生外，无人得知消息（“光复”临安，讲武学生颇得力，惜忘其名，俟查）。

十二日早，朱朝瑛、赵复祥、徐维新、吴传声、佴致中、朱朝玟、王贻湘、范嵩龄等，召集军民各界、自治议员，公推朱朝瑛为正都统，赵复祥为副都统，后都督委任赵复祥蒙自关道、统领新军；委朱朝瑛临元镇，统领南防各营国民军。

二　破椏口之战

十二日，举定朱朝瑛、赵复祥为正副都统，即假朱朝瑛名，飞函电于临安八属，并开广思普元郎一带，劝谕反正。清关道龚心湛，派代表来临止兵，一面许马文星、白映庚等伪官，招兵千余，扎沙甸、鸡街，抵御民军。并饬清督带孔繁琴，飞调防营，暗袭临安。

民军注重蒙自，新军第一、第三两营已到〔开〕拔到缅甸、板枝花，第二营守城。朱朝瑛计招之国民军三营，亦预备援蒙，并请省兵来援。十三日，午后9句钟，清督带孔繁琴，领兵数百，来宿普雄，与营哨官计划袭临安。有建水赶马之李鸿宾，由临到普雄，见其兵，闻其谋，即出花银7元，请人12句钟飞函报告，十四日午前6句钟到，即派新军一排，先往侦探，随派国民军张禄、邓云广迎战。及到围杆坡头，清督带孔繁琴到破椏口，见民军，即扎驻布阵侦探，新军到破椏口山脚，未见清军，清军亦未见侦探。清军督带孔繁琴发号开枪，民军亦开枪对击，距离稍远，不能命中。侦探之兵，又为山障蔽，彼此不得相见，民军争先奋往，酣战数时，子弹已空，后要得侦探兵之子弹，运送子弹亦至，邓云广督兵猛进，张禄绕道玉屏山地点，与破椏口齐战。未逾时，即枪中孔繁琴乳旁并胯际，清军将孔繁琴抬送10里外，始败退到普雄。随派新军二营管带盛荣超跟踪追至普雄，孔繁琴睡在山兜上，气息犹存，盛军至，连枪击毙，将其耳级割获。

是役也，战毙清军50余名，余逃散。白映庚、马文星等，得孔繁琴全军覆没消息，始投诚。龚心湛又因开广镇得朱朝瑛之电，仍退回，惊惶乃逃。吴传声到蒙，联络各界悬旗反正，赵复祥将临安防守事宜，归朱朝瑛担任，从容率队入蒙自，各界欢迎。二十四日总长罗佩金、参谋庾恩旸到临，龚心湛已逃，遂巡按蒙自、阿迷而还。

三　维持个旧

个旧为滇中财赋之区，又为横暴强徒逋逃之薮。滇省起义，即集合思逞；临安反正，官警惊逃，有岌岌不可终日之势。议长朱朝谨首先反正，维持大局，募民军三营，以张和、钟文学、苏镇南为管带，分防镇摄，将巨匪何玉清请示正法，合厂盗匪潜伏，随召集议员分科任事，使数十万国课照解无缺，最繁剧之地方，秩序不紊。

四　安抚邻封

自省垣起义，各属地方官绅，反侧悉定，巨盗土匪，烧香结盟，蠢蠢欲动。朱朝瑛函电申儆劝谕，随派李家祺、刘凤祥带兵两哨，到石屏、嶍峨、河西、宁州、新兴一带，办匪安民。初至石屏之龙朋里，有巨匪龙向起，聚众百余，拦路抢劫辎重，李家祺等开枪轰击，至5时之久，贼乃退败，由深林而去，晚归，聚于邻家，探悉，夜围攻，至天明，将龙向起枪毙，余众始散。嶍峨一日数惊，县令知临安兵来，专人邀请入城，土匪乃不敢逞。浪广史春能、史奴生叔侄，淫虐烧杀，骚扰邻近州县，无恶不作，派李应祥、郭其恩就地设法暗图，令李家祺等带兵追踪，严拿该匪，史春能无路，更兼都督下令招安，该匪率党 100 余人进省，都督歼其巨魁，胁从罔治。新兴、宁州、河西、嶍峨等州县，如庆更生。李家祺等到新兴之后裕乡，有著名匪棍王云章，于市场青天白日之下，淫虐妇女，李家祺等杀之，该处父老，喜以牛酒犒其军，又命随员佴致中、刘维垣，到各土司演说起义宗旨；又令参谋徐维新到个旧、蒙自演说安抚，联络绅民。

五　蒙自兵变

十月十三日，赵统领之参谋李镇邦、炮队官龚义和，勾结军队中之匪类变乱。李镇邦谋充总司令，匪类志在饱事掳掠（库帑、商号被抢约数十万金）。一时枪声四起，赵复祥闻变走河口，法领事亦欲回国，参谋朱朝玟适在蒙，恐酿外交，只身挽留，力任保全，随申儆军队归营，止军民迁徙，即电闻都督，并电乃兄朱朝瑛，星夜到蒙安抚。十四日，朝瑛将临安一切防守事宜，交乃兄朝琛、参谋徐维新担任。十五日开拔，带领参谋佴致中、书记王诒湘、执事范嵩龄等。十六日，罗佩金、何国钧自省，朱朝瑛由临，先后到蒙，该匪类仍无畏惧。朱朝瑛调驻个旧国民军第四营张和、第五营钟文学，并兼带一营及驻临第二营张禄，扎其要隘，申儆劝导，始帖服；并追获枪械、银元无数。

罗佩金、朱朝瑛谋商，将驻蒙新军，全行开往北伐，热心爱国者，甘心愿往，匪类畏威，亦不得不往。临行之时，罗佩金在道署，将李镇邦、龚义和正法，军士大惧，变事敉平。八属各界，电保朱朝瑛为蒙自关道，朝瑛辞，转保何国钧，都督准之。

附：

张绍楷补呈

参谋厅二等副官张绍楷，签据临沅镇朱朝瑛编呈“光复”临安纪略，内叙讲武生颇为得力，惜忘其名，俟查。副官既与讲武同人在临举义，不能不将举义之同人姓名，及“光复”临安之事略，补呈钧核。

窃副官于前清宣统三年八月份，由讲武特班毕业。时值武昌起义，知我滇时机已熟，因与特班学生周志仁、杨体震、甘澍、沈宗周、李成桢、王树藩、张怀信、郑森、陈少平、李克昌、李文采、郑育民、赵书瀚、王廷襄、段廷佐、赵逢源、李文采（原文重复）等 18 人，冒雨赴临标见习。密与赵教练官凤喈（赵复祥字）计划一切，因联络朱朝瑛，及第一、二营军官何海清、叶青山、吴唠鸾、李镜明等，并鼓吹各营目兵，议定九月十五日举义。因风潮太紧，罗标统接清督电，即于十一日早，下令各营目兵退伍。副官等，判定省中起义情形已露，因分定任务：见习员，认攻营本部，军官等，认集合目兵，即于十一日夜间 10 句钟举义，当将第一、二营管带及督队官击毙，同时罗标统闻风潜逃。副官等，率队攻入临城，搬移府署军饷军械，至十二日午前 10 时，临标第三营〔被〕逼来投诚。至十三日，接得情报，防营孔繁琴督带三营防兵，前来反对。赵统领凤喈，将副官及周志仁、杨体震、吕克昌、段廷佐、沈宗周等，编入第二营，率队迎击。至破椏口鏖战，将孔防兵击败，乘夜追击，至普雄，将孔繁琴歼灭，前清关道龚心湛因之潜逃。

于十六日整军入蒙自，蒙民极表欢迎。此副官等，“光复”临安之事略也。

佴致中来稿

临安未反正之先，朱君朝瑛奉两广总督张鸣歧来电，饬令招兵1000人，带往粤东驻防。正招募间，闻湖反正，张公电催速往。适佴君致中由粤西请假回籍，朱君所招兵数，已有400余名，分驻四城楼、观音仓等处，行止殊难自决，问佴君曰：此兵将如之何！佴曰：粤东可勿庸往，惟兵无妨招募，以待不时之需。吾来到海防，歇宿鸿安栈，遇革职道员李兆麟，与予谈心，密告以此栈即是革命机关处，今已着人往云南运动革命，云南协统亦系革命党中人。问其由何处发举？答云：此次不止一处，省省皆然。问其何时发举？答云：秋以为期，因此知不久必有用兵之事。九月初间有革命〔党人〕寄书二函到朱君家内，词意恳切，力劝朱君勿往粤东，隐示以革命之意。朱约佴到密室中，出书与佴观看。佴问曰：已复函否？朱曰：未曾。佴曰当即复之，以表同情。朱曰：不知人住何处？佴曰：可出一广告，使之闻之。朱曰：此事惟我与尔知之，广告请即代拟。次日，佴拟广告贴出，隐示共表同情，唯事权尚操之府县，不敢书出姓名。此广告出后，赵复祥（七十五标教练官）即使李镜明到朱家，以反正事，秘密相商。未几，闻滇省亦反正矣。

九月十一日，奉省电云：省城初九已经反正，临安如何？奉电后，赵、朱、佴密商，即于是夜 9 点半钟发起，民间秋毫无犯。唯清廷官吏，暨反对之标统罗某，定当枪毙。不意晚间府、县、标统，亦知有省电到临，请朱、佴同到赵君处保全该等。先赵只许留府、标二人，因孙县令，素行敲磕，定欲杀之。言未终，而南城外新军营房，枪声已响，朱、佴二人速往四城楼，嘱告今夜新军入城，候到时，当开城欢迎，不准乱放枪炮，违者军法从事。此未反正前之事实也。

少焉，东南城外，枪声遍响，唯北校场营房，鸦鹊无声。速以洋号到北城上号召之，期北面新军，亦同时并举，由南门外会合入城。防营管带张鼎甲，领兵驻扎镇署，先已暗通消息，闭门不出，民间果秋毫无犯。唯粮饷局饷银，闻寄存府署，失散已空。

十一日，赵、朱、佴同到自治公所面商一切进行，举朱君为正统领，赵自居为副统领，佴为正参谋。赵认统军攻取蒙自，朱认镇守临城，所有秘密公事，归佴主稿。朱统部下职务员，后再核定。

十二日，赵君招添新军，先发两队下蒙，龚关道亦派马文兴带回兵，由缅甸一路，进攻临安；派孔繁琴督带防营，由个攻临。十二日，临安马足李鸿宾到普雄。见孔兵各店歇满，私讯兵士，要往何处？答云：攻打临安。李即传快信报知朱统领。十三晨刻报到，朱君急派邓云广、张禄、尚义德等，带领民兵，出南方抵御，并报知赵统领，亦速派新军一队，同往前敌。行至破椏口山脚，而孔兵已到坡上，彼此对敌，相持良久，熬〔鏖〕战终日，孔贼始中枪伤，曳兵而走，是日临城十分危险，内有孔昭升领数十人埋伏城内，此人与孔繁琴认为家门，外孔一近临城，而内孔即行内应，此危险一。

又板枝花一路，回兵已抵缅甸，离临城仅40里，城内更有回教管带张鼎甲，带防兵一营，虽已共表同情，不免有意外之忧，此危险二。

城内外民心，十分惊恐，佴参谋请张管带速领防兵前往缅甸一路，开导回教官兵，谓此次推倒清廷，五族共合〔和〕，同享幸福。省城大兵，昨日已抵通海，今晚可到临；革命军亦到河口七八千，不日可到。又商之赵统领，委张君为蒙自先锋，并许攻进蒙城，赏花银1万元，先写字据，交渠收执，再三将伊催出城去，而人心始觉稍安。张君果照所嘱，向前宣布，遂阻止回兵不进。又闻破椏口报捷，孔督带已中枪伤，其兵溃败，我军追赶前进；赵统领发新军命令，必追抵个旧而后止，佴参谋闻之，力阻曰：孔贼未获，固当追远，如此贼擒着，当即止步，命令只可发到普雄而止；盖个旧为吾滇精华之地，一扰乱，则财产之损失必多，言至此，赵君始另改命令，只准追到普雄。次日天明，我军追至普雄，该败兵据守观音阁，我军四面围攻，而败兵自行投降，将九响毛瑟枪28杆，概行交出，我军究其督带，乃云不在此内，系歇宿孔姓店中，我军即速往孔店查看，果不虚，该孔贼将坐兜子前逃，我军即以枪毙之，取其左耳，回临。此反正时，与孔贼交战之实情也。

由此，龚道闻风而走，张鼎甲先行抵蒙，十五日，赵统领由临统兵下蒙，而蒙自绅商，欢迎入城。十八日，罗总长、庾参谋统带省兵到临。朱统领将反正有功及在署供职人员，开单呈请罗君核定职务、薪饷，呈请都督登记在案。佴定为一等参谋官，月薪200两，以八成发给；徐维新定为二等参谋官，月薪100两，军需官吴丹麟、执事官范松龄，月薪60两，军械官朱朝琼，月薪60两，书记官王宪斌、王贻湘，月薪40两，参谋官朱朝玟，月薪60两（初定时皆发给八成）；管带二人，邓云广、张禄，帮带一名尚义德；以外哨官，清书难以备录。至十月十三夜，蒙自兵变，电赶临兵求援，朱统领电呈都督，使佴参谋先行领兵下蒙。次日将临城安置妥，即继续到蒙。佴十五日由临起程，朱十六〔日〕起程，罗总长由省坐车，与朱统领同日到蒙，候蒙地维持治安。十一月十四日，罗、朱、佴均同赴个旧、查看厂情，维持商务。数日后，罗由个转蒙回省，朱、佴由个回临。此反正后之事情也。

（选自云南省政协文史资料委员会编《云南文史资料选辑》第41辑，云南人民出版社1991年9月第1版）

缅甸华侨参加辛亥革命活动片断

李镜天 *

伟大的革命先行者孙中山先生在评价华侨对辛亥革命的贡献时曾说过："华侨有功革命。"董必武同志在辛亥革命50周年纪念大会上指出："海外华侨是辛亥革命的强有力的支持者……"海外华侨长期以来受尽帝国主义和殖民主义的欺骗、虐待、歧视、迫害、压榨，生命财产毫无保障，有苦难诉，有国难归，临于无依无靠的"海外孤儿"的悲惨境地。由于所处的历史环境和社会环境的特殊性，形成了广大侨胞具有浓厚的民族意识和爱国热情，殷切地希望有一个独立、民主、自由和富强的祖国，具有强烈的

* 李镜天：曾任缅甸永茂和商号总经理。
新中国成立后，任云南省政协委员，民建云南省委员会委员，云南省侨联副主席。

革命要求。

19 世纪末叶，由于清政府的腐败无能，丧权辱国，在孙中山先生“驱除鞑虏，恢复中华，建立民国，平均地权”的革命口号召唤下，缅甸的广大爱国华侨也投身到这场伟大的革命洪流中。当时我祖辈在缅甸有悠久的历史渊源关系，先父李德贤（字任卿）思想进步，喜看进步书报，同在缅侨团进步人士接触，交往甚密。

1906 年，缅甸仰光“中华会馆”成立（系旅缅闽粤滇三省华侨的总团体），后仰光中华总商会（即现在的华商商会前身）兴商总会相继成立，先父均为负责人之一。1917 年仰光成立华侨中学（在九文台兴建校舍，规模宏大），庄银安（闽侨领袖）任总理，先父任副总理。1908 年，孙中山先生派杨振鸿（字秋帆、号思复）、居觉生（居正）、吕天民（字志伊，云南思普一带人）到缅甸仰光开展同盟会组建工作，3 位同志传授握手秘法，作为会员互相认识、互相联系的秘密方法。通过会章，每人缴纳卢比 5 盾的入会费，作为经费。当时入同盟会是冒着身家性命危险，往往改名入会。如李德贤化名李敬贤。仅一周时间，仰光就有 500 余人加入同盟会。大会公推闽侨庄银安、徐赞周、张永福，滇侨李德贤、寸海亭（又名寸尊福，号如东，腾冲和顺乡人）、杨丽三（又名杨开泰，鹤庆县人）等 6 人为理事。为遵守侨居国的法律，曾用理事 6 人之名向当时英政府立案，取得合法地位。1905 年李德贤和仰光同盟会的一些同志为表明推翻清政府的决心，带头剪去辫子，曾宣誓不成功便永远流落海外。为加强革命舆论的宣传，1908 年在仰光出版《光华日报》（即《觉民日报》的前身），公推居觉生、吕天民、杨秋帆任主笔，由李德贤、庄银安、徐赞周、张永福 4 人代表出名向英政府立案。该报对组织缅甸广大侨胞参加辛亥革命的斗争，宣传民主革命的思想、方针、任务、目的，都发挥了很大的推动作用。后孙中山先生复派黄克强、李烈钧、胡汉民、汪精卫等先后到仰光，并到瓦城（即曼德勒），北缅甸的腋噯、腊戌等地加强宣传联系工作。适值族间李曰垓（字子畅，腾冲和顺乡人，艾思奇之父）从北京京师大学堂毕业，由海道途经仰光返腾冲。他在仰光曾由先父介绍入同盟会，与黄克强、胡汉民、汪精卫、李烈钧等共商大计，分头负责进行工作。李曰垓入滇与蔡松坡举事，并委张文光（字少三，腾冲人）、刘弼丞（腾冲人）主持腾冲事。胡、汪、黄、李等返粤。李德贤、杨丽三返瓦城，成立缅京（即瓦城）同盟会支部。公推李德贤任支部会长，会员共有 300 余人，粤桥工人居多；并成立“振汉社”，李德贤任总干事，与同盟会共在一处办公。先父等经常往返仰光、瓦城、腊戌、八募各地联络宣传，辛亥革命种子逐渐遍及全缅各埠。

宣统三年（1911 年）八月十九日，武昌起义的消息传到腾冲。九月六日张文光在腾冲动员驻防新军七十六标三营和西防军四、五两营起义，枪杀新军七十六标三营管带张桐。张文光被推举的都督。当时，义军扩充，军饷困难，张文光专人星夜送公报到瓦城请求援助。振汉社及同盟会召开紧急会议，一面派李汉兴先到腾冲安民告示，晓谕地方，安慰父老，　面公推李德贤、寸海亭、杨丽三星夜赴仰光，与同盟会总会共商救援办法。同盟会会长庄银安即召开大会，阐述武昌乃四面受敌之区，当以腾冲为革命根据地。大会当即表决以卢比3万盾、白银2万两支援腾冲，公推寸海亭、李瑞伯（腾冲和顺乡人）解赴腾冲。这是海外侨胞以实际行动支援“光复”事业的功绩，是值得称颂的。同年九月九日昆明响应起义，公推蔡松坡任都督，李曰垓任军政部副部长。省城派第二师师长李根源（字印泉，腾冲人）统军西上，节制滇西一带文武官吏，进行安抚事宜，到达腾冲，调张文光任大理提督，地方始靖。腾冲起义是九月六日，昆明起义是九月九日，腾冲提前3天起义，这与缅甸同盟会所作的工作是分不开的。

辛亥革命各省相继起义，大局已定，同盟会改为国民党，仰光设总支部，瓦城改为分支部，李德贤被选为支部长。党员发展到1000多人，以粤侨工人占多数，滇闽侨胞次之。缅甸华侨比较集中的城市，都成立支部，盛极一时。

1912年，南京临时政府成立，孙中山先生任临时大总统，海外华侨声誉日高。英国人对华侨都以平等礼貌相待，华侨稍得扬眉吐气，兴高采烈。不料袁世凯任总统，任用旧官僚，发展到称帝，改为洪宪。海外侨胞群情义愤，缅甸国民党首先发难，通电各省督军倒袁。袁世凯悬重赏严缉缅甸国民党首领，先父亦是其中之一。及至袁世凯帝制被推翻后，1915年先父始回国一次。后来军阀混战，南北分裂，党同伐异，同盟会老友被人杀害，国家前途黑暗如漆。英国人对缅甸华侨待遇又恢复旧观。先父即万念俱灰，不复再问党事。

大约1920年前后，孙中山先生为表彰缅甸侨领对辛亥革命的贡献，特亲笔写上下款惠赠先父中山先生珍贵相片一张，以资鼓励。

1961年，辛亥革命50周年之际，北京博物馆到腾冲征集历史文物，先叔李致卿将相片转送北京博物馆珍藏。

1981年5月31日

（选自云南省政协文史资料研究委员会编《云南文史资料选辑》第15辑，1981年8月）

记辛亥山西革命军

姚维藩 *

清末山西新军是一个混成协，驻太原附近；旧军巡防队共二营，每营200人谱，驻扎晋南北。武昌起义后，太原人心震动，新军标统阎锡山每日密至督练公所，与总参议姚鸿发、督办潘立彦协商应付办法，一时苦无良策。适陕西省城义军起，秦晋一水之隔，人心更为惶惶，而阎锡山喜曰："好机会来了！"余人皆惑之，询其故，阎曰："太原方面只有一个人可怕，姚以价（姚维藩）是也，我深知之，苦无方法远调。晋南距西安甚近，姚以价之老家所在也，即派姚带兵到河东沿河防守，多给一点钱粮，姚必喜去，太原保无事矣。"同僚齐应声曰："妙！妙！"即时打电话，请姚至公

* 姚维藩：时任山西新军第四十三协管带（营长），太原起义东路军总司令，后任山西军讨伐司令，南京国民政府军事委员会军事参议院参议。

所议事，同时即请巡抚陆锺琦下命令如下：姚以价历充各营管带（步兵共6营，姚历充3个营之管带，并充其他3营总教练），教练有方，现所部为模范营；兹因时局不稳，派赴晋南沿河一带防守。

阎锡山用的是调虎离山之计，清官吏认为将此危险分子调出千里之外，自然放心。不料又出来一个难题：姚既有防守任务，当然要领子弹（各营向无子弹），于是又踌躇曰："如果姚领子弹到手，迁延不走，更是危险万分了。"乃秘密会议，想出一个方法，谓姚曰："此间子弹昔时久失效，已派温寿泉到河南去领新子弹（温赴开封是实，但是另有任务，姚深知之，故未受给），你可先出发，随后即赶紧送到，决不能使子弹稍有缺乏。你的家眷住在省城，要什么送什么，决不会受到委屈。"姚不听，且曰："世界各国，尚未闻有队伍出征不带一粒子弹者。随后所送是补充的，出发时决无赤手者。"众皆语塞。过了两天，阎又献一计，谓子弹可发一点，但须先定出发日期。姚部本驻城外十里堡，一直等待子弹领到即可出发。是晚10时，子弹始送出城。送出城门之后，即将城门关闭，其畏姚也如此。姚亦知为当道所忌，子弹到手，即刻请城外各营官长秘密会议（城外驻三营），商讨起义事宜。各营官长夙有革命心，不一时皆到，随即将通城内电话线截断，以免泄露消息。会议结果，公推姚维藩为山西全省总司令官，同时姚即下令如下：

（一）清廷压制我汉族已300年，扬州十日，嘉定三屠，诸君曾知之否？剃头薙发，不遵者，所在格杀，诸君闻之否？现在清廷极力媚外，屠杀我爱国志士，有"宁赠友邦，不与家奴"之谬论，诸君知之否？此等仇恨，不共戴天。

（二）本军明早拂晓要进取太原。

（三）苗文华率一营攻满城。

（四）崔正春率两队占军装局。

（五）其余营队皆随本司令攻打抚署。

（六）不服从本司令命令者斩。

（七）骚扰人民及外国侨民者斩。

时清抚陆锺琦以新军不可靠，曾调巡防两营守抚署，且城内尚驻有阎锡山所属 3 个营，起义各官长以寡不敌众为虑。姚曰："巡防老弱，毫无纪律，更无战斗力。其余三营皆我旧部，决不与我战。满城内是一群堕落子弟，更不知战争为何事，明早唾手可取太原，诸君何疑？'光复'我中华，正是好机会。"是夜，终夜未睡，天将拂晓，进新南门，枪声一响，城内 3 营果出助战。而巡防队及满城尚在睡梦中，毫无抵抗，不一时，巡抚陆锺琦、统领谭振德及其属下某些军官僚属皆授首矣。于是，太原完全"光复"，市民不惊，此农历九月初八日事也。

时清廷正运兵武汉，石庄、正定皆驻重兵，半日可达太原，防御之要，自无待言。姚知责无旁贷，当晚即率一部到娘子关，次日又令步炮各营（省城留一队）开往。清军驻正定之第六镇统制吴禄贞，与姚本系革命同志，且为旧识。吴到石家庄，即与姚通电话（正太路电话），约会于井陉，议定彼此联合一起，进攻北京，吴为总司令，姚为副司令。晋军即时开到石庄两营。不料吴被人刺杀，石庄秩序大乱，我军将南北铁路毁去一段，并将清军之军用品烧毁不少。清军一时不能南下，晋军牵制之力也。

军事正紧急时，不料省城以维持秩序为名，谘议局推举阎锡山为都督，前线各将士同志闻而大怒，众云：“起义之初，阎本猾头，心持两端，我们不杀他，亦云幸矣；何物谘议局，乃举他为都督？是可忍，孰不可忍也！”一时张住、杨彭龄等要率队进城，捕灭此辈，方始甘心。姚恐牵动大局，极力劝阻，并谓阎固猾头，究系本党同志。谘议局一般腐儒，有何能为。吾辈革命，要顾大局，决不可自相屠杀也。不几日，军心安定，姚与阎到关上，与各军官见面，以平其气。阎同赵戴文等到关，声称就任都督，乃暂时维持后方秩序；且知姚对他庇护之力不小，与赵同跪姚面前而谢之。阎表面如此，然从此即蓄谋反噬同党矣。阎回省后，即派赵戴文间道进北京见袁世凯，说：“山西人士谁敢不尊重宫保，只有姚以价一人横行把持，皆见惮而不敢言耳。如能以兵力逐姚出省，敢保山西全体服从宫保也。”袁大喜，即派曹锟率兵进攻山西。曹所部北洋精锐第三镇、第六镇及正定练军，兵力数倍于我，武器装备又精良。然姚部革命同志奋不顾身，竟能相持两月，苦战 7 日。卒以寡不敌众，弹尽粮绝而走。袁遂命曹南下，留卢永祥镇山西，扶持阎为都督。阎感袁恩，更思尽忠于袁氏矣。后将太原之革命忠烈祠牌位取消，设立袁之万岁牌。迨袁洪宪称帝，阎又领衔通电劝进，报袁当日逐姚扶己之厚恩也。

当姚维藩统兵在娘子关时，晋北友人弓富魁亦集合许多同志响应。姚闻之，即派人送委令，委弓为晋北革命军司令。又闻晋南人友人李岐山、阎静斋亦有响应消息，又派同学常樾赴晋南接洽。常系潞安府长子县人，慨然前往。不料行至洪洞县，被巡防营认出，竟被杀害。厥后阎在太原练兵数营，皆袁发给新枪械，遂电袁曰：“晋南北革命军不足虑，现有兵力可以制之。”袁始命卢永祥退出太原。

自此之后，晋南北两路革命军皆被阎设法消灭矣。弓富魁出外亡命，李岐山被阎暗杀。山西辛亥革命之果实，乃为阎锡山所篡夺。

（选自全国政协文史资料研究委员会编《辛亥革命回忆录》第5集，中国文史出版社2012年6月第2版）

辛亥山西起义纪实

侯少白*

一　太原起义及燕晋联军之昙花一现

1911年7月，笔者由北京回临汾，路经太原，晤见许多热心革命同志，有杨芳甫、杨鹏龄、张连升、温寿泉诸人，他们问我外边情形，我回答："看不出什么征象，但是国家政事为几个无识亲贵所把持，立宪改革有如儿戏，可能离革命不远了。"笔者询问山西现下情况，他们答云："新来巡抚陆锺琦非常守旧，最近有人说他对新军不放心，预备将山西前后中三路巡防调进省城，再招募二十一旗巡防全省；将新军调到省南北边地，以分其势。对于有新思想的特别严防，

* 侯少白：曾参加山西临汾起义，后任中华民国第一届国会众议院议员。新中国成立后，任山西省政协委员，北京市文史研究馆馆员。

他把在学校的人，皆看作是革命党。”

笔者又找最熟悉的友人张志良（字汉卿），问他军队变化实况，因为他是巡抚衙门经承，专管军务案卷，军队有调遣，必须经过他手。他又是极望改革的人。我问他现在山西有无将防军集中省城太原，将新军调省南北边地以分其势之说。他说：“此事陆抚到任后，首先就要将新军调出省垣，因为商之督练所姚鸿发总办，姚答非通过军谘府、陆军部不能调遣。现正在加练防军，练好防军，再设法调出新军。”我问他防军希望改革的人较新军如何，他说：“防军差得远，希望改革的官长倒不乏其人，士兵甚少。新军士兵思想前进者居多数。”我说：“南路巡防官长和你有交情的，请你介绍几位思想比较进步的，以便对他们联系。”张即给我写了 3 封介绍信给第一旗旗官李家有、骑兵旗官尹冠业和第三旗旗官杨升阶。我又问他太原有无秘密革党支部，他说：“太原希望改革的甚多，真正有所行动的，仍然要希望留日归国学生与新军士兵接受孙中山学说的人，然尚无正式支部组织。”我即辞别张汉卿回到临汾。

农历八月十九日（10 月 10 日），武汉起义。农历九月初一日（10 月 22 日），西安起义。武汉、西安消息传到太原，陆锺琦命令新军第八十五标标统黄国梁带领全标开赴南路黄河风陵渡候令，黄标未到之前，着平阳（临汾）前路巡防统领谢有功带兵星夜开赴黄河渡口防备。黄国梁受命后，即率标本部先行进驻平遥，候领到子弹等物部队即行跟进。九月初七日，领到子弹、军衣各物，夜间，黄国梁标第二营头目杨鹏龄、张连升等与士兵多人同到二营前队队官张璜队部会议，决定即日起义，并要求姚以价营长领导起义。姚接受大众要求，遂推姚为司令。姚即下令以两连攻击巡抚衙门，一连由新南门上城墙攻击满城，一连把守城内子弹库，立即开始行动，由大营盘向新南门进发。到门前叫门，内有清道队长杨沛霖率领该队在门内夺开城门，起义军入城直奔抚署，抚标卫兵抵抗，我军力攻，不一时，抚标卫兵不支投降。我军进到大堂，陆锺琦出来接见，并派人传协统谭振德来应付此事。因协司令部在抚署东，相隔甚近，谭振德听枪声在巡抚衙门，又闻陆抚立候传见，即便服前去，看到士兵们正要求陆宣布山西独立，响应武昌起义，谭即大声曰："你们要造反吗？"话犹未了，士兵们照谭就是数枪，谭应声倒地。又照陆开枪，陆亦被射死。陆子光熙字亮臣乃日本留学生，颇具进步思想，恐乃翁不能接受革命，来晋规劝，初七日夜始到晋，晚间同其父谈目前大势，望其有所改变。陆对之大加申斥。初八日早，陆光熙闻前院枪声，知事不妙，起床寻乃翁，到大堂，正值乱枪射击，当时中流弹殒命。起义士兵们又枪杀几个抵抗的人，由张璜、杨鹏龄率领到八十六标本部找标统阎锡山，着下令发给各营子弹。

与此同时，新南门我军一队正在攻击满城，驻防旗兵死力抵抗；我驻南门外的炮兵营、工兵营，闻听二营起义，正在攻击满城，炮兵即推炮上城，照准满城敌人开炮，仅数发，太原城守尉增禧即树起白旗，缴械投降。

此时，阎锡山阴持两端，在八十六标本部召集全标官长，当场宣言八十五标二营兵变。我部速保护抚署及军装库，即下令派该标一、二、三营全体官兵把守巡抚衙门周围各街巷口，并刺探三营消息。侦悉陆抚确为二营队官张璜枪杀，阎隐身标本部西边树林内，并派亲信士卒看守军装库，即下令将未领到子弹各营速到军装库领取子弹及军用物资，并集合本标军官多人及黄标三营起义几个首领赴谘议局开会，响应武昌起义，成立山西军政府，公推姚鸿发为山西都督。姚鸿发因乃父姚锡光为清现任陆军部侍郎，力辞不就。阎即勾结议长梁善济推自己为山西都督，并推督练公所参谋处，帮办兼山西陆军小学堂监督温寿泉为副都督，谘议局副议长杜上化为总参议，设山西军政府于谘议局。

军政府中之组织分设军务、参谋、民政、财政、外交、司法各部，又设筹饷局、警务局，即日宣告成立，出示安民，发表起义宣言。并将前被封闭的民报馆，改为《山西民报》，发表讨满檄文，用红色大号铅字排在第一版上。可惜笔者记忆不全，现又找不到底子，仅将我所记忆的写下来："春雷动地，千年之醉梦惊回；旭日当空，万里之妖氛尽扫。盖救焚拯溺，不得已而见诸兵戈；而应天顺人，必如是方合乎时宜。厥惟中华古国，实为东亚盟主，土地甲于环球，人民多于列国。彼满洲者，人惟五兆，地限一隅，以游牧为生涯，恃凶顽之本性，乘我无备，驱兵以前。李自成流贼无谋，闻风犇窜；吴三桂逆臣背义，解甲迎降。遂使龙凤之郊，变为虺蛇之窟。于是贪生畏死之辈，认贼作父；争名驱利之徒，忘亲事仇。颂功德于虏廷，奉正朔于伪主；山河蒙耻，草木含愁。无事之时，吾民服劳畎亩，满酋则坐享甘肥；有事之日，我兵委命疆场，满奴则荣膺爵赏。英雄闻之而切齿，壮士观之而寒心。是故洪天王奋臂一呼，响应风从，几遍天下；李忠王挥戈四指，雷轰电掣，将复神州。可惜当时士民，未沾教育，种族之义不明，竟然以汉兵杀汉兵；华夷之界不辨，甚至为胡虏而效死。或谓曾国藩功同诸葛，而诸葛匡扶汉室，何常委质于胡奴；或谓李鸿章勋如汾阳，而汾阳翊赞唐裔，岂肯失身于夷虏。（中略）屈指罪恶，擢发难数，凡我同胞，速举义旗，"光复"

旧物，倘有助桀为虐，杀之勿赦。檄到如律令！”

军政府成立后，派军官带领士兵赴各街弹压，并派陆军小学堂与各校学生荷枪帮助警察维持治安，又派人将山西清政府高级官吏接至谘议局看管。被看管者有布政使王庆平、提法使李盛铎、提学使骆成骧、劝业道王大贞、太原府知府周勃。

军政府成立后，即派姚以价为东路固关娘子关前敌总司令，率领民军数营驻扎关上，以防清军之进攻。姚以价率队三营进驻娘子关，时固关驻有直隶正定镇总兵徐邦杰部下参将何立朝部数十名，我军抵娘子关后，即进兵固关，向何部攻击，战未数时，何部退据核桃园，我军即占领固关。

先是清陆军部派北洋第六镇统制吴禄贞率部援鄂,路经石家庄，吴驻车站名为候军用物资，实系联合北洋第二十镇统制张绍曾率部攻北京。机事不密为清廷侦悉，清廷即授吴为山西巡抚，以分化吴张联合。张绍曾又革命勇气不够，会师进攻北京之愿不易实现。适山西高举义旗，吴即派参谋周维祯、何遂迳赴太原与阎锡山面商共同推翻清室办法。阎疑吴作伪，不敢置可否。吴又派何遂到娘子关同姚以价商洽，结果认为吴、阎有见面必要，复通电话数次，始商定在娘子关车站会晤。因娘子关为晋境，阎始放心，约定九月十四日双方均乘火车至娘子关会晤。随吴至者为张世膺、何遂、孔庚等人；随阎至者为温寿泉、赵戴文、黄国梁、姚以价等人。

会议时，吴首先声明：“清室授我为山西巡抚，是破坏我革命联盟。二十镇统制张绍曾率全部驻京奉线滦州，我军驻京汉线石家庄，两军若夹攻京畿，推翻清室，指顾间事耳；可惜张敬舆（绍曾字）勇气不足，主张 19 信条，铸成大错。我现在极愿与晋军携手，共同推翻清室。”阎颇游移，吴笑曰：“我是老革命党，你可能不知；你山西军队情形与革命发动情形，我一概尽知。你千万不可游移，怀疑我想做山西巡抚，你太小视我了。我是同唐才常起义的失败者，我曾加入兴中会，组织自立军在安徽大通起事失败，你可放胆同我合作，我不会骗你。”阎听吴话后，甚觉赧颜，孔庚从旁曰：“今日之事，进则胜，退则败；合则强，分则弱。”阎始应允。众人齐曰：“我们名义可称为燕晋联军。”一致赞成，于是公推吴禄贞为燕晋联军大都督兼总司令，阎锡山、张绍曾为联军副都督兼副总司令，温寿泉任联军参谋长，并调晋军驻石家庄，共策进展。吴复说明：“我已有电约张敬舆请他取消电清室 19 信条主张，那是与虎谋皮，绝无成就，赶速定期会师，直捣北京，推翻清廷，成立民国，使革命早日完成，已得张复电同意。惟近日最可虑者为袁世凯，我有探报，此公野心勃勃，大肆活动，如彼出山到京，革命前途障碍最大。现他尚在彰德沉机观变，以吾所料，此公必出。北洋新军中他的党羽不少，他若就任内阁总理或督兵大员，旧军中他的丰沛子弟尤多，鸡犬飞升，将另是一个局面，革命前途，三年五载难期成功。我之所以主张速会师都门竟此全功者在此，诸君以为何如？”众云：“总司令的主张极是，我们决拥护速派兵进攻京师，以竟全功。”遂欢谈竟日而返。

吴返石家庄司令部后，即部署军事，又将北京运往武汉前线军用火车截留。吴禄贞主张革命行动言论过于露骨，第六镇中袁世凯系统中人物忌之益甚，竟于九月十六日夜间将吴刺死。吴禄贞死后，吴部革命军官孔庚、何遂、倪普祥、刘樾西、公孙长子等均逃往山西继续参加革命。石家庄所驻第一镇旗兵闻变，向正定方面逃窜，六镇步兵向东南滦城逃窜，晋军向获鹿方面退却，至十七日早，石家庄官兵逃避一空，遗弃军装子弹满地。晋军退出不远，又回到石家庄将子弹物品运回娘子关，派少数兵驻石家庄察看动静。十九日，六镇协统吴鸿昌又率兵由滦城进驻石家庄，晋军乃全数退入固关。十八日，清廷任命段祺瑞为六镇统制，到石家庄收拾乱兵。燕晋联军计划至此完全失败。

二　临汾城得而复失

阎锡山自娘子关同吴开会后，回到太原。当时风传晋南前路巡防队帮统陈政诗进驻临汾，已招募新兵七旗，预备袭取太原；大同镇总兵王得胜派兵进驻雁门关；清廷又命令直隶提督姜桂题部下统领陈希义带兵十营协同王得胜，有进取太原之势。太原军政府为扩大革命势力，遂派汾城举人军政府参议董桂萼赴南路招抚平阳、河东一带军政人员参加革命，以安定后方；又派胡参议赴北路招抚雁门、大同军政人员参加革命，借与绥远革命通声息。

董桂萼到平阳后，找到笔者同见平阳知府耆昌。耆昌本清宗室，很坦白地说："我想回京，我的眷属已于前月回京，冲着我的黄带子也不能投降。叫我走，我立即交代。此间既无兵，又无官，只有临汾县一人，巡警 30 名，谢统领在永济黄河口，陈帮统在河东接洽饷项。你要接事，我立即交代。我昨日听说巡防南路各县步队二三日内可集平阳，我尤愿先走。"董云："我受命招抚投降各事，明日我要速赴河东，此间事我即电告军政府派员来接。"议妥后，董同笔者出府衙门回到董寓所之五合店，并发电报，此时正值谢有功赴永济令调巡防各地步队集中平阳，听候整理，首批到达者为骑兵尹冠业营，派兵到平阳号店，将五合店全部号定，明日军队准到，董感到不便，即速赴河东。笔者在平阳城内专候防军官长，不四五日，骑兵、步兵到平阳者有七旗之多，兵有 2000 余名。

平阳府首县临汾在山西军事上居于重要地位。明末清初，临汾驻提督一员；康熙四十年提督裁撤，太原镇总兵移驻临汾，统领绿营，管理潞安协台、镇标、参将、游击、都司等官兵。清末绿营裁撤，改练巡防队三路，每路共马步七旗，旗分左中右三哨，每哨士兵 100 名。太原镇标名为前路巡防，大同镇标名为中路巡防，太原抚标为巡抚卫队；中路巡防地面为韩侯岭以北，长城以南；前路巡防地面为河东、上党之 36 州县；后路巡防地面为口外 7 厅。此系辛亥革命时山西巡防兵额与防地情形之大略。太原镇总兵谢有功，广西人，军功出身，兼前路巡防统领，并兼第一旗管带官，驻临汾。

先是山西巡抚陆锺琦，因陕西起义，急电临汾太原镇总兵兼前路巡防统领谢有功，调齐所部马步七旗候命集中临汾，先带少数步队视察黄河防务，电到起行，不得逗留迟延。又急电潞安协台兼前路巡防帮统陈政诗，星夜赴临汾，招募马三旗步四旗，新军七旗，在一月内成军，开赴原防各县，巡防地面。太原起义后，陈饷无着，陈即由潞安迳赴河东，找河东盐法道余棨接洽新军饷项。此时巡防统领谢有功，赴风陵渡一带视察河防，陈政诗在河东接洽饷项未来，前经谢有功令调巡防各县全路七旗兵官尽数开到临汾，谣言四起，一日数惊。知府耆昌将眷属送走后，衙门人役逃走一空。耆昌一人坐在大堂，持枪一支，酒一壶，自言自语地说：“我是宗室，冲着我的黄带子，也不能投降革命军。”知县武树善，看此情形，兵多饷寡，亦避匿无踪，城内所到军队已经在市面作变相抢掠，不听官长约束。

笔者前已派人赴省联系，以路梗未达，乃同张志良联络驻临官兵，密谋起义（当时奔走联络最力者为张志良，此人现在临汾，约80岁）。因他与防军官长士兵最熟，我经过他的介绍，与步兵管带李嘉有、骑兵管带尹冠业相识，与他们商洽在临行动，得到两人同意。而骑兵哨官陈子标，对于起义事尤为热心。李、尹正在部署队伍，准备动作，而陈政诗由河东来，派兵在乡间将武树善找回，将驻临汾七旗官长传到，告以："我已受命前路巡防完全归我统带，我主张集中训练，保境安民。"还要在最近成立七旗新兵，立即设新兵招募处。陈在临汾招兵买马，不一月而有众2000余人；加上旧七旗2000余人，共4000余人，枪支六成以上，颇有进取太原之势。

太原军政府知此情形，不能不派兵南下。又有董桂萼电告，始议定派刘汉卿（将北洋第三镇现任营长撂开，单身步行来山西参加革命）为南路一带筹饷军总司令，带兵一营，号称一标。但因人数太少，故迟迟其行。过平遥时，该县知县某即密函通知临汾县武树善，大意谓："来兵不满五百，形同乞丐，我县无兵，不能阻止，临汾大兵所在，又有韩侯岭险要可守，派兵一击，必将瓦解。"武得此密报，即告知陈政诗派兵把守韩侯岭。武树善一面又请笔者同临汾绅士四人赴介休阻止革命军南下。笔者正欲前往接头，武此约实获我心。翌日（约在十月中旬），即首途赴介休，留张志良在临同防军驻临官长接洽。

笔者同临汾绅士张世五、范若卿、洪洞苏甲名出发，张世五在洪洞相候，范若卿在赵城相候，笔者前赴介休。此时陈政诗司令部已移驻霍州，派尹管带骑兵驻灵石县水头镇。最妙者驻水头前卫尖兵，即尹营陈子标哨，尹冠业驻韩侯岭上，李嘉有驻仁义镇郭家沟一带。笔者赴介休，前数处皆为必经之路，当分别与尹、李、陈等晤面洽商，均表同情于省军；并商妥水头陈子标哨调开水头西 15 里，韩侯岭尹营调开 20 里，仁义镇李营调开 20 里，让刘汉卿率兵飞速猛进。当日刘后队队官王泽山即率全队通过水头，占领岭上。陈政诗在霍（州）闻水头、韩侯岭不守信息，知所部不听号令，即返赵城，速止临汾新调童宝山营暂驻洪洞，停止北进。笔者见所谋顺利完成，无再赴介休必要，即由水头星夜返回赵城，晤询陈政诗能否与军政府合作。陈说："我的兵不能作战，此话无法答复，回到临汾再行定夺。"说罢他即匆匆上车返回临汾。陈到临后，驻临官兵均不听陈指挥，复逃往绛州。

此时临汾城内外驻有新旧防军九旗之多，知府耆昌早于十月初由陈政诗送走，城内只剩临汾县知县武树善一人。笔者随刘汉卿部王队由赵城开到洪洞，刘部前队队官杨连珠亦到，但王、杨均以受命只到洪洞，不能前进。张志良一日来 4 次信致笔者，催军前进，笔者在洪坚请王队官速开临汾，王答："我系后队，因占领水头、岭上、霍县、赵城、洪洞均为我队士兵，劳苦太过，最好请杨队官前往。他系前队，由介休到洪洞又未担任前线。"笔者到杨队官队部催杨前进，杨答云："我一队不过百人，临汾驻兵 4000 余名，我实不能冒此大险。"笔者焦急万分，又坚请王泽山队官，告以临汾目下情况，非进驻不可，局势一变，悔之晚矣。王为所动，即商同司务长李文耀、排长谢德元，决定不候命令，速将全队开赴临汾，占领要地，于夜半抵达城郊。笔者先到城内同张志良布置一切，令驻在城内之巡防队一律于明日移驻东关；王队进城，暂驻平阳女子学堂空房内（因太原有变放学），天明后再移。武树善来拜见王队官，并送“三点水”酒席 10 桌，为王队官兵洗尘。

此时临汾城内有新旧防军九旗 2800 余人，而北来革命军王泽山所率全队仅 110 余名，但在人民安堵、鸡犬无惊的情况下“光复”了晋南要地临汾（约系九月二十日前后）。第二日，刘军左右队全到，第三日，刘汉卿司令偕郝富珍、李大魁、叶魁元到达临汾，司令部驻于贡院。笔者先告以“王队违令开临汾，系我根据地方要求，事实需要，坚请开拔，有何责任，我可负之”。刘司令对之慰劳有加，并告二三日内率全部南下，此间由王家骏、许志显统带新旧防军开省，该员等明日可到，平阳知府暂委刘拱璧署理，城防派张连升布置，派牛如虎赴洪赵招募新兵，入伍训练。

笔者闻刘司令说明王家骏、许志显正副统领明日可到临汾，我即告知后路防军官长李、尹二旗官。该官长等集合全军说：“明日我队到北门外欢迎王、许二统领。”并坚约笔者同往介绍，我欣然应允。次日早 10 时，后路全队均齐集北门外关厢候接王、许二人。11 时由南来便衣二人，一骑一步，骑者下马问：“你们是不是革命军？”士兵们答以“我们今日才算是革命军，原为清防军。”骑者说：“我是陕西军政府军事联络员。”士兵即问西安近况，骑者答以目下有战事，正同甘军开火。笔者感觉此人谈话危险性甚大，速到骑者面前，询渠由何处来，有何事务，彼答：“陕西张大统领派我来晋联络晋军，拟合击升逆（当时清陕西巡抚升允率军攻西安）。”我答以此间非谈话之所，即邀他二人到田间无人居住的土房内详讯来历。据述升允攻陕很急，乞速为应援。我答以“此系收复未妥之清军，长官尚未接事，官兵等正犹移不决之时，你来此间信口乱讲，殊有妨碍。请速将公文取出我看。”彼即将张大统领委札取出，我看不错，委札上有秦陇复汉军大统领之印一颗，后面有张德枢准此字样，始知骑者为张德枢，步者为彼之护兵。我即将晋中情形告知，目下不能援陕，着即速返。我同前路防军候至下午3时，王、许不至，全队回城。始知王、许二人已于12时便装由南门进城，径回家中（王家骏、许志显均临汾城内人，与我相识）。

笔者回城即到王、许家中晤面，告以接洽经过，并说：“已与巡防军议妥，调省改编或回原防，均表同意；但是开赴南路同谢有功、陈政诗作战，则难从命。我已一一认可，并愿为保证。”不料王、许对于不开赴南路与谢陈作战一条不同意，我将为难情形说明，王、许未置可否，约于次日早8时集齐全军官兵4000余人在城内关帝庙候王、许讲话，并约我必须到场。次日早8时，我到场时见防军官长均已到齐，士兵们在庙中戏台前集齐相候，少顷，王、许亦到，我即一一介绍相识，我同防军官长陪同王、许由僧房赴戏台上讲话时，戏台距僧房不过十余步，不意王统领非在僧房门外上马、戏台前下马不可。防军怒形于色，多侧目而视，我很为担心。王对兵士讲话，未想到王第一句话先问士兵们：“你们见了谢有功、陈政诗敢杀不敢杀？敢杀者举手。”台上20多名官长面红耳赤，台下士兵怒目相向，几乎要有动作，笔者速即向王要求在此讲两句话，王始不允，台下大喊：“请侯先生讲话。”我才站到中间说：“入伍为兵，退伍为民，兵民一体。在省为陆军，在县驻防为防军，兵与兵更为一体。陆军驻的离北京近，知道清政府作的误国坏事，所以起来革命，将他推倒；防军驻在乡下，离北京远，不清楚这种事情，所以没有革命。

经我将这些事情告诉了防军，防军欣然表同情于省军，竖立起革命大旗，同省军一致行动了。所要求者，谢、陈为旧日长官，能避开同他见面最好。笔者前在接洽时已经答应此要求，并给予保证。今日王统领不知接洽经过，今我说明了，我希望王、许二位统领应允这种要求，开诚布公，推心置腹，昭大信于全军，革命前途，实利赖之。”王、许当场均首肯。散会后我又用两天工夫说服各官长，他们始到司令部报到，王、许对前路巡防军才开始了改编工作。

笔者又赴贡院司令部晤司令刘汉卿，建议速派人将谢有功眷属请出优待，谢有功年老子幼，急欲回籍，如用眷属作交换条件，南路军事可迎刃而解。并谓刘司令目下必得在临汾多驻数日，将此处布置妥当，再行南下。刘答在省受命，赴河东筹饷，决无半途停留之理，此间有王、许等负责，优待谢有功眷属事，可着刘拱璧、牛如虎、李大魁负责办理。刘、李二人心粗气浮，不明我的用意，奉令之后，即派兵 10 人到总兵衙门将门上卫兵更换，并未将谢妻子接出衙门，也未予以监视。谢眷属睹此情形，于夜间携 10 岁小孩逃出城去，不知下落（平阳得而复失，与此关系甚大）。

先是刘汉卿率队由省城南下时，谢有功正在永济县风陵渡河口一带徘徊观望，派人要求河东盐法道余棨彼此竭诚互助，条件为余借给谢 200 名盐捕营士兵送谢回临汾，如河东有事时，谢即派兵尽力相助。议妥后，余棨当交谢有功现款 3 万元犒赏前路巡防士兵，并派两哨 200 余人（各带新枪 1 支，子弹每人 200 枚，由哨长某带至永济县风渡河上）听谢有功使用。谢即带了这支人马连同他前带的前路巡防第一旗中哨一哨前往临汾，行至侯马南隘口山，同南下的刘汉卿军队遭遇，开始激烈战斗，战斗竟日，刘军因受太原不守消息的影响，士气不振；刘即亲赴前线，领队猛攻，为敌弹击中要害，伤重捐躯，队伍退回临汾；而临汾又为防军营长童宝山于前一日叛变所据，不能入城；复退至临汾东北洪洞县管界之曲亭镇休息整理。

原来由王家骏、许志显统率所收编之巡防军于前3日扫数北开太原，行至洪洞，闻太原有不利消息，除已开动之李嘉有、尹冠业、杨升阶三营遵令转向河东方向开拔外，余部复叛变占据洪洞，准备投归谢有功；而童宝山在洪洞闻太原之变，即率所部到临汾，赚开东门，将张连升部守门兵士杀死，又赶到北西南各门，将守门兵士俘囚。此时刘拱璧、牛如虎、张连升3人在临汾兵力不过200余人，兵皆新募，枪支极不齐全。牛如虎在赵城募兵未归，张连升为知府刘拱璧派赴临汾城西各村收枪索款，刘拱璧闻童宝山叛变带兵由洪洞开来，占据各城门后，他也未通知各同事，而且竟将他约来参加革命的临汾贡生张成林（同刘住在一起并未通知）撂在知府衙门内，独自一人于夜间逃走。张连升日暮时带枪款回至西门，尚不知城内有变，正欲叫门，适逢童宝山在西门城楼上侦察张连升是否回归，望见张连升人马均到城下，突开城门，向张连升袭击，张抵抗到汾河岸，为童所获，带进城内在知府衙门前海子边杀死。旋又将张成林由知府衙门内搜出，交前临汾县知县武树善斩首。刘、牛在洪洞赵城一带募来的新兵，送到临汾者共约百余人，经知府刘拱璧验过，送入队伍，及刘不告而逃，统率无人，这些新兵，伫立街头，饮食无着，居住无地，童又将这百余新兵捆拉到海子边一律杀死。此时谢有功攻过隘口山，至临汾县南60里之史村镇，战事即告结束，所带之盐捕营即遣返河东。谢有功返回临汾后，又将驻洪叛变新旧防军十营调回临汾，盘据固守。

三　河东军政府成立经过

先是太原起义后，军政府即通知住北京之同盟会员景定成、刘绵训、王用宾、邵修文、张端、姚守质等回晋襄助一切。景定成见信起身，通过石家庄返晋。王用宾等迟行二日，石家庄为军队封锁，绕道豫境，始返河东。王用宾等即召集各县同志，说明第一件事要求各县将政治犯释放，以作基干；第二件，各同志应当从速联络乡村民团，奠定基本力量。于是临晋县同志要求该县将前此因交文惨案被诬捕入狱之山西省谘议局议员张士秀释放出来。张出狱后，自告奋勇，愿赴陕乞师，助成山西革命，大家同意，他即行前往。王用宾等又分别到各县发动民团。

正在此时，娘子关被袁军卢永祥部攻破，阎锡山屡召会议，主张退出太原。山西谘议局议长梁善济很同意退出，赵戴文亦附和阎之主张，并说："革命何地皆可，不必非在太原省城。"反对放弃太原最力的温寿泉说："这样影响军事太大。况娘子关虽失，尚可节节设防，处处守险，袁军虽强，不能在我省四百里耸山崎岖之路飞越而过，太原万不能放弃。"景定成、杨鹏龄、李鸣凤等皆赞成温之主张。但阎坚决要走，会议决定由温副都督坐镇太原，同意志坚定之党人杨鹏龄、景定成、李鸣凤及各校学生以及同情革命人士共同支持危局。阎即日同赵戴文离开太原。

坐镇太原之温寿泉，一面派人收集前线退回失去联络之士兵，一面找寻各机关逃散之事务人员，每日收集散兵数百人，未几即收集数千人之多；唯银行、钱铺之从业人员皆逃匿无踪。军事既被迫于袁军之进攻，而财政复受困于阎锡山之逃走，温寿泉乃与杨鹏龄、景定成、李岐山等开会，决定退出太原，拟先抵临汾，同前派南路筹饷军司令刘汉卿会师，住临休息整编，再定攻南攻北策略。温寿泉带兵行至平遥时，随军南下党人中有川人公孙长子、吴汇之，别有意图，假整顿军旅以一事权为名，夺温实权，推杨鹏龄为行军都督，统率全部军队。温寿泉首先赞成，大家一致通过，即向临汾进发。到了洪洞，始悉刘汉卿南下至隘口遇敌阵亡，其所部已退至洪洞县界之曲亭镇，即改变计划，决定派景定成前往与该部联系。景到曲亭镇告知该队速到洪洞与大军会合，到后两军统由行军都督统率，并举行誓师，歃血为盟，人心士气为之一振。决定不攻临汾，绕道西山底，走襄陵、太平、稷山向河津进军。陕西军政府联络员王一山在洪相会。

翌日即开始前进，行至襄陵时，襄陵县有据城固守之势，我军勇士张溥士夺门而入，告以革命军南下，该县应好好办理供应，否则即以军法从事。我军宿营一宵，第二日行抵汾城县，正值送谢有功回运城之盐捕营到达该县，据驻城门，登城备战，我军绕城而过。我军行抵稷山，颇受该县绅商欢迎，即进驻河津。并会议决定温寿泉、景定成赴陕联络张凤翙，我军即在此休息整理。

先是张士秀出狱后，自告奋勇，赴陕乞师，到陕后，晤陈树藩、井勿幕、严庄、井岳秀、李仲三等（均陕党人），接洽妥协，请陕军过河。陕军也极欲过河，盖当时陕军最感困难者是军饷，而陕西人民所最感困难者是食盐。山西河东既系食盐产地，又系收税之所，如能运盐过河，这两个问题即迎刃而解，此其一。陕西革命初起，党人参加军队者虽已不少，但仍不敷用，由会党组成之军队，因无党人领导，军纪极坏，陈树藩辖区之阎飞龙部即是如此。如将这部分军队带到山西境内，即可在人地生疏之地将其整编，使之容易就范，此其二。基此两点，故朝请而夕至。陕军渡河至虞乡县，党人尚德、胡足刚向之报告运城地形和兵力情况，于农历十一月初九日晚抵达城郊，初十日拂晓开始攻击，不久即攻入运城，盐法道余棨潜逃。

河津会议后，温寿泉同景定成、王一山即起身赴陕，由李鸣凤整编队伍（杨鹏龄因不和于众离军他往）。温寿泉等行至风陵渡，闻陕西军政府应张士秀之约，已派秦陇复汉军司令陈树藩过河向河东前进。即决定由温、王赴西安，景定成赴运城与陈面洽。景到运城时，陕军已到达数日。

在温、景、王 3 人起身赴陕后，李鸣凤即与随军来河津之党人台寿民、张起凤、郭朗卿、吴之江诸人会议决定，名义改为五路招讨使，由李鸣凤率领。此时由运城来河汾一带州县运动民团的党人王用宾亦到，即参加会议，王力主速进兵攻下运城，组织政府，使革命有领导中心。会议诸人均极赞成王的主张，即日发兵向运城前进，行至运城近郊北相镇时，得悉运城已为陕军攻下。李鸣凤遂变计划率部进攻运城东北 200 里汾河北岸之绛州，将清军巡防统领陈政诗捕获枪决，休兵绛州，为进攻临汾谢有功作准备。随军东来人员王用宾、台寿民等即直赴运城。

运城“光复”后，盐法兵备道余棨潜逃，陕军陈树藩将盐务监掣府陆叙钊捕获，数其罪而杀之，并将盐法道库存银两悉数交付地方人士接管。此时张士秀、王用宾等与革命同情者皆齐集运城，即会同陕军将领召集会议，商讨组织机构办法，当即议定由张士秀任河东民兵总司令兼理地方军务事宜，王用宾任兵马节度使兼民政长，组织民政部，管理民政、财政、盐务，部下设3处4司：3处为秘书处、军务处、盐务处，4司为总务司、交通司、财政司、司法司。另设高等审判厅、地方审判厅、地方银行，均分别委派专人负责。

此时南京政府对山西革命极为关心，亟欲知阎锡山出走后革命势力进展情况，特派王北方同志来运城视察，并召集各军政负责人员开会，讨论革命发展前途。与会人员都以为各部虽负责有人，但为指挥统一，使各部工作得以密切配合，并对南北两政府行文便利计，亟应组织统一领导机构。都督阎锡山既已出走，副都督温寿泉应即组织河东军政分府，以一事权。当即一致通过。继又商讨组织豫晋秦陇联军，以策应两省出境作战。

此时温寿泉已由西安接洽完满归来，河东军政分府成立，任命尚德为秘书长，台寿民为参谋长，王连元为军务科长。军队编制为两旅，正式军官出身为一旅（后因官长不敷成立两营），另一旅由地方民团与会党人员从军者组成，以李鸣凤为旅长，下辖两团，由吴汇之、景慰文任团长，又有独立两团，由韩升泉、陈绍先任团长。公推张士秀为河东民政长，总理民政并兼理盐政事宜。又派东北各路招抚委员各一人收编散兵。北路为张煌，东路为陈采章。未几，西安电调陈树藩回陕，该军阎飞龙部（约700余人）不服调遣，交军政分府管辖处理。陈树藩整队返陕，临行购买运城生盐600万斤（征税为熟盐，未税为生盐），运回陕西。

河东军政分府虽告成立，但谢有功仍拥有残余防军数营，割据临汾城。先是谢有功重返临汾后，竟携回刘汉卿首级悬在平阳鼓楼上示众，军队中之同情革命者均感自危。而谢亦知孤城难守，亟思他去。因此谢又调集叛变归来之各营官长与士兵（两广籍者）同他家乡带来的共有 80 余人，集齐训话（并未对士兵宣布余道犒赏之 3 万元），他说："现我已 70 余岁，早不愿做官，极想回家。你们大家都是我的乡亲，你们愿意回家，我带你们回去，不愿者听之。"大家同称愿意一同回家。他即日就将这些人编了一个卫士连，将好枪发给，摒挡行李准备起身。忽闻洪洞有由省开来大批人马攻城，谢即命封闭城门，派兵丁上城准备固守。但由省开来大队系经洪洞西门出城靠西山麓向襄陵县方向前进，谢即令炮兵向该方面射击终日，省来队伍亦并未进攻临汾。

此时适逢运城盐法道余棨逃至临汾，余恨谢有功不践互助诺言，不愿与谢晤面。在临汾东关店内秘约清前路巡防李帮统（带旗兵三哨，中哨驻临汾东关）在东关店见面。余棨坚嘱：千万勿使谢有功知他来此，明晨即行，请李派十数名弟兄送出东阳关到直隶界，就使返回。李慨允之。翌晨余由东关店起行，李帮统派 10 名骑兵送至东阳关外返回。余赏每兵 20 元并要求送他的人向前路巡防全队弟兄带一句话。余棨说："我在河东道任内筹到 3 万元，交谢有功转交防军各弟兄，每人 10 元，下级官每人 50 元，以备开拔时买些零星物件之用。"该骑兵回到临汾后，将余棨之话传遍各营，全军官兵均深怨谢侵蚀他们之赏金。谢有功于离平阳之时，带有 80 余名亲信乡丁卫士连，装大车 7 辆，拟出城向东阳关前进。行至衙门前鼓楼东，全军官兵，阻其去路，向他说："你要走可以，请你将余道台赏我们 3 万元留下，如不交出，你不能走！"此时又得到城南已发现革命军步队消息，谢有功只得率卫士连及车辆返回衙门。

河东军政分府看到谢有功为害地方，有急速消灭之必要，即派李鸣凤为总司令，统辖万余人进攻临汾。李率兵到平阳城南 10 里尧庙，派韩升泉部攻东关。谢有功闻东门守兵通敌，即时将东门守兵撤换，以卫士连代之。此队官兵回家不得，遂与童宝山队（均南方人，交情又好）顽抗革命军。战斗多时，韩部损失极大，童部亦有相当伤亡，始回城据守。随后李鸣凤大队陆续开到，将城包围，攻打 20 余日仍未攻入。

李鸣凤以久攻不下，即派人在临汾河西煤窑上发动工人 300 余名，在城外西南隅五里洞儿上村开掘地洞。经过五日，开有里余，不意童宝山部突然出城攻击，将窑工杀死很多。李鸣凤率队围攻临汾多日，食粮枪弹均有不继，温寿泉偕台寿民亲到临汾城南十里尧庙劳军，并运来食物弹药，士气旺盛，连续围攻，指日可下。不料袁世凯派第三师第五混成旅卢永祥率全旅抵临，以致临汾城又为卢永祥部所盘踞。

卢永祥军队到临汾后，大肆抢掠，城周 30 里内商民无一幸免，地方损失极重。幸卢军只驻月余即北调。谢有功亦将军队交该军李帮统统带后携眷北逃。河东军政府闻悉，遂委张起凤接统谢军。此时阎锡山驻在忻州，又委周维藩接统谢军，周观望不来，张来而防军不承认。河东军政府又派前介休县知县张之仲携带公文探投赵城张煌，赶速组织团本部，收抚地方散兵游勇，加以整理训练，暂驻洪洞负责监视临汾防军，并令张之仲协助张煌办理此事。阎锡山闻知，委张之仲署理平阳府知府，兼营务处衔，管理驻平阳府之新旧防军；委张煌为陆军团长，驻军洪洞，形成阎与河东军政分府争权之局。张到临接事七八日，临汾防军受北京兵变影响，全部哗变，烧杀抢掠，人民受害较卢永祥旅造成之灾难尤甚，混乱局面历时 20 余日。张煌派新收编之哥老会小首领杜登山为营长，李海杰为督队官，率新收散兵进驻临汾。不久周维藩亦到，周接事后，将驻临防军扫数调省，张煌团部才由洪洞移驻临汾。

南北和议时，袁政府借口山西兵变，不承认山西为起义省份。经温寿泉领导晋南人士，并请临时参议院议员刘盥训联合在南京晋人电孙大总统力争，孙大总统当即电袁，如不承认山西为起义省份，和议破裂，在所不惜，袁始复电承认。旋阎锡山从忻州进驻太原，温寿泉以共和告成，阎已回省，不应再开府河东，有碍统一，当即电告政府，取消河东军政分府。

（选自全国政协文史资料研究委员会编《辛亥革命回忆录》第5集，中国文史出版社2012年6月第2版）

山西辛亥起义日记

张树帜 *

辛亥年九月初四日（10 月 25 日）下午 5 点

树帜由陕省旋晋，甫下马即到谘议局晋谒副议长杜君上化。杜君喜云：今当中华民军起义之际，君在外面回来，令人可喜。现值我省群思起义，又令人可忧，未知君意若何？树帜云：可无忧。武汉起义地点、军器俱占优胜，况黎公元洪革命中之最有能力者，其筹划确有把握。现清政府已派陆军部尚书荫昌、南洋水师提督萨镇冰，统海陆军竭力攻之。攻如不胜，势必假兵外洋。吾晋若现时举事，清政府若移攻汉之全力，以攻吾晋，晋省人力枪械万难支持。

* 张树帜：时任山西朔方兵站司令，后任国民革命军第三集团军执法总监，第二战区高级参议。

又兼财政困难，何能奏效，待时而动未为晚。杜君云：与予意相合。我等即同订暂时不起义之约。

初五日早

驻军八十六标统带阎君锡山闻树帜旋省，即遣人邀之至寓所，会议起义办法。阎君云：前接君旋省信，渴望多日，未曾面谈。我同志等，逢此时机，尽可举事，想君早有筹划。树帜即以与杜君约言告之。阎君曰：不然。现今大势，君在途奔波，未必周知武汉起义详情，黎元洪已与德、美订有密约，接济人力枪械军饷。现有德人某君在黎君处协助办事。英、法二国俱极赞成，日俄虽未表同情，日与美为同盟国，美既赞成，日亦不至反对。俄则势成孤立，不敢为难。假兵外洋之举，无庸顾虑。况有黄君与来函约会响应。我省若不速为起义，以分清兵势力，时机一失，吾辈革命有何价值。即我前数年辛苦，竟成画饼，何面目对武汉同志乎！树帜云：既然如是，决不失此宝贵时机。我虽与杜君有约，亦何可遇事固执，岂肯为迟延，以贻后悔。阎君令树帜至五台县会馆见王栋材、杨沛霖、高冠南、谢维梓、李成林、杨彭龄、董化时、张绍丰、王嗣昌、史宗法、李润发、崔正春、胡亮天、南桂馨、赵萃瑛、陈锦文、霍全德、张培梅、王缵绪、金殿元、刘文英、张子奇、李嵩山、宁子青、乔贻斋、张树楠、仇亮、杜上化、张煌、赵戴文、张秉等，询其鼓吹数日，究竟筹划如何。奈树帜至馆后，祇得数人晤谈，均具有热心，尚难确指方针。是日晚间，树帜又返商于阎君寓所。阎君云：兹事体大，非赖军队不为功。现有时机可乘，抚台陆锺琦令驻城外八十五标统带黄君国梁带全标往韩信岭南驻扎，以御陕省民军。从此要求储蓄金及水壶、水碗、毛毯等件。按征兵规则，每兵月有储金 2 两，统计约有兵饷 7 万余两。现时库款支绌，断难如数发给。即开差军用要品，亦难一时备购，以此藉口为罢兵不动计，陆抚必以违抗命令论。我等先发制人，乘此即杀八十五标三营恶劣之管带熊国斌，纵陆抚派我全标军队出为攻打，我以同室不相操戈为辞，陆抚亦必以违抗命令论。我等乘此复杀本标三营管带满虏瑞荣，令三营兵士勿离原驻地点，各安秩序，一面令谘议局议长梁君善济向陆抚呈明兵变情形，逼令陆抚出城派人护送，或城南小店镇，或城北阳曲湾，令其暂住，以避危险。俟大局甫定，即护送归籍。一面到谘议局大开会议，大举都督，意在不伤一人，不毁一物，以收文明改革之效果。树帜云：如此办法甚善。阎君又云：君明日邀我同志等即向八十五标官长兵士宣布此意，我与该标统带黄君相契，亦暗相结合。

初六日早

树帜与李成林、谢维梓、王栋材等晤面，将阎君锡山罢兵不动之手续，逐条宣布，众然其言。树帜即出城晤八十五标二营右队三棚正目杨彭龄、一营见习员高冠南及一营前队三棚正目王泽山等，欲将罢兵不动情形，报告各该营兵士，令其要求储蓄金并军用品。倘要求不遂，即行罢兵，以图举义。奈各该营官长士兵同志者，筹划尚未一致。树帜以此时难于骤举，扫兴而归。

初七日上午

树帜复纠集五台会馆所会之王栋材等，仍欲以罢兵之策激变军心，乃筹划至下午，尚未议定一致办法。八十五标统带黄国梁因与岭南出发命令甚为吃紧，不敢违抗，是日午后 2 钟先行南下。树帜睹此情事，几成画饼，败兴回城。然心犹未死，又觅李成林、刘文英偕至阎君锡山寓所，劝其赶速举事。并云：抚宪陆锺琦、警道连印防查极严，起事固为不易，然失此不图，窃恐我同志等偶为破获，终无起事之日。阎君默然良久云：我为倡首，决非有所顾虑，故意迟延，特恐举事无成，伤害人民，损失财产，何以对我三晋诸同胞，不若从容计划，庶能有济。如君等言，既危在眉睫，刻不容缓，何暇他顾，未知八十五标官长兵士能否响应？树帜云：该标官长兵士能否响应，未敢断定，如君决定或今晚或明晨一同举义，树帜虽无能，愿竭力担任，速至该标联络鼓吹，必达响应之目的而后止。且警界缉探队队官李成林亦允内应事，刘文英复应允宣告各机关诸同志，赶紧准备。

于是阎君即以举事手续，布置方法，一一告于树帜并李、刘二君。谓：八十五标官长兵士如能响应，即以该标二营攻抚署，本标二营接济；其后该标一营两队攻警署，两队攻满营，本标一营两队守军装库，两队接济攻满营。但该标驻城外，今夜入城，诸多不便，必得翌晨进城，出其不意，攻其无备。事成我诸同志即到谘议局开全体大会，公举都督。事不成，由东门退出，无甚阻碍，以便举兵南下，与陕省民军结合，势力膨胀，好图再举。言毕，阎君即令树帜出城与八十五标联合，响应起义。约成，由电话以要了钱为暗口号，否则以没要了钱为暗口号。又令李成林通知杨沛霖、贾英联络警界。

复令刘文英通知张培梅、王缵绪、王栋材、张子奇等联络军界。阎君亦着护兵邀参谋处帮办温寿泉及本标一营管带乔煦、二营管带张瑜约会举事。树帜当即出城拟与八十五标一营见习员高冠南及该营前队三棚正目王泽山，该标二营前队队官王嗣昌，该营右队三棚正兵杨彭龄晤面。不料是日适值星期，俱已外出，往返数次，未得一晤。树帜焦灼万分，拟归城再另筹办法。归至半途时已日晚，突与王君嗣昌途遇。王君一见甚骇，即云：君远游各省，因何速旋，此时出城，必有要事。树帜以无事浑之。王君下车，再三质问，谓我等知己，有何回护。树帜据以阎君锡山一切筹划实告。王君以军队清晨入城最为上策。因与王君同载归该营秘密筹划，时杨君彭龄适至，甫谈数语，该营管带姚君以价遣人邀王君讲说本营队伍南下，防备陕省民军一切事宜至两小时之久。

时树帜将阎君锡山与应约会举事手续详告，杨君彭龄不以为然。谓我辈亦与黄君国梁、景君定成、李君嵩山、李君汝麟等并各营队官长兵士筹划再三，业经拟定办法，俟南下军队与岭南一带哥老会结合，假此群力，反攻太原，最易成功，我素与哥老会密有结纳。树帜与之辩，谓：哥老会能否结合，未敢预定，纵能结合，难免旷日持久，蹂躏乡民，曷若省垣人力枪械，俱臻至完备，成功较易。况抚宪警道搜捕益严，坐失时机，卒至贻误大局。彭龄因意旨不合，勃然而去。树帜挽之，欲与从容研究以图举事。适有一营张占元、梁俊玉、柳殿魁、白路喜、李开成、张得魁、刘思、杨大胜、赵有福、霍玉清、刘殿英、郑文龙、赵福堂、李玉炳、申魁文、黄兴武、马学曾、李玉魁、田墨林，本营监学高冠南亦相继至，力主必办，无少疑虑。树帜喜甚，将阎统带决定一切办法，向大众宣告，众拍手叫绝。树帜即以要了钱的暗口号，达锡山知之。复与众云：事关重大，推司令官为第一要事，谁能担此重任？君等阅历已久，必有素所钦佩。众云：司令重任，非君莫属。举事手续，任君指挥。时已夜半，树帜又令各邀同志，一时兵士齐集者30人之谱。树帜云：营中官长俱已就寝，将各该官长门户分派把守，随带马刀，倘有阻挠，登时杀坏。树帜复令邀同志官长数人，右队司务长王致嘉至。树帜着王致嘉、曹永升并数正兵至各官长处，以推倒满虏大义相劝，有反对者杀之。各官长莫不从命。

复至营本部，适营管带白文会归宿寓所，旋到督队官苗文华处。文华云：余蓄谋已久，特未预先联络，今日此举，甚合吾意。有正兵复向树帜请问办法。树帜云：官长虽勉强用命，是否心服，尚未敢必，一面把持电匣以防事泄，一面看守官长以防中变。又会本营兵士，持枪站队领取子弹，一呼百应，蜂拥齐集。兵士要求速发子弹，官长言子弹库汝等所知，可自行去取，遂一拥入库，任意携带。树帜令各归各棚，勿乱秩序。至是，树帜始得与众官长晤面。谓，今日乘机举事，真是天助成功。磕头订盟，复为演说，翌晨进城，严守军纪，勿得抢掠焚毁，致失革命宗旨。遂遣曹永升至二营杨彭龄、王嗣昌处言：一营准备已好，二营举动与否？我辈决意举动。嗣昌以此告各队官。咸谓吾辈素有此意，岂肯让人先我着鞭，卒至自失价值。遂报告本营管带姚以价，以价立表同情，将同志杨彭龄等一齐会议办法，复愿自任司令事。树帜闻知，因与督队官苗文华，右队队官应芝，左队司务长王致嘉私相计议，谓以价兵权在握，有不得不让之势。当即推司令官以价下令该营：前左二队攻抚署，右后二队守军装库，一营右后二队派苗文华率领攻满营。

初八日上午 4 钟

树帜以事无变更，告别欲归，向王泽山处取铡草刀，将通京电机砍断。至城下，门犹未开，遂由城隅扒墙而上，至阎锡山寓所未遇，其妻惊问：今夜有何要事？前半钟时，已骑马外出。树帜慰以无事，不过操演耳。速至阎锡山标本部，适值发令指挥，队伍齐备。树帜因内外响应，不禁狂喜。转到谘议局见杜上化，告之兵变，唤其速起。上化因举事仓卒，不觉怒骂。树帜欲邀上化至其家，因恐他人受累，致贻殃及之悔。不料甫出谘议局，枪弹乱飞，道路梗阻，暂送入洪洞会馆，以免受累。树帜速往抚署，以观成败。时则司令官姚以价、八十五标一营管带杨彭龄率师已由抚署前门攻入，有陆军四十三协统领谭振德闻兵变事，仓皇仗剑趋抚署弹压，厉声恐吓，即被枪毙。阎锡山由抚署后指挥布置，派本标二营前队三排长张培梅，右队三排长金殿元，带队从抚署西围攻，右队队官王缵绪，后队队官吴信芳带队从署东围攻。内有巡防马队一营管带谭金标带队由抚署后抗拒，被锡山击散。陆抚见军队拥入署内，勃然怒曰：我来未匝月，有何坏处，竟有此举。其子光熙右手持手枪击民军，左手扶父欲脱难，家丁某亦劝陆抚速逃，不听，卒中二弹殒命。光熙与其母唐氏并家丁某亦被枪毙。幕宾某以被蒙头欲逃之，亦遇弹毙。其余眷属均未遇害。树帜以抚署既陷，急去满营，时督队官苗文华、统带阎锡山率军登城并攻满营，复调炮队兵士于凤山、高永胜、刘德魁等，向满营南门轰击，满兵初犹抗拒，继则溃散。树帜见事已奏效，即召集阎锡山、温寿泉、乔煦、李成林、杨沛霖、姚以价、张瑜等齐集谘议局开全体大会，公举都督，又遣人邀学界赵戴文、徐一清，警界贾英，督练公所常裕亦俱莅会。姚以价首先演说，我素非革命，因专制已久，不得不改革弊政，“光复”祖国，时令可乘，故有此举。统带阎锡山演说，余有革命思想，已非朝夕，特无机可乘，不敢大举。温寿泉演说，大旨与阎锡山略同。大众研究推都督办法，议长梁善济竭力反抗，言官厅不可推倒。众言陆抚已死，不推倒官厅，所干何事。树帜欲夺李成林手枪狙击善济，善济退避副议长杜上化背后，阎锡山止之，未击。有少数梁党主张投票公举都督者，所有多数人皆愿公推军队中有能力担任此重任者，大众声言拥戴阎锡山为都督，温寿泉为副都督，杜上化为总参议，姚以价为总司令官，皆拍手称赞。少数梁党，亦俱默然敛迹。别有劣员藩司王庆平、参议官姚鸿法、炮队一营管带张治尧反对革命，均被看管在谘议局西偏院。遂组织机关，布置一切，设司令部、参谋部、警务部、民政部及军务科、庶务科、财政科、文牍科、粮饷科、报销科、军械科分任其事，各有专责。时已下午1时，树帜外出，刻就都督关防。一切办事人员移居抚署。嗣副都督温寿泉率张树帜、马子乔看守藩库，并未携带枪械兵士。不料甫至藩署，巡防队勾串陆军巡警数百人，已入库抢掠，寿泉等止之不得，因下令有看守银库者，每兵赏银100，不听；复下令每兵赏银200，仍不听；再下令有能将抢掠者击退，将库银全行赏给。兵士不服其令，举枪即击。寿泉等由间道回都督府，随即到谘议局商办善后事宜。午后8时都督旋八十六标二营，即前标本部原寓所。奈八十五标三营管带熊国斌，未奉军令，私带该营军队排立二营西墙下，假月影以掩其迹，意在暗刺都督，恢复清政府。伺都督旋营，该管带以要事谒见，甫晤面即出手枪。都督窥其诡谋，猝然伏地，幸未中弹。都督护兵立即枪毙该管带。国斌死，另委管带统其兵。时有土匪多人勾串巡防队并客籍恶徒，沿街抢掠放火。都督云：此等乱兵，声势汹涌，出为弹压，必敢抗拒，须以重兵攻击，庶不难于扑灭。时至12钟，火焰愈炽。

初九日上午1钟

都督一面派重兵弹压街面，一面与张树帜亲往外国医院，恐外人遇害，欲邀至谘议局妥为保护。行至半途，二营管带张瑜、二营右队司务长周尧宽率两棚兵士，尾随都督护卫之。先是都督令在省外人苏牧师、海大夫等聚集医院，派兵严护。及至医院与该牧师等晤面，询其惧否？如惧则请到谘议局暂寓。牧师言：民军不与我辈为难，若土匪则易于抵制，以不去为辞。都督出医院后，沿街巡查，见抢掠者即杀之。有正兵以军装库已被抢掠焚烧，及至军装库检阅，已失十之八九，无可补救。仍到街面逡巡，直至天曙，共计杀伤200余人。嗣又齐到谘议局，欲与杜上化商拟维持街面办法，适上化外出，树帜与陈子达、常裕至各学堂，请学生站岗弹压，时已上午9时，市面抢者敛迹。下午9钟，有巡城兵报告都督，城外有土匪爬墙入城，都督与树帜率兵八九人，登城猛击，鼠窜而逃，犹巡防数时。

初十日

阎都督命总司令官姚以价率师4000余人，往娘子关防堵，张树帜偕往办理全军军需事。越三日，阎都督亦至，欲与初简第六镇统制改命山西抚巡吴禄贞结合，统筹北六省战策。与禄贞晤时，禄贞告以所筹三策。谓：现时清军力攻武汉，六镇兵与山西兵南下合击清军，为武汉民军后援是为上策；六镇兵与山西兵北伐，直捣燕京，夺满廷巢穴，是为中策；六镇兵与山西兵连营占领石庄，守山西要隘，断满虏粮道，是为下策。上中二策，恐不能霎时办到，暂可缓图，先以下策着手。都督善其策，遂返省，树帜亦与俱归，即同胡礼智倡办敢死队，共招集千余人，编制未定。旋闻朔方告警，预备北上事宜。时大同镇王得胜奴性不化，欲扼雁门之要，派王国士带马队有一旗，聚集代州城内，耿应周带马队一旗并由京派来米镇标步队二营，据守雁门。又派马队一哨守阳方口，一哨守胡峪口。由大同发枪械子弹两车，将往雁门经山阴县之岱岳镇。革党李嵩山率同志七八十人，伺车入店旅寓，将枪械子弹一下抢去。嵩山既得枪械，拟攻大同，道经应州布置一切，被王得胜派耿应周率兵捕逮大同，寸磔其尸，并截戮同党 50 余人。

十一日

阎都督令一等副官张培梅、四标统带张瑜、标副官江廷栋与本标第一营管带章成格，率步兵 500 人，又随炮队 100 余人，到代州属阳明堡驻扎。四标第二营管带王缵绪率兵 500 人，又随炮队 100 余人到龙泉关驻扎。

二十五日

省城委员北上安民。委员李苑林、胡行至雁门关沟，被清兵枪毙。张瑜拟先取代州，次攻雁门。代绅刘雨田，恐蹂躏地方，出为讲和，在州城该商号内设备筵席，邀张瑜至州城与王国士同席宴会，向张瑜、王国士面讲招降理由，许以官爵兵权。国士以奉王得胜命令为辞，决不承认。言次甚至决裂，张瑜知事不成，必受危险，遂易服潜归阳明堡，幸未遇害。

二十八日

阎都督又令参谋王家驹、参谋李鼌、四标第三营管带吴信芳、副官李香元带兵 500 人，敢死队魏德新与队官杨沛霖、贾英带兵 160 人，联师北上。张树帜筹办朔方兵站事宜。

十月初一日

北伐民军抵崞县属之原平镇与续桐溪、弓富魁之义勇会合，议定分三路进兵，为直捣大同转取归化之方针。中路宜出代州攻雁门，东路宜出繁峙县攻胡峪口，西路宜出宁武县攻阳方口。

初四日

民军由原平镇出发，李鼌、李香元带兵 250 人北往阳明堡驻扎，与张瑜军队会合，预备攻雁门。王家驹、吴信芳带兵 250 人，杨沛霖、贾英带百数十人，魏德新带义勇队 200 余人，西往宁武驻扎，预备攻阳方口。续桐溪、弓富魁、续培模带义勇千余人，东往繁峙驻扎，预备攻胡峪口。

初七日

张瑜等率民军200余人，攻代州城，用大炮轰击数次，城坚未破，兵士扒城而上，有在城上发枪者，有下城内开门者，民军一拥入城，击毙清军数人，王国士遁走，并获其马30余匹，枪械多件。

初八日

王家驹、杨沛霖、贾英，率民军400余人，攻阳方口。清军马队溃逃，民军次河会村，获马二匹、枪二支。

初十日上午11钟出发往东门外，晚12钟，张瑜等率兵100余人，乘夜暗袭雁门关。兵士踊跃争先，由两旁跋山而上，奋不顾身，击毙清军数人，奈关上伏炮已久，民军蹈险，竟被轰伤10余人，死者7人，仍退守代州。排长孙凤诏等4人寒不能堪，煨柴烤火，被清军围之，欲降服，民军不从，竟被枪毙。翌日寻尸，或肢解其体，或断其头。是役兵甚激烈，为北伐最危险之战也。

初十日

续桐溪、弓富魁等率义勇千余人攻胡峪口，仅放数枪。守口清兵闻风溃散。

十一日

王家驹等在河会，佥谓：清兵驻守雁门，雄关难破，宜绕广武攻其后。张树帜以兵力单弱，恐难奏效，单骑由宁武返代州，约与驻代之民军，彼此相应，合击雁门。清军探知，恐首尾受敌，乘夜遁至广武，又退守岱岳镇。是日下午 8 钟，大同镇王得胜兵变，王得胜被逼出逃。变兵扬言：出迎北来之毅军。变兵返城后，闭门抢掠商号数十家，次日抢掠僻巷富户。

十二日

总司令官孔庚奉都督命令，带关防、文牍等件，为朔方兴讨使，到代郡属阳明堡镇。凡北伐军队，统归其节制。

十四日

续桐溪、弓富魁率兵驻怀仁县，侦知岱岳之清军米镇标、耿应周、王国士、甄占标等率兵 10 余人，随后急追。续桐溪、弓富魁等毫不畏避，拟定翌日直入大同。

十五日

续桐溪等率义勇入大同。驻岱岳镇之清军尾追，仅相距 10 余里。大同知府李得炳并绅士等出迎北来之毅军。时毅军 2000 余人为陈希义所领，逃员王得胜遇之，欲借毅军以图功，亦返与偕来。未及入城，续桐溪等已占据城内。所有毅军、知府、绅士及米镇标等所带清兵，俱畏缩退避城外。

十六日

张瑜、章成格等率师两营，出雁门驻广武。王家驹、吴信芳等亦率师由河会村来会。众议：以军队半数留守雁门，半数直取大同。时王建基奉都督命令，将续桐溪军队编制成标，至广武与民军遇，因有清军阻路，未宜前往。遂与杨沛霖、贾英等同带敢死队行怀仁，侦知清军驻怀仁北 40 里之新庄村，续桐溪所带义军入大同。

二十一日上午 1 钟

民军由怀仁出发，只 300 余人，余皆留为后盾。杨沛霖、贾英、王建基带敢死队一队，于凤山、高书亭带炮队一队，王家驹带四标第三营兵两队，4 钟抵新庄，已入清军之战线内。待天曙，两军枪战三小时，清军 2000 余人，民军本寡不敌众。贾英、王建基身先士卒，向前猛攻，遂以力竭被害。收兵退 10 余里，休息两小时，怀仁援兵侦知敌兵甚众，贾、王二勇士已死，遂接济后援。张树帜带义勇队一队，击清军之两翼，吴信芳带陆军一队，击清军之前面，激战四小时。民军力不能支欲退走，清军追之。民军以大炮轰击 7 次，伤毙清军 170 余人，追者乃止。民军被枪毙者 8 人，仍退守怀仁。是日清统领周维藩随从数人到怀仁投降民军，协助办事。府谷县有兵 30 余人充陕西革命，系榆林府所派来，以御我民军。都督率百余人击之，陕兵溃散。死者五六人，获其兵 10 余人，进占府谷县。乘船而渡。

二十三日

怀仁民军接得娘子关失利一电，半皆溃散，其未散兵士至岱岳镇。又探知守雁门民军，开往保德，亦率军西向。

二十九日

沙泉距保德 80 里，山路崎岖，又雪积尺余，兵士难上。民军驻保德与阎都督相会，收拾余烬，预备北伐事宜。

十一月初四日

阎都督与北伐全军，在黄河滩一盟，大开演说，激发军心。都督首先演说云：凡我北伐诸同胞，同为汉族，同是军人，自当克尽天职，捐躯效命。同胞之俯首戢身伏处于异族专制之下以听鞭策者，亦既 260 有余年。今禹三分，“光复”逾二，脱离清廷，功亏一篑，建功树业，时不再来。即使冲枪林，冒弹雨，疆场致命，千秋万载后俎豆馨香，亦凛凛有生气。此时战事，迁延数月，于兹亦骑虎之势，得下为难。勿因败以生畏葸，勿坐观以误事机。再抖精神，重振志气，扫伪朝之余毒，复祖国之光旗。此功此责，乃山与诸同胞共之者也。军士闻之，咸有敌忾敢死之志。时军心虽一致进行，知死不避。奈边徼瘠苦，饷糈告乏，兼之天气严寒，衣未挟纩，食仅糜粥，冻馁难堪，几有不解自散之势。众议筹款，拊髀徒叹！树帜进言，愿力担任，径往河曲县筹款，众属之云：事之成败，在此一举。

初九日

张树帜为全军筹饷事，赴河曲县，向该县祝令捐银2万两，限定十二日上午10钟缴款，以便购置一切。先至陕边古城，俟军队经古城时就地发给。奈有去大同送信人续得胜被偏关县令全尚忠捕获。

十一日

张树帜往偏关县救德胜。该县全令闭城固拒，经绅士调停，将德胜释放。晚7钟，树帜返河曲。祝令捐款不缴，又令商人罢市。树帜愤甚，即将祝令鞭挞数次，严加看管，令其一面缴银，一面开市。祝令立将捐款如数缴出。树帜遂购布靴1500双，布袄1200件，棉衣千余套，白面2万斤，白米40石，干糇3000斤，衣食充足，北上无虞。又闻该县有大炮四尊，上刻神功大将军等字，能容火药7斤半，容子弹3觔半，远击15里，声闻60里，即同治七年张曜攻金积堡之所遗者。树帜一见此炮，真是喜出望外，叹为天助民军，以灭仇虏。山西民军之复振，在黄河滩一盟及赴河曲捐款一举，足见人心归，天意顺，而民国得以早立矣。

十五日

阎都督率师至古城，一见神功大炮，大悦。众拍手称贺，声震天地。遂将此炮编为重炮队一队。是日杨瑞鹏、王肯堂由包头镇来归。民党李德懋因丰镇厅失利，率游击马队数十人亦来会。

十六日

由古城镇出发，军容为之一振。然天气严寒，雪积尺余，又兼沿途旅寓村庄狭小，军士多宿荒野，亦云苦矣。犹复枕戈待旦，轮流巡夜，树帜与兵士共苦。

二十二日

师次距包头 15 里之大茅庵村，与驻扎包头镇之清军谢有梓、王芝寿并该镇同知樊恩庆议开谈判会，研究民军进包头理由，以南海为开会地。

二十三日

阎都督派孔庚、李甩、吴信芳莅会，甫至南海，清军四面密围，欲遂诱杀之计。赖吴信芳与谢有梓有旧交，乃免于难。谈判遂决裂。是日都督集众开议，进攻包头。

二十四日上午2钟

侍从武官6人，卫保都督由茅庵村出发，都督与孔庚由正面南海村进攻，派李德懋率游击马队一队并张树帜征发马队一队相合，由东路磴口村进攻。清军1500余人望风而走，欲东走归化。李德懋、张树帜自东迎击之。接战数时，清军溃散，枪械马匹被获甚多。是日即占领包头。入城时，各界欢迎都督。时参谋赵戴文在队前，伪充都督，冀以保都督之危险。故有人潜伏于大街房脊后下击戴文一枪，幸未中弹。阎都督在队后，局外人无由知之者。占领后，树帜与李德懋、杨沛霖、倪德薰、丁致中、魏德新、赵三成、李成林、李士元、于凤山、张培梅、田芝、刘殿魁诸将士订兰谱，深相结纳，军心益坚。都督三令五申，维持地方，各界称颂。命李德懋添招游击马队成二营。李栋臣招义勇队成一营。复改编队伍，成立步兵队三营，马队一营，炮队一营，重炮队一队，陆军警察队一队，探访队一队，征发马队一队，工程队一队。队伍整齐，军士踊跃，有一往莫遏之概。

二十七日

清巡抚张锡銮、谘议局副议长杜上化派孔繁霨、马瑞图到包头欢迎阎都督旋省。谓：自都督北上，地面不时告警，维持秩序，非都督旋省不可。民亦思甚，当俯顺舆情，克日返旆。都督拟即应允，忽闻归化清将军孔岫派统领谭永福率蒙古队及旗兵并外八旗巡防马步队约计2000人之谱，已屯至萨拉齐厅。萨距包90里，是日都督即令统带王家驹率步队两营、马队一营、重炮队一队、游击队一队，开往距萨拉齐 30 里之鄂尔格逊。

二十八日

由鄂尔格逊出发，本拟当日进展萨厅，行数里与清军遇。上午 4 钟开战，下午 6 钟停战，清军馁甚，复退驻萨城，闭门固拒。王家驹、张培梅追至城下，谩骂数语，欲激其怒出战，终未敢战。民军退驻吴坝，仅距萨城一里，粮饷告乏。晚间张树帜由包头运来大米 30 石，白面 5000 斤，猪羊肉 500 斤。当督率炮队轰击萨城西门，城虽未破，清军已逃过半。

二十九日

谭永福退逃托斯和村，遗弃在萨城有陆辂炮两尊，枪械子弹并行李无算。上午 10 钟民军王家驹、张树帜等占据萨城时，阎都督驻包头镇有旋省意。萨城诸将士欲进占归化，各自会议，蹉跎数日。

初八日上午 4 钟

阎都督决定进占归化，率军俱到萨城与前锋军队会集。

初七日

阎都督令全军开往托斯和村，力击满虏。谭永福等退走刀石村。

初八日早

民军与谭永福力战，谭见势不利，退守刀石村。该村前有关坝环绕，后有大青山掩护，时战场积雪尺许，谭军在坝后干草铺地，民军在平地以身卧雪中，地利悬殊，胜负未决。统带王家驹仅离敌30步许，指挥战法，下午3时中弹毙命。一时士兵痛哭流涕，毫无斗志，都督亦无可如何，遂有全军退驻托斯和之令。都督先退至刀石村南5里之寿阳营村，拟稍休息。军队尾随其后，亦俱会集。李德懋率所部游击马队在刀石村东南八里之下达赖村，周维藩率所部独立马队在刀石村正东五里之某村，各当一面。嗣探知大队退至寿阳营村，亦收师往会。清军乘民军退时，欲以追击获胜，被民军大炮轰击7次，士兵死伤数人，官长亦被击断一臂，遂逃走。

初九日

民军探知王芝寿退驻托克托城，谭永福东走五六十里之察素齐，一面待归化发兵来援，一面欲为王芝寿接济。阎都督与司令官孔庚及众将士会议，谓托城为归化屏障，取归化必先占领托城，务将托城左近伏兵驱除后，始可长驱直入归化城。

十一日

民军由托斯和出发，驻祝拉沁村。是日，托城绅士会议出迎都督，商及清军王芝寿等，芝寿云："我身受皇恩，义当捐躯报国，此次战事我已熟筹：明日两军对垒，势必竭力死战，战胜应当出迎我辈，如战败则任尔等所为。"

十二日

王芝寿自揣必败，不敢与民军对垒，未及天曙，弃城潜外。其部下兵士有数十人，事先未知王芝寿潜逃，后亦欲逃，再出城，猝与民军游击队相遇，两军接战，民军击毙清军3人，并获马数匹，枪数支，清军遁走，民军亦被击毙一人。是日即占领托克托城。

十三日

阎都督以托城既得，筹划进攻归化之策。适有赵熙成奉清抚李盛铎及谘议局公信，仍请都督停战，克日旋省。是时都督与赵戴文、杨沛霖等俱持南旋主意，唯总司令官孔庚、参谋李黾，以王家驹阵亡，若不歼灭归化满虏，无以对死者。兵站司令官张树帜亦主进攻归化，组织军政府，为民军根据地。数日间，意见纷歧，南旋与否，未能解决。嗣后张树帜以军士皆动归思，无有斗志，亦劝孔庚改北伐而南旋。孔庚勉于众意，然为王家驹复仇之心，终不能忘。

二十日上午 10 时

阎都督下旋省令。午后 2 时即由托城返旆南行。沿途所经，村庄稀少，晚则雪地睡卧，手足冻裂；昼则风雪扑面，须眉皆冰。军士苦不堪言，皆欲兼程前行。

二十三日

阎都督至河曲县，大军驻二日，发给十二月份饷银。张树帜因兵站给饷事，驻三日始行。

二十五日

阎都督由河曲南旋。时有宣布共和消息，沿途市镇村庄极表欢迎。

壬子正月一日

阎都督抵忻郡。居民仰望，如大旱得雨，极渴得泉，欣忭莫禁。五色大旗遍插街衢；军民市易，秋毫无犯。所需军饷为数虽夥。然缙绅并无难色，商民莫不乐输。附近五台县、崞县、定襄县亦均助有巨款。军政府临时各机关相继组织，愈臻完备。兹略举其概如下：

都督府设顾问、司令、秘书 3 部；又有：

参谋司内分调查科、测地科、交通科、运输科；

军务司内分总务科、军事科、人事科、军需科、经理科、执法科、医务科、马政科；

财政司内分筹饷科、收入科、支出科、统计科；

又设庶务处，以总理庶务；设储材馆，以招待投效人员。

（选自山西省政协文史资料研究委员会编《山西文史资料》第19辑，1981年8月）

辛亥年山西革命见闻记

冯锐存 *

一　武昌起义后山西军队之情形

辛亥年，山西只练成新军一混成协，另有巡防队 20 余营，分驻南北两路，皆旧式军队，时与新军发生冲突。武昌起义消息传到太原，晋抚陆锺琦恐新军响应，即调巡防队两营到太原，守抚署及军装局。且每日与参议姚鸿法、协统谭振德、标统阎锡山等密议消灭革命方法。阎本留日士官六期生，熟悉革命党人情况，晋当局深倚重之。风声日紧，阎锡山遂献计晋抚曰："革命党中，只姚以价一人是积极的，如能杀，则杀之，否则，可调姚于远方，就不要紧了。"时

* 冯锐存：时在山西太原巡警道任职。

姚任管带官已3年矣。新军6营，而姚即带过4个营，且有练兵能名，各营皆有姚之党羽，当局甚畏之。姚鸿法答曰："杀之，恐激成变，不如调之远方为妥。"于是，即拟调姚以价于晋南蒲州府，名之曰：防河。实调虎离山之计也。

二　西安起义后山西当局之措置

未几，西安起义，晋当局更焦灼，促姚以价速赴防次，请姚到督练公所商议。姚声言子弹不发，棉衣未领，何能出发？当局咸允为从速预备。商议结果，限姚三日内率部南下。姚回营未两小时，接协统谭振德电话云：抚台以出发日期太远，请再提前可也。姚答以无论如何亦非两日不可。少顷，又来电话云：抚台请你明日起程，今晚可送你子弹5000粒，其余随后源源接济。姚知事紧，佯答曰："好，请将子弹速送来，明日就出发是了。"时九月初七日。

三　阎锡山阻发子弹

阎听说给姚以价发子弹，大惊，立即到协部向协统说："不妥，不妥，子弹若发，恐不可制了。"协统谭振德难之，参议姚鸿法说："区区5000子弹，何能成事？况不给一点子弹，恐他借口不走，不妨与之。"回顾阎锡山曰："给你2万发子弹，负防城责。"时姚部驻城外十里铺。阎部驻城内，但阎部内姚的同志甚多。阎答曰："我的部下，亦不敢全靠，我不领子弹。"议至天晚，尚不决。忽报曰：子弹已送去矣。阎惊惶曰："如此，速给岗上熊营长（熊名国斌，系老营伍，湖南人），再送一万子弹以备万一。”姚、谭皆赞成。时天已晚，子弹送出，即紧闭城门。

四　熊营排长王建安、赵凤桐之警报

晚 10 时，熊营王、赵两排长潜来姚营密报曰：“大事不好了，我们领到许多子弹，听说是姚大人要造反，教我们攻打。我两人所以急来报告。”姚从容说：“我亦听说了，但是你们来时，咱们的同人是何态度？”王、赵齐声答道：“我们尚未见过他们的面，但是我们敢保：有许多人决不愿与大人打仗。如大人有命令，他们一定是服从的。”姚令二人急速回去准备，说今晚我自有办法。于是姚以价即集合所部官长及附近白营内督队以下官长来营讲话（白文惠闻风而逃），同时将营部电话线割断。至半夜 1 时，议决，以即刻发难为上策，各官长速回队预备一切。

五　姚以价起义时的讲话及命令

九月初八日早 3 时，两营官兵皆集合于太原城外十里铺狄村（即狄梁公故里）姚营门外大操场。姚大声说：“大家请听，清廷入关，虐我汉人 200 余年，可算是穷凶极恶。现在外患日亟，而满贼仍用盗憎主人的伎俩，专以压制汉人，谄媚外人为宗旨。满贼尝说‘宁送于外人，勿失于家奴’的话。诸位知道，家奴是谁呢？就是我们汉族，就是你我大家，就是你我大家的父母兄弟亲戚朋友。今天，我们要不当这家奴，要救我们的中国，非先推倒清廷不可。我宁愿拚个死活，我不愿意当这亡国奴。”语至此声泪俱下。各官兵齐声曰：“愿拚死，愿服从大人的命令。”于是公推姚以价为山西起义军总司令。姚遂下令如下：

（一）本军起义以推倒清廷为宗旨；

（二）令苗文华带第一营前、左两队直扑满洲城；

（三）令崔正春带第一营右、后队，夺取军装局；

（四）派杨䥶甫为冲锋队队长，派张煌为奋勇队队长，随本司令直捣清抚衙门。

军法：

（一）不服从命令者斩首；

（二）不直前力战者斩首；

（三）扰害百姓者斩首；

（四）伤害外人者斩首。

命令下后，军队向城内前进，路经岗上，距城一里，派二健卒到熊营门首，大声呼喊：“王建安、赵凤桐听着：姚大人有命令，教你二人与诸位同志，快出来集合。”王、赵二人昨晚回营，就纠合诸同人准备好了。闻令之下，蜂拥出营。熊国斌在门口，再三劝阻，不能阻止，结果全到姚司令前听候指挥。时天尚未明，城门紧关。姚令各队伏于护城河内静候。不一时城门开，暗号一响，一哄而入，姚下令：跑步，直前！顷刻之间，枪声大作，姚率队进攻抚署。晋抚陆锺琦亲出镇压被击死。协统谭振德欲从后门逃逸，亦被杀。同时死者，尚有陆锺琦之子光熙及随员卫兵共 40 余人。起义军亦死 10 余人，伤 20 余人。不久，满城及军装局皆被起义军占领。早 8 时太原完全“光复”。

六　阎锡山下令保护抚台衙门

当枪声作时，阎知起义，遂集合队伍说："我们不可做灭族的事，我们大家还是保护抚台衙门才好。"其部下第三营为姚以价部最久，闻之大哗，遂对阎说："听说姚大人带人打抚台衙门，我们若保护抚台衙门，莫非与姚大人对仗么？"言下，声势汹汹。阎知事不妙，遂婉言说："决不能，且听听消息如何。"须臾，阎听到抚台、协统以及许多官员皆被打死，向其官兵说："我与姚大人本是同学同事，我们当然一致行动。"于是，亦改称所部为首义军。阎之首鼠两端，不自今日始矣。

七　姚以价率部急赴娘子关

清末，保定、正定皆驻有重兵。当日早8时太原"光复"，正吃早饭时，即由正太路线传来消息说，石家庄有正定练军马队十营到站，似有进入山西情势。一时太原人人大惊，姚以价当众曰："不要紧，（有）娘子关天险，我可当之。"于是遂率所部赴关，官兵尚有未餐者。至关，布防毕，探听前方消息，始悉正定练军，亦系防守性质，等候保定大队到了，再定方略。当时姚仅有步队两营，亦未动。次日，从太原调步队两营，炮队一营，带小钢炮，最不适用。援军到关后，听说清军到石家庄的是第六镇，统制是吴禄贞。吴本革命老前辈，与姚最相得。姚闻之喜曰："我们大功告成矣。"

八　吴姚会面及吴禄贞被刺

姚以价知吴禄贞到石家庄，即利用正太线电话请吴统制讲话。吴电话云："老弟，咱们还打仗么？"姚答云："不知是老前辈到，未曾远迎，得罪！得罪！我们可以见面才好。"于是姚吴会面于娘子关前井陉县。商议结果，姚以价愿听吴禄贞指挥合攻北京，并约有张绍曾统制二十镇，自滦州拊北京之背，以夹击之。大家欢喜而别。吴统制令姚将所部开到石家庄听候调遣。起义军开到石家庄两营尚未下车，忽闻枪声大作，官兵皆大惊，疑以为受骗。时正半夜，情况不明，惶惶不知所措。统带官乔煦，急令所部就地布防，不许乱动。许久，亦未见有敌来击，甚为奇怪。天明，始知吴统制被人刺杀。姚急令所部仍乘原车回关。后听说张绍曾免职入医院。原本吴、姚、张三人约攻北京，吴、张皆失败，革命军大受打击。

九　与曹锟激战于娘子关

吴禄贞被刺，张绍曾免职，袁世凯入北京，派曹锟到石家庄，图攻山西，然亦不敢深入。相持两月余，其间施用离间政策。时阎锡山在太原对前线接济不力。姚以价对阎屡次申斥，清廷利用机会以危词动阎。阎遂将我军内情实告清使。于是曹锟率第三镇、第六镇（吴禄贞被刺后，六镇归李纯统制）及正定练军，共 3 万之众，猛攻娘子关、固关。我军利用天险，以 2000 余步兵屡挫清军，大战七昼夜，卒以寡不敌众，直至枪不能开机，炮不能开闩，炮弹告罄，始退太原，拟作第二步抵御。不料阎锡山早已将太原城内军实及队伍移至城外。姚以价不得已间道亡命武汉。阎锡山则逃往归绥一带。

十　阎锡山派赵戴文到北京投降袁世凯

阎到口外，派赵戴文绕至北京，见袁世凯，诉说山西之乱皆姚以价一人造成，其余皆系胁迫。并云："宫保既出山，国家大事，一切由宫保主持就好了。而姚以价仗着有兵权，孤意妄行，所以阎不能行其志，深为遗憾。如能将姚除去，大家无不唯命是从。"袁世凯大喜，嘉奖阎锡山有见识。不久，共和告成，袁世凯欺骗国民党，遂以阎锡山长山西军民两政。阎送其父母到北京住家以为质，袁世凯遂以国民党阎锡山为其夹带中的心腹。袁在僭号洪宪之前，国民党阎锡山首先向袁上表称臣劝进，此天下所共知者，盖其所由来者渐矣。

（选自山西省政协文史资料研究委员会编《山西文史资料》第1辑，1961年10月）

辛亥太原起义见闻及其他

陈其麟 *

一　对起义情况的补充和订正

姚以价营长宣布起义命令时，手持4尺长的计划单子，跟前打着4个灯笼。宣布命令之后，出发时还命令：轻手轻脚，禁止咳嗽，慢慢行走，要无声无息，以免路过岗上三营时，被哨兵发觉，因为三营是不赞成革命的。

《山西文史资料》第1辑有人说，队伍集合到操场，4个连长持手枪胁迫姚以价起义。当时没有连长的名号，我也没有见过一支

---

* 陈其麟：时为山西新军第四十三协第八十五标第二营士兵。

手枪。张煌是手持马刀一把，带领大家前进的。

有人说，杨沛霖等在新南门内向卫兵要上钥匙，开了城门。这是没有的事。新南门由旗人掌管钥匙，听见吹起床号就开城门，多年来就是这个规矩。我们起义部队在城外凹道里圪蹴着，探子在城门跟前连大气都不敢粗出。听见钥匙铃儿一响，部队立即溜到城门跟前。城门一开，我们就冲进城内。没有杨沛霖等开城门内应的事。

我们冲到巡抚辕门，用石条将门砸开。七棚的王福全胸膛中弹，正目杨绍忠把他转移到照壁后面。有人说，王缵绪和王乾三跟着姚以价。王缵绪是二标二营右队队官，他和王乾三也许还在梦中。我营前队队官王嗣昌也没来，他挂病号多天了，排长杜春和代替了他的职务。

巡抚衙门的战斗结束了，才发现营长姚以价没有跟着我们来。

模范队在起义时已经没有了兵，他们早被派到各营当了正目副目。剩下的老兵，招来新兵时，让他们训练新兵。全营几乎都是新兵。

二　起义后见到阎锡山

起义部队从藩台衙门和巡警道出来以后，我们又跟着张煌跑到了坝陵桥子弹库（子弹库已被我一营 × 队 × 排的弟兄们占领并护卫起来），与守库弟兄们联系通以后，队伍忙碌地搬子弹箱，开箱分配子弹。这时，阎锡山由马弁护卫着骑马向我们走来。张煌发现后，立即发问：哪是二标标统阎锡山？阎答：是。遂下马向近处靠拢。张煌又迎着阎面开腔说：你个小舅子，这时候还不把队伍带来（意即责问其不带队伍很快参加起义）？阎尴尬地连说几个“是”字。

张紧接着又道：你再迟迟不动，我就把你个小舅子打死。阎转马惭愧而去。

补充子弹以后，接着整顿队伍，除右队士兵王福全（忻州北门外人）在攻打巡抚衙门时，为飞弹擦伤胸脯外，全营人马概无伤折。时满城一带的枪声已停息，料想第一营的弟兄们，已经胜利结束了攻打满营的任务。所以，张煌派右队鲍吉庆排长带一排人把守晋泰官钱局，看守渠本澄（晋泰官钱局总办）去了以后，即带着我们速奔谘议局，言说是举都督。到达之后，见姚以价、阎锡山等均立在阶前或廊下。张煌领头喊道：举姚大人当都督！全营官兵随着呼应声也喊：举姚大人当都督！我们全营官兵枪手并举。姚以价推辞不接。官兵们改议举张煌。张煌说：我们没有管辖大人的权，举阎锡山吧！他不接，就开枪日踏了（打死）那个小舅子。阎锡山在全营官兵的“抬举”和威胁声中，一边作揖，一边嚷嚷着：贵贱不敢开枪，我接，我接。张煌见阎锡山应允了当都督，立即表示：你承担起都督来，我们就去把守娘子关，防堵清军进犯山西。

三　守卫娘子关的见闻

选妥都督以后，一方面阎锡山等军政要人在省城组织山西革命军政府。另一方面张煌着人往官钱局调回鲍吉庆排，合全营官兵携带了一小箱银子（购买军粮用），奔赴新南门外火车站。时已入夜，张煌先派了几个弟兄随火车头先行出发。回报无事后，约半夜时分，本队才搭火车出发。天明以后出娘子关，下车到乏驴岭埋锅造饭。饭毕，张煌下令：留一部分人守关，待姚大人随后带领大队人马来接应。其余人众连夜攻占晋冀通道北天门（即旧关，在娘子关东南约 15 里）。时守旧关的是申洪吉（哨官），由平阳府临时调来的，带领的一哨巡防队属平阳营，平阳营属太原镇。我们赶到关塞附近时，守关哨兵听到动静，即向我们鸣枪乱射，我们即止步呼喊：自家人，不敢开枪。少时枪停，我们进至关前，侦探报说：申洪吉已率部南遁了，关下却有清军马队开上来。张煌亲自带领护兵王建安、戴凤臣、龚玉山等锁上关门，率部上关，部署迎敌。枪响之后，清军马队即逃之夭夭。

初十（阳历 1911 年 10 月 31 日）天明以后，大家正整修关防工事时，张煌下令说：前面五六里处的清原平是个要紧关隘，为了防堵清军的偷袭，派右队队官尹太钧带领本队前往守卫。当时我已升任尹队下的一排排长。我们到达清原平之后，探子探得南边十来里处有敌人，我们即一面搭帐蓬安排宿营地，一面环险要处掘沟壕以备应战。清原平只住有两户人家，我们因人众口多，手头空有银两而吃不上饭，只好拔地里的胡萝卜来充饥。十二日（阳历 11 月 2 日）下午，张煌派人从旧关送来两骆驼约千把斤大米和一门小钢炮。据说这些大米是在旧关道上截获的 20 多个骆驼驮的清军军粮。事务长又用银子从附近村庄买回几头猪来。有了吃的以后，士气更加旺盛。一两天后，姚以价又派炮队四棚正目带一棚弟兄携山炮一门来增援我们。据说北天门（旧关）上边增援来一部分炮队，携带英国人送给的一门九尺长的大炮。当我们逐渐加强着各关隘防务的同时，吴禄贞率领清第六镇兵马驻扎在旧关东北 20 多里处的岭下，佯与山西革命军相对峙，实质与山西革命当局暗通声气联系，图谋合作反清。适我娘子关防军杜春和（队官王嗣昌挂病号后，由排长杜春和代理队官职）、前队中士魏得章（字文杰，同盟会员）与鞋匠 ××× 在暗探敌情时，为吴禄贞部下的步兵哨抓获，送往吴的司令部。吴在审问中知悉是姚以价派出的探子，当即修书付与魏得章，吩咐马弁从汉人步哨线上放还魏等，并嘱切记不敢误入旗人步哨线，贻误大事。魏得章等回营后将书信交与姚以价。姚、吴两人接通关系后，立即通知我们旧关和清原平的部属说：岭下吴禄贞大人的人马是自家人，不必害怕。我们知道以后，也落得少操心血。据说姚、吴通信之后，数日间吴禄贞带领亲信随从，曾两次进关和姚以价等山西军政府的要人会商组织燕晋联军进攻北京的大事。并把关上原八十六标第二营也带过关去，准备配合进攻北京之用。接着姚以价通知我们旧关和清原平的官兵，教整顿行装准备往北京开拔。我们正为进京而兴奋地准备行装之际，不料吴禄贞就在第二次从关上返回司令部的当天，被自己部下刺死了。这一突然事变发生后，随吴过去的山西一营官兵，登时惊乱，绝大部分从马岭关跑返关内军营来。姚以价得知吴禄贞遇刺的噩耗后，急奔乏驴岭下。这里有六镇兵截获的清军要南运汉口的钱粮、军械等物资，姚以价派人将这批钱粮、军械等物资运进娘子关，并整顿了队伍和关防设备，准备迎击来犯的清军。时六镇兵已被清廷调驻东天门去了。

两三天后，清军第三镇的人马，由张锡銮率领着至乏驴岭下，我娘子关的防军有阎锡山原来标下的两个营，有原黄国梁标下的第三营，有炮兵营，还有杨籛甫带的敢死队。双方连日激战。听说在最后一次交战时，我方 × 营冲下山去，已入敌阵，遭敌人优兵排射，伤亡大半，生还者只 20 来人。于是，关上守军动摇，在司令部的姚以价、阎锡山、温寿泉、马开崧、刘樾西等首领人物，议论行动方案，或弃或守主张不一。最后，终于烧毁了粮台、械弹，破坏了路轨，乘火车退守太原去了。这些情况当时我们防守旧关和清原平的官兵都不知晓。张煌从北天门给娘子关前敌指挥部打电话，联系不通。据探子回报称，娘子关后方失火，惊疑之下张煌质疑说：敌人从何处窜至后方？急忙增派探马前往娘子关一带哨探，最后才获悉：火光起处并不是敌兵串入，而是阎锡山等人往太原撤退时，把搬运来的粮秣械弹放火烧了。

至此，张煌见大事已去，即从电话上通知我们清原平的官兵连夜往新关集结，尔后沿新关大道往南撤退。天明时分，我们赶到营阳城关，稍息，进餐毕，即沿河滩东南而下至辽县（今左权县）城。张煌进入县署，见县长书记案上有阎锡山调巡警增援关防的公文，于是立即把队伍集合在一家粉坊的晾粉场上，他自己跪在地上说：调各县巡警救援革命，咱这军队倒不如巡警。弃关撤退是我一人的命令，与众官长士兵毫无干涉，增加我们这几百人，就可以打胜仗，反之，就可能吃败仗。我个人一时轻率命令（指撤退），岂能贻误咱千辛万苦争来的革命大功，将军队失散至此。弟兄们，为了保卫革命大功，我们再不能往南逃散了，要立刻往太原赶，守卫太原城。众官兵为张的表白所激动，齐声大喊：“宁为汉人鬼，不作旗人奴。”当场即整顿队伍，向榆社、榆次一路进发。到了榆社，息脚与用饭间，榆社县长跑来问候，说：队伍往何处开？张告以去守卫太原的计划。县长说，阎已于前两天放弃太原往北路去了。张言：那么下命令调巡警队是怎么回事？县长拿出公文，指明是十几天以前的事，从而使守卫太原的打算又成为泡影。在大家惊疑夹怒的纷乱声中，张煌长叹一声，遂变北上太原的计划为南下河东。队伍转至武乡、沁县入沁源县境，终于在革命大势急剧变坏了的影响下，军心渐渐涣散混乱起来，自行离队他去者此起彼继，张煌等官佐力阻无效，后来张煌独自纵马跑了。留队的弟兄们见长官已去，群龙无首，遂各自为计，各讨方便去了。在此散伙的情况下，我也想定主意，一路向家乡进发。途中先后遇上崔正春、张煌相偕到了洪洞苏堡我的家里。我等计议妥：如有什么不好的消息（指清兵来搜捕），就向河津县城崔正春家里靠拢，尔后渡河入陕。数日后张煌、崔正春二位相继别去。参加太原辛亥起义的行动就这样告一段落。

四　关于姚以价

后来听张煌说，起义当晚，姚以价曾向他说："巡抚的儿子陆光熙与我是同学关系，若撞在一起，兵戎相见，情面上下不去。"根据这个情况，九月初八黎明，姚以价没有随同起义队伍进到城内，是不是因为有如上所述的个人忌讳，致使行动迟缓，而被隔在新南门外呢？待考。

另外，在举都督以前，姚以价已出现在谘议局。这一情况可能是当旗人封闭了新南门不久，炮兵营正目（班长）高永胜和八十五标三营正目柳殿魁和城内李成林、杨沛霖等革命党人二次又将城门开放，姚才随上支援起义的士兵弟兄们进来的。

姚营长革命后走了，没有在山西。民国正式成立后，姚回太原。阎将牌楼搭至新南门外火车站，带着军乐队迎接姚营长回城。适遇黄巡警道台（安徽省人）上任，正请客，姚也参加了。道台有个少爷，年十五六。客人到齐后，摆上酒席。少爷说娘子关上没有打战，姚大人偷跑了。姚遂站起问：你从何处得知？少爷说：《晋阳公报》载的。姚遂将桌子一脚踢翻，跑至大街上招手说：来，跟我来！兵士跟了 20 多人，到报馆将主笔的门牙打掉了。姚问：关上没有开战，残废医院里少胳膊没腿的，是你主笔打的！遂将报馆大门贴了封条。报馆负责人找阎。阎说：停上两天，等他走了再开门，我也惹不起他。姚出城至黄国梁公馆与阎打电话：我明天要到北京，与我拿来 1000 两银子。第二天早上，阎送银子给姚。阎说：我把军务司长和师长与你空着，你干啥都行。姚说：天无二日，民无二主，老子不在你小子手下干事伺侯你。从此一走，再没到过山西。这话从何知之，是我营营附汪化龙（安徽人，与黄道台系亲戚）说的，那时他在太原。

五　关于张煌

我从宣统二年与张煌在一个队，自从起事、上关、退关，到民国 4 年方与张煌脱离。只有宣统三年十月至十二月没有在一处。

张煌头一次赴省带的马弁是王建安、戴凤臣，弁目龚玉山。

阎锡山付与张煌银子4000 两，说："给你买笔墨纸砚。"张说："4000 两银子是国家的，本非是你的。这4000 两银子我不白用，我与咱盖三座营盘，一个司令部。营房包干，每间8 吊钱，木料归公，石灰是工人的。万寿宫改为司令部，木料是从镇台衙门、三府衙门拆的，我在内监督。"

张煌进督军府不用传达。他有一尺长的纸片，上写南镇张煌，马弁提在手里，可以窜到后宅。

有一次阎下令，驻外的官不准随便至省。张煌接到公文，说给马夫将马喂上，我今天就要进省。张煌这匹黑马是温寿泉送的，脖颈如同牛脖颈，一天能跑400多里。第二天早上到都督府。刚到府，张带马弁叫阎的副官，令他将鼓楼上的匾摘了。阎说：你先喝茶，休息休息咱再摘。张说收复太原，不是我张某一人，为什么上写着收复太原阎伯川，按我说就无你。张发了一顿牢骚，临走时将阎墙上的一支手枪插在腰里。阎送至辕门外，张说："你墙上的手枪我拿上了。"阎说："那枪是冯玉祥送我的，你拿去罢。"张煌民国5年4月9日到了长安。4月13日，张煌又回到太原。阎坐马车出了辕门，禁了街，闲人不能上马路。站岗的即将张煌捉住。张煌将站岗的打了个耳光说："阎锡山和你说了，不让我上马路？"此时，阎乘马车过来了，看见张煌，遂停车下来，行了个握手礼。阎说："你明天早上9点钟来。"张煌第二天9点钟去，副官处说有客，你迟一两点钟再来。张煌遂喊叫阎锡山的名字，骂着走着，出了辕门。后来，阎告参谋官刘月喜，张在你公馆里打牌，你说与他，金巡按使要捉他。张听了以后，第二天就坐正太火车去长安城了。那时陕西都督陈柏生（树藩）是张煌在保定速成学堂学习时的同学。

六　关于抢劫事件

抢劫事件就发生在起义的当晚（辛亥年九月初八晚上）。当时我们已在奔赴娘子关的途中，故不了解详细情况。以后听从太原开来关上的士兵弟兄们说：抢劫案的发生主要是一标、二标的两个三营里的营混子（编者注：即今所谓的兵痞）们干的。尤其是二标三营里的营混子。据说他们于初八晚上，趁革命秩序尚未稳定的空隙，偷出营盘，闯入藩台银库里，任意搬取元宝箱子，劫掠银两。其中有各自为政的，也有两三人合伙掠取的，还有以棚为单位集体用东洋车抢运的。在混乱中有因争夺而斗殴打架的，有冲突相伤的，甚至有被塌下来的银箱子砸死的。市面上被劫掠焚烧的钱庄铺子也不少。总之，混乱一时，怪态百出。在革命军政府派出军警弹压中，就地正法了不少。刹时城门紧闭，沿街追捕，四下搜查。据说也收回了相当一部分。但携银逸去或隐匿而侥幸得免者也有。也有携带银两路过太原，逢此杀机而遭受损失的。如事后听说，我们洪洞苏堡村的一家财东叫左龙宾，在山东峄州府经营当铺和盐行，成为巨富。他见年月混乱，从峄州府向家乡运回千把个银元宝。九月初七日正驱车路过太原，旅宿于城内 ×× 客栈，遇上起义不得启程。起义的惊恐刚刚过去，却又遇上逮捕抢劫者和搜查银两的疑难。当时左龙宾外惧于官兵的搜查和质疑，内逼于店主人的催离，惊惶之际，将银元宝部分埋入炕洞里，不放心，复又取出，齐投于茅坑之中，犹恐遇上官兵查见时人财俱丧，进退维谷，只好溜出客栈，弃财顾命，逃回家中。

七　关于一标三营和管带熊国斌之死

熊国斌所带的一标第三营，与二标的第三营一样，在宣统二年裁汰老兵更换新兵时，均未补换新兵。老兵中多系风纪不好的营混子（当时社会上给的贬称）。太原起义时，因革命党人在熊营中的联系和发动工作没有赶上去，所以他们没有参加革命行动。只有营里正目王建安、戴凤臣等少数几个革命党人，临时投附在姚以价营下，参加了起义行动。之后，正目柳殿魁也率领大部分弟兄们，溜出营房，参加了二次攻开新南门的战斗。

太原起义后的第二天，阎锡山与杨彭龄（镂甫）等官长数人，前往岗上营盘，催促熊国斌参加革命。他们相见于营房廊前。谈话中熊不答应，众人即向他开枪。熊国斌猝不及避，立毙于营房前的灰池子里。营里官兵皆服从了军政府的调遣。

三营参加起义的有两个正目，一个是戴凤臣（直隶大名府人），一个是王建安（山东曹州府人）。他们在营里发动起义，没有成功。吹熄灯号后，越墙溜出营盘，跑至二营参加起义。他们两人后来跟张煌当马弁。王建安以后死于陕西三原县，阎锡山付与其弟王建忠200元，令其收尸安葬，以奖有功。

八　新军编制和待遇

一棚14名，其中正目1名，副目1名，正兵4名，副兵8名。3棚为一排，3排为一队，4队为一营，3营为一标，2标为一协。一镇辖22营，其中有2个旗人营。

副兵月饷银子4两2钱，正兵为4两5钱，副目为4两8钱，正目为5两1钱，文书为8两，事务长为16两，排长为24两，队官（连长）为50两，另加办公费10两，管带（营长）为240两，督队官（副营长）为50两，标统（团长）为480两，协统（旅长）为800两。

一律按新湘平两为标准，营以上军官的办公费递级增加，详细数目不了解。

（选自山西省政协文史资料研究委员会编《山西文史资料》第76、77辑，1991年9月）

太原起义的回忆

郭登瀛*

一　我遇上了革命党人

我是山西中阳县人，出身在一个贫苦的农民家庭。由于哥哥吸鸦片不好好劳动，家庭生活没有办法，19 岁时（光绪三十三年）就离开了家乡，到太原狄村当了清政府的常备兵。

那时，太原驻的清廷军队有一个混成协（相当一个旅）3000 多人，下属第一、第二两个标（团）。我入伍时，是在第一标第二营后队（连）三排七棚（班）当一名副兵，一个月只挣 4 两 2 钱银子。

* 郭登瀛：时为山西新军第四十三协第八十五标第二营左队正目（班长），太原起义军敢死队队长，后任晋绥军一九六旅副旅长。
新中国成立后，任太原市政协委员。

宣统元年，从日本留学回国的30多名日本士官生，来到太原后，派到队伍上来。这时，第一标改为八十五标，由士官生黄国梁当统带（团长），第二标改为八十六标，由士官生阎锡山当统带。宣统二年，清政府在士官生的影响下，搞军队革新，老兵退伍，另招新兵。为了培养军事人才，两个标成立了两个模范队（后又改称学兵队），共126人，队员都是从老兵中挑的年轻力壮的，经过考试合格才吸收参加。那时我才22岁，已由副兵升为副目（下士班长），正是当年，就考入了模范队学习。模范队是由士官生当教练，学的是日本一套典范令和操练技术。经过十个月的紧张学习后，我又被派到八十五标二营左队二排四棚当正目（中士班长），并在该年冬天跟着我们的班长张铭侯到晋南襄陵县，招了40名新兵。

过去，正目（班长）和士兵住在一起，士兵对正目不尊敬。新兵招来后，按照日本的办法专门设立了正目室，我们有9个正目，住在一个家里。就在这个时候，我结识了一个革命党人——杨彭龄。

二　受到了革命教育

杨彭龄是山东曲阜县人，在沈阳读过师范，老早就参加了孙中山的革命党。宣统二年正月，来太原考入模范队当新兵，毕业后，也被派到八十五标左队三排八棚当正目，和我住在一个正目室里。杨彭龄那时已30多岁，学问比我们大，见识比我们广，待人忠厚豪爽，我们都称他老大哥。我们九个人虽然都是正目，但大都是血气方刚的青年，对清政府的腐败，都是敢怒不敢言。白天在操场上各练各的兵，一到晚上，我们回到正目室，就议论开了，我们不满意的事情太多了。那时，太原有个满洲城（就是现在的新城街），里边住的是清朝皇帝的贵族兵，大都带着家眷。这些旗人生了男孩只要一落地，一个月就拿四两二钱银子的粮饷。我们当兵的一年四季出操站哨，有时还得卖命，一个月也只是拿4两2钱银子，真不合理。那时民族歧视也非常厉害，清朝政府的三品官以上都是旗人，汉人做七品县官不能在本省必须到外省去。每年春节，全省的县官都要到太原给巡抚、藩台、道台、知府、臬台等五大院拜年，这些县官为了摆架子，不管路多远，也不骑马，专要坐4人抬的轿。他们坐的轿和普通轿不同，分上下两层，上边坐人，下边装东西。县官进府，吃的、穿的、酒盅、搂壶样样俱全，足有200多斤，都要装在轿里。从县城到太原，远的有千八百里，4个抬轿的受不了，还得要两个人在前边用绳子拉，这叫作“拉纤”。县官经过的地方，沿路村庄都必须派年轻小伙子在村口接替拉纤，一村倒一村，一店倒一店，哪个人稍有耽误，就是一顿鞭打。清朝官僚欺压百姓，可是对外国人却奴颜婢膝，低三下四。光绪二十六年义和团在太原和汾阳杀了几个洋鬼子，清朝皇帝就下了一道圣旨，不许太原考举人，不许汾阳考秀才。这些事情，大家一谈起来没有一个人不恨的。杨彭龄看到我们和他志同道合，就开始给我们讲一些革命道理。在夜深人静，士兵们都睡觉以后，他悄悄地把革命党给寄来的信件、报纸给我们看，看完后，赶紧烧掉，不敢让别人知道。记得那时革命党在山东烟台办着一个宣传革命思想的报纸——《兴华报》，秘密地寄到太原，杨彭龄收到后，就给我们看，给我们讲。就这样，我们知道了许多革命道理。

三　双塔寺结义

革命，推翻清朝，这是“造反”，必须保守秘密，如走露一点风声，被当局察觉，不仅自己活不成，而且还要抄家灭九族。当时革命党在太原的活动，清朝当局不是没有觉察。太原府西街阳曲县衙门的马队，是一些靠近清政府的军队，他们发现我们八十五标一、二营有革命活动后，常常派便衣、密探到狄村——我们营盘附近打探查寻。特别是在我们八十五标第二营里，就有一个队官（连长），名叫岳桂，是旗人，和我们住在一个营盘，对我们威胁很大。我们的活动如被他发现，报告清政府，一切都会前功尽弃的。大家都看到了这个势头，感觉到保守秘密的重要，所以杨彭龄倡议我们九个人结成异姓兄弟时，没有一个人不愿意的。

宣统三年阴历正月十五日，军队放假一天，我们 9 个人吃过早饭，三三两两来到了预先约好的集合地点——双塔寺，悄悄地爬到第一个塔的 13 层顶上开起会来，当时我们的活动怕被人发现，特派九棚的正目薛文仪在下边放哨。我们都上来坐好后，杨彭龄第一个说话，他说：“满人坐我们汉人的江山 200 多年了，清朝政府腐败，让外国人任意欺侮我们百姓。我们都是有血性的男儿，不是冷血动物。花木兰是女子还替父从军抗金兵，南方 18 岁农村姑娘闹革命床下放着手榴弹，我们是男子汉大丈夫，还能看着我国人民当亡国奴吗？”接着他又给我们讲到印度人、高丽人（朝鲜）当亡国奴的情况，他接着说：“‘三人同一心，黄土变成金。’咱们 9 个人都是头目，一个人还能带上 15 个兵，合起来就是 100 多人。咱们现在结为异姓兄弟，今后要有福同享，有难同当；一人遇难，大家营救。”接着每个人都点上三炷香，由杨彭龄领着，一个一个盟誓："俺们是革命党，要扶汉灭清，革清家的命。上不传父母，下不传妻子，谁要走漏秘密天打五雷轰。"发完誓，大家一起磕头，并且用刀割破自己的胳膊，9个人的血流在一碗酒中，每个人都喝了血酒。我们9个人的姓名是：马孔青、董世臣、王安山、任占标、狄得功、宋有福、杨彭龄、薛文仪、郭登瀛。经过我们歃血为盟后，我们关系更密切了，干革命更有劲、更觉有依靠了。

四 争取群众准备起义

1911年春，广东黄花岗起义，革命浪潮席卷全国，太原的地下革命党也积极进行起义准备。这时，我们9个人在杨彭龄领导下，利用各自的社会关系，向下层官兵宣传革命道理，争取更多的人靠近革命党。我们八十五标的小头目，大多数都是从模范队毕业的，和我们都比较熟。另外，我从晋南襄陵县招来的那40名新兵和我的关系也比较好，所以我一瞅空就去找他们拉搭。这些人是年轻的多，出身穷苦的多，都和干柴一样，一点就着，我们给他们宣传，他们又向他们的知己朋友宣传，真是一传十，十传百，仅我一个就宣传了百八十人。

我们八十五标的营盘是在城南狄村，离城10里以外，要想兵变，攻打府台，最大的困难就是如何打开城门让队伍开进城里。革命党的领导人们一开始就考虑到了这个难题，并且还打听到新南门是由巡缉队一个排把守，排长李成林是寿阳人。当时杨彭龄知道我是山西人，认识的人多，就让我想办法去和李成林拉关系，正巧我有个朋友叫安殿邦，和李成林是同乡，他们还有些来往。经过安殿邦引见，我认识了李成林。李成林30来岁，性情沉稳，待人诚挚。那时，他们的营房就住在侯家巷，我一到星期日或放假，就去找他聊天，逛公园。为了和他套近乎，端午节时给他送糕送麻团，中秋节给他送月饼，他过意不去也请我吃饭，这样我们就成了朋友。后来我又把他介绍给杨彭龄，杨给他讲革命道理，我有时也给他讲。李成林虽然是巡缉队的排长，毕竟年轻，接受新道理容易，经过我们一番努力，最后总算是把他争取过来了。

为了在起义时，使驻在太原的军队保持中立，不反对起义，我们也做了许多争取工作。那时，担任府台衙门警卫队的是两排宪兵40多人，在晋山后小河住。其中有个排长叫郭懋功，中阳县人，是我们老乡，我就找他谈。另外消防队的队长杨芳圃，炮队有个正目叶增宝，马队的刘殿魁等人，起义前我也都找他们谈过话。这些人虽然没有直接参加后来的起义，可是在我们起义时他们能影响周围的人不反对起义，对革命也是有贡献的。

五 起 义

1911年10月，武昌起义和西安兵变的消息传来太原后，山西巡抚陆锺琦受了惊动，他感到太原局势不稳，特别是八十五标中士兵的革命活动，更成了他心腹之患。他认为要来个调虎离山，把八十五标置于千里之外，把守潼关，既能抵挡西安变兵泛向山西，又可避免八十五标对太原的威胁，然后，再把南镇临汾、北镇大同的里八旗、外八旗共4000多名专门镇压地面的巡防队调回太原，他的宝座就稳如泰山、安然无事，就可以翻过手来，对付革命党。于是就给八十五标下了个紧急调令，命令八十五标在10月19日清晨出发，开往潼关。本来，一般军队的行动，总是大队在前，指挥部在后。但由于当局怕黄国梁领导部下举行兵变，特令黄国梁带领指挥部提前两天出发。

地下革命党分析了当时的形势，识透了陆锺琦的诡计，认为可以用八十五标充实弹药装备到潼关抵挡变兵的名义,武装革命力量。革命的火候已到，如不马上举行起义，就会错过时机。

10月18日，我们八十五标的士兵们，从西校尉营子弹库整整领取搬运一天弹药，每个士兵的子弹都装得满满的，有的还用白布把子弹包成小包背在身上，待命出发。

这天下午，当我领着士兵到城里搬运弹药时，杨彭龄悄悄告诉我，让我立刻去侯家巷巡缉队找李成林一起到南门外岗上铁路旁边老槐树下等他，有要事相商。当我同李成林一起来到约会的地点时，杨彭龄早已在那里等候我们了。我们3人坐在大槐树下，杨彭龄问我们："你们知道我找你们干什么？"我们说："不知道。"他说："有一件顶重要的大事，"接着，他给我们传达了地下党关于在19日拂晓举行武装起义的决定，并告诉李成林在19日早上6点钟以前务必把新南门打开，起义军进城时，不要让他的部下和起义军发生冲突。最后，老杨还再三嘱咐我们严守秘密。

10月18日，是个非常重要的时刻，地下革命党起义的决定在我们八十五标的部分官兵中已经传开。为了保守秘密不让当局发现，当天晚上革命地下党就派董义朋带着一个班十几名士兵，把我们二营后队的队官岳桂给看起来，怕他给清朝政府通风报信。

10月19日早晨2点，夜幕笼罩着大地，人们还在熟睡，八十五标一、二营的1000多名士兵全副武装，在狄村北口第二营营盘内紧急集合，我们八十五标第二营的管带（营长）姚以价给大家下达起义命令。他说：“弟兄们，清家已经统治我们中国270多年了，全中国的老百姓，过着牛马不如的奴隶生活，现在已经受够了，我们现在要起来革命，革清家的命，推翻清朝皇帝，建立民主政权……”在伸手不见五指的操场上，他那清脆宏亮的声音，打动了每个士兵的心，个个如矢在弦。他给大家宣布起义军纪律，他说：我们起义军是打府台衙门，打满洲城，不烧杀百姓，不奸淫妇女……违犯纪律、糟害百姓者杀头。最后，他又布置了行动计划：第一营500人由督队官（副营长）苗文华带领，攻打满洲城，我们第二营500人由姚以价亲自带领攻打府台衙门，并决定：在攻打府台衙门的战斗中，由二营右队的队官（连长）张煌和杨彭龄带领，我们左队的135名战士担任先锋队，前队、后队和右队分四面包围。

10月19日拂晓5点钟，一声号令，全军整装出发，直奔太原城。当队伍开到新南门时，城门已大开。苗文华率领的第一营一进城就登上城墙，向东冲向满洲城（现在的新城街）。在满洲城居住的旗兵们，有的在家睡觉还没有起床，当起义军冲到他们头上时，他们才吹集合号，起义军居高临下，打了他们个措手不及，满洲城的300名旗兵丢盔卸甲、四面逃窜。当我们攻打府台衙门的先锋队冲到北司街北口（现在省委门口）时，听到第一营的战士们已经和旗兵接上了火，打得火热，我们立刻改成急跑步前进。当我们捣开府台衙门的大门冲到大堂后院时，山西巡抚陆锺琦刚听到枪声，急忙从被窝里爬出来，穿着一身短袄小裤，到院里听风声，一出房门看见我们个个刀出鞘，弹上膛，枪口对他，就发了毛，可是这个老狐狸还想给我们来个缓兵之计，把我们支出去，他摆出了一副谦虚的面孔，假装镇静地说：“兄弟我到山西没几天，弟兄们有什么事情，咱们可以慢慢商量。”我们齐声问他：“你许不许我们？”他张口结舌地答不上话来。这时，他儿子陆光熙看到势头不对，想给他父亲解围，拿着一包银钱，跑出来往地上一扔，他以为士兵们看到钱，就会去乱抢，他就可以和他老子一起乘机逃跑。大家看到他们这一丑象，恨之入骨，两排枪就结束了他们父子的性命，并用火烧掉了府台衙门的大堂，正式宣告清王朝在山西的统治被推翻了。我们刚集合在府台衙门的大门前，就看见有一辆人拉的铁轮东洋车迎面而来，从车里走出一个头戴红疙瘩帽，身穿蓝背心紫红袍，脊背上耷拉着条假辫子的白胡子倔老头。大家一看，就知道那是山西混成协的协统（山西掌管军队的总头领）谭振德，他听到枪声，赶到出事地点前来镇压，一下车看到我们，气得两个脸蛋子简直像两块老茄子皮，用拐杖跺打着地，气势汹汹地指着我们说：“你——你们这是造反啊！”我问他：“你许不许我们？”他闭口不言，大家一排枪就把他打死了。

战斗结束后，起义军分兵把守藩台衙门银库、官钱局、军械库、子弹库，为了防止抢劫事件，还专门组织了稽查队，维持市面的秩序。当时我们排被派到北司街，看守藩台衙门的银库。

当天上午，山西省谘议局（在东缉虎营，现总工会）开会，决定响应武昌起义，成立山西军政府，并推选阎锡山担任了山西军政府的都督。那时阎锡山领导的八十六标1000多人就住在太原城里后小河，起义时，他隔岸观火，按兵不动。可是为什么起义成功后，却把他给推出来担任民军政府的都督呢？这件事也说明了当时领导起义的革命党有缺点，他们认为只要把清朝的巡抚推翻了，革命就成功了，要实行民主了，让谘议员们推选都督。议员们都是山西有名的官僚绅士，他们是看谁的地位高、官大就选谁。开始有人提出让山西督练公所总办姚鸿法担任都督，因为巡抚陆锺琦和协统谭振德死后，在山西就数他的官大地位高了。可是姚鸿法却因为他的家眷在北京，怕清政府抄家，坚决不干。随着往下排，有人提到八十五标的统带黄国梁，当时黄奉命出发到祁县，还没回到太原；随后又有人提出异议，认为黄国梁不是山西省人，担任山西省都督不合适。这样推来推去，最后才推出了阎锡山，因为他在地位上和黄国梁一样，可是从籍贯上说他是山西五台人，比黄国梁优越。于是当时人们都说阎劣绅当都督是拣了个便宜。善于投机取巧的阎锡山就是这样爬上了山西人民的头上，当上了山西的土皇帝。

六　起义以后

山西民军政府成立后，为了防止清军的袭击，当天下午 4 点钟就派姚以价带领我们八十五标一、二营的起义军前往把守娘子关和固关。几天后，又感到北路吃紧，传说清军要从大同攻打太原。山西的民军政府从我们起义军中挑选了 20 多名小头目，以这些人为骨干，成立了两个敢死队（营）；每个队下分 4 个小队，我被派到第一敢死队担任一个小队长（连长）。当时，第二敢死队被派去增援娘子关。我们第一敢死队开往北路，盘转在忻州、五台附近，准备阻击从大同或龙泉关进犯山西的清军。

12 月初，清军第三镇，号称 20 个营实有五六千人，由协统卢永祥率领，沿正太线西进。把守娘子关的起义军极力抵抗，但由于起义军中新兵多，火力弱，寡不敌众，受到很大挫折。阎锡山在娘子关看到形势不妙，特别在 12 月 12 日那天，他在阵地上看见一个炮目被第三镇的炮弹炸死后，吓破了胆，当天下午就坐火车返回太原，和他的卫兵李如贵一起，换了便衣，骑着毛驴偷偷地溜出大北门，经过古交、娄烦镇、保德、河曲直跑到口外萨县。直到农历年，他才带着他从口外招收的 100 多名骑兵返回忻口镇。

农历十月二十三日，娘子关失守后，清军第三镇开进太原。清政府又派来新的李藩台，而太原和晋中大部分县份的百姓却遭到清军第三镇的洗劫。辛亥太原革命失败了。

直到民国元年（1912 年春天）南北议和，宣统皇帝退位，孙中山在南京当选临时大总统，第三镇从山西撤走，阎锡山才带领我们从忻州回到太原。

（葛力　整理）

1964 年 2 月 24 日

（选自山西省政协文史资料研究委员会编《山西文史资料》第 19 辑，1981 年 8 月）

姚以价与辛亥太原起义

行定远*

1959年，我奉参事室领导的指派，协同赵瑞到大同市调查民国以后各个时期的历史资料。当时我们了解到辛亥革命时姚以价管带部（相等于现在的营部）的书记官姚兴礼老先生在大同城内居住，因此我们曾邀请他参加我们召开的座谈会。他因年老有病和其他原因，没有出席。会后，我同赵瑞曾数次到姚家中走访。他对我们谈了辛亥革命前后在太原的见闻。以下是我们的谈话记录。

首先他说他与姚以价的关系。他说："姚以价是晋南河津县人，我是大同人。外人说我们是本家，这不是事实。辛亥革命前，我是姚以价的部属，曾任姚管带部军需官和书记官。起义时，我正任姚

* 行定远：曾任山西省人民政府参事室参事，民革山西省委员会委员。

的书记官，和姚的关系较密切。

“姚以价先生系山西省河津县人，因而有时自称龙门姚某某。曾留学日本士官学校，与阎锡山、温寿泉、黄国梁等系同期同学，不是同盟会员，也没参加铁血丈夫团。可以说是革命同情者。毕业后回国，仍回山西，历任山西新军各级军官。1911 年 10 月 29 日，山西新军起义时，姚以价是新军第四十三协第八十五标第二营管带（相等于营长）。他在文学上也有基础，军事上学科术科都有一套，聪明才智外露，他佩服的人很少；性格直爽开朗，交朋友讲义气，情投意合者怎么也行，但好胜主观性强，和人相处，总叫人听他的，话不投机，立刻就和你翻脸；高傲自大，住在什么地方，门上总要挂一个‘姚将军府’的牌子；对下级要求严格，使人见而生畏，动不动就训人，甚至骂人，而且不分场合，因而有些人对他不满；但有时高兴了，也喜笑颜开，不拘小节；对有些吹牛拍马的投机小人也仇恨，甚至当面讥笑讽刺；对上级好取碰。这样也得罪一些人，但也取得一些人的好感，认为他正直。我本人就钦佩他这些不怕权势的好汉作风。因为他对人事关系处理得不好，调动过几次工作。他自高自大看不起任何人和上述性格，是他一生事业没有成就的原因。姚以价在私生活上较浪漫，因此起义时他正患病。

“1911 年，辛亥武昌起义时，姚以价正在城内东夹巷教会医院住院治疗。太原起义活动总的计划，姚以价事先不知道。他们营的起义活动，事先主要是营里的几个同盟会员研究策动的。”

我们问他：“谁是同盟会员，当时你是否知道？”姚兴礼答道：“不全知道，但主要人如杨彭龄、张煌等，我们知道他是革命党，也不知是同盟会员。一切行动计划和部队的编组部署以及文件和命令纪律等，都是事前拟好，作了决定的。”我们问他：“谁拟的？”他说：“不知道。”

他说：“当时标统黄国梁已率队离开太原，同盟会员要找一个级别高的人来指挥这次起义行动，经研究认为姚以价有指挥才能。姚虽不是同盟会员，但平时也没有反对革命的言论，而且常骂清政府腐败，所以决定请姚出来担负这个指挥任务，在起义的头天黄昏前，将姚由医院请回营盘。”我们问他：“谁去的？”他说：“不知道。”他接着又说：”姚回营盘后，我大部分时间和姚在一起。同盟会员向姚说明当天晚上的起义行动，并将行动计划和部队的编组部署，以及部队编组后的负责人选，还有起义的命令和纪律都拿出来叫姚审阅，并征求意见。”我们问：“姚是否修改过？”他说当时离姚较远，姚手中拿的毛笔，看见写字，改了什么他不知道。他说当时的气氛确实很紧张，姚以价满口答应愿意担负这次起义行动的指挥责任，并说：“兄弟们既然看得起我姚以价，我就和大伙儿一起行动，推翻清廷王朝。”姚兴礼又说：“在当时的形势下，若姚以价不答应，就有性命危险，至少要被扣押起来，但姚以价很机灵，不但同意大家的起义计划，而且表示得很坚决。这样，大家就分头去准备，不久就准备妥善。部队集合起来后，姚宣布命令和纪律并讲了话。”我们问：“讲话稿子是谁写的？”他答：“没见姚手中拿稿子。”姚兴礼说：“姚以价讲完话之后，部队就开始行动。首先是杨彭龄的敢死队走的，其次是张煌带着本队出发。姚以价本人是最后走的。”我们问：“你是否随队行动？”姚兴礼答：“当部队集合时，我在现场，但未随部队进城。进城后部队和姚的行动是事后听参加者说的。部队由营盘出动后，进的新南门（后称首义门），经过海子边、桥头街、柳巷，到柳巷北口向西经过楼儿底、北司街，攻打巡抚衙门。听说到桥头街姚以价本人就没跟部队前进，向东去了。后证实他到东夹巷外国医院。这件事是人说他逃跑的原因之一。尔后起义成功，谘议局开会，姚以价参加选举都督。”我们问他：“姚以价对当时选阎是否反对？”姚兴礼说：“姚以价没反对。选举后，决定分派部队到南、北、东各路防御清军，姚以价自报奋勇到娘子关任总司令。我们问：“有人说娘子关的司令官不是总司令，对不对？”他答：“也可能是司令官，记不清了。次日姚就带队开往娘子关布防。”

“姚以价率队到娘子关布防，清政府派吴禄贞进攻娘子关，而吴也是革命党人，不但不攻山西，而与山西起义军联合，组成燕晋联军。尔后吴被袁世凯派人暗杀在石家庄，又派曹锟率队进攻娘子关，因而娘子关吃紧，阎锡山也曾去娘子关督战。正在此激战之际，作为前方指挥官的姚以价，竟弃队而走，比阎锡山离开娘子关还早一天。阎锡山回太原后，也弃太原城北走。这样，太原又被清军占领。姚以价离开山西后，先到武汉，没找到出路，又转赴天津。民国3年曾回太原一次，因他第一次在桥头街弃队到外国医院，第二次在娘子关弃队南逃，因而遭到社会和起义人员的指责，声誉可说一落千丈。到太原后，受到人们的鄙视和冷遇，虽然他当时大骂阎锡山，说娘子关失败是阎的责任，但也没取得别人对他的谅解。因此在太原只停留了短暂的几天，就又返回天津。从此他再也没回山西。”我们问他：“你是否去过娘子关？”他答：“我常去常回，来回跑。”我们又问：“阎锡山去娘子关督战是否确切？”他答：“阎确实去了，但姚不听阎的指挥也是事实。姚借口有病要走，也是事实。姚经常在我们面前骂阎锡山无能也是事实，但他不能因将帅不和而弃队出逃，失败的责任和尔后名誉不好，他自己应负主要责任。”

我们谈话结束后，姚兴礼先生说：“这是我的记忆和对姚的认识，可能有的记得不确切或者有出入，你们可另找人再了解。”我这是根据当时的笔记和回忆写的，大意没什么错的地方。但个别字句可能有出入，仅供参考。

1982 年 8 月 26 日

（选自山西省政协文史资料研究委员会编《山西文史资料》第 76、77 辑，1991 年 9 月）

山西乡老座谈辛亥山西起义

李冠洋*

1955年3月间，王世英副省长嘱我前往北京，访问曾参加辛亥革命的山西乡老，搜集他们的亲身经历和有关材料。在京期间，我与温寿泉、黄国梁、南桂馨、赵丕廉、赵承绶等，多次在头发胡同赵承绶寓所进行了座谈。5月间，将座谈的有关资料整理成篇，共分10个部分：1. 中国同盟会在山西开始活动；2. 同盟会与君主立宪派的斗争；3. 山西的军事运动；4. 辛亥革命的山西武装起义；5. 山西军政府的成立；6. 晋北起义和忻代宁公团；7. 吴禄贞遇刺与阎、温由太原撤退；8. 临汾起义始末；9. 河东军政分府的成立；10. 南北议和后的

* 李冠洋：时为太原学生军负责人，后代理主持山西省政府工作。
新中国成立后，任山西省政协常委，山西省人民政府参事室参事，民革山西省委员会副主委，民革中央委员会团结委员。

山西政局。我在最后写了一段结束语。错误之处请同志们指正。

一　中国革命同盟会在山西开始活动

光绪三十一年（1905年）间，中国革命同盟会在日本东京成立总会，参加者有中国17省的留学生及华侨数百人，孙中山为总理，黄兴为总干事，并设各省分会。山西分会干事为谷思慎（字仲言，神池县人），即介绍荣福桐（太谷县人）、荣炳（阳曲县人）、王国祐（字受之，新绛县人）、赵戴文（字次陇，五台县人）、景定成（字梅九，安邑县人）、阎锡山、温寿泉、何澄（字亚农，灵石县人）等参加。

当时，同盟会即按17省，分别派人回国，到各省活动。总方略是"南方交通便利，距北京远，清廷控制力较弱，革命应由南方发动。革命势力到达武汉后，北方山、陕等地，适时响应。并以注意陆军各学校学生及参军运动为中心工作"。山西分会第一次派荣炳回国（荣原系山西武备学堂学生，到日本后，因身体较弱，检查体格落选，转入铁路学校，但在武备学堂熟人很多，故派他回山西），运动革命。荣回省后，在武备学堂学生中，介绍王嗣昌（字世卿，阳曲人）、常樾（字子发，黎城人）、赵守钰（太谷人）、应芝（字瑞九）等参加了同盟会；这时，常（樾）、王（嗣昌）等已由武备学堂毕业，在清廷军队中担任排长队长等职。不久，山西分会第二次派人回省活动，被派的是赵戴文、阎锡山，阎很快地返回日本，赵已由日本师范学校毕业，遂留太原，在山西农林学堂、公立中学等校担任庶务、斋务长等职。这时被介绍参加同盟会的有王建屏（树侯）、杨沛霖（芳圃）、李嵩山（字子高）、张树帜（字汉杰）等人，有的并投入了军队。与赵戴文先后陆续由日本回国的同盟会员，尚有日本体育、测绘学校等校毕业的王建基、徐西园、康佩珩、赵三成、赵承经、李栖鹃（以上均五台人）、齐宝玺、贺炳煌（字耀斋，定襄人）等，在晋北五台、崞县一带积极活动，即介绍续桐溪（字西峰，崞县人）、邢秉丞、赵丕廉（五台人）等多人参加了同盟会。又介绍忻县人梁硕光参加，利用天主教在社会上活动。

1906年间，谷思慎与丁致中前后由日本回国，到宁武倡议创办中学，并介绍南桂馨、冀学蓬、丁梦松、周象山等参加了同盟会。当时，学校经费无着落，而朔县一带的天主教民，向来借教会的势力，由宁武拉煤炭，不缴捐税。谷思慎等和教会做了一场斗争，从此天主教民才按章运煤纳税。就以此项收入，创办起宁武中学。这可以说是一场与帝国主义斗争的初期运动。谷等在晋西北一带的活动，在社会上起了相当大的作用，引起清廷官方的注意，风声很紧。所幸谷之伯父谷如墉是清政府的高级官员，充任陕西省的财政监理官（是个钦差），因此地方官府对谷家特别关照，事先通知谷思慎迅速离开宁武。谷偕南（桂馨）连夜出走，先到丁致中家躲藏，发动李树勋（朔县人），编唱反满鼓词，深入乡村活动，行至静乐，又介绍武泽霖参加同盟会。此时接到由东京回国的荣福桐的信，叫速往五台县东冶镇集合，传达同盟会总部的指示。谷、南遂转道前往五台东冶镇与王建基、赵三成、康佩珩等会面。荣福桐这次传达的指示，主要内容是“要各省加紧革命运动，实行武装起义”，并议定派人到绥远包头一带，联络弓富魁（崞县人）等加紧活动。会后，谷、南都转往日本，南到东京住了高等警察学校。

这个时期，山西留学生在东京参加同盟会的，除前边已提到的人外，还有景耀月、王用宾、张起凤、狄楼海、邢殿元、井介福、李大魁、王秉彝、焦纯礼、焦滇、刘棫（朴忱）等多人。在荣福桐回省传达指示的前些日子，景定成（梅九）与何澄（亚农）亦由日本回国，路经太原，在山西大学堂发表革命演说后，即分别回到安邑、灵石进行活动。景在运城创办回澜公司，作为输送新书报的机构，并介绍李岐山、郭朗卿等参加了同盟会。

这时，山西爆发了一件争矿的反帝运动，对革命进展影响很大。起因是：在东京的一个山西留学生，名叫李培仁，突然留下争矿的绝命书，跳海自杀。东京的山西学生会遂发出号召，发动起太原和全省的学生，掀起一场大规模的反帝爱国运动。太原的学生游行示威，包围了抚台衙门，迫使巡抚恩寿、道台丁宝铨等废除了商务局与英国福公司已订的开采山西煤炭的条约。从此成立了山西保晋公司，晋省的煤矿由外人手中争回来，归山西人自办。

二　同盟会与君主立宪派的斗争

先是1905年间，同盟会在东京成立《民报》为革命党的宣传机构，一面指示各地革命运动，一面与康（有为）、梁（启超）保皇党（后改为君主立宪党）所主持的《新民丛报》进行斗争。当时《民报》的负责人是张继，主要编辑为胡汉民、汪精卫、章太炎、刘师培。1906年间，东京总部派山西的同盟会员乔义生（字宜斋）前往南洋，协助孙（中山）黄（兴）进行华南革命运动。乔由南洋赴广东潮州，参加领导黄花岗起义，失败后返东京，这正是孙中山的《有志竟成》文内所说的“革命第三次失败”。

1907年间，以梁启超为首的君主立宪派组织政闻社，在东京开成立大会，梁启超讲演其君主立宪的政治主张。同盟会方面派宋教仁、张继、杜曦、平刚、黄复生、丁惟汾、谷思慎、景定成、南桂馨、荣福桐（以上四人均山西人）等，参加旁听。当场激烈反对梁之立宪主张，打乱立宪派的会场，梁启超讲演草草结束，由会场退出。宋教仁、张继等即登台宣布另行开会，大声宣讲"反对君主立宪，打倒清政府，实行民主共和"的革命主张，得到了参加大会的大多数的赞成拥护，从此同盟会在东京的声势大振。但在国内各省，立宪派却在政治活动上，甚为活跃。那时，清政府已经宣布了准备九年立宪，各省纷纷筹设谘议局为代表民意机关，立宪派既能与清廷的官僚联系起来，又能吸收各地士绅人物参加，如江苏的张謇、湖北的汤化龙、湖南的谭延闿、安徽的汤寿潜、直隶的孙洪伊等等，均在本省为谘议局的领导人，并都是立宪派的重要人物。山西省谘议局议长梁善济（崞县人）和议员李庆芳、宫秉钧等，亦皆为立宪派的出名人物，在谘议局占据优势。但副议长杜上化（灵邱人），一面与梁善济友好，一面却同情革命党，与同盟会保持联系。

这个期间，东京同盟会总部派张继到欧洲，与留学欧洲的各省同盟会员联络，并介绍了山西在英国的留学生马骏（晋城人）、梁上栋（崞县人）、梁济（右玉人）参加了同盟会。又景定成、谷思慎、王用宾、南桂馨等，亦先后由日本回国，参加实际活动。景定成等在北京联络了同志程家柽（安徽人），利用他和肃亲王的关系作掩护，创办起《国风日报》，在北方宣传革命，起了极大的作用。当时人称，东京的《民报》和北京的《国风日报》，都可抵得十万大军。南桂馨回太原，与赵戴文接了头，推进山西的各种革命活动，在太原创设起个振兴派报社，代销北京《国风日报》、上海《民吁报》（于右任主持）及其他革命报刊。又由太原《晋阳公报》董事梁硕光的发动，整顿该报，充实内容，由北京请回王用宾为主笔。此后《晋阳公报》实际上也成了革命党的宣传机关，和《国风日报》联络在一起，在传播新思想、推进革命运动上尽了很大的力量。而赵戴文，除了后来协同阎锡山、温寿泉等进行山西的军事运动外，在联络发展同志，发动青年参军，宣传新思想，推动各种革命活动等工作中，也是个积极努力起着很大作用的重要人物。

可是，从政治形势上看，这期间内，立宪派在各省的活动是比较活跃而且占优势的。革命党方面，正遇着安徽徐锡麟、熊成基、秋瑾等的失败和牺牲，以及汪精卫、黄复生在北京谋炸摄政王未遂被捕等事件连续发生，当时清廷反动政府通令全国，对革命党人大肆捕杀，一时革命运动受到重大打击，表面上消沉起来。山西的革命党人，着重于军事运动，以日本回国的士官学生和山西武备学堂的学生作重心，并发动大批青年投军当兵，打入清政府编练的新军和各种军队中，如大宁的王承绪、王缵绪兄弟二人，原是读书人，此时都投笔从戎，入营当兵，各县类似情形很多。同时又借天主教和耶稣教的教会做掩护，由同志中之已在教者——如阳曲的郭萃根（或萃耕，天主教徒），忻县的霍新斋（耶稣教徒）等在教会中活动，发展了不少同志和同情人物，后来在帮助革命上也起了一定的作用。

三　山西的军事运动

在日本东京的同盟会员中，住士官学校的学生曾奉孙中山的指示，选拔优秀积极分子，组织丈夫团，为回国进行军事运动的中心。当时参加的人，有唐继尧、罗佩金（均云南人）、程潜（湖南人）、张凤翙（陕西人）、张益谦、尹昌衡（四川人）、李烈钧（江西人）、阎锡山、温寿泉、张瑜、何澄、乔煦（以上5人均山西人）、孔庚、李书城、朱绶光（以上3人均湖北人）、仇亮（湖南人）、杨曾蔚（河南人）、黄郛（浙江人）、尹扶一（湖北人）、张群（四川人）、何子奇（河北人）、何成浚（湖北人）、李敏（云南人）、刘鹏基、杨延溥等数十人。毕业后，分别回到各省进行军运工作。这些人，大多数在辛亥革命各省响应武昌起义时，领导武装起义，许多人作了各省的都督、副都督及其他军事上负重责的要紧人物。

1909年间，在日本住士官学校的山西学生陆续回国。温寿泉先回来，当了山西大学的兵学教员。跟着不久，阎锡山、张瑜、马开崧、李大魁（以上系同盟会员）、黄国梁（革命同情者）以及其他非同盟会员的士官同学姚以价、金凤巢、顾祥麟等，亦陆续归国回省，被分派到省督练公所为督练员。按清政府陆军部的规定，山西兵额为1个混成协，内辖2个步兵团、1个炮兵营、1个骑兵营、1个工兵队（等于连）、1个辎重队（连）。山西的旧兵制，大同为北镇，平阳为南镇，自绿营兵改为练军后，太原巡抚直辖参将与南北二镇，各辖7旗，每旗有兵士300百余人，全省21个旗，共计有兵6000余人。山西省督练公所将太原直辖区的练军改为陆军的一个协（即常备兵），晋南晋北（即平阳和大同）二镇所辖的各旗兵改为巡防队。太原的陆军混成协的协统是姚鸿法，两个团的标统是齐允和马龙标，夏学津是二标三营管带。这时，丁宝铨已升山西巡抚，夏学津与丁宝铨、姚鸿法关系均甚密切，不久，夏即代马龙标为二标标统。

同此时期，北京的陆军部对由日本归国在各省服务的士官学生，举行了一次考试，鉴定成绩，山西的温寿泉列入优等，并发表此后各省用人，即以此次考试成绩为准据。考试毕，黄郛、李书城留部任职，钮永建、何澄等派往保定军官学校任教官，温寿泉任山西督练公所帮办兼山西陆军小学监督。阎锡山、黄国梁回山西后，任二标教练官及陆军小学教官等职。这次考试恰好给了革命党内军运人员一个总结合的机会，从此，在全国各省陆军和军校的军运中，工作更进一步的深入，得到了普遍发展。

与山西的军事运动有直接关系，同时也正与山西爆发辛亥起义有密切关联的3件事，这里把它分别地提出来：

（一）李嵩山（字子高）案（1909—1910年，即宣统元年到二年间）

夏学津当了标统之后，对于整饬军队，极为严肃。丁宝铨做了巡抚，也打算在政治上有所作为。但在革命党看来，丁、夏都是斗争的主要对象，特别是非把夏学津打击下去，就不能拿住军队。这时，阎、赵和南桂馨即策动，组成一个对丁、夏斗争的宣传小组。参加小组的人有晋阳报馆的蒋虎臣，岢岚赵萃珍、赵萃瑛兄弟，张树帜、李嵩山和协本部的司书史可轩等（史系陕西人，因受革命影响，由陕来晋，投军当兵，后经考试当了协本部的司书），由李嵩山负主责。这个小组时常采访丁、夏的坏行为，向各报投稿，攻击丁、夏。某次投稿，涉及丁、夏家庭间暧昧关系，社会哗然。丁、夏怒甚，严查投稿人，不得下落。旋因史可轩不慎，遗失了日记本，上边详细记载着历次搜集攻击丁、夏的主要材料，以及宣传小组各有关人员来往和开会的情形。这个日记本被协本部的某同事拾得，遂向丁、夏秘密告发。丁、夏即据此下令逮捕宣传小组的全体人员。蒋虎臣、史可轩被捕下狱，张树帜、赵苹珍兄弟，事先闻风逃出太原。李嵩山是个主要人，对他捕捉尤紧；李如被捕，不仅宣传小组的事要全部暴露，并且一定要追问到在太原各主谋革命的人，一网打尽。太原各城门都已严密把守，专查李嵩山，务使其不得漏网，必破获归案。这时，太原革命党方面有关的人，均甚焦急。经接头后，由南桂馨设法，先运用天主教郭萃耕的关系将李嵩山藏在教会，又转入英国人邮务长的家中。再与缉探队长李树森（同盟会员）联络好，伪装成一个缉探队的兵，由李于夜间出城巡查火车站时，将李嵩山带出太原，送到北营上了火车，转往保定，与保定军校里的同志接头后，再转往安徽躲避。而丁宝铨、夏学津因主谋人李嵩山未能捕获，不能结案，夏学津却因人言啧啧，离开军队，被调为军械局总办，马龙标又复任了二标标统。

（二）交文案（1910年间）

丁宝铨升任山西巡抚后，在山西实行他的禁烟政治（禁种不禁运不禁吸）。晋中的交城文水一带，是多年种植烟苗的中心地区，所产烟土销路甚广。每年割烟时期，各地商贩云集于开栅镇、锌炎镇者不下数千人。晋中各县的财主家亦多在交文境内购置土地，设立专庄，大批种植鸦片，除供自用外，兼营巨利。当地民众赖此谋生的人，为数亦多，这已成百余年来的习惯。因此，丁宝铨推行禁烟，在晋南晋北都还能顺利地做下去，只是在交城、文水，却发生民众聚众抗拒事件，政令执行不通。丁抚大怒，派夏学津带士兵前往交文镇压，与群众发生冲突，演成开枪击毙民众若干人的惨案。当时，全省舆论哗然。时张树帜为晋报访员，前往交文采访新闻，回省后写稿，大肆宣传丁、夏镇压民众，发生惨案的真相。《晋阳公报》

和《国风日报》连续发表消息，评论丁、夏镇压民众之不当，对之攻击甚力。在北京的狄楼海（在京师大学堂做事），更利用了一个监察御史，参了丁巡抚一折。丁对此十分痛恨，调查清楚（是）同盟会的人和他作对，借交文事件向他进攻，他遂向同盟会的人图谋报复。除对省谘议局立宪派的人们，大发雷霆，痛加申斥外，也向北京清政府参了一折，先撤了山西大学堂监督解子仁、山西法政学堂监督刘绵训的职（解、刘都是同盟会员），更借他故把谘议局议员张士秀（同盟会员）押解回临晋本县，下入监狱。又查出新闻原稿系张树帜采访，遂将张逮捕入狱（直到1911年初丁抚去职后，才被营救释放）。《晋阳公报》主笔王用宾，因风声不好，离开太原到了北京。

可是丁抚想提拔夏学津重带军队的计划，亦因交文案的发生和一般人对夏批评不好，从此不能实现，而黄国梁和阎锡山却于1910年12月间，先后接任了山西陆军混成协一、二两标的标统。（据称阎对立宪派的谘议局长梁善济，特别尊敬，关系甚密，他当标统，得梁的帮助甚大）。南桂馨到黄国梁的一标里当了军需。

（三）退伍案（1911年间即辛亥革命前）

1911年间，姚鸿法向黄国梁、阎锡山提出整理军队的计划，商定从两标内挑选优秀士兵，成立一个模范队。又因老兵巧于规避，不便教练，难于整肃纪律，须将当兵年久的老营混子逐渐淘汰，招添新兵，即决定要“旧兵退伍，补充新兵，教育一年”的做发。在同盟会方面，却趁此建立军事运动的基本队伍，并运动到王嗣昌、张德荣（均同盟会员）任一、二两标的模范队长；更在社会上发动有志青年多人，入营当兵，如杨彭龄（字籛甫），即由组织决定下营盘当兵，深入兵棚做兵运工作的。

可是旧兵和什长（即班长）中，年来已参加同盟会的人很多，如果听他们散开，有事时集合甚为不易。且旧兵和什长中的同志们，也都不愿意退伍，认定退伍就是失业。此种情况，由杨彭龄告诉了南桂馨，南又转告了阎锡山。阎说："已经决定的计划，不易更改，只有我们另想办法，或者把裁下来的人，设法安插到巡防队里。"南表示不赞同，再行商讨，最后决定筹集几千两银子，到绥远后套购地，建设农庄，并在太原到绥远的路上，沿途开设店栈，既能容纳许多人，使同志不散开，又能通消息，做联系工作。南把这个做法，告知了杨彭龄，由杨再转达各营连里的士兵同志们，大家都很赞同。遂趁着过中秋节，大家集合于察院后德胜园饭馆。当时，南桂馨和王嗣昌、李成林、杨沛霖、杨彭龄与一标一、二两营的旧什长王泽山、王致嘉、郝富珍、高永胜、于凤山、刘得魁、柳殿魁、谢得元、梁俊玉、马孔青、魏斐然等，以及两营营铺经理（因其与各士兵时有赊欠关系）共计 80 余人参加，名为给退伍军人送行，实际则歃血注酒，举誓结盟，静待遣散后，按照拟订计划出发行事。不料中秋后不数日（即农历八月十九日）即爆发武昌起义。姚鸿法遂不敢实行退伍遣散计划，以免促成事变。可是在同盟会，恰好趁此机会，促成了坚固团结，并且增加了旧什长士兵们的同仇敌忾的志气。因此，后来山西武装起义，一触即发，上述的各旧什长士兵中的同盟会同志，都在起义中表现了最勇敢最积极的先锋作用。农历九月初八日（即阳历 1911 年 10 月 29 日），一早晨工夫，就"光复"了太原，顺利成功，可以说这次退伍案正是个临时促成起义的直接因素。

四　辛亥革命的山西武装起义

1911 年初，丁宝铨三年期满调职，由陆锺琦任山西巡抚（陆系肃亲王载沣的先生，其子陆光熙系日本士官学生，是个立宪派，但因与阎、温、黄等均系同学，私人关系甚熟，其后来山西，希望拉拢阎、温等和他合作，缓和革命）。山西的同盟会派南桂馨到北京活动，通过程家柽（同盟会员）的关系，结识了随着陆巡抚来山西的新任巡警道连印，因此起了些掩护作用。那时，谷思慎回省，与同志李抡藻同院居住，不料李之表弟冯桂芳即官方的高级侦探，每日将谷之言论行动以及和他来往的人，详细报告连印。这一年的全国政治局势，一天紧似一天。山西官方对谷思慎及其来往的人，特别注意。嗣由谘议局议员刘劝功，将官方注意情形，告知了南桂馨，叫他转告谷，迅速离开太原到北京去。并由南到巡警道，亲自见了连印，作了解释，才没有发生事故。不然的话，辛亥起义前如再遭受些损害和波折，起义的事就要受大影响了。

这时，黄国梁、阎锡山的一、二标里，同盟会都有了很大的发展，队官（连长）、排长、什长中的同志很多，能够掌握住军队 2/3 以上的力量。常樾和仇亮都在省督练公所当了科员，常最好发表激烈言论，主张改革，督练公所的负责人，对他特别注意。南桂馨参加了军运，担任城内与城外的联络工作，每日进城与阎等接头后，再与杨彭龄会面，由杨回营盘传达各队官、排长、什长等同志。这样继续工作下去，一直到太原武装起义为止。

辛亥革命武昌起义的消息传到全国后，各地革命党人莫不跃跃欲试。旬余后，陕西革命党人张凤翙等于农历九月初一日（即阳历

10 月 22 日），在西安领导武装起义，响应武汉，“光复”了陕西全省（据传陕西的同盟会已拿到一个镇的兵力）。这时，山西的陆抚台连续召开紧急会议，防止山西也发生革命。遂决定先下个紧急命令，调一标的两个营前往河东，沿风陵渡一带，防备陕西。骨子里是，先将一标内两个不可靠的营，调开太原，以分散革命力量。据说，由陆光熙露出的消息，他父亲陆抚的计划是：一标调开后，再调二标前往大同，而以太原和临汾的巡防队，分别驻防韩侯岭和雁门关，严加防范以保太原。当时命令很严，限一标的两个营必须于初七日（即 10 月 28 日）全部由太原出发，并当面指示黄国梁，命令黄和标本部，于各营领发子弹及服装前，先行出发。令下之后，黄国梁与阎锡山、温寿泉、赵戴文、南桂馨、乔煦、张瑜等军运负责人员，连日在黄国梁家中，紧急接头，商议对策。当时，提出两个主张：一个主张是领下子弹，将军队开到晋南晋北后，再由南北两路，发动兵变起义；另一主张是，绝对不离太原，一离太原，力量即被分散，一俟领下子弹，即在太原发动武装起义。最后决定，走太原起义的路。表面上黄国梁遵照上级命令，于 28 日带标本部向省南出发，连夜赶到了祁县，等候着太原起义即行返回，这样可使官方放心。另由王嗣昌、杨彭龄等发动一标全体同志，于初八日（即 29 日）晨，首先起义，二标接着行动。这个起义命令，由李成林、张树帜做了传达。

农历九月初八日（即 10 月 29 日）晨，太原武装起义爆发，首由一标发动，从新南门（后称首义门）冲进城来，先占领了子弹库。接着二标也在城内到子弹库取上子弹，一致行动起来。跟着炮兵营的同志们，也拉出一个连来参加，攻打满州城。并攻入抚台衙门，打死巡抚。几个钟头以内，就很顺利地推翻了清廷的腐朽政权，“光复”太原成功。当时参加武装起义的各部队情形如下：

（一）在一标各营的队官、排长、头目和士兵中，同盟会员很多，全标官兵已为革命党人所掌握，起义情绪最为高涨。管带姚以价、白和安、熊国斌皆非同盟会员，熊曾阻拦起义，后被革命党人击毙。姚和白则随同官兵共同起义，一致行动，尤以姚以价的表现最为积极，率领全体人员，攻打新南门和抚台衙门。由杨彭龄、张煌等开枪击毙巡抚陆锺琦及其公子陆光熙。当时，一标中最积极的人物有：

队官：王嗣昌、张煌、应瑞九、王体元、杨临洙等。

士兵：杨彭龄是武装起义中最勇敢最积极起先锋作用的特殊人物。

头目：人很多，见前节退伍案中。

（二）二标三个营长中，瑞墉系满人，未有行动。张瑜、乔煦二人都是同盟会军运重要人物，故率领全体官兵参加起义，其中最积极的人物有：

队官：张德荣、吴信芳等；

排长：张培梅等。

头目：傅存怀、卢丰年、杨中科、蔡荣寿等。

（三）炮兵营长某，下令全营不许动，希图阻拦官兵参加起义，后由头目张文达、高永胜、刘得魁、于凤山（都是同盟会员）等，自动拉出一个连的人和炮，参加了起义。

另据曾经参加辛亥山西起义的人谈称：当时，阎锡山给二标传的命令是：“一标已发生兵变，二标迅速进城，某营去保护子弹库，某营去保护抚台衙门。”有的人批评他说：这很明显是阎锡山要他的鬼聪明，这个一生巧于投机的骑墙主义者，从辛亥一开始，就露出他这个两面派的本领来。这一武装起义，很迅速地得到决定性的胜利，但因领导的人，事前布置计划不周，军队纪律特坏，于打死巡抚后，跟着就是乱兵抢了藩台衙门的银库，抢了太原市的官钱局。帽儿巷的金银首饰店和西羊市街、估衣街的殷实商号，均被抢劫一空。接着，西羊市一带大火连天，烧了许多商家的房子，市井无赖也趁机抢劫，全市黑了街。这样，整整抢劫了大半天，阎锡山等才出来镇压乱兵乱民，事实上发了横财的早已跑了，糊里糊涂地杀了些抢零碎东西的冤枉鬼，来遮掩遮掩人的耳目罢了。这件事，在山西的社会舆论上，对阎等领导山西起义的人们，早作了很坏的定评。

五　山西军政府的成立

1911 年农历九月初八日（即 10 月 29 日）中午，山西同盟会主要人员及参加武装起义的各重要人物等，集合在省谘议局开会，决定成立山西军政府，为领导山西军政等一切的总机关。先由杨彭龄倡议，仿武昌起义对黎元洪的例子，逼请姚鸿法担任都督（这时，姚已调任巡抚衙门参议官，谭振德继姚为山西陆军协的协统，起义时谭协统因保卫陆巡抚，亦被起义士兵打死）。姚以家眷在京为辞，坚不承认，遂将姚软禁在谘议局内。后即由众公推以下人员组成军政府：

阎锡山为都督，温寿泉为副都督兼军政部长；

梁善济为民政部长，常樾为军令部长；

黄国梁为参谋部长，杜上化为总参议。

军政府成立后，在军事方面，前后派出 3 路军队。首先派出东路军，以姚以价为总司令，赵戴文为参谋长，乔煦为前敌司令，带兵两营，即日出发，防守娘子关。随后又派张瑜为北路司令，带兵一营，会同在五台、崞县一带起义的忻代宁公团（公团起义经过下节详述），出兵雁门关茹越口等地，进攻大同。接着又派刘汉卿、李大魁为正副司令，带兵一营，前往河东，经韩侯岭、临汾等地，直达运城（刘汉卿和刘越溪都是北洋第三镇的军人，听到山西起义，从军队里拉出一部分人，前来参加）。同时，派常樾、乔煦、贾德懋3人为议和专使，到北京与段祺瑞接头，试图缓和局势。又派南桂馨前往西安、武昌等处，与张凤翙等同盟会人员接头，希望山、陕联络一致，并盼各处予山西以军事接济和援助。

六　晋北起义和忻代宁公团

前边第一节所说，在晋北五台、崞县一带积极活动的革命党人，他们在各县倡办学校和提倡体育会，大批发展同盟会员，并经常派人到绥远一带进行革命活动。这个运动的中心人物是续桐溪（字西峰）、王建基等。他们的工作，深入社会各阶层，活动地区，由雁门关内各县，经应县、大同等地，直到绥远包头一带。从光绪三十二、三十三年（1906、1907年）间起，至辛亥革命（1911年）前，在社会各阶层，普遍地撒下许多革命种子，因此各色各样的好汉和人物，都集中在这一团体内。其间，山东的著名革命党人刘冠三，曾化装成书贩，挑上担子，前来山西，专访革命志士，走到崞县西坡头（即西社），与续西峰相会后，畅谈甚洽，这给了续西峰的影响很大。西坡头这个小村庄，成了策动革命的一个中心活动地。当时，在晋北各县和绥远包头一带，参加同盟会的人很多。除第一节已经提到的人不再重述外，其他各地活动的中心人物，计有：

崞县：弓富魁（领戏班和赌场的好汉，经常在绥远活动）、王客卿、续式甫、续宝丰、邢秉丞、侯富山（唱戏的，艺名叫白菊花，平遥人，经常在晋北各县演出）、杜子英等；

五台：赵丕廉、张毅安、赵锦屏、赵长治等；

定襄：牛诚修、张松香（做买卖的，基督教徒）；

忻县：王树侯、梁硕光、毛致和、银绳武等；

代县：李子高、刘华佛等；

繁峙：任涌、韩耀三等；

岢岚：赵萃珍、赵萃瑛等；

静乐：武泽霖等。

以上二县与谷思慎亦有关系。

大同：李国华、孙权斋（安徽人，带毅军士兵参加起义）、常珍、彭兢武（进五）、宋世杰等；

绥远包头一带：郭四少爷（忘其名，是否郭洪霖？）、荣嘉惠（蒙族）、经子衡（蒙族）、李栋成、刘干丞（河南）、李德懋（大同人，在绥远开拳场卖艺）、刘永通（李德懋的徒弟）等。

先是 1907 年间，在绥远进行革命活动时，在郭四少爷家中接头聚会，被清廷反动将军贻谷侦知破获，郭四少爷全家及徐西园均遇害。王建基、杨芳圃被捕，李小峰由包头连夜跑回崞县西坡头报告，设法营救。后由弓富魁等在绥远设法，才将王、杨救出，回了崞县。

辛亥武昌起义时，赵丕廉在太原中学堂教书，山西武装起义成立军政府后，农历九月中旬（即阳历 11 月初），续西峰由崞县到了太原，和阎锡山等接了头，决定成立忻代宁公团，由续西峰任团长，康佩珩为副团长，赵三成为参谋长，赵丕廉为粮台督办，到晋北各县，发动青年和民众参加，组成武装，做太原的后盾。续由太原回崞县西社后，经 10 余日，即集合起 2000 余人，成立公团，内辖各队如下：

（一）团总部的卫队，约 200 余人，由续范亭、续廷梅带领；

（二）弓富魁为统领，约 1000 余人，分为数大队，由张德胜等带领；

（三）另有左右翼两个游击队，各 200 余人，左翼正副队长为史可轩、赵承绶；右翼正副队长为贺耀斋、任涌；

（四）另有粮台队 100 余人，队长为王得胜。

时王建基在运城当教员，闻公团成立消息，星夜赶回崞县西社，适公团已出发，进攻大同。王又集合同志及青年若干人，编为一队，赶往大同。路过怀仁县秀女村，被清廷反动军队米振标部截击，王与同志贾国华同时牺牲。王建基是晋北革命运动中最优秀的杰出领导人物，不幸于此辛亥革命发动之初，即遭牺牲，闻者莫不痛惜。

此时，山西陆军小学及北京陆军中学的学生，闻辛亥起义消息，纷纷回省，到晋北参加民众武装起义者，有张德枢（陕西人），续范亭、赵承绶，李生达、宫保衡、李士杰、樊赓灿、郭建业、李荣等 20 余人。

农历九月下旬（阳历 11 月中旬），公团组织就绪，数日后，即与太原派出的北路军司令张瑜等配合，共同抗御由大同开到雁门关的清廷军队。公团是初成立的民众武装，枪械极不齐全；但因革命精神旺盛，加以续西峰的指挥有方，当张瑜军与敌人在雁门关正面作战之际，公团以出其不意攻其无备的战略，由崞县秘密出发，雪夜急行军，以神速的行动，突出繁峙县的茹越口，抄入敌后，直趋大同，解除了雁门关方面的威胁。那时大同城内的清军都调往雁门关，而北京清政府增援的军队，尚未到达。公团事前已与大同同盟会员建立联系，遂由同盟会发动群众，将镇台王某逼迫逃走，欢迎由雁门关南来的革命队伍，于是未发一枪，于农历十月十五日开入大同。十月十六日早晨，北京派来的毅军陈希义部 10 个营到达大同，将城团团包围。公团据城抵抗，前后坚持近两个月，一直到农历年底（1912 年 2 月间），太原方面由杜上化、张毅安、李文甫等出面，先后到大同劝和，双方才停止战斗，公团退至崞县原平，等待南北议和后的决定。此后阎回太原，重任山西都督，续西峰调省，担任了巡警道，公团被裁撤，干部在警察等界安置。这支民众起义的队伍，从此就告结束。

在此期间，代县的同盟会员李嵩山（字子高）1909 年因案逃往安徽，由安徽返回山西，在应县发动起义，被清廷的反动官方侦知，扣捕后遇害。

七　吴禄贞遇刺与阎、温由太原撤退

武昌起义之初，北京清政府曾派北洋陆军第六镇（即师）全部沿京汉路南下，原拟参加进攻武汉。六镇的镇台是吴禄贞，湖北人，系同盟会员。嗣因山西近在北京肘腋，已发生武装起义，遂又令吴镇留驻石家庄，停止南下；并派吴禄贞为山西巡抚，带兵入山西，镇压革命。吴到石家庄后，与阎、温等互相派人联络，约定在娘子关会面，共商北方革命大计。当时山西方面，前往参加娘子关会议的有阎锡山、温寿泉、赵戴文、黄国梁、姚以价、马开崧、乔煦等，当经会议决定，组织燕晋革命联军，吴任大都督，阎为副都督，由山西派兵两营归吴指挥。这时，各省先后响应武昌起义者已十数起，北京清政府已决定起用袁世凯来对付革命党。袁世凯与北京清廷贵族主军事的良弼，原来极相矛盾，这时经疏通亦已谅解，袁已规定了由河南彰德府回北京的日期。按吴镇的计划，袁世凯是革命党的劲敌，一定要先将袁逆铲除掉。他已经有了很完善的布置，在石家庄车站预备接送袁逆，借保护之名，暗伏下手枪连和机枪连，一齐动手。可以说，铲除袁逆已有绝对把握。此事若成，然后与驻滦州的张绍曾（二十镇，张系立宪派），和山东方面已有联络的靳云鹏（五镇），三路出兵，进攻北京，打倒清廷腐败政府直如摧枯拉朽，北方大势已成定局。可惜吴镇为人虽英爽有魄力，但因事不机密，计划不周，他所部的某统协正是袁世凯的基本心腹，于是他的革命布置，都被北京的良弼和彰德的袁世凯所侦知。袁逆先发制人，派人到石家庄联络其部下，于九月二十六日（即阳历11月17日），将吴镇刺死。刺吴的凶手就是第六镇的一个姓马的团长。吴死后，他的计划完全落空。这真是北方革命中无可补偿的损失，对于全国局势，自有极重大的影响。

接着袁世凯回到北京，重新掌握了军政大权，另派第三镇军队攻山西，卢永祥带一个旅，先头攻进娘子关，姚以价抵挡不住，大败兵溃，阎锡山带兵前往，也失败回来，太原人心动摇。北京清政府新派的山西巡抚张锡銮未到任，暂由原任藩台李盛铎护理。据传，李盛铎于太原起义后，曾暗派郑景福（外号称郑老六）化装成叫化子，潜往北京，报告太原实况，请速派兵前来镇压，才将三镇兵引入山西。卢永祥的兵进入山西后，在晋中各县及晋南洪赵一带，大肆抢劫人民财物，欺压老百姓，无恶不作，在社会上留下了极为恶劣的印象。

三镇兵入山西后，太原方面已无抗拒实力，当时，阎、温、黄等多次集议，多主由太原暂时退出，到陕西与张凤翙靠拢，联络起来。但因所采路线的主张不一致，结果，阎和赵戴文等走了北路，温走了南路，黄留太原未走，与王嗣昌、张德荣先住在阳曲县青龙镇，后入城在天主教堂躲藏，再转至天津，议和后才回太原。

吴禄贞遇刺后，六镇内原有的革命党人无法存在，于是孔庚、李敏、王家驹、何遂、倪普祥等，都来山西。阎先委孔庚为朔方招讨使。阎、赵于十一月初（阳历12月中旬），由太原退出，带领张树帜、张培梅、杨沛霖、李成林、谢濂、傅存怀等，到神池县与谷思慎及孔庚会合，沿途收集散兵1000余人，取道保德，攻入绥远，占了包头。攻归绥时，王家驹在萨拉齐刀石村牺牲，这也正是续西峰为首的忻代宁公团，被毅军包围在大同城内，坚持抗敌的时候。直到农历年底（即1912年2月），听到南北议和消息，阎等才由绥远返回忻州，静候议和后的解决。另一路，温寿泉于阎退出太原之第二日，带领台寿民、吴迪、井介福、谢桢祥、姚履祥等及陆军小学学生多人，向晋南出发，到洪洞后，与景定成、杨彭龄、李岐山、吴汇之、公孙长子等会合，沿路集合兵众1000余人，谋在晋南进行革命（详下节成立河东军政分府内）。

阎、温由太原分向晋北晋南撤退后，太原即由护理巡抚李盛铎负责，谘议局仍由梁善济维持，并由姚鸿法收集1000余人，组成军警，维持地方治安。阎由绥远返忻县后，杜上化与姚鸿法，经常与阎有联系，联络人为孔繁霨、焦纯礼。

八　临汾起义始末

太原起义消息传到晋南后，临汾人侯少白即纠合同志，奔走接洽，密谋响应太原。先是山西巡抚陆锺琦，因陕西起义，急电驻临汾的太原镇总兵兼后路巡防统领谢有功，调齐所部马步七旗兵，集中临汾候命，并令先带少数步队，视察黄河防务，电到起行，不得逗留迟延。又急电潞安协台兼后路巡防帮统陈政诗，星夜赴临汾，招募马三步四七旗新军，于一个月内成军，开赴原防各县，巡防地面。阳历10月29日，太原起义，陆锺琦为革命军击毙，陈政诗因军饷无着，由潞安迳赴运城，找河东盐法道余棨，接洽新军饷项。正当谢有功巡查风陵渡未回，陈政诗在运城接洽军饷未来的时候，前经谢下令所调的巡防各县七旗后路全体官兵，尽数开到临汾。谣言四起，一日数惊。知府耆昌，早将眷属送回北京，衙门人役，逃走一空，只剩耆昌一人。知县武树善，也因有兵无饷，躲避起来，城内所到军队，已经在市面自由行动起来，作变相式的抢掠，不听官长约束。侯少白和同志张志良，与防军官长进行商洽，步兵管带李家有、骑兵管带尹钦斋均同意部署队伍，在临汾准备起义行动，而骑兵左哨哨官陈子标，对于起义，尤为热心。适遇陈政诗由运城回到临汾，召集驻临的七旗官长，宣布说："我已接到公事，后路巡防队完全归我指挥，我主张集中训练，保境安民，最近还要成立七旗新兵。"随即设新兵招募处，在临汾招兵买马，不一月募起2000余人，加上旧七旗2000余人，共4000余人，枪支六成以上，对外宣称要积极准备进攻太原。此时太原军政府业已派出南路军正副司令刘汉卿、李大魁，带兵一营南下，只因人数太少，迟迟其行。过平遥县，该县县长即密函告知临汾县长武树善，说："来兵不满五百，形同乞讨，我县无兵，不能设法，临汾大兵所在，又有韩侯岭险要可守，派兵一击，必操胜算。"武县长将此情形，转告了陈政诗，陈遂派兵守住韩侯岭，一面又请侯少白及临汾绅士4人，赴介休阻止革命军南下。第二天，侯等即赴介休。临行前，与张志良接头，商定由张在临和防军驻临官长接洽，侯与张世吾、范若卿及洪洞苏甲名，赴岭北欢晤刘汉卿司令。这时，陈政诗司令部已移驻霍州，派尹管带骑兵驻灵石县水头镇，其前卫尖兵正是陈子标哨。尹钦斋驻韩侯岭，李家有营驻仁义、郭家沟一带。以上各地，都是侯等前往介休必经之路，所到之处，侯与各带兵官长尹、李、陈都见了面，商妥表同情于省军，驻水头的陈哨、韩侯岭尹营、仁义李营，自动调开 15 里或 20 里，让刘汉卿的部队向南飞速猛进。当日，刘部后队队官王泽山全队，即通过水头，占领韩侯岭。陈政诗闻水头、韩侯岭不守消息，知所统率的部队不听命令，即退赵城，并命新调来的临汾童宝山营，暂驻洪洞，停止北进。陈本人又由赵城匆匆返回临汾，而临汾官兵，亦均不听其指挥，遂逃往绛州，而侯少白等见所谋顺利成功，无赴介休必要，亦由水头镇返回赵城。

这时，临汾城内外驻有新旧防军九旗之多，知府耆昌早由陈政诗送走，经东阳关回北京，城内清廷官员只剩知县武树善一人，坐衙待死，人心惶恐。侯少白随王泽山队由赵城开到洪洞，前队杨临洙亦到。但王、杨均受命到洪洞停止待命，不能前进。张志良一日内数函致侯，催军前进。侯与王、杨二队官接头，坚请部队速开临汾，王、杨均谓须等命令，不能冒进为辞。侯在洪焦急万分，最后才和王泽山说妥，抓紧时机速将全队开赴临汾，占领晋南要地，于夜半抵达城郊。侯先进城与张志良等布置一切，决定城内军队一律于明早移驻东关。王队进城后暂驻平阳女子学堂，武树善即来拜见王队官，并送酒席，为王队官兵洗尘。这样人民安堵，鸡犬无惊，未经战争，而占领晋南重镇临汾（时约辛亥年阳历 11 月底）。第二日刘军左右队全到，第三日刘汉卿司令偕李大魁、郝富珍、叶滋初等，均到临汾，司令部驻贡院内。

刘汉卿进临汾后，对侯少白等慰勉有加，并说：“我一二日内就要率军南下，临汾的事，由省城委王家骏、许志显为正副统领，统带新旧防军，开省整理，平阳府暂委刘拱璧署理，城防着张联升布置。牛如虎赴洪洞招募新兵，入伍训练。”侯建议两点：

（一）速派妥人将谢有功的眷属优待起来，谢某年老子幼，急欲回原籍，以此作交换条件，南路军事可迎刃而解。

（二）刘司令应在临汾多驻数日，一切布置妥当后始能率军南下。

刘答：“我在太原受命赴河东，绝无半途停留之理。此间军事政治有王、许、刘、张、牛等负责，优待谢有功眷属事，我着刘拱璧、李大魁负责办理。不料刘、李办事粗率，只派兵 4 人，更换了镇台衙门的卫兵，没有监视谢眷的行动，致谢眷于夜间携其 10 岁幼子逃出城去，不知下落。此与以后谢有功反攻临汾，平阳得而复失关系甚大。

再一件事是王家骏、许志显二人，接管临汾防军过程中，发生了一些波折，对临汾失守关系亦大。王、许到临汾之日，侯少白曾告知李、尹等各旗官长，率队到北门外欢迎，侯亦同往介绍。当后路防军全队齐集北门外关厢之际，忽见由南来一步一骑，便衣二人，携带步枪一支，骑者下马问兵士们是不是革命军？详询此人来历，他答：陕西张都督派我来联络晋军，合击升逆（当时清廷陕甘总督升允率甘军正攻西安）。侯与详谈晋省情况，目下恐难援陕，着即返陕复命。同时，侯迎王、许由晨至下午 3 时，尚未见到，全队回城后，才知王、许已于正午 12 时许，便装由南门回到家中（王、许均系临汾人）。各军长官士兵对此啧有烦言，甚表不满。侯回城即与王、许接头，告以临汾防军表同情于省方起义的经过，今后调省改编或回原防，均愿接受命令，但不可开赴南路同谢有功、陈政诗作战。王、许初不同意，经再三说明，始首肯认可。遂约定第二日早8时，集齐全军4000余人，在城内关帝庙，听王、许二统领讲话。讲话前，由庙内的僧房到讲话的戏台前仅10余步，而戏台下边的鹄立官兵皆满，王统领却要在僧房门外上马，戏台前下马，摆此威风派头，已使官兵多人用目斜视。而王上台后，劈头第一句话就问士兵们，你们见了谢有功、陈政诗敢杀不敢杀，敢杀者举手。当时，台上的官长们面红耳赤，台下的士兵们亦无应声。侯少白恐由此发生意外变故，遂急向前，要讲两句话，说明接洽经过，台下士兵亦大喊，请侯先生讲。侯说："入伍为兵，退伍为民，兵民一体，在省为陆军，在县驻防为防军，兵与兵更为一体。省军离北京近，知道清政府误国坏事，已经起义革命。防军驻在县、乡，知道的较迟，现在也欣然表同情于省军，参加起义，一致行动了。所要求者，谢、陈为旧日官长，能避开和他们不见面最好。我在前接洽时，已经答应此要求，并保证决不交付后路防军担任此项任务。王统领不知经过详情，我现在当众说明，并要求王、许二统领答应这种要求，开诚布公，昭大信于全军，革命前途实利赖之。"王、许见此情况均首肯。散会后，侯又尽二日之全力，说服各队官长始到王、许的司令部报到。

刘汉卿司令在临汾匆匆驻了两天，即统兵南下，行至侯马南隘口山，与巡查河防返临汾的谢有功遭遇。谢查防时，由临汾带出的兵很少，但由河东盐法道余棨处借得盐捕营一部，武装甚为齐全。两部相遇，展开激战。数日后，刘军因听到太原不守的消息，士气不振，刘气愤之余，亲赴前线督战，为敌所伤捐躯。余部退回临汾，而临汾又为叛将童宝山所据，兵众四散。原来临汾所有军队归王家骏、许志显统率，向北开往太原。行至洪洞，恰好传来太原不利的消息，驻洪洞的童宝山，遂不遵命令，率其全营迳回临汾叛变，赚开东门，将张联升所派的守门士兵杀死，又赶到北、西、南各门将守兵俘囚起来。知府刘拱璧负平阳治安总责，城防责任派张联升担负，士兵均为新招，且仅 100 余人。牛如虎在洪赵一带招募新兵，时来时去，张联升赴城西各村收枪收款，尚未回城。刘知府突闻童宝山叛变占据城门，他未通知任何人，并将他邀请来临汾参加革命的贡生张成林撂在衙内，独自于夜间溜城而逃。张联升带枪款回至西门，尚不知城内有变。被童逆开城袭击，张抵抗至汾河岸，为童所获，带进城来，在海子边杀害。又将张成林由知府衙门捕去，交临汾县武树善杀死。牛如虎等在洪赵招募新兵，每日由公车送来临汾者，一二十人不等，已到临汾约 100 余人，正在交知府查验，亦被童逆叛兵蜂拥而至，围困拉走，到海子边全数杀死。刘拱璧、牛如虎做事粗心，使临汾起义要地又陷敌手。而谢有功却大吹大擂再据临汾，并将刘汉卿首级割下，悬挂城内鼓楼示众。王家骏等收编防军，除李家有、尹钦斋、杨生阶三营开赴太原始终未变外，其余新旧防军，复归谢有功统率，占据平阳，在城内搜杀参加革命起义的志士，约有旬余之久。辛亥山西全省各地起义，临汾牺牲的革命志士和青年特多，后人于此，应将志之不忘。

九　河东军政分府的成立

温寿泉与杨彭龄、李岐山等由太原南下，在洪洞会合后，先商议进攻之计，但经考虑，临汾清廷镇台谢有功尚有劲兵七旗两千数百人，武装齐全，并已集中力量准备应付革命党，故进攻临汾无把握。当时，有两个主张：一个是硬攻临汾，另一个是绕开临汾先占运城。此时，河东的张士秀已与陕西革命党取得联系，陕西都督张凤翙派陈树藩带兵一个团渡河，“光复”了运城，河东的清廷盐法道余棨闻风逃走。温等最后决定，与台寿民等绕道襄陵、汾城，先到河津，以便与陕西联络。数日后到达，即着手整编部队，派台寿民为混成团长，辖三个步兵营、炮骑各一营。郝富珍、梁俊玉、谢得元、刘得魁等为营长。另由杨彭龄、李岐山整编所部，后来开往运城与张士秀配合，防守运城。不久，杨彭龄离开，该部完全归李岐山带领。

这里应该特别提出的一件事是，前此山西军政府军令部长常樾，派往北京担任议和专使，因吴禄贞遇刺，第三镇兵攻入山西后，北京同盟会正遇汪精卫等出狱，遂决定常樾应速往河东，协同温寿泉在晋南进行革命活动。常取道东阳关到河东，途中被清廷官吏捕获，解往临汾，路过曲沃侯马村时被杀害。常为山西辛亥革命运动杰出的领导人物之一，早期殉义，实为革命队伍中的极大损失，闻者惜之。

温过河与陕西联系，先到潼关与张伯英见面，再到西安见张凤翙，蒙张帮助步枪 200 支，子弹 5 万发。返至运城，发现张士秀、李岐山另有图谋，不听指挥。当时全国已有南北议和消息，袁世凯嫡系军队赵倜部，驻扎河南陇海线上，对运城的张、李逼得很紧，说他们是土匪做法，准备剿办。经温寿泉设法缓和，张、李等才向温低头，服从命令。温即在运城宣布，成立起山西省河东军政分府，以副都督名义，统一指挥河东各县的军政一切事宜。

河东的军政分府派李岐山率领军队数千人围攻临汾，谢有功凭城顽抗，李军由韩升泉指挥，率队攻打南门及东关，非常激烈，南门已焚毁，东关亦已攻入。而童宝山由东门突出，激战数次，成相持状态。先是李军在临汾河西煤窑上，发动工人300余名，在城外西南隅洞儿上（村名）开掘地道攻城，未过五日，已开道约一里余，童宝山军队由城内突出后，韩恐地道有失，率部前往保护，被童宝山袭击，韩升泉阵亡，他所率的部队全部后撤。童宝山遂将打地道的窑工300余人，尽数俘获杀害，逃出活命者为数很少。当时李岐山军攻打临汾已一月有余，粮食弹药亦感缺乏。河东军政分府温寿泉偕台寿民等亲到临汾城南十里的尧庙总部劳军,并供给食物弹药，士气旺盛，连续猛攻城池。可是这时袁世凯军第三镇兵已开进山西，谢有功又屡电求援，袁遂派三镇兵第五混成协卢永祥，率全协由晋中向晋南挺进，来解临汾之围。因此，李岐山军也停止了围攻临汾而南调。同此期间，军政分府另一路景蔚文军，攻破绛州城池，将陈政诗捕获斩首。

卢永祥的军队到达临汾之后，终日三五成群在城外大事抢掠，环城30里以内的商民，无一幸免，地方损失难以计算。卢军驻临汾一月有余始北调。谢有功将军队交付了他的临时帮统李某暂时管带，即携眷北逃。省委周维藩接任，周也观望不来。这时河东军政分府委张之仲携带公文，探交赵城张煌，赶速组织团部，收集地方散兵游勇，加以整理训练，暂驻洪洞，负责监视临汾防军，该员赞助张煌办理此事。同时省中加委张之仲护理平阳府知府，兼理营务处，管理驻平阳新旧防军。又加委张煌为陆军某团团长，驻军洪洞，张之仲赴临汾接任。张到临汾接事七八日，受北京兵变（即袁世凯指使曹锟在北京兵变，借口不能到南京就职的事）之影响，于1912年

3月中旬夜间全部哗变，烧杀抢掠，夜以继日，商民损失不能估计。知府张之仲于兵变时跳城逃跑，城高绳短，将腿摔折，僵卧城根，不能行动。天亮后，由教会医生高固亭救回医治。不久，河东军政分府，又派张惠之接统临汾防军，张徘徊城外，不能接事。如此混乱局面，约有40余日。驻洪洞的张煌，因新编的军队多由哥老会发动而来，并曾在赵城北门外一带，截击南下的卢永祥军，到这时才派出杜登山、李海杰等，带兵进驻临汾城内，并委任杜登山为第二营营长。不几天，省委的周维藩统领亦到。周接事后，将驻临汾防军扫数调省改编，张煌的团部亦由洪洞移驻临汾，临汾局面至此才稳定下来。

河东军政分府的局面，一直支持到1912年的8月。那时山西全省政权已归统一，并整编全省军队，李岐山为旅长，台寿民、史可轩为团长，又派张士秀为河东道尹。温寿泉通电撤销河东军政分府及副都督名义，回归太原。河东的事至此告一段落。

十　南北议和后的山西政局

前边说过，山西军政府成立时，南桂馨曾被派为代表，到陕西等省与各地同盟会员联络。南于1911年11月中旬，由太原动身，先到潼关与张伯英晤面，得知陕西情况亦甚混乱，无暇支援太原。南遂取道汉水，直达武昌，见了黎大都督元洪，谈了山西响应武昌起义的经过，那时正值汉口失守，重陷清廷军队手中，武汉形势极度紧张。黎说："当下很难接济山西，最好到南京想办法。"而山西局势此时也起了变化，娘子关失守，阎、温由太原撤退，消息隔绝，不知阎都督到了哪里。南于是由武昌顺着长江到了南京，见了黄兴（军政部长）报告了山西情况，亦无具体的解决办法。适闻孙中山已回国，到了上海。南即赴上海，向孙中山报告了一切。孙说："跟我一同回南京再说。"到南京后，那时已有山西省谘议局（立宪派）和李盛铎（护理巡抚）商派的刘劝功、李素和由东京赶回的景耀月三人代表山西，参加了南京临时参议院开会，与各省代表一致拥护孙中山，选举孙中山为中华民国临时大总统。孙中山于农历十一月十三日（阳历 1912 年 1 月 1 日）就任大总统职。

在这期间，南北议和声浪甚高，孙先生的主张是大总统的职位可以让给袁世凯，但必须定国都于南京，并坚持革命起义的省份，仍由原起义的革命党人担任都督。几经往返商洽，最后得到袁世凯的同意。那时李盛铎曾派刘盥训、叶古虹到南京运动山西都督；而南京军政部的司长仇亮，乃于阎锡山由太原撤退时转到南京，对阎的一切甚为不满，认为阎不足以领导一省。经南多次与胡汉民、黄兴接洽，胡曾专对山西问题起电稿十余次，拍给袁世凯，主张保留阎回省继任都督。这正合了孙先生起义省份仍由原起义的人担任都督的原则。这样在南京方面保住了阎的继任都督。南桂馨由此回了山西。一面阎锡山也派出孔庚、谷如墉、董子安（与袁世凯有私交）3 人到北京与袁接头运动（那时阎还住在忻州），正遇袁世凯指使曹锟兵变，借口不能南下就职。同盟会负责人等多主张对袁世凯妥协让步，允许袁世凯在北京就大总统职。袁政府遂任命阎为山西都督。阎于 1912 年农历三月间（即 4 月间）由忻州回了太原。遵照袁政府的命令，将山西军队整编为一个师，孔庚为师长，刘越溪、李岐山为旅长。都督府下设军政、民政二司，温寿泉为军政司长，周渤为民政长。后不久，由谷如墉接任了民政长。民国元年间，山西军政各负责人如下：

都督：阎锡山。

军政司长：温寿泉。

民政长：谷如墉。

财政司长：张瑞玑。

司法司长：刘绵训。

教育司长：解子仁。

实业司长：王大贞。

高等法院院长：邵修文。

巡警道：先由南桂馨担任，后改为续桐溪，南调任河东筹饷局局长。

并成立了山西省的第一届省议会，议长：杜上化。

这样，建立起山西的统一局面，也就结束了辛亥革命运动在山西的一切。

结束语

现代的历史家们一致公认：1911 年的辛亥革命，是资产阶级的民主革命。孙中山于 1905 年成立了中国革命同盟会，他是中国资产阶级革命民主派的代表。他们提出了推翻清廷专制政权，建立民主国家的主张，举起民主革命的旗帜，和君主立宪派坚决斗争。更于 1905 年到 1911 年间，举行过若干次革命起义。这些斗争，在中国革命的反帝国主义、反封建主义上，都起了巨大的作用，并终于

1911年领导了辛亥革命，推翻了清廷的统治，结束了中国2000多年的封建专制，创立了中华民国。

但是，这条革命道路，处在帝国主义时代的半殖民地中国，已经是走不通了，也就是说，属于旧民主主义范畴的革命运动，在这里是绝对得不到彻底胜利与成功的。原因是中国资产阶级的软弱性，特别显露出来，它没有一个彻底反帝反封建的纲领，因而在革命运动中，不能把当时最巨大的民主力量——劳动农民——组织起来，参加斗争，更没有解决民主革命的基本问题——土地问题。这充分说明了这次革命没有坚固基础和社会力量。因此，遇到以北洋军阀袁世凯为代表的封建买办阶级政权，这政权靠着帝国主义的支持，革命的同盟会就显得异常软弱无能为力。孙中山终于对袁世凯让步妥协，全国的政权很快地落到反动派袁世凯手里。结果是轰轰烈烈的辛亥革命，虽然取得了推翻清廷的胜利，但只挂起一块中华民国的空招牌。这次革命运动可说是归于失败的。

山西的辛亥起义，是全国革命的一部分，当然是得到同样的结果。可是巧于投机的阎锡山，从辛亥前他回山西参加革命活动到辛亥山西起义前后的这一段当中，他的行为和做法，就十足地表现出他的两面派投机主义的骑墙作风。他一面是同盟会员，是丈夫团员，争取到山西同盟会里的主要领导地位；一面却又拉拢立宪派的山西省谘议局长梁善济等，甚至和清廷官吏姚鸿法来往密切，运用他们，对他谅解，对他帮助，得到了标统，拿住兵权；并且使清廷的官方怀疑其他革命党人，而比较对他信任。辛亥山西起义后，他又一面派人到南京，见孙中山、黄兴等，表示他是同盟会最基本的人，山西是响应武昌起义很早的省份，使南京方面坚决支持他做山西的都督；一面又派谷如墉、董子安到北京，与段祺瑞接头，向袁世凯输诚。终于南北议和后，阎锡山被任为山西都督，成为他统治山西 40 年的开始。

另据熟悉辛亥革命山西起义详情的人谈称，当时山西局面之所以能够维持，和阎锡山之所以能继任都督，表面上好像是由于在南京、北京运动成功，实际上却与续桐溪等忻代宁公团在大同坚强抵抗清军，和晋南温寿泉等河东军政分府的一切活动，关系至为重大。这两股革命势力的积极支持，保持了山西起义的整个局势，不然的话，阎锡山由太原撤退之后多少日子，山西的同盟会员，都不知他跑到哪里。那时，南京、北京都有攻击阎的舆论，而革命党方面的理由是“太原虽已放弃，晋南晋北却仍由革命党人坚持阵地，山西自应属于起义胜利的省份”。可是，这一场革命斗争的果实，可以说被阎锡山这个两面派的骑墙主义者，整个地独自吞食了。后来，阎锡山更进一步地靠近北洋军阀，投降了袁世凯，背叛了孙中山。他为取得袁世凯的信任，排挤残害山西辛亥起义时的许多同盟会同志，这些同盟会员或被杀害，或多年流亡在外不能回省。山西社会上对此早有极正确的公论。

1955 年 5 月 26 日

（选自山西省政协文史资料研究委员会编《山西文史资料》第 19 辑，1981 年 8 月）

山西辛亥革命前后的回忆

南桂馨*

一　从山西大学堂说起

很早，太原就有两座旧式的书院，算是山西最高的教育机关，一名“令德堂”，一名“晋阳书院”。庚子以后，岑春煊聘请锡良的门生谷如墉任晋阳书院山长，让他以地方士绅的身份，和英人李提摩太接洽分配“庚子赔款”问题；李提摩太提议由赔款项下提出一部分成立山西大学堂。

山西大学堂成立，总办由中国人充任。其中分为中斋和西学专

* 南桂馨：时任山西新军第一标军需官，后任南京国民政府山西省政府委员兼民政厅厅长，立法院立法委员。

新中国成立后，任山西省政协委员，北京市文史研究馆馆员。

斋两部分：中斋完全由中国人主持；西斋则由英人领导教务，总办必须尊重他们的意见。那时，山西人民反洋意志很激昂，认为山西大学堂是洋学堂，没人愿意报考。岑抚聘谷如墉为山西大学堂总办，谷想了种种办法，结果以令德堂和晋阳书院的学生经过考试，作为中斋的学生；另从各县，通过私人介绍，选拔青年，升入西斋学习；并且以令德堂的优秀学生崔廷献、刘绵训、任钟澍等为号召，各县才有人应考。

我是宁武县的一名秀才（附生），被选入了山西大学堂的西斋。后来，我们中斋的同学，留学日本八个月的短期学生刘懋赏、徐子澄、孟元文等回到太原，带来了《民报》《猛回头》《革命军》和《大义录》等进步书刊，我读了非常激动，因此立志要革命。我想革命首先必须武力，所以我就改入太原的武备学堂。住了一个学期，我们前班的同学阎锡山、温寿泉、黄国梁等被送赴日留学，我也跃跃欲试。宁武府县同意送我留学，但费用系由公家资助一半，个人自备一半，我家贫寒，只好作罢。不得已就暂作了朔县小学的教员。

这时，同盟会的山西负责人谷思慎已经回省，住在宁武。他想改建扩充宁武中学，以作革命的策源地，但苦于经费不足，因而和我商酌。我建议从煤税方面设法。宁武出煤，大量向朔县输出，原订有纳税规程。但天主教民不但不照章缴纳，反而殴打收税人员，以致影响了收入。宁武府县恐惧外国主教势力，束手无策。我建议派遣宁武小学教员王宪、冀学蓬等往见主教，以理折服了他们。从此，教民照章纳税，宁武中学也随之成立，谷思慎引我为同志，我就加入了同盟会。

二　我在日本的种种

光绪三十二年（1906 年），山西巡抚恩寿通缉同盟会员，我和谷思慎在除夕潜逃到五台县东冶镇，与赵戴文会见。适荣福桐刚由日本回国，传达了同盟会总部的指示，让我们先行秘密布置，储备实力；至于发动的具体日期，须听总部命令。我们就商定，绥远西部，清廷鞭长莫及，应该到那里招兵买马，预作准备。策划既定，我们就此分别。赵戴文到太原，回了晋阳中学学监的岗位；我和谷思慎步行走到直隶定州，乘京汉路火车至汉口，转轮至沪东渡。康佩珩、徐翰文等则去绥西秘密布置。但不久失败，徐翰文因此牺牲。

到日本后，我考入了警察学校。我和谷思慎到同盟会总部见过黄兴。后来，我和张继、刘师培、章炳麟等经常往还，我的思想行动很受他们几位的鼓舞。当时《民报》并无固定经费，而刘师培全家在日，经常闹穷。记得有一次，他向《民报》社借 30 元，宋教仁以无款可付，未能照办，章炳麟出而代抱不平，和宋争执得很激烈，刘揆一也很为难。经我和张继从中调处，才算了结。这本是一件小事，但可见在那时同志们一般是艰苦的。

多数同志们都认为革命非有武力不可，因此，领导革命的人也自然必须通晓军事。决议，请日本人本庄繁、加藤二人教练我们学习军事指挥。又恐日本政府干涉，所以必在晚间，而且是轮换地点，今日在甲家，明日又到乙家。这样，我们坚持了一个相当长的时期。

从这以后，我和幸德秋水、大山荣及北辉次郎等常有往还。他们有时开会，都让我们参加。后来，警察不准他们开会，幸德秋水等就于每星期二到我们住所大谈特谈。所谈的内容，不外克鲁泡特金和巴枯宁等学说，别的很少涉及。大山荣曾经对我说：“本庄繁等常为你们讲军术，这在你们革命行动中当然需要。但他们是日本政府的军官，而日本政府对中国革命不可能怀什么好意。这一点必须认清！”在他们这几个人中，我和大山荣最接近，因而往还也较多。他常骂“日本警察是资本家的看家犬”，而我却偏偏学的是警察，我想改行。大山荣劝我说：“不可这样，将来归国革命，如果能掌握了警察权，既可掩护同志，又能联络同志。你有革命的勇气，这很好。但革命事业不可造次，必须涵养特深，考虑周至，才能有利。暴虎冯河，死而无悔，并不见得就能成功，这是要紧的。”诸如此类，我受到他的影响不少。

在这时期，东京同盟会的人们，对革命前途有些悲观，《民报》内部也起摩擦，章炳麟、刘师培之间，意见日益加深。刘和我几个人意见接近。记得章让他的弟子钱夏（玄同）通知我们，不可参加幸德秋水他们的会议；而刘师培、汪公权、丁维汾及苏曼殊等，则均主张参加。我本来是个穷学生，章为照顾我，使我兼任《民报》会计，但此时禁止我和刘师培往来，我就愤而去职。

我接到家信，老父故去。适我在警察学校已卒业，即决定回国。临行之前，我和阎锡山、谷思慎等计议，拟利用日本浪人萱野（宫崎派）为援助，并由合盛源钱庄捐款，在绥远后套借垦殖之名，培养革命势力，待机而动。会议既定，我就从东京回到我的家乡。正是光绪三十四年（1908 年）的秋天。

三 太原起义前的活动情况

我回到了家中，在神池县自治传习所当了3个月的所长，得到一些薪金，才葬了我的父亲。随即到了太原，任禁烟局的委员，在职3个月，被撤职。幸而杜羲任山西大学堂翻译，每月接济我一些生活费。宣统元年（1909年），阎锡山等从日本回国。温寿泉任督练公所提调兼陆军小学教官。阎有时接济我一点生活费，但我仍然赋闲。

当时山西巡抚是丁宝铨，山西的陆军只有一个混成协。因为丁和姚鸿法的父亲是同乡，所以姚鸿法就得任协统。协以下共分两标，夏学津和满人齐某（忘其名）分任标统。他们和我们同盟会的会员，完全处于敌对地位。

山西政治派别错综复杂，必须加以说明：

崞县人梁善济是翰林，山西谘议局议长，是立宪派的首领。灵邱县人杜上化，举人，谘议局副议长，虽然赞成革命，但他要自己掌握政权，我们说他是准革命派。梁、杜都是北路派的首领。法政专门的监督刘绵训是猗氏县人，山西大学堂的监督解云辂是万泉县人，京师大学堂职员狄楼海，《晋阳公报》主笔王用宾都是猗氏县人，北京《国风日报》主笔景定成是安邑县人，温寿泉是洪洞县人，他们都是南路派。阎锡山是五台县人，我属宁武县，人家也说我们是北路派。黄国梁是陕西省人，是超然派。阎锡山和梁善济接近，又和徐子澄（一清，五台人，阎的妻叔）接近。因此，梁、徐常常在丁巡抚面前替他吹嘘，颇得丁的信任。

阎锡山和其他回国的士官学生都感到没有军权，不能发动革命。

当时二标标统夏学津，治军有方，纪律严明。一标标统齐某，虽然无能，但凭借丁抚、姚协，地位也不易动摇。所以夺取标统职位，非常困难。阎锡山和我往来较多，时时抓他们的空隙，以便进行活动。适逢同盟会员李嵩山、张树帜同出身于弁目学校，同任过第二标的司务长，又同被斥革，心怀不满，常常向我和阎锡山报告机密。又搜集二标齐某的种种劣迹，分别在北京《国风日报》和山西《晋阳公报》登载，因之舆论沸然。

有陕西人史宗法者，化名弓尚往，在姚协协部任司书。史本同盟会员，他把和同盟会员往来的秘事都作了日记。不幸这本日记被当局发现，其中所记的主要人物是李嵩山，因之，姚协统便派二标队官祝孝萱至嵩山住所搜捕。我与李同院居住，就把嵩山送到基督教堂霍心斋处暂避，霍又把他转送到外国人邮务长宅。这时，姚协派祝队兵士把守四城门，协助门警搜索李嵩山。适警务公所职员李树洲来找嵩山。我即延入我的屋里，向他说明嵩山被通缉事，并请他转求警务公所侦探长李成林设法。我说："弓的笔记，涉及巡警道王谟，王与丁抚不睦，倘嵩山被捕，王谟恐受牵累。"树洲为了他长官的安全，才肯转求成林。成林本系同盟会员，欣然慨允。我即在夜间以轿车送嵩山至成林处化装警察，以查火车为名，随成林混出城外，登车逃往直隶保定。他在保与速成军官学校学生同盟会员张培梅等会晤，张等又帮助他逃往安徽。

宣统二年（1910 年），各省留日士官卒业生齐集北京复试。山西的阎锡山、温寿泉、黄国梁、姚以价、乔煦、张瑜、马开崧、顾祥麟等同时赴京应试。各省来的士官卒业生当然不少，据我记忆的有李根源、尹昌衡、唐继尧、李敏、李烈钧、张凤翙、仇亮、孔庚、蒋作宾、朱绶光等数十人。这时，景定成、谷思慎等函我入京，因为在表面上是各省士官学生赴京应试，实际上是同盟会员互相报告各省的革命现状并计划以后进行事宜。这次入京，我认识了程家柽。程是同盟会员，在民政部任职，为尚书善耆的清客。程以我在太原赋闲，曾向姚鸿法面荐，但同时又说我是革命党人，姚不敢任用。

士官生在复试以后，各回各人所服务的省份。对复试合格的人员，均加提升，温寿泉升为教练公所总办兼陆军小学监督，阎锡山为第二标教练官（就是副标统）。随又以第一标齐某内调军咨府，而以黄国梁继任第一标标统。我在这时，就任了第一标的书记官。不久，第二标标统夏学津调任山西军械局总办，阎锡山继任二标标统。当时，姚以价已任一标二营管带，乔煦任二标三营管带，张瑜任二标二营管带。山西军权，可以说基本上已落在同盟会员的手中了。

四　太原起义及我的乞援之行

辛亥武昌起义，陕西响应。山西巡抚陆锺琦害怕波及山西，因有派军扼守河东之议。又以第一标革命分子特多，所以特命第一标一二两营守护河东，以为调虎离山之计，留第三营驻扎太原，因第三营管带熊国斌系姚鸿法之旧属。令标统黄国梁率领标部全体人员，只带先行步队一队出发；其他本标一二营依次出发。但在未出发之前，不得发给子弹。我此时已经改任军需官，应随标部前往。九月初七日，黄国梁和我率领标部及先行一队，遵令出发。行抵祁县，电报忽然不通。我们明知省城有变，但不知究竟如何。黄国梁和我计议，留标部人员及队兵在此待令，由执事官祁祥徵指挥。我们二人一同返省，探询究竟。走到徐沟县，遇见了本标退出的士兵。他们说："太原已经革命，一标官兵，未得命令，无所适从，特来寻找标统，听候发落。"黄国梁因令他们在此待命，我们仍然前进。入太原后，才知陆抚和他的儿子光熙以及新任协统，均被杨彭龄击毙（一说陆锺琦是被张煌击毙），阎锡山、温寿泉被新军及谘议局选为正副都督。当时督署尚未组织，除阎所部第二标外，其他军队也没安排。我到临时督署（原谘议局）后，才知道是一盘散沙，毫无头绪。

吴禄贞被刺后，阎锡山感到山西形势的危险，意欲向陕西求援，特别重在军械的接济。我奉派到了陕西，会见了东路都督张钫，才知道陕西的真实情况。他劝我不必去西安，最好转赴武昌，求援于黎元洪大都督。我就听了他的话，立即起程，他派副官王某沿途护送。王是哥老会的会员，行辈甚高，所以到处都有哥老会会员们的招待，虽然在变乱的时候，我们并没感到任何流离之苦。而沿途哥老会的青年们，随行日众；他们声言，要向南阳总兵谢老道（不知其名，但知以前他杀害哥老会员不少）复仇。到了淅川厅，我们才分了手。原来王天纵正在豫西起义，他们都是投奔他的。

从此，我和张钫所派的代表高致堂，同由龙驹寨登舟，路经仙桃镇，知道汉口被清军占领，又转到沙市。适逢季雨霖招抚鄂西到此，由他派炮船又把我们送至武昌。我通过刘公见了黎元洪。黎表示无力支援山西。由他备文送我到沪。到沪后，由乔义生引我见了孙中山先生，报告了山西革命经过，随即随孙先生到了南京，我也就住在总统府里。

南北议和，而北政府有不承认山西、陕西为革命军之说。我即谒孙先生力争。孙先生说："虽有此议，我们绝不承认，宁可和议决裂，不能不承认山、陕的革命同志，你们尽可放心！”后来和议已成，向比国借款也签了字。我乘机向孙总统要求，得到批准，拨付山西善后费 100 万元，由我和乔义生、狄楼海、梁上栋、刘懋赏 5 人代领，存入中国银行并声明非有山西都督电并派专员来领，不能支付。因为我向孙总统要求军械，他以即有军械到沪，路途遥远，也难转运，所以才有这百万元的拨付。不久，乔义生有提出此款在沪私设银行之议，且以手枪威吓狄楼海承认其议；经我闻知，以死力争，事始作罢。

诸事既毕，我由上海乘轮抵天津，转车到了北京，遇孔庚、谷如墉、董崇仁等向袁世凯交涉山西善后事宜，我即先行回晋。这时阎锡山已从绥远转回忻州，我向他报告此行经过，并传达孙总统的话云：“革命尚未成功，和议亦只暂时，山西可以威胁北京，务必保存革命实力”等语。之后，阎锡山留我同住行署，共图入省之计。

五　阎锡山的北走与南旋

在我离晋之际，清廷命张锡銮继任山西巡抚，卢永祥率部入晋。在张锡銮未到任之前，由山西按察使李盛铎升任布政使兼护巡抚，以许世英任按察使，太原府知府周勃升任冀宁道。

卢永祥部之第三镇入晋，姚以价、乔煦率军抗击，在乏驴岭及雪花山一带节节败退。阎锡山偕赵戴文离开太原北逃。

在这以前，续桐溪、康佩珩、弓富魁、赵丕廉、续范亭等，已经在五台县东冶镇组成了忻代宁公团，团部就设在东冶镇。而孔庚及张瑜，早已率军在雁门关扼守。续桐溪既知太原重入清军之手，因率忻代宁公团到雁门关与孔庚等会晤，随即间道进入大同城。大同镇总兵的军队闻知此事，复由雁门反攻续团。孔庚等闻知娘子关的革命军失败，放弃雁门，退驻宁武。续团在大同困守40余日，直至共和告成，才由杜上化的调处退出大同。

孔庚等退驻宁武后，张瑜决定去职。孔感势孤，再退保德州。适逢阎锡山、赵戴文微服至此，因同至绥远的萨拉齐，开监释囚，张万顺就是囚人之一。又至包头镇，巡防队不敢抵抗，随即开入镇内。绥远将军急派巡防队来攻。阎知此地不可久居，决定仍率全军回晋。

李盛铎虽然代理山西巡抚，但事必征求议长梁善济和总参议姚鸿法的意见。这时，姚鸿法也已经收集旧部回省，如孔繁蔚、焦崇礼等也都回省复了原职。他们都派人向阎报告并请阎回省。

阎锡山由忻州返省城后，首先组织都督府。但依规定，都督府下，设军政司及参谋处，其他无详细规定。因为我在南京时，和江苏都督庄蕴宽有所接洽，稍知江苏督署的组织大纲，互相参照，乃以黄国梁任参谋长，孔繁蔚任参谋处长，杨沛霖任副官长，杜上化任秘书监兼国民会议议长；而虚悬军政司司长职以待温寿泉。

民政方面，袁世凯任周勃为民政长。民政长以下，有财政司，以张瑞玑为司长；有教育司，以解荣辂为司长；有司法司，以刘绵训为司长；有实业司（先名劝业道，不久即改），以王大祯为司长（以上各司长皆山西人，王为福建人）。此外，邵修文为高等审判厅厅长，贾景德为观察使（由冀宁道改名）。

六　阎锡山回晋后的种种活动

当时运城分府，温寿泉虽为领导，但军政大权则是分掌在旅长李鸣凤和观察使（由盐法道改）张士秀的手中。他们别有所图，反对山西全省的军政统一。同时，忻代宁公团的续桐溪等也要求改编团丁为正式军队，由弓富魁统带。但中央只准山西编一个师，阎已任孔庚为师长；以孔原有旧部及回省后收集的残余，再加李鸣凤旅，已足一师，无法再容忻代宁公团的人数。这是一个矛盾。而温寿泉虽然进省，但不就督署军政司司长之职，要求以李鸣凤旅为基础，另编第二师，这又是一个矛盾。当时费尽许多周折，也没解决。

这时，有些同志认为阎已入省，革命成功，因而在街头巷尾，骄纵自恣，直闹到路人侧目，官府也不敢过问。阎以我和这一类的同志们素有接洽，可能劝告说服，乃以我任巡警道。我到任后，加以劝导取缔，秩序才渐渐安静起来。

当时的谷如墉、杜上化以及新由湖北归来的田应璜，均支持续桐溪，所以，当时续的势力颇不可侮，必须先行解决续派问题，然后才能调停协商晋南事件。我思维至再，为了安定全局，乃以巡警道一席让给续桐溪；另以弓富魁任都督府顾问，其余公团领导人员，分任各县警官职务。这一问题才大体解决，所余的只是晋南分府问题。

山西本来是个贫瘠省份，主要收入都在晋南35县。但这35县都在晋南分府管辖区内，一切税款，分文不解省方，因而省款无着。财政厅长特别焦急，阎锡山为此特呈北京政府，准设筹饷局于运城，并任我为局长，与李鸣凤、张士秀磋商，除分府军政费外，其余解省。我到运城，组织成了筹饷局，命令各县，钱粮地丁一律直接解局；

除分府经费外，一律解省。省方经费，为之稍裕。

当时，李鸣凤旅有许多军官是同盟会员，也是我在第一标的旧同事，在友谊上有所往还，这本来是平常事，我并未介意。而李、张疑我对该旅军官进行挑拨离间，直接破坏成立第二师的计划，间接为阎效力，遂以请我吃饭为名，将我拘捕；并派法官开庭审讯一次。正在这时，温寿泉偕孔繁蔚入京谒袁世凯，请求中央政府不问此案，留给地方自行解决。我被拘月余，适逢杨彭龄到了运城，有事和李、张接洽，密派人问我有何嘱托，我即写了几句话，请他转交阎锡山。大意是请阎以山西全局为重，我个人的生死，不必考虑；但李、张的事件，恐山西不能自决，应请中央处理。后来，阎即以实况报告，袁世凯即派毅军统领赵倜率军至运城，捕李鸣凤、张士秀入京，令我回省候讯。同时以董崇仁继李为第一旅旅长，隶第一师孔庚指挥，南路始告统一。

这时，山西省方人事变动也很大，都督府秘书监改为秘书长，由赵戴文继任；杜上化专任参议厅总参议，仍兼国民会议议长；民政长周勃，鉴于任务繁巨，知难而退，由谷如墉继任民政长；财政司长张瑞玑，为赵城县人，属南路派，清朝进士出身，风流自赏，诗酒自娱，从来不理政事。有一次宴会席上，被梁上栋、谷思慎等所嘲弄，愤而辞职入京。张虽属南路派，但在陕西时，曾经与谷如墉同官，所以张之司长，原为谷所保荐。张既拂袖而去，而攻张的主角又系谷之从子思慎，谷因感到难堪，亦辞去民政长职，由赵渊代理。

1912 年冬季，临时参议院和各省的省议会同时改选。临时参议院，依临时约法规定，改为参众两院；但参议院议员须由省议会选出。

所以省议会议员的竞选，也直接关系到参议员的竞选。于是谷思慎、贾景德、梁上栋等组成一派，积极准备竞选的工作，并以打倒杜上化为目的。但结果省会选举为中路派所压倒，杜上化仍然当选了省议会议长，副议长则为高洪。杜疑谷等举动系受阎锡山所指使，自此，阎杜之间芥蒂日深。

在国会议员选出以后，袁世凯密令阎对于山西议员进行联系，进而组织起来，以便为他所用，至少亦不作反对活动。阎为此事派邢殿元入京活动。邢殿元乃留日学生，同盟会员，宣统己酉最末科的拔贡，翌年，又以朝考一等作了小京官，很得山西大老李殿林（大同人，清末，吏部、邮传部尚书，协办大学士，典礼院掌院大学士）的赏识，他又作过谘议局的秘书，可谓面面俱到的人物。阎之派他入京，即是为了便于周旋于山西议员之间的活动。但阎又想到，我和议员们的关系较邢更深，或较邢更有办法，可惜被押不能回省，于是电催中央，迅速解决，赵倜之出马，我的释回，和这一事有直接关系。在我回省 10 余日后，阎即派我入京，协同邢殿元奔走一切。

我入京后，山西南路派议员景耀月、王用宾、狄楼海等成立政友会。北路派议员谷思慎、康佩珩等仍为同盟会变名之国民党党员。独田应璜别成一派。但除了他的女婿弟子班廷献、郭德修、耿臻显、穆敬亭外，都和我有相当关系。这时，袁世凯经常派王赓（即王揖堂）、王印川和我们接洽，众议院选出汤化龙为议长后，以任务告一段落，阎又调我回省，筹办“征蒙”事宜。黄国梁主张我随孔庚征蒙，阎谓我的案子未了，不能远离，应住省候传。

在这以后不久，北京陆军部传我堂讯，正审判官为陆建章，陪审官为魏宗翰和徐树铮。结果李鸣凤、张士秀各处徒刑，我则宣告无罪。在我入京以后，阎锡山也奉召入觐。阎到京没有几天，此案即行解决，这也是袁世凯怀柔阎锡山的一种手段。

袁世凯解散国会，修改临时约法，又将各省都督改为将军，民政长改为巡按使，并新设国税厅（先名国税筹备处），直隶财政部。至于原有的财政司，则只管地方税收。

此际，山西民政长赵渊已经去职，继之者为陈钰（山西繁峙人，与袁世凯有姻娅关系），而内务司长崔廷献，财政司长王志昂，均属山西籍，力主地方税收不足，必须保留一部，而国税厅长袁履清则力持反对，因之争执不下，袁世凯乃改任金永为内务司长，以为升任巡按使的准备。

都督改为将军后，缩小组织，将军府内设参谋长一员，下设军务、军法、军需，军医四课。将军以下，设南北镇守使各一员。这时，参谋长仍为黄国梁，孔庚任大同镇守使，董崇仁任平阳镇守使（原为孔师第二旅长），第一师番号取消，两镇守使各领一团，余改编为混成旅，由张瑜任旅长，归将军直接指挥。府外别设军械局，以张维清（士官卒业，阳曲人）为局长；粮服局以我为局长。

民政长改为巡按使后，金永即以内务司长坐升。巡按使下，设政务、财政、实业各厅；另设警备队三队（一队相当一团），以丰羽鹏、孙祥麟、于介福分任统领，归巡按使直接指挥。第一队驻运城，第二队驻代县，第三队驻省城。金永执行袁令，文官一律回避本省，这样，本省官员，几乎一网打尽。而警备队又兼特务职责，可以任意逮捕他们所谓之革命党人。太原府属十县的资本家，本来和革命毫无关系，也被逻缉；非法勒索，无所不至。

与此同时，袁世凯授意金永，务必将同盟会员捕拿净尽。金奉命唯谨，首将与李鸣凤、景定成友好的郭朗清无故枪决。并密令各县：捕拿革命党人越多者可受上赏；本籍知事，可以免考调至外省实任。

七　金、阎的明争暗斗

有卢占魁者，活动于陕绥两省北部。金永与阎锡山会商，令大同镇所部一团及警备队一队，由孔庚指挥；另命黄国梁率混成旅，两路击堵。混成旅的骑兵营长马开崧，在哈啦寨把卢部主力消灭大半，卢遂不敢窥晋。金永以此更忌阎势，金阎之间，矛盾日深。但阎伪为谦让，暗嘱平阳镇守使董崇仁与警备队统领时起争端，董和金永均与袁世凯有旧，因之相互向袁攻讦，金阎之争，得以暂时缓和。

先是都督改为将军之前，四国善后借款已成，原以善后裁军为名，因之中央派员赴各省伪造被裁军队番号及士兵花名册子，以便应付四国借款监督人员。但此事非通过各省都督不能有成，所以事后各省都督均分润了一部分借款。阎锡山鉴于种种困难，想携此款出洋暂避。曾经以此意密请于袁，未经允准。金永知袁世凯有帝制自为之意，因对阎特别戒备，并扩充警备队，以实力抗衡。自筹安会成立之后，金阎之争益烈，军民两署，每晚戒备森严，甚至相互放哨，太原城内，几乎成了风声鹤唳、草木皆兵的情况。

阎对这种状态，甚为忧虑。因派我入京，秘密表达赞成帝制之意。以筹安会中的所谓六君子者，半数是我留日时候的朋友，而刘师培与阎、与我又更有深切的关系，所以我就衔命入京。

这里，有必要补叙一下刘师培和阎的关系。初时，刘入两江总督端方的幕府，颇得信任。辛亥随端方入川，端方被杀，刘暂留川省，由谢无量资助衣食。民国成立，刘妻何震从汉口辗转入京，生活无着，请我救助，我即请她到了太原，暂住我家，先把她荐到女子师范任教，后又转任阎锡山的家庭教师。后来，何震探知师培在川的消息，由阎及我各赠川资百元，何遂迎师培入晋，任都督府顾问。迄都府改编为将军府，编制缩小，顾问裁撤，刘的生活，因此无着。我很替他着急，适逢帝制议起，我认为有机可乘，遂与阎密谋以专电保刘入京，请袁任用。袁既素闻刘名，而袁的亲信秘书闵尔昌，又是刘的亲戚，也自向袁吹嘘，所以袁命刘入京。刘到京后，由袁的长子克定带领觐见，初任总统府内史，后兼参政院参政。关于筹安会的文件宣传各节，刘也费了一番工夫，所以颇得袁的青睐。这就是刘师培作莽大夫的由来以及他和阎的关系。

我到京后，和孙毓筠、胡瑛，都见了面，但主要方面，还是请刘师培设法疏通，请袁世凯不必偏信金永的话，阎锡山也是赞成帝制的。同时阎并拨款 2 万元，作为筹安会的经费。经过此番奔走，才逐渐消除了袁对阎的疑忌。

这时副总统黎元洪在京，已经不能自由，因而和黎接近的人们，反袁的怒潮也更高起来了。大同镇守使孔庚既系同盟会的老同志，又是黎的同乡，这时，和黎的旧部有所往还。事为袁悉，将不利于孔。阎锡山听说此事，即调孔庚为将军府参谋长。

孔庚既调任，阎乃任命赵戴文继孔之后，而赵与阎的种种关系，又不能离开军署，所以由我代行镇守使的职权。我即将在京的未了事宜，交给阎新派来的马骏、徐子澄，然后到大同上任。和我同城而处的雁门道尹是邹道沂，他可以说是金系的人，但是尚能相处。因此，金永对邹不满，忽派李骏率警备队一营，武装来接道尹。我说，非常时期，大同戒严，任何军队，不得在此时入城，拒绝了这个新道尹接任。同时，数电军民两署，请求收回成命。虽然没有得到批准，但是新道尹直至袁世凯死时，也没有进入大同城。

（选自全国政协文史资料研究委员会编《辛亥革命回忆录》第5集，中国文史出版社2012年6月第2版）

记山西在辛亥革命前后的几件事

王用宾[*]

一　《晋话报》与《晋阳公报》

山西留学日本之学生，自王用宾、谷思慎、何澄于前清乙巳年（1905年）加入革命同盟会后，先后介绍加盟者百余人，并组成“同盟会山西支部”。为在省内开展革命宣传，遂编印《晋话报》，由王用宾、景定成、刘绵训、景耀月诸同志分任撰稿之责。旋以言论激烈，为晋当局禁止发行，乃复议创办《晋阳公报》日刊。此公报倡议于东京，设立于山西省垣，以便于推销各州县；推武缵绪、仇元琦主其事，并推王用宾归任总编辑，于丁未年（1907年）十月发刊。

* 王用宾：时任《晋阳公报》总编辑，后任南京国民政府考试院考选委员会委员长，国民党中执委委员。

当时山西除官报外，民办日报，此为第一家，销行甚广。自此同志间互通声气，结纳豪俊，皆以晋阳报馆为总机关，而山西锢蔽风气之开通，亦以此报为之嚆矢。

二 “交文案”与山西革命

王用宾于《晋阳公报》发行半年后，仍返日本留学。不久，日本向清廷要挟安东至奉天铁道敷设权。留日学界闻而大哗，在留学生会馆开会，倡议劝告国人抵制日货，众推王用宾总其事。日政府派警宪搜索王之寓所，严加监视，王乃潜归天津，写《为安奉铁道敬告国人抵制日货事》万余言，投京、津五报刊登，并到处演说，唤起民气。因日使抗议，清廷勒令五报停刊，并逐王出京。王返太原，重接《晋阳公报》总编辑。

时清廷有 6 年分期禁烟之令，早禁绝者得上赏。晋抚丁宝铨为邀功保举私人，立以禁绝诳奏，实未宣谕禁限于民。不料庚戌（1910年）春，清廷派员勘查，丁遽调兵两营，武力铲烟，交城、文水两县百姓跪求缓铲，官兵竟开枪毙百余人，又诬为匪，以剿办有功列保案，全省人心大愤。王乃振笔直书，揭发当局诬上残民之罪迹，并派张树帜亲往文、交调查死伤实情，连日登载报端。事闻于京，丁为御史胡思敬所劾，交部议处，降级留任。丁于是罗织大狱，以为报复，并贿嘱满御史荣光奏谓：“山西士气淳朴，近年嚣张殊甚，恐有不逞之徒，潜伏生事，交晋抚严查。”丁遂以鼓吹革命煽动人心之罪，列王用宾为首，并牵连法政专校监督刘绵训、山西大学堂监督解荣辂、学部主事荆致中、谘议局议员张士秀、报馆记者张树帜、蒋虎臣及其他同志数十人。丁复奏准查封报馆并大捕党人，将张士秀、张树帜、蒋虎臣系于狱；荆致中等革其官；解荣辂、刘绵训等交地方官严加管束；其他同志被放逐监视者不少。王得隙逃于日本，清廷下令通缉，并查封其家产，收系其父于候质所。此即当时举国轰传之“交文案”也。经此案后，山西革命稍有顿挫，然民情愤激已极，尤以青年学生起而加盟者日多，参加新军者亦复不少。

三　太原起义与燕晋联军之组织

豫、晋、秦、陇 4 省之同志，为联系北方革命势力起见，在东京组有“四省协会”。当辛亥（1911 年）三月香港统筹部发动广州革命之先，长江流域中部同盟会及黄河流域四省协会，均密同各省同志相机回国。及黄花冈之役失败，皆蛰伏不动，以待时机。此时王用宾亦返国，因缉案未销，匿居京地。忽接家电谓其父病重，由县绅保外就医，遂冒险归家省视。旋以各方敦促，与张起凤、尚德诸同志于中秋后渡河抵洛阳。时武汉发难已数日。抵郑州时，兵车络绎南下，黄河两岸皆禁卫军守之，盘查甚严。适宪兵中同志告以山西督练公所会办温寿泉同志解送枪弹在此,乃设法附名于其护照，过河而至石家庄。督练公所委员常子发同志（常名樾，闻河东军政府成立，由河北越太行而往，至史村镇为巡防队杀害）亦在此，即密议太原事。咸以新军中同志不少，第有枪无弹。王谓：余在家时，李秀同志（李字峰仙，后因招待秦军渡河为巡防队诱杀于猗邑牛杜镇）新自陕西归，告以陕新军酝酿成熟，俟机发动。如陕西发动，太原将派新军前往防河，子弹到手，便可举义。计略定，诸同志入晋，王不便同往，乃入京。迨九月初一西安发动，晋抚果派新军第一标防西河，于是月初七晚领到子弹，次日晨即由该标第一、二营发难。

太原新军一混成协，第二标标统阎锡山驻城内，第一标标统黄国梁驻新南门外，阎是同志而黄非，但黄部第一、二营中多同志。西安既动，调新军防河令下，黄国梁与军需官南桂馨已出发抵祁县，催军甚急。李鸣凤、杜义、荣炳、陈汉阁、叶复元、常子发、李成林、杨芳圃诸同志日夜奔走，众以时不可失。先是一标二营之前后队队官王嗣昌、张煌及头目杨彭龄（此时自山东来，混入二营为头目）等同志与各队头目接近，并密结一营头目王泽三同志等，已将革命思想遍溉于两营下级干部。迨初七日晚，张树帜（出狱后自豫、陕新返）出城会同王泽三召集一营各头目联合宣誓，然后与后队队官应瑞九、见习官高丽江两同志，促成营副苗文华赞同发令（因营长白鹤庵不在营中）；同时派高丽江与二营接洽，适二营杨彭龄、张煌、王嗣昌等已准备齐楚，并取得姚营长以价（姚非同志）同意。炮兵方面，排长于凤山等已将营长张厚天看管，与一、二营一致行动。于是推姚为司令官，分兵三支，齐伏新南门外，拂晓轰门入城。派苗文华率队攻满城（满城驻骑兵 500 人由城守尉统率），于凤山炮队辅之；崔正春率队占军装局；杨彭龄、张煌等率队直攻抚院。发动后数小时满城旗兵即从小东门逃溃，巡抚陆锺琦、协统谭振德皆授首矣。二标标统阎锡山闻枪炮声始令其营长乔煦、张煐堂等同志以保护为名，分兵开向抚院、藩库及子弹库、官钱局；一面又在九仙桥防堵驻城之巡防队。同时温寿泉亦带陆军小学学生队张子奇等，杨芳浦亦带警局消防队齐赴谘议局策善后，议长梁善济主选举，各同志力主推举，以阎锡山军职较高，且属同志，推为都督，温寿泉为副都督，姚以价以首功推为全省总司令。议定即日派步、炮兵全军防守娘子关。

是夜，一标三营营长熊国斌密布队兵于都督府旁，谋反革命不成，被击毙，其队兵溃散抢劫；保护藩库之马开崧骑兵亦抢劫藩库，秩序几大乱，阎、温等派兵截杀，得以戡定。此后省城治安，悉由张子奇、支应遴所编之各校学生队维持。而总参议杜上化、副官处长常子发、粮饷总办陈汉阁及正太铁路运输司令叶复元，在紧急时期处置一切，尤为得力。

阎、温就职后，立派人附书于裹脚内，到京请王用宾、景定成回太原。其时荫昌督率近畿新军开往豫南，直隶仅第六镇吴禄贞部一协驻保定，又调关外第二十镇张绍曾部一协驻滦州。清廷闻山西革命军进驻娘子关，极为震动，即任命吴为山西巡抚，移兵石家庄进讨。吴乃同志，张部下亦多同志，畿辅空虚，正好东西夹击，遂有组织“燕晋联军”之议，拟以吴为大都督，阎、张副之。王以此关系大局，又恐阎、姚与吴有隔阂，嘱景先归。吴亦派何遂、王秉哲等到娘子关接洽，旋吴亦到关与阎会面，因其统摄第六镇未久，为镇慑反侧，须晋军一团厚其势。不料晋军迟到，吴已先为人刺杀于车站之司令部。吴曾谓：“清已不成问题，老袁不除，吾党将与有十年战争。”先是袁在洹上，利用革命四起、清室张皇之际，贿通庆王，运动起复，乃有起用袁世凯授命组阁之举。王用宾知有异，急往石庄，车至正定，铁路拆断，时吴已为袁贿使其骑兵营管带马惠田击死，乃十月三日事也。车不能前，折回保定，又三日车通，在石庄眼见袁之专车北上，井陉口为第三镇封锁，已无路入太原，乃绕豫境越太行而返河东。

四　太原陷后之河东军政府

王用宾到河东，即在运城召集各属士绅，组织“河东绅商议事公所”，各地同志及有联络之会党，闻王归，纷纷集合，声势日大，河东兵备道余棨亦敛气垂手而不敢动。且以王意通令各县办民团，不久成立“蒲、解两属民团”，得团兵数千人，合运城管世英所带盐捕营700人为基本力量。一面派新出狱之张士秀赴陕接洽井勿幕、陈树藩所部援河东，一面派郭晓光赴并请械弹。阎、温知王返，乃电告曰：“公推兄为河东兵马节度使，速联合秦军，“光复”河东，并派叶复元、李大魁带兵南下。”平阳镇谢有功之巡防营，本调防西河者，闻此讯即调回，与叶、李所部相持于隘口，转为秦军开门户矣。及十月二十三日娘子关陷落，阎锡山与赵戴文以挂白旗为官兵不满，仓皇入省，改装北走，太原遂致不守。前线溃退之兵为温寿泉、杨彭龄、李岐山陆续收集，统率而南。消息传到，人心动摇，王独镇定如恒，曰：“太原失则河东可保。”果尔，杨彭龄所部与叶复元先遣军会合抵河津，秦军亦将东渡，乃派蒲属民团总部韩映斗（韩后为阎爪牙河东道马骏诬杀于运城）备船只，王自潜往河津调兵。至则议论纷纭，莫衷一是，温寿泉、景定成已去陕；杨号令不行，是夜亦走；王乃力主发兵，与临河秦军并力而下运城，组军政府，革命始有转机。李鸣凤、王英侯、张起凤、郭朗清、台寿民、吴汇之诸同志均表赞成，迨兵到离运城20余里之北相镇，秦军已入城。于是组织河东军政府，王主不设都督，并派张复生过道迎阎。众推王以兵马节度使兼民政长，分设3处4司，以王平正为秘书处长，李文楷为军务处长，许鉴观为盐政处长，陈可钧为财政司长，张端为司法司长，尚德为交通司长，孙克信为总务司长，并以邵修文为高等审判厅长，薛笃弼为运城地方审判厅推事，暂不采检察制。又以阎慎修为兴业银行总理（运城兴业钱局之前身），曹得源为运城警察局长，李复佐、关炳祥为盐池东西两场官，各县县长亦皆选同志任之。军民财警均在王手，地方不扰，而饷需无缺。然后同井勿幕、陈柏生、井崧生、岳西峰及河南代表王北方商组“豫、晋、秦、陇联军”，与潼关秦军张钫部，豫西刘翠轩、王天纵、刘镇华部东下巩洛，以拊南下清军之背。议方定，而陕西危急，飞调陈、井回援，山西以三镇卢永祥之兵过韩侯岭，赵倜之毅军攻茅津渡，我李鸣凤之陆军、张士秀之游击全军遂于北岭南河，分头抵御。虽兵少械窳，但奋勇可用，且与豫西、陕东夹河为犄角之势，直战至共和宣布后月余始止，牵制甘军、毅军、各省防军及北洋陆军六镇之半于北方，使不得倾巢南犯，西北同志之艰苦奋斗，功亦不在小也。

五　山西临时省议会与军民分治

民国成立之消息传到，犹不知阎锡山下落，同志又议另举都督，在运城基督教会选举，王用宾当选，王以革命非为权位，且阎之存没未卜，拒绝就此；适副督温寿泉自陕至，对外名义，主张暂由温当之。此时太原犹为清抚李盛铎盘踞，临汾以北为卢永祥所部梗塞，为和平收复太原，统一全省起见，王乃解除军民两政，以民政交张士秀，军政交李鸣凤，均受成温副督，轻车简从，与三五同志入省。到则组织山西临时省议会，每县推议员一人，数日而成，并推老同志杜上化为议长，王用宾为副议长，自是混乱之山西始有民意总机关矣。阎锡山与张树帜、康佩珩等闻省议会成立，回至忻州，邀王往商，决由省议会代表全省，分电南京孙大总统及北京袁政府，力请阎督复职。在先省议会并投票一次，选阎为山西都督，周勃为山西民政长，同时选张瑞玑为财政司长，狄楼海为教育司长，刘绵训为司法司长，乔义生为外交司长，张联魁为实业司长，崔廷献为内务司长，将黎副总统通电倡议之“军民分治”先由山西实施，袁政府均照选定之人分别任命。

六　河东张、李案与癸丑革命

1912年春，王用宾与李鸣凤、张士秀及陕西井勿幕、陈柏生等密商，谓袁不可靠，终有二次革命之举，山、陕阎、张两督，为保持地位计，恐将附袁，应以李鸣凤旅驻运城，陈柏生旅驻同州，紧相联系，以为监视山、陕两省行动之主力，兵员不难充足，最难者枪械耳。此时河东盐务，袁政府尚未顾及，仍由观察使张士秀管制，此盐引岸，为山、陕、豫各半省，军兴后运销失常，陕岸概为土盐侵占，产运两商俱请求恢复，于是以报酬援晋及恢复引岸之名义，不收任何税款，赠送井、陈部潞盐2000名（每名3万余斤），俾以政治力量推销原岸，销盐所得之价，概汇上海，购买械弹，分给陈、李两旅，以厚实力（此批械弹，元年底购运已到，因河东张李案发，遂全为陈部所得，后陈凭此驱陆建章，陈部胡景翼、岳维峻又组织靖国军驱陈，及胡、岳出驻平汉路上，与冯玉祥、孙岳组织国民军倒曹锟，亦皆得此批械弹之力不少）。事闻于阎，以为河东财富之区，饷源所关，乃设筹饷局于运城，派南桂馨为局长，名为筹饷，实则谋破坏山、陕同志联防之局面也。故南一到任，即厚结李部团长景蔚文（后景于1918年由阎诱捕于天津解太原诬杀之），嘱其除李而代之；并以金珠等物诱惑其营连官长。但景是同志，将此告发，赃证累累，并搜得南与督署参谋长黄国梁往来商办之电多件，李鸣凤与张士秀将南看管，即密电王用宾，谓：众欲杀南，如公赞成，请复一“可”字。王立以“万不可”三字答之。并与阎约，家事可自了，勿告袁政府。即偕同刘棫、石莹两同志赶往调解。到河东始知袁已以张、李反抗中央之罪，令山、陕、豫三省派兵围剿。盖袁正欲利用国民党人内讧而俱歼之，故张大其词如此。晋南镇守使张煌顿兵不进；陕兵临河观望，由茹欲立同志来调查，唯豫西赵倜毅军星夜进迫黄河岸，张、李初欲抵抗，王以众寡悬殊，徒使地方糜烂，事理既直，不如撤河口守兵，静候法律解决。于是赵倜不发一枪而抵运城，见无反抗中央事实，电告于袁，袁令将张、李解京，系之宪兵营，不审问者年余，后以陆建章为审判长，陈登山副之，判张士秀、李鸣凤各禁闭陆军监狱15年，不半年而特赦复职。袁以张、李为质而戏弄吾党，可愤孰甚。自河东张、李被陷收系，晋阎陕张，以次附袁，癸丑之役，黄河流域乃至无敌应者，使袁无北顾之忧，得倾其全力以图南，而阎与南残害同志，致堕革命大计，应负其责也。

（选自全国政协文史资料研究委员会编《辛亥革命回忆录》第5集，中国文史出版社2012年6月第2版）

三老忆太原起义访问录

荣福桐　郭登瀛　潘怀瑜*

辛亥革命50周年纪念前后，我们分别访问了亲身参加辛亥太原起义的3位老人：原山西军政府监印官荣福桐（85岁）；起义军敢死队队长郭登瀛（73岁）；骑兵营马队右队队官潘怀瑜（78岁）。就太原起义前和起义当时他们熟知的几个问题作了解答。

兹将所提问题和谈话分志于次。

---

* 荣福桐：曾任山西军政府监印参议官，山西医院院长。
新中国成立后，任山西省文史研究馆馆员。
郭登瀛：时为山西新军第四十三协第八十五标第二营左队正目（班长），太原起义军敢死队队长，后任晋绥军一九六旅副旅长。
新中国成立后，任太原市政协委员。
潘怀瑜：时任山西新军第四十三协骑兵营马队右队队官（连长）。本文原题为《访问参加太原起义的三位老人》。

一　关于同盟会的活动

据荣福桐老先生说：光绪三十一年（1905 年）在日本东京成立了同盟会山西分会，我任分会长。开始有会员 10 余人，后来发展到几十人。其中最积极的有谷思慎（仲言）等。我介绍过的会员有王国祐（留学日本的师范生，后改为普通生。民国 2 年做过参政会议员）、吕部六（日本商业学校学生，担任过太原商业学校教员等）。

在山西，起初没有同盟会的组织，只有从日本回国留学生的互相联系。较早回国的有赵戴文等。赵任晋阳中学学监，荣炳办铁路公司，叶复元也在铁路上干事，我在山西督练公所担任编译委员。后来，阎锡山、黄国梁他们陆续回来，人就多了。在那时候，同盟会的人找阎的比较多。

在太原设立的山西同盟会，是在起义之后，是民国元年 5 月间才成立的。阎锡山任会长，我任评议长。齐淮卿（定襄人）任干事，王国祐（绛州人）任会计。地址在太原水西门里瑞鹤庄的住宅里（瑞鹤庄是大清银行的职员，旗人）。

那时，山西同盟会仅有个组织形式，具体的活动很少，只不过起个联系同盟会员的作用，办一下登记手续而已。但由于革命胜利了，要求入会的人非常多。到民国 2 年，因为入会没有什么条件和限制，加入的人就更多了。会里的情况也就复杂了。

同一年，由于同盟尝改组为国民党，把同盟会的名义取消。但改组为国民党时间也不长久，大概在民国 2 年的年底，国民党的名义也取消了，人员也拆散了。同盟会的家具什物，寄放在晋新书社里。

二　关于荣福桐回国传达同盟会给山西同盟会员的指示信

荣说：这事发生在光绪三十一年冬天。那时，还是留学期间。我带着同盟会的指示信回到山西太原，交给了赵戴文。指示信的内容是教同盟会会员相机起义。中山先生在我临行时说：“就照信中的话办吧。”我们在太原约定到五台东冶镇聚会，和我同去的是丁致中，谷思慎是由他的家乡去的，我们住在王建基同志的家中。第二天，见了许多革命党人，其中有康佩珩、赵公安、赵星西及其子赵承经等。会后，谷思慎去了日本，我和丁致中回到太原。

三　关于太原起义前夕的布置和起义时的情况

郭登瀛老先生说：九月初七那天，我们一标的一、二两营到西校尉营军械库尽领了子弹。因为军械库的人多系自己人——武备学堂毕业生，开了库任意提取。枪械有日本造的，有汉阳兵工厂造的，都是好枪弹。当天夜里，各营都戒了严，与外界互不相通。士兵们把白细布褥单扯开，纷纷缝制子弹袋。

我们一标二营左队以杨彭龄为首的九弟兄（九个头目，即班长）一班中士马孔青、二班中士董世臣、三班中士王安山、四班中士郭登瀛、五班中士任占标、六班中士狄得功、七班中士宋有福、八班中士杨彭龄、九班中士薛文锦，忙了一夜，谁也没有合眼。营中的戒备，我们负着很大的责任。

天不明，一、二两营集合起来有1000多人。我们二营管带姚以价讲话：清朝腐败，压迫我们汉人，非推倒它不可！随即下命令：第一营由苗文华率领打满洲城；第二营打巡抚衙门，先锋队由张煌、杨彭龄率领，即刻出发。最后，宣布了7个保护，如保护教堂等等；还规定十几个砍头，如抢掠老百姓的砍头等等。

拂晓，到达新南门。事先在城内和杨芳圃、李成林已经约好，他们开了城门，军队就开进来了。一般商号、住户多未开门，起得早的商号正下门窗板。他们看着我们过来，还以为是军队出操呢。

我们先锋队呈4路纵队，跑步前进。走到北司门前，已听到满城方面的枪声响了，大家跑得更快。到了巡抚衙门，巡抚的亲军、卫队还没有起来，冲到大门口，大门关闭着，杨彭龄上前叫门，门卫不开。杨说："你开了给你200两银子。"门开了，一刀便把那个卫士结果了。

冲进后堂，陆锺琦出来说："我有什么对不起你们的？有什么话可以说。"张煌和杨彭龄问他："你随不随我们？"陆不答。我们班的火夫，是个愣后生，刷地一排子弹就把他打倒了。他的儿子陆亮臣出来，拿一袋小银圆往院里一撒，企图让士兵抢钱，救他们的生命。殊不知士兵们都是革命党，命都不要，还要什么钱？刷地又一排子弹，把陆亮臣也撂倒了。陆家一个小女孩由陆家的保姆抱出，从后门逃走了。这个女孩后来留学德国，我的儿子曾经见过她。

队伍返出来，正遇着协统谭振德坐着硬轮胎洋车从东边来，穿得一身便服，头上戴着假发。一下车对大家说："你们造反了！"大家问他："你随不随？"他不答话，又问，仍不答。一排子弹就把他打死了。

管带姚以价下令分兵把守藩库、官钱局、军装库等地。我们分别去执行任务，他们就到谘议局开会，选举都督。首先挑官大的选，先选姚鸿法，姚以家在北京不干，大家把他禁闭起来；选协统，死了；选黄国梁，他是陕西人，因而就选了阎锡山。

当天下午，一、二两营奉命开赴娘子关，二营守白关，一营守娘子关，姚以价是总司令，张煌是前敌司令，杨彭龄也是个司令。共守了半个多月。在守备娘子关期间，杨彭龄组织敢死队，我被调回在后小河兵营中训练，训毕出发，我领的一队出发龙泉关防守。后来又转到忻口。

九月初九，我们出发娘子关时，接防守备藩库等地的是二标的军队。二标多系老兵，尽是发财思想，当天晚间就放火抢开了。阎锡山派兵出来镇压，杀的人不少，电线杆上，挂了许多人头。杀人的地方就在谘议局后面，坝陵桥那里的空场子里。

关于陆家父子死后的情景，荣福桐老先生曾经从抚台的后门进去，亲眼见过。他说：陆家父子死在抚衙的东廊底下，陆锺琦穿棉袍，小帽抛落在一边；陆亮臣穿军装，挂指挥刀，都横躺在那里；有一个陆家人是坐着死了的。陆的家属：亮臣的一个儿子受伤，陆妻逃在关帝庙中未死。

谘议局选举都督，荣也参加了。据他说：会议时间是在起义那一天的上午。到会的有阎锡山、温寿泉；谘议局议长梁善济、副议长杜上化；清官吏藩台王庆平、督练公所总办姚鸿法等人。会中，我和山西大学堂庶务刘懋赏竭力提名选阎，其他情况记不清了。只记得当宣布陆家父子被打死以后，杜上化大哭大闹，向墙壁上碰头寻死。选出都督，有人就起草安民布告。大家也就散了。

据潘怀瑜老先生谈：阎锡山出任临时都督是由常樾提议的。谘议局在十一、十二日开会时，常说：温静安是陆军小学监督，无实权，黄国梁还在祁县未归，可以提议由阎任都督。有五人拍手赞成，即正式成议。

潘说：起义后，守卫晋泰官钱局的，系二标的一个排，排长张振声。初九日该排首先起而抢劫官钱局，土匪随之，社会秩序因之混乱，当日下午始平。后张振声伏法。

（田　橹　采访）

（选自全国政协文史资料研究委员会编《辛亥革命回忆录》第8集，中国文史出版社2012年6月第2版）

阎锡山当选都督的真相

周　玳[*]

光绪三十一年春，各陆军小学招收第一期学生。三十二年春，我由代州中学考入太原山西陆军小学。我在陆小肄业时，阎锡山从日本士官学校毕业回国，充陆小教官。阎任教官半年后，介绍我加入了同盟会。光绪三十四年冬，我在山西陆小毕业，次年（宣统元年）春被保送至北京清河镇第一陆军中学，为第二期学生。该期学生在宣统三年应届毕业，但其年秋武昌起义，学堂因之停课。我即私逃出校，回山西奔走革命。翌年（民国元年）7月，政府令各省陆军一二期学生均到保定军官学堂报到入学，我即复学，入炮科；毕业

* 周玳：时为北京清河第一陆军中学学生，后任第二战区司令长官部炮兵司令部司令，南京国民政府军事委员会军事参议院参议。
新中国成立后，任林业部专员，山西省政协委员。

后分发山西，在阎锡山炮队中服务。兹将我在辛亥年参预阎锡山“竞选”山西都督一事，忆述于下。

辛亥年10月13日我从第一陆中逃出后，于23日到达太原，当日见晋军八十六标标统阎锡山。阎见我来，很高兴地对我说，你来得很好！密交你几件任务：

（一）调查和探访本地情况和省内外情况，每晚向我密告。

（二）与你所认识的下级军官和头目密切联系，注意他们的言论，看他们义愤填膺，慷慨激昂，真诚地表现对清廷不满的时候，就相机宣传，并留意防备自己被人诱骗。

（三）太原情势紧张，密探很多，与人谈话，要用脑记，别用笔记，防备被人检查。

我受命照办。过一日，阎对我说，前密派张树帜赴陕西调查联系，已归来，并教我和张会晤，彼此合作。我与张系老友，会晤后很高兴，从此即共同工作。

10月28日晚，太原新军起义，一夜之间，即告成功。29日晨，我至阎的标统部报告起义情况。阎说：“我们现在经过会议，要选举大都督。你速找张树帜到谘议局探听消息。”我立即找张同到谘议局，正值该局议员们准备投票选举大都督，议长梁善济已经发下了票，闻已秘密内定选梁。梁当时宣布说：“今天开会，是我主持，等我找军事长官来开会，投票公选。”时留张在局察看动静，我即驰回告阎。阎说：“我马上同温寿泉等前往，你快回谘议局，和张看势作事，动作要机警。”少顷，阎同温寿泉、姚以价等到会场，就由梁善济主持开会。阎、温、姚相继讲话后，梁善济宣布说：“现在投票，公选大都督。”张树帜突由台下抢步登台，用肩将梁挤到身后，大声疾呼说：“我们要选举阎锡山为大都督，不要票选，要举手表决。”张站台上，高举左手，等议员们也举手，议员们则尚在迟疑张望中。我在场即大声响应，拿出手枪拍案，并举手说：“赞成的举手。”议员在这种情况下相继举起手来。张检查全体举了手，说：“一致通过”，又叫选举温寿泉为副都督，赞成的举手。议员们也照样举手赞成，照样一致通过。梁善济在选举阎锡山为大都督时已悄悄只身退出会场。最后，张树帜宣布说：大都督、副都督业经选妥，散会。

（选自全国政协文史资料研究委员会编《辛亥革命回忆录》第5集，中国文史出版社2012年6月第2版）

辛亥革命在大同

郑　翰*

一　同盟会大同支部的建立与群众起义

辛亥革命，太原起义后，雁北各地也纷纷响应。当时大同是山西北镇所在地，历来就是雁门关外的军事重镇。按清朝末年的军制，北镇设有总兵，辖步队四旗，马队五旗。步队第一旗驻大同，二旗驻保德州，三旗驻绥远之丰镇，四旗驻右玉县之杀虎口；马队第一旗驻代州，二旗驻归化城，三旗驻包头，四旗驻归绥北之可可以力更，五旗驻缠金。

大同交通方便，商业发达，是雁北和内蒙的军事、政治、经济

* 郑翰：曾任山西省人民政府参事室主任。

的中心。革命党人对这个地区早已非常重视。

1906 年，同盟会会员续桐溪（西峰）曾在其家乡（崞县）创办川路中学。1907 年续派徐西园、弓富魁等到绥包一带活动，发展了李德懋、刘干臣等多人入同盟会。李德懋是大同人，精通拳术，在绥包一带设场卖艺。由于李德懋的关系，同盟会就决定在大同设立革命机关，以作雁北和绥远联络的据点。因此同盟会会员刘干臣就出了家，住在大同吕祖庙当和尚，法号“本悟”，每日敲着木鱼，到处念经，暗中进行革命宣传活动。

1909 年，同盟会山西支部又派孙占标由太原到大同，协助李德懋、刘干臣等工作。孙系河南人，以卖膏药为名，在大同开设了一座“恒元楼”药铺，作为同盟会在大同活动的场所。当时孙的活动对象，主要是结交清军的士兵。后来他为了深入工作，便又打入大同总兵衙门的卫队——步一旗充当士兵，先后发动了什长傅殿邦、哨官孔宪林等多人参加革命。

1910 年，同盟会大同支部在吕祖庙正式成立，又发展了不少会员，其中有常育（性聪和尚）、常法（开莲和尚）、大同中学学生李国华、常珍、彭继先以及当时从群众中涌现出来的有志推翻清朝的人物，如宋世杰、郝珍、王芝、高保印等。

当年夏季，又由省外来了两个老同盟会会员刘贯三（山东人）和段亚夫（直隶人），仍以卖药为名，住在一个警官樊荣（革命同情者）的家中，秘密进行活动。这时同盟会又发展了一批会员，革命空气更加活跃起来。同时续桐溪也派人进入大同，对革命工作进行帮助。此后，李国华即负责主持大同的革命工作。李德懋仍以卖艺为名，往来于包头、大同、张家口之间进行联系。这样，大同方面的革命工作，便和太原、绥远、察哈尔等地密切结合起来了。

1911 年，太原起义前后，在同盟会大同支部指挥之下，曾在山阴岱岳镇劫夺了大同总兵送往太原的步枪（比国造）80 支，被清军步三旗管带耿应周追击，高保印等 19 人被惨杀。这时，曾在太原活动的同盟会会员李嵩山转来雁北一带活动，曾一度攻入怀仁、应县；常法、常育等又在应县小石口发动了 60 余人的武装起义；但都遭到清军的镇压，李嵩山、常法、常育当场壮烈牺牲；王芝等 16 人，在大同被俘，旋遭惨杀。

与此同时，同盟会会员李德懋和另一革命小团体铁血会会员卢占魁等先后在察哈尔之万全县和绥远之丰镇县发动了武装起义；山西应县龙须村孙本然聚众百余人也展开了武装斗争。此外，在丰镇、大同之间，还有不少的农民揭竿而起，响应起义，其中最有名的有小状元、童三、李三片、郭根盛、杨五郎等人。因此把大同总兵王德胜弄得惊魂失魄，日夜不安。

二　大同起义的经过概略

同盟会大同支部，鉴于在太原起义前后所发动的多次武装起义均遭失败，清政府对革命党人和群众搜捕镇压更加严酷，大同总兵王得胜、知府李德炳、知县葛尚德等对吕祖庙特别注意，经常派遣便探暗中监视。大同支部为了安全计，便秘密转移到大场面傅殿邦家中，经多次开会商讨，一致认为，发动大同起义，迟不如早；趁王得胜派出主力四处镇压群众暴动、城内空虚之际，出其不意地举行起义，定可成功。于是决议：由宋世杰、孙占标等暗中在清军中继续发动士兵参加起义；并请续桐溪的本家叔父续满（大同永裕庆钱铺的掌柜）在经济上予以帮助，购买了马、步枪各一支，纸炮 10 万响。

1911 年农历十月初十日（11 月 30 日）夜 12 时，宋世杰、李国华等潜伏在总兵衙门西南之小皮巷口放起了高升纸炮，作为讯号。其他革命党人闻讯，便在各处大放鞭炮，一时城内炮声四起。孙占标、傅殿邦、孔宪林等人便在总兵衙门院内鸣枪内应。这时李国华、宋世杰已赶到总兵衙门口，李国华奋不顾身，向卫兵夺取了步枪 3 支，分给左右随从；同时宋世杰将辕门打开，高声喊道："弟兄们，快往里冲呵！我们一定要把王小辫子（王得胜的外号）活抓住呀！"孙占标等事先组织好的 28 个士兵，便一齐向内射击，顿时枪声、炮声、喊声、杀声混成一片。王得胜在睡梦中惊醒，急忙带了一名随从，越墙逃出，藏至马营街古姓裁缝的猪圈内，喘息了片刻，又跑到柴市角，雇了二李铁的轿车，并给守城军士李玉林花了些钱，才逃出城外，坐火车直奔宣化求援。

大同知府李德炳、知县葛尚德，逃跑不及，便躲藏在耶稣教堂内。这时城内清军步一旗在大势所趋的情况下，全部参加了起义。至此，大同遂告"光复"。

翌日晨，革命人士和起义部队以及市民、绅商等在察院集合，首由李国华讲述革命意义和起义经过。当场宣布成立大同军政府，其组织如下：

都督：李德懋（当时尚在口外，由副都督代理）

副都督：李国华、刘干臣

参谋长：常珍

统领——虎贲将军：宋世杰

帮统：傅殿邦、孔宪林

营务处督办：孙占标

虎贲马队队长：宋世杰兼

抚军炮队队长：董占魁

抚军卫队队长：赵维汉

财政长：彭继先

民政长：白英

大同军政府成立后，立即恢复地方秩序，编练地方武装，准备防御清军反攻，同时派人向太原和忻代宁公团请求援助。

三　续桐溪率部北抵大同

忻代宁公团，原系在太原“光复”后由续桐溪召集革命人士弓富魁、贺炳煌、史宗法等在五台县之东冶镇组织的，人数约有3000，续桐溪为团长。当时续向山西都督阎锡山建议，出奇兵以攻北京，或进军石家庄，切断京汉路，未蒙采纳，旋即率军北上，准备进攻大同。这时，张瑜为北路军司令，率部到达代州，计划直攻雁门关。续桐溪得悉，即驰告张瑜：“清军守关，居高临下，如行仰攻，不易得手；你可等我绕道应州，断敌后路，然后再攻，定可成功。”可是张瑜这人，既愚且诈，他怕续桐溪夺了头功，便假意答应。续和张协议后，就星夜率部北进。张瑜俟续去后，就急忙集合部队，单独直攻雁门关，结果被清军打败，逃往神池。

续桐溪带领忻代宁公团，以弓富魁为先锋，于农历十月初九日到达繁峙城，声言东出平型关。但出城不久，即向北转入茹越口，沿着山路兼程并进，所过之处，势如破竹，应州、怀仁均被攻下。十五日下午6时，直抵大同西门。李国华、宋世杰等出城欢迎，续桐溪率队入城。

四 清军援救大同

原来王得胜在大同起义前，鉴于雁北各地的革命形势蓬勃发展，群众暴动风起云涌，苦于无法应付，曾就近函请绥远将军堃岫设法援助。那时绥远将军也感自顾不暇，不肯发兵；但又不便袖手旁观，于是转请内阁设法增援。内阁总理大臣袁世凯令直隶总督陈夔龙派副将范书田带队增援大同。陈夔龙不愿将自己直属的部队派遣出去，但又不敢违抗上命，才又改派杨荣泰带领淮军步兵五营作为援军，可是杨又以所担任的防务无人接替，不能及时开拔。陈夔龙无奈，又令王怀庆马队去接替杨荣泰的防务。就这样把增援大同的时机错过。当杨的部队还没有开到大同，而大同便早已被当地起义军占领，总兵王得胜也早已逃跑了。

清政府下令将王得胜革职查办，委派了一个记名总兵陈希义率领毅军一部驰往大同，作最后的挣扎。这支清军，由郭殿邦任总指挥，并由他先带领一部人马于十月十五日晨由宣化、阳高赶到大同城东8里之古城村驻扎下来。郭殿邦为了探听城内虚实，马上派了一名便探，暗暗带着公文混入城内，跑到商会，叫商会派人出城欢迎。商会是地方绅士集中之地，其中还潜伏着不少清政府的官吏如总兵衙门的文牍韩进阁等。这些人一听说清军已经来到城郊，便纷纷活动起来。他们首先到耶稣教堂给知府李德炳报信，李一方面令韩进阁先向原来清军之步一旗（起义后改编为防御炮队）的官兵进行煽动，指使他们背叛革命，仍投清军；另一方面，偕同知县葛尚德召集城内绅士刘应昭、郝绳祖、武岐山等 13 人于当日下午 1 时潜出城外，欢迎清军。他们怕革命人士察觉，一个个由西门出城，绕道城南之瓦窑、南寺，过了御河，经过郝家庄，于下午 5 时左右才到达城东之古城村。他们拜见了清军首领郭殿邦，郭问城内有多少革命军，他们异口同声地说："哪里有什么革命军，只不过是地方上几个无赖罢了。"郭殿邦一听之下，喜不自胜，便迫不及待地派遣骑兵一队先行入城。

原先大同城内之清军步一旗，本是被迫起义，他们自改编为起义军的防御炮队后，即有一部分人担任东门防卫之责。清军到达古城村时，他们之中有少数军官在韩进阁等煽动下动摇起来，蒙蔽了一部分士兵，带出城外，打算投降清军。但他们刚刚出城，就被续桐溪的先头入城部队侦知，立即派部队追出，晓以大义，劝他们仍返城内，共防清军。正当这些官兵被说服准备回城之际，忽然发现清军的骑兵队由东而来，他们便在续桐溪的先头部队的指挥下，出敌不意，开枪射击。清军被击毙 4 人，队形大乱，纷纷向古城村溃退。郭殿邦闻讯大惊，认为受了那 13 名绅士的欺骗，连忙喝令将他们一个个捆绑起来，拟以"诈降"之罪处死。后来李德炳、葛尚德两人觉得留下这些绅士还有用处，便代为解释求情，郭殿邦才收回成命，将 13 名绅士暂时拘押起来，听候处理。

五　革命军坚守大同

续桐溪进入大同后，便协同李国华、宋世杰重行布防：以镇远队队长张德枢守西城，武猛队队长任勇、奋勇队队长张得胜守南城，左游击队队长贺秉煌守北城，右游击队队长史宗法守东城；同时以宋世杰之虎贲马队协助守东南城，赵维汉之抚军卫队协助守西南城，董占魁之防御炮队协助守东北城。以上守城部队，均归弓富魁统一指挥。

过了几天，陈希义之毅军、杨荣泰之淮军以及前大同总兵所属之残兵败将，均先后集中在大同城周，在郭殿邦统一指挥下，向大同城发动总攻。当时城内续桐溪、宋世杰等革命军虽处于孤军作战、内缺粮草、外无援兵的极度困难的情况下，但由于人民群众和士兵们的热忱拥护，积极支持，一次又一次地给予清军以重大的打击，清军死伤枕藉，不敢再攻。郭殿邦在无可奈何下，接受了李德炳、葛尚德的建议，将 13 名绅士中之刘应昭（在籍郎中）释放出来，好酒款待，然后派进城内进行诱降。刘满以为凭自己的“声望”和三寸不烂之舌，可以诱降成功，不料却被续桐溪等严词拒绝。刘不得已，乃邀请耶稣教牧师瑞典人高乐生出面调停。他以为外国人一出头，就能吓倒革命军，结果仍然碰了壁。但他仍不死心，又邀请了另一个牧师耿而深再三从中调停，革命军仍未接受。

郭殿邦见诱降之计不行，不禁恼羞成怒，竟发令以重炮轰城。仅在十一月十一日那天，就打入城内 108 发炮弹，打坍许多民房商店。炸死许多妇孺老弱。这时，续桐溪义愤填胸，当即给清军首领郭殿邦写了一封抗议书，严加谴责，书中曾有这样几句话：“……扬州十日，嘉定屠城，阁下等祖先亦在其内，岂竟忘耶……”书中还引证了三国曹植的诗句："煮豆燃豆萁，豆在釜中泣，本是同根生，相煎何太急！"以激劝之。续桐溪这封抗议书，送到清军驻地后，便不胫而走，很快地传播开来，尤其在下层军官和士兵中受到很大的影响，他们的战斗情绪顿时为之低落。

六　革命军退出大同

郭殿邦对大同革命军诱降威胁，均遭失败，又利用绅士刘应昭等向太原方面呼吁求救；同时他又和山西巡抚李盛铎商议对策。李鉴于南北议和正在进行，就派谘议局副议长杜上化偕同张毅安、李文甫、光裕等人星夜前往大同古城村，见了郭殿邦、陈希义、杨荣泰等清军将领共商善后对策。随后又邀请耶稣教牧师耿而深、高乐生等一同出面，向续桐溪、李国华、宋世杰等革命党人议和。续桐溪等以大同防守已达40余日，弹尽援绝，粮炭枯竭，再守下去，对革命力量也无裨益，乃派邢维周为代表与杜上化等协商。双方经过多次会议，终于十一月二十七日达成停战协议，清军将城西、城南两面的攻城部队撤除。续桐溪、李国华、宋世杰等于二十九日晨率领革命军撤出大同城。市民扶老携幼，洒泪送别。大同"光复"后，为时不过50天，就又被清军所盘踞。

续桐溪出城后，率领忻代宁公团返回雁门关内，宋世杰则将大同地方起义部队带至城西南之口泉、吴家窑一带，待机而动。李国华则随续南下，意在保持同盟会大同支部与雁门关内之联系。李德懋迄未返回大同，以后到包头投奔了阎锡山。

七　清军入城“大索”

大同议和后，郭殿邦被调走。陈希义和杨荣泰两人因争夺权利，闹起意见来。当革命军撤出大同后，陈、杨二人便各带所部争先恐后地进入城内。陈希义虽在王得胜逃跑后即已任为大同总兵，但在进攻大同时期，并未履行总兵职务；而入城后他所带领的毅军又不如杨荣泰所带的淮军力量大，因而淮军占了上风，城内卫戍勤务便由淮军负责，总兵一职，也就落在杨荣泰身上。陈希义垂头丧气，随即率领毅军撤出大同城，又回到古城村待命。

杨荣泰在陈希义撤出之后，为了收买兵心，就放纵部下官兵在城内奸淫掳掠，无恶不作。原来淮军是由李鸿章仿照曾国藩的湘军编练而成的，这支军队的将领，一贯遵循着曾国藩带兵的一套所谓“大索三日”的办法，这就是每逢攻占一个地方，便放纵士兵大抢3天，借以刺激“士气”。

杨荣泰率领的这支淮军，在大同实行“大索三日”，实际上并不止3日，直闹得家家户户哭声震天。城内百姓忍无可忍，便推出代表暗暗出城，跑到口泉，向宋世杰哭诉淮军的罪行，并请求他打回城内，撵走淮军。

与此同时，城内绅士却一味逢迎淮军，他们以所谓“善后联合会”的名义，张贴文告，对淮军歌功颂德，将奸淫掳掠的罪行委之于所谓“外来的土匪”。在他们的文告中，曾这样写道：“夫淮军者，乃仁义之师也。……不料外来的土匪，竟在城内大抢六天六夜，若非淮军前来镇压，将不知伊于胡底……”这个文告，淮军并没有睬理，反而又直接抢到绅士们的头上，有的绅士还挨了淮军士兵的打骂。

绅士们害怕起来，又不敢向杨荣泰诉苦，只得共推刘应昭、刘汉英为代表，跑到古城村向陈希义求救。哪知陈希义装聋作哑，坐视不理。

八 宋世杰二次“光复”大同

宋世杰在人民群众的恳切请求和热烈支持下，于正月初八日夜，带领起义军趁淮军不备，攻入城内，占领了西半部地区，与退据东半部之淮军对峙。宋以自己的力量不足，无法进展，就协同市民组织起“民团”与“商团”两支群众武装，划分为东南、西南、东北、西北4个分团，由宋统一指挥。一切动员工作准备妥当后，就于初十日夜间行动起来。全城男女老少，一齐动手，爬上房顶，只听得一声号炮响起，顿时喊声震地，“打死淮军”的口号，此伏彼起。淮军惊慌失措，夺门而出，不料砖头瓦块，瓷盆便壶（当时称为炸弹）一齐飞将下来，再加上宋世杰指挥的起义军东冲西杀，直把淮军打得人仰马翻，混乱不堪。

这时淮军统领杨荣泰和重新上台的知府李德炳以及新任知县李光济等大小官吏都抱头鼠窜，混杂在溃军中，滚出城外，向东逃去。宋世杰当派孙玉山为追击队长，一直追过御河以东地区。

宋世杰二次“光复”了大同城，大同人民，莫不欢欣鼓舞，对宋世杰的英雄行为，赞不绝口。但地方绅士仍留恋于清朝官吏，便又急电山西巡抚李盛铎仍请陈希义镇守大同。

当陈希义二次来到大同时，地方绅士齐到十里茶房欢迎，照旧称陈为“军门大人”。陈不久又被袁世凯任为步兵第二旅旅长。宋世杰部被编为一个营，归陈节制。后来阎锡山又派孔庚为大同镇守使，张汉杰为镇守使属下骑兵独立团团长，宋世杰又被编为营长。这时张汉杰在阎锡山的授意下，捏造种种罪状，于1914年5月，竟将辛亥革命时期大同地区的英雄人物宋世杰予以惨杀。

附　记：

本文系根据在大同访问、座谈、调查所搜集到的材料而写的。被访问者有：蓝效汤、吴筱山、彭继先、田润之、张谦、倪虎臣、李少兰、邢儒、庞子珍、岳林、安棠甫、乔德荣等15人。他们都是曾经亲身参加过辛亥革命和熟知当时当地情况的大同老年社会人士，他们之中包括有当时的工人、农民、商人、士兵和知识分子等。所提供的材料，绝大部分是真实可靠的。在整理过程中，为了对照时间、地点和人名，也参考了一些有关资料，如中国史学会编的《辛亥革命》第六册中之《山西起义清方档案》和其他有关方面的记述。由于把这些口述的零散的材料归纳在一起，遗漏错误和不具体的地方，在所难免，尚希熟知这方面情况的同志，予以修正补充。

（选自全国政协文史资料研究委员会编《辛亥革命回忆录》第5集，中国文史出版社2012年6月第2版）

丰镇民军日志

曾厚章*

10月31日，阴历九月初十日，星期二　觐老（丰镇知事章同，字觐瀛）说省城已失守；又接祥夫（卫祥夫，清大同巡警队副队长）一信，语相同。

11月2日，阴历九月十二日，星期四　是日省中消息不佳，大同亦有起事之说。

11月22日，阴历十月初二日，星期三　天色大晴，忆昨晚觐邀商事；据拿有革党三人，用否正法为问，予力阻之。

12月1日，阴历十月十一日，星期五　午后知大同已失，张皋兵变。

12月2日，阴历十月十二日，星期六　下午聂普勋（丰镇警务处

* 曾厚章：时任山西丰镇起义军分军都督。

长）来，邀至警所一转。晤王虎臣（民军革命首领，在丰镇、石家庄一带活动），谈至5时。

12月5日，阴历十月十五日，星期二　田介三（名指功，民军）来为寓中卫护。

12月7日，阴历十月十七日，星期四　下午回寓后，普勋来谈，赠余手枪一支，子弹20余粒。

12月8日，阴历十月十八日，星期五　马荷伯来送手枪一杆，当付其银50两。是晚汪用九（丰镇马步军统带）来恳余拟禀归绥将军及巡防统领等云。

12月9日，阴历十月十九日，星期六　早上田介三来说隆盛庄事，并说，如民军至，有伊死力保卫。意虽至感，但不知余之作用也。民军有刘姓者来，当嘱其携致虎臣一信。

12月10日，阴历十月二十日，星期日　觐来说汪用九事，嘱禀归绥将军解说兵变事。晚上风声甚紧，白桂芳、田介三等为余保卫，余则带卫勇3人以防出入，居者行者均无所虑。至署招王虎臣来谈，至1点钟回寓，见田介三、白桂芳等防守颇严也。

12月11日，阴历十月廿一日，星期一　下午回寓，见王虎臣已坐候，当偕白桂芳、董大鸿等谈至2点。伊等服务甚勤，以酒食款之，是晚直至4点眠。

12月12日，阴历十月廿二日，星期二　下午至署办公，商学各界有代表绅民10余人询余地方情形。余以“在镇一日，必为地方尽一日义务，决不使地方涂炭，民军已有接洽，可请放心”等语慰之。

12月13日，阴历十月廿三日，星期三　觐来说，昨晚知巡警怀他志，已向大同请兵与民军开仗。余以非出万全，阻之，未有成议。折中嘱王虎臣再讲条件，而署友湛某（仁农）及朱姓（前警务处长）仆人力说民军系虚张声势，已利诱警营出有重赏，决可一战。

12 月 14 日，阴历十月廿四日，星期四　10 时至署，知警营与汪用九之兵已赴太平庄与民军开仗。覲来，余诘以开战有无把握。覲说乌合之众至易扑灭，并哂余为胆怯。至午后哨马报告汪警两军大败而回，覲失色，始悔误听人言，向余谢罪。天骤大雪，余即回家，街上已无行人，家家闭户。盖已知败仗，丰地无城垣可守，彼方若一冲而进，实无险可守也。房东李姓早将大门堵闭，屋上看守人知余回始启之。光秉元等偕刘师奶奶等询余确信，实告后各极张皇，余以宽语解之。余亦饮酒若无事。天将黑时，警务长聂勋普败回，院中拴马 20 余匹，同来者 10 余人。聂来见余，不禁大怒，责其受何人利诱势迫，不与余商，贸然出兵，出手枪欲即击之。勋普跪地谓："大同归绥不日均有官军来。厅官说如警兵不战，将来必反叛论；战而胜有不次之赏。不意失败而回，只可明日整军再战。"余呵斥之，旁亦有为之解者，乃令之退。旋闻伊收束细软，已带卫兵二人不知逃赴何处矣。天气既黑，而聂（小元，勋普之叔）、刘（厚生，幕宾）、光（秉元）3 人家眷尚在余寓，当嘱其各奔前程。以余前为双方调和之人，兹厅官独裁出兵，在民军不谅，必以余为故作缓兵之计于先，实掩其不备于后也。万一彼方抵此，无词可以自解，又何能庇护他人。于是聂眷他去，刘眷当夜另迁，而光眷以无路可走，生死随余，在余亦拟明日再行矣。白桂芳、董大鸿告余曰："公与聂姓共寓，民军知之，彼来必向聂泄愤，其时玉石不分，声辩已晚，不如亦另迁。"余是其说，即嘱其就近觅屋。知邻近有一巨家，人已他逃，室空无主，即嘱光秉元等打拾同行。时已二更，风雪甚大，步行数十步抵新寓，仅一刘姓号谨安者看房，为余内外烧炕。是夜鸡犬无声，境至沉寂。余与董、白、光、刘等饮酒谈天，深悔事无全权，致蹈是非之窝（以上共计两天日记并记）。

12月16日，阴历十月廿六日，星期六 黎明即起赴署，见署内一空。上房见觐与其三妾三四仆人。觐向余说深悔开战之非。余嘱速送其妾赴教堂，始仓促行。汪用九来说，现守东栅栏尚可一战，余哂之。汪去，觐询尚可重议款洽否，余因作函派董大鸿鞭马赴太平庄。厨房备面来食方毕，天上鸽阵蔽天向南，陡闻炮声甚震。以事无可为力，与王虎臣拉觐出署拟赴余寓，至中途觐忽脱去，盖始终目余为革命也。途中闻枪声甚紧，余绕道行，回视虎臣亦不见。至寓已11点，寓门内以大块煤塞户，扣良久，光秉元始上屋见为余，乃启而入，已见西首火光冲天，知衙署被焚矣。未1点，户外人喊马嘶并碰门之声，刘谨安嘱余速避。余以避无益，乃饬启户，入者有李德懋、张壮原（绰号小状元）、吴万义、孙六、马有才、祁凤林、赵有禄及王虎臣等10余人，向余请安慰问，并说公推余为分军都督。余以突如其来，力却不任。彼等以如不统属、号令不一为言，意至诚恳。余询以监犯所在，则已全释。余曰："若辈如饿虎，一出必为地方害。"当询孰能查街以安秩序，吴万义应声率门外10余人去。因向说曰："诸君半从绿林中来，此次既充民军，必有文明行为，一不公报私仇，二不杀人放火，三不任意抢劫，四不滥杀官吏，五须团结一致，如受约束，尚可为诸君效力；如仍蹈绿林前辙，则此时何人无能为力干涉，惟听诸君等之所为；但恐官兵固以盗贼视，即革命党亦必以盗贼视，是地方涂炭，君等亦无益也。"众咸唯唯，小状元并言："如不听统领言者，必首先枪排之。"盖以分军都督为统领也。余以秩序为虑，乃向众商得同意，以吴万义掌警政，张子刚掌民政，声明饷需由商会筹，不准直接抢取商民一物，请回诫部下。是晚彼等送来大白旗二面竖立门首，并请夜间口令，余以“安良”二字示之。是日有一绥远逃兵马青山来为余服务。

12月17日，阴历十月廿七日，星期日　7点起床，虎臣来请口令。吃粥后步行至丰盛店商会，有部绍业（教士）、杨映渊、王教育会长、张子刚、吴万义等20余人，议筹3万两。商会以现金为难，减至25000两，民军方面不允。门外屯集数百人说：“如不足数，即自由搜集。”磋商至午后，复增2000两，众始散。回寓已2点，虎臣同行，见有插日本旗者，虎臣勒令拔除，在仓促中不忘爱国，至可佩慰。李彦青（房东）来说，聂小元家眷避他屋，屡被搜害，不敢走前门，已从墙上越赴后院，请予庇护。辞之无法，只可指屋令住。有赵有禄之部下来说，上午有人至李彦青院焚烧聂姓箱笼，不料误入东屋，烧劫余之衣物，而聂之南屋无恙，拟查明何人所为，赔偿后加以枪毙等语。余以损失不多，决意不办。又说伊等公议在筹饷中赔予2000两，余坚辞却之，又说送来虽丝毫不受。旋又有数人（忘其名）来说：“既统领不究己物，而聂姓小子衣物必焚以泄愤。”余再三向其解说，谓聂小元人极可怜，此次开仗系伊侄勋普，与伊无涉，彼等均不允许，请晚间口令而去。余入内，聂太太及少奶奶并子3人均伏地叩头，哭求庇护。余询以李姓寓内尚有何物值钱？据谓箱内存现银五千余两，可否令人取出？余乃令伊少奶奶率马青山越墙自半夜1点至次日天明往返五六次，仅携回千数百两，嗣民军撞门入，马等不敢再去，任其烧取而已。聂太太给马青山大宝50两。记得从前小元屡说贫困，不料其积储至多，思之不禁失笑。

12 月 18 日，阴历十月廿八日，星期一　7 点起，来客已三四人坐待矣。部教士持觐信来，内说要余向大同请官兵剿民军，时客满座，设此信为若辈所见，将置余于何地。余乃佯向部说："此人屡来借钱，余力安能继？不及写回条，可速回复之。"力挥部出，而置原函于火炉焚之，幸座客不疑，亦云险矣。午前仆役均外出，仅光秉元在，突有叩门而入者，身穿黄绸短袄，持手枪冲入客座，询余是否姓曾。余答之，询其姓名不答，目红色，灼灼露凶光，狞笑曰："尔等养尊处优，又不准我等刁抢，现我饥寒所迫，须向尔要银钱衣服。"余让其坐，伊即跳上炕出手枪指余曰："速取来！"余乃脱所服枣红皮袍令其穿着。此人大怒曰："使余穿尔服，是间接杀余也。尔所服谁不见者，服而出，尚有活理乎。"光秉元因说："曾先生衣不可穿，余之皮衣给汝如何？"此人亦不要，大呼房东出来，余以房东早已远避为说。正无可理喻间，虎臣率三四人来，仆役亦渐集，乃嘱虎臣开一条向当铺取皮衣一身，给银至 10 两为止，此人乃悻悻去。事后查其来历，知为土匪在监而释者，因余令约束不能取商民一物，故迁怒于余。记得前日监犯百余人释出者，多数向余膜拜，表示好意，不意又有是人来扰。虎臣以余不设防卫，甚以为虑；并说：民军到后，仅彼辈日来曾寓，而君一无往访，外间烦言甚多，谓余架子太大，似非平等之意。余憬然悟，因于午后酌拜 10 余人，不及者则差片道乏。据人说赵有禄尤不以余之深居简出为然。其实余自朝至半夜，曾无一刻之闲可以出门访友，并非自摆身架也。是晚孙六来，带四五人为余寓卫兵。孙自言曹州府人，14 岁即至关外为马贼，今年 26 岁，已为匪 10 余年，家有父母并祖曾，回曹数次，其家拟首诸官，嗣即不敢复返已 4 年，言次泪下。此人打枪极准，骑劣马能日行 300 里，一枪能打至 17 响，东自山海关西至嘉峪关草地马贼，无不知其名，出示周身刀棍枪子伤至 10 余处，出门则背挎两枪，腰兜插 3 手枪，靴筒插尖刀两把，人极勇敢，极讲义气，杀人外一生不犯奸淫，其行谊有足多者。

12 月 19 日，阴历十月廿九日，星期二　早 6 点起床，李德懋，张壮原、王虎臣、马得功等 10 余人均来，孙六则固在余寓也，纵谈饮卯酒。忽部教士张皇来说，章觐瀛为马队 60 人包围，已拟放火。余佯谓："章已走避阳高上火车，何以又在此地？"部不知余意，谓："烧衙门之日，即避伊仆孙姓寓所之邻，伏处棺下，四积煤炭，惟夜间从容耳。"时各首领在座，不能再讳，不得已嘱部先去，乃语众曰："前与诸君约法以不杀人放火及公报私仇为言，章亦汉人，何意欲绝其命？且前后开仗余应负其责任，未数日已反复如此，非丈夫所为，果戕章官，愿先枪决余。"李德懋等曰："予等皆在此，何人所为，殊不可解。"孙六曰："是必回子马有才，伊已杀警官马进禄，因伊弟阵亡，恨章官至甚，遂自由行动若是。"余曰："号令不一，何以服众，诸君自为之，余无拳无勇，不能再与诸君共生活也。"言次，张壮原大怒曰："何人敢杀章官，先把我小状元万剐，我即去看何人敢为！"余即嘱其速往，张率门外 20 余骑去，不逾时已回说："果然马有才即马三爸所为，已传令解散矣。"余慰谕之。午间邀在座诸人在寓中共餐云。下午 3 点，有不识名之五六人来谓："聂小元家眷在此，应令其出外。"余审其用意不善，因曰："聂眷即在余寓，亦不能任汝辈架去。开仗之事，罪在伊侄，与眷无干；女流胆小，出门一步，惟有死耳。"伊等谓："既不令去，应令其出来向余等一见。"余婉解之曰："见亦何妨，但妇女出头露面，于公等又有何益；各首领且不忍杀章官，岂有令杀聂眷之理。汝等既来，望徇尔之请，厨有肴酒，不妨共食，令聂眷为汝办肴菜可乎？”因各饷以酒点，至5时乃辞去。是晚李德懋来，闻余寓马青山有后膛枪一支，出银百两向其回买。孙六等仍在廑，因于二更后率马弁五六人赴各街巡查一周，直至4点回。

12月20日，阴历十月三十日，星期三　8点起床，闻内人说："聂太太及其侄少奶奶要投井吞金，因沈保康说，早上又有人来搜查聂眷，恐终不免，故图自尽。”言次，聂眷率小孩等跪伏余前，愿将小孩为托而伊等可死，免余为难。余以事在昨日已向说妥，何以又来搜索？出询卫兵，均称早晨绝无人来，乃知保康之吓诈，怒欲枪决之，沈跪求始已。乃令慰安聂眷，说余在一日，决不使尔等受辱。聂媳有姿色，颇有人觊觎之，沈亦屡向其调侃，时值扰乱，人各存不良如此。10点，商会学界等六七人来，询其地方情形，据称民军来后，绝无刁抢一家之事，仅向当铺要皮衣10余身，各军分驻粮食店者亦各安静，只取饲马之粗粮，余均自备，现市面已有一半开张营业，言次盛称余之德政。又询以缴饷之数，则称现银只2.5万两，余由当铺一行凑出皮衣首饰作银2000，共2.7万两，已算缴足等语。余各加慰并以茶点劳之。午后略睡。至3点半，王虎臣来说："各首领意见至复杂，此数日尚能从号令守纪律者，以甫经发饷，后恐不甚可靠，须量加编制并有正式民军以慑伏之，始可戢其野蛮。”余踌躇无策，姑应以缓一二日约各首领讨论之。虎臣即留余寓安寝。9点，率孙六及卫兵4名骑马赴街查夜，署役执灯者亦4人，途遇吴万义带队查街，慰谕之，偕至警署小坐至2点回。

12月21日，阴历十一月初一日，星期四　午前突闻门外枪声，时孙六、马青山等均他出，止光师爷一人在，余以无故鸣枪，颇惊惶，乃呼卫兵询之。则以（房东）朱前警长尧，有女客来，观者拥挤，驻门卫兵谕散不从，因开空枪吓之。余斥其莽昧，旋以酒食劳之。是等武人，自谓勤于守门，野心未驯，非一味斥责所能制服也。是日至午后三更，陆续来客至30余人。

12月22日，阴历十一月初二日，星期五　连日口令，均属光秉元转语之。李彦青、蔚蓬瀛来说，谦益玉询余银钱能敷用否，拟先送二三百两来，余辞之。商会送南酒两坛，以每日黄酒约饮一坛，尚须佐以高粱10余斤为来客饮，门真如市。王虎臣来说：吴绶卿曾有来电，阎百川（锡山）亦有公文，阎隔大同，吴隔宁武平定州，均距我远。吴反戈赴京，而正定保定，清驻重兵，不如假吴军千人，间道从宁武来此，加以此间千余人，由张家口直趋居庸关，扼京师之背，沿途伊已有接洽，不生阻碍等语。余深然其说，定于一二日后由虎臣先赴石家庄借兵，但能有数百人来，则沿途加以号召，万人不难致也。此数日不见季文发、董大鸿、白桂芳等，甚念之。闻大同自弓富魁占据后，总兵王得胜请毅军二三十营围之。前季文发拟炸柴沟堡铁路以断官军来路，不知其所图如何也。章觐瀛又送一信来，嘱余向大同请官兵，余投诸火炉。午间虎臣等四五人在寓中餐后向余借一手枪去。

12月23日，阴历十一月初三日，星期六　早7点王虎臣来与余筹议赴石家庄事，言次，虎臣写“劫数难”三字，无逃字，余滋不怿，当款以早点，向余要碎银十余两，谓拟向得胜口哨探，匆匆出门去，因闻清兵在大同者，有赴丰镇之消息也。李德懋借祁凤林来说，各军颇不统一，语与虎臣同。余以虚名督率，计须编制后始有着手。其时南则大同，西则归绥，东则张家口均清兵，北亦有旗兵，如处釜中，势颇岌岌，如内部再不一致，危亡可待。内人有七月之妊，又一幼子随身，不计只身之自由，所以冒险为之者，无非为革命与保全地方耳。深恨章官开战之非计，否则丰地马步警兵及 400 人，警官等已为余金钱收买及义气要结，加以招抚各首领，其势均衡，貌为清官，随时而动，讵非万全之策，胜于此次之孤注一掷乎。午间饮闷酒甚醉。2 时，探马报称得胜口已有大同巡防队二营，待虎臣不至，甚不放心。李德懋、张壮原、吴万义等来报告，大同巡营系向导，后随毅军七营，内炮队二营，马队二营，步队三营，统约 2000 人，归绥亦有旗兵 600 人，明日可到丰地。旋各首领 10 余人来，语相似。余询各人之意，德懋主战甚力，谓彼虽炮队居前，而夤夜交兵，可以攘为我有。继之者有吴万义、张壮原、孙六四人，余如赵有禄、马得功、马有才、卢占魁、祁风林、张子刚等六七人均嘿嘿。余曰："开仗策非万全，地方受其涂炭，我军心志不一，胜尚无以善后，败则更无可收拾，不如君等退兵隆盛庄，闻中央亦主和议招抚，尚可为最后谋国事，君等速回整队即行，如费不敷，余尚可设法。"皆谓饷已分领，不必再计。乃挥之出。彼辈谓："我等行后，统领若何？"余曰："吾亦不日他去，但有眷在，不能与君等偕行。"力遣其去，唯李德懋、祁风林、孙六在，余执德懋手曰："君等前程远大，嗣后好为之，望整顿所部速行。"李与祁计议用轿舁余眷他往，余坚辞之。李等乃继去，唯孙六决不行，谓愿与余共生死，说伊部百人足可与毅军争，随余为护卫。余晓之曰："余留决无他虑，汝在乃为妨碍，因余虽督民军，地方上极谅解，官兵中多旧好，可无生命危险。汝在仅百余人，战无可为，则不为余利而为余害，俱死无益也。要为革命留有用之力，后会有期，盼汝速行，余可另作他计。”力驱之出，孙乃含泪去。至5时，李、吴又来说，各队均已东走，余祝其安全，握手而别。天气将黑，嘱卫兵四探，则民军全开拔。商民闻官兵将至，复惴惴，有商学绅界10余人来询余行止，余曰：“民军已去，余事未了，已探得大同巡队来者为王国士瑞庭，卫祥夫致和，毅军统领为马锡三鸿恩，均旧友，君等可持章官及商会学董等名片，派人连夜赴得胜口说：‘革命军已去，不必多带队伍，免多队滋扰地方，多给供应’。”伊等盛颂余之维护有法，拟向官军颂余之功，余笑置之，促令速办。部绍业在余寓晚餐，余唯饮酒。刘谨安说余面色甚黑，恐有不测，且云“已将大白旗两面除掉，公为革命首领而不走，不解是何用意”等语。晚饭后部等行，在寓者仅仆人姜坤、马青山（兵）、叶贵（仆）、李冠军（兵）及光秉元（幕）、刘谨安（客），又署役4人，相对无言，余亦彷徨不已。至12时，商会赴得胜口之人回，持王、卫两名片问余安，说明早到丰见面等语。

两日前同住之前警长朱尧，不知何往，是晚朱之妇及子亦匆匆他去，亦不及向余说明，至可怪骇。同署之刘厚生、湛仁农、聂小元等则匿迹销声，更无着落。连日门庭如市，是晚则静寂异常，仅与光秉元、刘谨安等饮酒谈至天明略睡。

12月24日，阴历十一月初四日，星期日　8点起，已有人持两片，为王瑞庭、章同请余赴教堂谈话，刘甚为余危，光则随余去。见章觐翁即执余手大哭，余亦泣。章曰：“官兵系派朱顺向大同请来者。”王国士曰：“伊在代州，即知余联革命以保地方，然已逆料觐瀛决不能从，今各厅不致糜烂，皆公之功。”卫祥夫亦在座，汪用九则不知逃赴何所矣。10点在教堂早点，章仆朱顺擒前警长朱尧至，章不令见面，嘱即枪毙，外有贾光珍、部绍业等招余，挽为朱缓颊。余曰：“朱非革命而好作夸张，但杀之甚冤。”朱妇亦跪余求说，允其请，及面章而屋外已闻枪声，知径毙矣。朱妇为其洗刷血痕，向行刑之军士大骂，军士并戕之。余嘱贾部等在商会设法垫款收殓并养其遗孤。马统领鸿恩来，同在教堂吃中饭，旋即返寓，持片致祥夫嘱派兵四人为余守护。家人知余回，心始安，刘谨安则连说连摇头说，不图余之面面讨好若此。然余则早置生命度外，唯以诚字待人而已。

12月25日，阴历十一月初五日，星期一 6时起，闻章已迁居师范学堂，派车来接，嘱办失守及收复情形于归绥将军，并询十日之经过，余约略语之。11点回，叶贵、郭林等均在寓，郭与朱顺不和，朱前诞其与革命通消息并乘夜刺章觐瀛，余未知其确否。旋朱顺来，余嘱秉元备菜为朱、郭和解，杜维林亦来，郭均与见面，不知实为探郭是否在寓，心殊叵测。朱等去后，郭谘余谓他逸，余先不知其内容，尚以宽语报之，事后始知其误也。下午3时余正在招匠理发，忽章觐瀛率10余人至寓，见余亦不寒暄，遽问郭林在否？答以方才尚在。而郭已避至聂眷屋内，章遍搜索，亲握其发而去。余发理毕即赴学堂为伊说情，王国士亦在座，均再三恳说事须调查，不可听一面之词。章执意不回，谓即使伊父有言，伊亦宁认不孝，决不容许此人。余愤然曰：“若辈革命，则余实为首；郭林小人，何能害公？”章曰：“君之革命，为地方治安，为保全同事，何能与伊并论，如不容杀郭林，则宁自戕。”因索手枪甚急。国士曰：“既如此，任伊为之。”章乃置银100两，令王之随军曰：“孰执行者，即将银予之。”不数分钟，门外枪声两作。余思马有才之野蛮，尚一言而救章，今欲救一郭仆而不得，始信官吏之狠毒，而愈觉绿林之豪爽也，心滋耿耿。

余以救郭不得，无颜再返旧寓，当嘱秉元雇轿，接内人、幼子源昌及仆人女工等连夜移住师范学堂。聂小元见余，跪地叩头，大哭不止，说尊眷既迁，伊眷亦同来，余向覲说允之。是晚与章、聂等谈至二更眠。

12月26日，阴历十一月初六日，星期二　8点即起，因烧炕甚旺，寝不成寐，思此数月事，真如梦境。章不顾情义，非可久居，决意辞卸责任。先令仆人等收拾行李。叶贵、马青山、李冠军等愿护余南下，余亦允之；秉元要求随余同行，但说无盘川，须余资助，余亦允之。厨房送点来后，至外为覲办一稿。午后商学绅界有六七人来。又有谭炳卿涌发来，系赴口外巡防统领之任者，此人余曾为办留养，并助其台费（充军遇赦须交台费）100两，而见面无感激之语，扬扬若泛友，真毫无心肝者。谭言至汪用九事说，恨不捉而枪决之，言及革命尤痛恨，余遂不与之谈。刘厚生来，知余有行意，送银40两，坚辞不许，不得已收其20两，当嘱其转告章，余三日内携眷而去等语。聂勋普来跪地谢余庇眷之德。湛仁农昔时主战甚力之人，此来仍充收发，余益不愿一日处此；且覲瀛滥杀无辜，尤使余无以对民军，但摆脱亦不甚易耳。晚饭后，王国士来谈："前数日在得胜口驻店，闻有臂缠白布者三四人在另一店，部下200余人往缉，被伤10余人，为首者精悍，土屋发瓦，被击伤者尤众，相持3小时，砍其下腿，因而就获，词色均强硬，军士被伤者众，愤而攒刺遂死，搜其衣袋，有银10余两及陆军部顾问王元震名片数张（王虎臣以此名义为活动资本），此人真英勇，为吾所仅见者。"余闻而大泣，泫然曰："是王虎臣也，于地方有功，于章官有德，已殉其烈，夫复何言！"国士曰："当时伊并无一言为君友，设知之者，何必杀此有用之才乎！”言次亦慨叹。

12月27日，阴历十一月初七日，星期三　中餐间，觐来挽留说何以要走，余曰：“月余心力已尽，精神上感痛苦，再不走必酿他恙。”觐曰“相蒙甚好，患难中何思言别，要走大家走，否则君走我仍死耳。”余曰：“承优待数年，本不能临事即去，然危急中曾尽其力，现民军已退，别无困难，余尚老亲在堂，亲在不许友以死，惟请原谅”等语。时绅商学界30余人坚留至坚，余谢其意，然有一事须声明者，从前垫发之27000两给民军者，已向章官说由地方摊款或钱粮内扣除归商发还云云。

12月28日，阴历十一月初八日，星期四　早点后，毅军统领马锡山来，知奉令调回大同，觐向其磋商酌留数营，马不可，结果由觐电留王国士、卫祥夫300余人守丰，马允电大同酌拨一二营来。商民闻毅军归去尤怕惧，又举代表十余人留余以备民军之来。余曰：“清廷已有和议，民军与官军等耳。口外号称革命者举动野蛮，有王、卫等数百人在，当无他虑。”是日归绥骑兵来200人，均蒙古军装，服饰极陋。午间觐备饭为马锡山及余祖饯，座中仅王、卫、章等陪。

12月29日，阴历十一月初九日，星期五　6点即起，客房中绅商待送行者已40余人并致赠400余两，均署铺名，概璧谢。余及眷出门上车，门外站立送行者一二百人，署中吏胥丁役亦数10人，送予至得胜口者复20余人。9点起行，至得胜口已12点，见王虎臣之首悬城楼下，不觉泪之潸下，因下车三揖。阻送来之绅商早回，并嘱代谢众人。晚至扈山住夜，离大同只50里。夜至二更，有官兵打门甚急，疑有贼匪，旋撞门而入，方知为官军（以下所记，是由大同至天津沿途迎送及回到绍兴的情形，均从略）。

附　言：

以上日记，因是年 11 月官兵到后有所顾忌，撕去多张，至离晋后始行补登。民国元年 7 月至天津，丰镇商会犹辗转询余寓址，专员赠余银 500 两，坚留津埠侯家后学记酒局而去，亦可见彼地民情之厚矣。记余辛亥在丰，王虎臣左右余，极仗其力。至民国 7 年，伊弟来，当撰志铭一篇并列石费 40 金。民国 17 年为向国民党政府请恤，18 年核准给洋 800 元，由伊赵州家属具领，将来尚拟向国史馆为之列传。

（曾寿昌　提供）

（选自全国政协文史资料研究委员会编《辛亥革命回忆录》第 6 集，中国文史出版社 2012 年 6 月第 2 版）

晋南的革命活动

刘精三 *

清光绪三十二年（1906 年），我 13 岁时，在河津蒙养学堂读书已经三年多了。曾学过三年拳术，并经常阅读留学日本的山西学生在东京出刊的《晋乘》，还读了一本《节录时事要谈》，知道了一些当时的国际形势和中国的贫弱不振以及列强瓜分中国的阴谋。忧虑悲愤和御侮救亡的情感交集于胸。在幼稚脆弱的心灵深处，产生了爱国思想和尚武精神，一心要弃文习武，执干戈以捍卫祖国。

清光绪三十四年（1908 年），我和谢祯祥被河津知县保送，于农历正月联袂晋省，考入山西陆军小学堂第三期肄业，于二月初一日开学上课。该学堂对学生的被服、靴帽、伙食、课本等一切由国

---

* 刘精三：时任山西敢死军学生队督队官（副营长），后任山西都督府执事官。新中国成立后，任山西省稷山县文史研究馆馆员。

家供给，每月还发津贴，供学生零用，待遇极优。但初入学时，不习惯于军人生活和军纪束缚，特别是由术科操练所引起的臂疼、腰疼和腿疼，使我在心理上和生理上感到苦痛。但3个月后，便习以为常，不觉其苦，而反以为乐了。我对学术两科都认真学习，更爱好器械体操，二年之间，把身体锻炼得非常健壮而有力。

同学安徽人陈品粹，来自军队，是中国同盟会员，和我同宿舍，交谊甚厚。他经常对我讲述当时国内外形势和明末以来的历史，使我知道了清朝皇帝乃满洲鞑虏，非我族类；而初入关时的扬州十日、嘉定三屠，到处大肆屠杀汉人的残暴罪行，及鸦片战争以来的腐败无能，丧权辱国和“宁赠友邦、不与家奴”的亡国政策，使我感觉到必须推翻清室专制朝廷，才能救亡图存，免于亡国灭种的惨祸，而使中国逐渐转为富强。

我和陈品粹、闻喜支应遴、夏县周俊杰都热爱器械体操，经常在一起练习，早已成为良友。

山东杨彭龄为驻防太原的陆军第四十三混成协（旅）步兵第八十五标（团）第二营正目（中士班长），山西中国同盟会负责人。全协大部分正目，或被他交为厚友，或被他介绍入会，而该标第一、二两营新兵大都被他结交为友，在士兵中的威信极高。他在星期日经常来访陈品粹和黎城徐步高、洪洞卫中砥、解州袁承基（都是会员），同我和支、周3人也成为挚友。他对我们讲述中国革命潜力的巨大和革命形势的发展，一旦时机来临，义旗一举，全国响应，不费吹灰之力，就可完成革命大业。青年学生和军队士兵都应义不容辞地为完成这种伟大事业的使命而奋斗，而学习军事的陆军学生更属责无旁贷。我们从此既抱定了“宁为玉碎、不为瓦全”的革命决心，又坚定了“推翻清廷必然成功”的革命信念。

清宣统二年（1910年），暑假期满，由家回校后，杨彭龄来访，相见甚欢。他认为我们的条件具备，入会的机会成熟，乃于中秋节中午聚餐后，来到学堂，约陈、徐、卫、袁、支、周和我7人同到学堂东边小东门城楼上，由杨彭龄和陈品粹介绍，我和支应遴、周俊杰3人宣誓加入中国同盟会。会后，同往复明园举行宴会，欢度佳节，从此，“驱除鞑虏、恢复中华、创立民国、平均地权”，就成为我们共同奋斗的目标，我们以石达开檄文中的“忍令大汉衣冠沦为腥膻，相率中原豪杰还我河山”的豪言壮语作为互相鼓励的口号。

安邑李岐山以老秀才而为中国同盟会员，是景梅九的亲密战友。他开设汇文书局于运城，作为宣传革命的机关，并经常道经太原，贩马于北口外，结交学生、士兵和塞外豪侠，以壮大革命力量。经过杨彭龄的介绍，他和我们7人订为生死之交。

九月间，我们联系进步同学24人剪了辫子。一时风起云涌，剪辫子运动形成高潮。到了冬季，200名同学，除少数旗人外，剪辫子的达到170余人之多。省城各大专学生说：“陆军学堂变成了寺院，学生当了和尚；但也有带发修行的。”

年终毕业期届，但因入伍生队宿舍未修好，全国4个陆军中学第一期毕业生不能按期到保定入伍，我们毕业期限推迟半年。

我18岁时，已是宣统三年了。列强瓜分中国之说甚嚣尘上，革命风云弥漫全国，同学中爱国志士纷纷组织团体，救亡图存。文社、体育会相继出现，我们则组织演武会练习国术，以备冲锋陷阵、白刃决战之用。以河津谢祯祥、夏县刘忠武为教师，我和支应遴为正副会长。每晚熄灯后，在器械操场抡枪舞剑。3日之间会员发展到

100余人。

农历三月下旬,我们发动同学集资重印同盟会救亡传单数万份,说列强决定于当年八月瓜分中国，并划定范围，北满、蒙古、新疆归俄国，南满、福建归日本，山东归德国，长江流域归英国……仅留直隶省为大清帝国领土，呼吁国人奋起救亡。于一个星期日的上午，由同学将传单散发街头和分寄各大专学堂，并邮寄各府、州、县中学和高小。一时人心震动，各大专学生纷纷集会，准备罢课，造成了满城风雨的声势。山西反动当局召开紧急会议于巡抚部院，采取停邮和没收传单及禁止罢课等办法，限制革命活动，对陆军学生则加以“革命党人从中捣乱，制造谣言，散发传单，煽惑人心，图谋不轨”的罪名，极尽威吓之能事。各学堂学生对山西反动当局不仅不倡导和支持学生的爱国运动，反而予以取缔和摧残，认为是甘当亡国奴者，便把反对对象由反对列强而转为推翻清廷了。

四月初旬，学堂突然宣布：第三期停课一星期，准备毕业考试。这是山西反动当局为了消弭陆军学堂的革命风潮而采取的措施。果然，我们于四月下旬考罢放假各回原籍后，学堂中的爱国活动表现了停顿状态,反动当局自以为得计,而不知革命风云正在暗中滋长,且蔓延及于穷乡僻壤而日益高涨。我同支应遴、周俊杰一路回家，道经侯马时，访问并联系了哥老会领导人钟仁义。他奉行明末郑成功“灭清复汉”的遗策，坚决表示：一旦起义，当率1万健儿占领平阳、运城和晋南各县，共成革命大业。

七月中旬，我们第三期毕业同学60余人到达北京清河镇，升入陆军部陆军第一中学堂第三期肄业了。全堂11省区的学生共1000余人，剪辫子者700余人。我和支、周、陈、袁等认识了《国风报》

负责人山西安邑景梅九，经常与之往来。

辛亥年农历八月十九日，武昌起义，霹雳一声，全国震动；九月初一日，西安举义，三秦“光复”；九月初八日，太原起义，取得胜利。消息传到北京，清廷和学堂当局惊惶失措，对剪了辫子的学生防范极严，甚至把学生操练用的不附一粒子弹的放在宿舍的步枪，用长铁条封锁起来，学生大哗，全校沸腾。教员、学生自动停课，学生不请假，不带假牌，自由外出，守门护兵不敢阻挡。我和支应遴、周俊杰等卖了铺盖，借了旅费，见了景梅九便乘京汉车南下，绕道东阳关入晋，于农历十月初一日到达太原。先到山西民报馆访景梅九，继分别往见山西敢死军司令官杨彭龄和晋军政府大都督阎锡山，他们都表示欢迎。

农历十月初四日，我被任为山西敢死军学生队督队官（上尉，相当于今之副营长），支应遴、周俊杰分任第二、三队队官（上尉连长），共有学兵200余人，都是大专学生。八日后，我被调任司令部二等副官（少校），李岐山以三等参谋由太谷筹款回省，升为二等参谋，同志同事，相见甚欢。又八日，敢死军第四标（团）成立，我任教练官（中校副团长），周俊杰任第三营管带（营长），支应遴升为学生队管带。

农历十月二十二日拂晓时，阎锡山以娘子关于先一日夜间失守，带马弁数人逃往晋北保德州去了。景梅九力持坚守太原，收容娘子关官兵，再定行止；杨彭龄则认为清兵立至，决心放弃太原，率师南下，经营平阳、运城，或占领河津，以为根据，联系陕西民军，再图收复太原。于是由李岐山建议，推举杨彭龄为晋军政府行军大都督，于当日下午放弃太原，率民军1000余人向南进发。太原南镇总兵谢有功盘踞平阳、太平和绛州，河东兵备盐法道余棨盘踞运城和解州，负隅抗拒民军。但晋南人心归向民军，沿途人民，供应粮秣，支援车辆。农历十一月上旬，民军经过稷山到达河津，人民扶老携幼，夹道欢迎，除供应粮秣、热情招待外，蒸馍、烧饼、麻花担子和水饺、杂碎、豆腐锅子摆满了街头。

娘子关官兵陆续归队，钟仁义率众3000来到河津，民军增至6000余人，有枪3000支、马300匹、炮4门，声势大振。

谢有功派童宝山率步骑各一营窜踞下迪，企图迫使民军西渡，封锁禹门渡口。民军据报，立即抽集精锐1000人，分为三队，以我为前队指挥官，星夜驰至下迪，三面包围，童宝山闻风东窜。下迪父老出村欢迎，我们表示谢意，立即回师河津。

杨彭龄赴陕治病，温寿泉往西安联系陕军，全军推举李岐山为晋军政府五路招讨大都督，整编民军，共编陆军一标，国民军四标，我被任为国民军第一标教练官，并直接指挥第三营。整编就绪，南征运城，驰檄各县，号召青年从戎，驱逐鞑虏，"光复"中华，远近响应，纷来参军，兵员日增，士气大壮。

师次北相镇，运城已于先一日为井勿幕率领陕西军所"光复"。李岐山立即北进，"光复"绛州，围攻平阳。绛州之役，俘敌800，缴枪400，编为两营，开至后方训练。围攻平阳时，民军已发展到1万余人。我奉命先留守北相镇，和陕军联系，因得识井勿幕和陈树藩。继移驻闻喜，筹送粮秣，供给前方。时支应遴在闻喜招兵，即以之为留守，我奉命驰赴尧庙，参加围攻平阳之战，以谢有功负隅顽抗，久围不克。但晋南30余县都为民军所有。

这时，南北停战，正在议和，清帝准备退位。在籍翰林、保皇余孽、崞县人梁善济闻知晋南民军声势浩大,而阎锡山穷居保德兵力单薄,一旦晋南民军进驻太原,阎氏的大都督将不能保,乃嗾使清军卢永祥率部南犯,救援平阳,企图削弱晋南民军而阻止其北进。岐山据报,即派国民军第一标星夜兼程北上,占领韩侯岭,阻止清军南犯。一日早饭时,与敌遇战于霍州北45里之老张湾南端,激战一小时,我军即占领老张湾和逍遥岭一带。时清军已全部越过韩侯岭,次日即向我军道遥岭阵地猛扑,我挥兵应战,激战3日,子弹告竭,我右大腿被子母炮弹碰伤,统带吴汇之即下令于日暮停火后转进。既到平阳,运城失守,岐山下令撤围,亲率大军退保侯马、闻喜,令我标退保绛州、稷山和河津。未几日,支应遴和阎虎臣两营克复运城,我奉命驰赴运城,加强城防。李岐山分兵驻守各县,置重兵于侯马镇和茅津、风陵两渡口后,也到达运城。时民军拥有2万余人。

中华民国元年(即1912年)2月12日,清帝退位,共和告成,整编裁军,大部官兵解甲归田。计编了一个山西陆军第一混成旅,以李岐山为旅长;一个山西陆军第一混成团,以景宝卿为团长;支应遴为城防营长,周俊杰为将弁教练所长,我为学生队中校队长;陈品粹为二等参谋,张实生为河东观察使。

农历五月底,准备回北京复学,辞职回家。七月,晋省,谒见阎锡山,被任为山西都督府三等执事官(上尉副官)。八月,孙中山先生莅临太原,中国同盟会改为国民党,我又成为国民党党员。恭听了中山先生两次长时间的讲演,感到万分幸运。

阎锡山为了巩固他对山西的统治,排除异己,不遗余力,对李岐山和张实生多方压迫,日甚一日,终于逼成了河东事件,为袁世凯造成了消灭晋南革命势力的机会。袁派大兵把李、张二人逮交北京军警执法处，加以“称兵作乱、危害民国”的罪名，判处徒刑。

阎锡山背叛革命，依附袁氏，大肆屠杀革命人士，对李、张友好仇视尤甚，因而晋南人士被杀甚多。1914年端阳节前，三日之间，山西革命党人被阎锡山加以“孙黄余孽、密谋不轨”的罪名，屠杀了300余人之多。然犹多方网罗，准备继续屠杀。我为避祸，离省回家。时李岐山和张实生已释放出狱，被陆建章聘为咸武将军行署谘议，住在西安。我于1915年1月西渡入秦，既到潼关，已入秦境，慨然说：“‘去晋犹怀晋，来秦为避秦’，从此‘海阔凭鱼跃，天高任鸟飞’了。”既到西安，下榻岐山家中。这时许多友好来秦避祸，住在岐山家的很多，适景梅九也从三原来访岐山，患难相逢，感慨系之。这时袁世凯逆谋已著，阎锡山为虎作伥。我们就在李岐山的领导下，交结关中革命人士和渭北豪侠，准备“驱阎讨袁”了。

（选自全国政协文史资料研究委员会编《辛亥革命回忆录》第5集，中国文史出版社2012年6月第2版）

太原和河东“光复”的片断

薛笃弼*

辛亥革命时，我22岁，在太原法政专门学堂肄业。关于太原起义和河东“光复”的事实知道不多，只能就我亲身经历和所知道的事作一个回忆，年久多有遗忘，错误在所难免。

一　太原起义

（一）起义的经过

1911年10月10日武昌首义，震动全国。同月22日湖南、陕

* 薛笃弼：时任山西河东地方审判厅推事，《河东日报》社长，后任南京国民政府行政院政务委员兼水利部部长。
新中国成立后，任第二至四届全国政协委员，上海市政协常委，民革中央委员。

西两省闻风响应，同日举义。秦晋接壤，消息很快地传到太原。当时山西巡抚是陆锺琦，陆军督练公所总办是姚鸿法。成立不久的新军第四十三混成协驻扎太原，协统是谭振德，辖八十五标和八十六标。八十五标标统是黄国梁。八十六标标统是阎锡山。新军青年军官中，有留日回国的同盟会会员，也有非同盟会会员而倾向“反满”的。巡抚陆锺琦得到西安起义消息，心里发了慌，立即发给八十五标第一、二两营军饷弹药，限期出发南下，防御秦陇复汉军渡河袭晋，不准延误，违者杀头。新军军心动摇，不愿开拔。八十五标第二营管带姚维藩（以价）虽非同盟会会员，但具有革命思想，与各方密取联系后，即于28日下午邀集素通声气的杨彭龄、张煌、苗文华、于风山、刘得魁等多人秘密计议。姚乘机倡议说：“我们与其出省，何如在省起义，既可为各省响应，又易引中外注目。”此议一出，大家都认为巡抚命令限期迫促，公令极严，我们必须立即起事，否则我们头将不保。于是就立刻决定由各营挑选敢死队500人，以一部由姚以价、杨彭龄、张煌等率领，于29日黎明袭击巡抚衙门。协统谭振德闻变驰来弹压，巡抚陆锺琦也亲出喝斥，均被击毙，其子光熙偕母出视，亦中弹死。另一部同时由八十五标督练官苗文华、炮兵营于风山、高永胜、刘得魁等率领进攻新满城（驻防旗兵所在地）。炮兵由新南门入城，将炮位架设小五台城墙上，居高临下，向正在睡梦中的旗兵营轰击。旗营官兵和眷属惊慌乱窜。新满城距我们法政专门学堂不远，同学们听闻炮声后随即起床，从学堂大门内望见旗眷披头散发，经过门外哭泣奔逃。不久，旗营城守尉竖起白旗投降，枪炮声就平息下来。民军领袖们立即集合于省谘议局，将清廷布政使王庆平捕囚局内。提法使李盛铎初尚匿于法官养成所，后迁匿民间，经民军觅获，邀其出面任事，力辞不就。众推督练公所总力姚鸿法为都督，姚亦不允。后以八十六标标统阎锡山（百川）系本省人，职位较高，又是同盟会会员，即被推为都督，陆军小学校校长温寿泉（静庵）被推为副都督，成立军政府。是晨民军举义，纪律很好，市面未受惊扰。我们同学清晨即于学堂门外高悬白旗，对民军表示欢迎。8时许结伴上街游览，到了南柳巷，遇见民军整队而过，军容齐整，学友和群众都向之热烈鼓掌。可是到了晚上10时左右，我们在学堂内宿舍楼上忽然望见新南门街红市牌楼附近一家规模相当大的当铺(是我们学生经常因缺钱用时去当衣物的地方）着起火来，火光烛天，一会儿听见街上成群皮鞋脚步声，彼此问答口令声，有时还夹杂着断断续续的枪声，接着又望到远处也有火起。这时校门已上锁，内外消息不通，同学多窃窃私语：恐怕是兵变了吧。扰攘一夜，快到天亮始归沉寂，燃烧房屋余烬未熄。天亮后，学堂大门开了，同学门出外探视，看见距学堂不远提学使衙门前和海子边、红市牌楼一带，走几步就横躺着一个尸体，尸体旁都有掷在地面的东西，有的是零散衣物，有的是包袱，有的是被头，有的是木板、门扇等，尸体都是穷人的样子，没有看见一个穿军服的人。据闻是变兵抢劫放火后都已回营，这些穷人乘机而出捡便宜，适遇巡逻镇压的宪兵出来，就把他们格杀当做替死鬼了。嗣后，得知藩库和官钱局帽儿巷的金店都遭洗劫，还有西羊市、估衣街等处的殷实商号也先被抢掠，后被焚烧，公私损失甚巨。至于兵变的起因和属何部队，我们始终没有弄清楚。太原各学堂于当日上午奉到军政府紧急命令赴军械库领取枪械，分区轮流值岗，尽夜维持秩序。我是法政学堂预科班长，偕同学友参与其列，共站了5天的岗。省城秩序恢复后，我参加了革命机关报并州日报馆工作。馆长是张起凤（翙之），猗氏县人，甫由日本留学回国的。总主笔是越南一位革命党阮老先生（据说是越南的状元，名字记不得了）。社论都是阮老先生手笔，我是一个小编辑。还记得那时的民党人士如景定成（梅九）、孔庚（文掀）、何遂（叙甫）等人，我和他们都是在并州日报馆初次会面的。孔、何二人是在第六镇统制吴禄贞被刺后，从石家庄逃到太原来的。他们身着黄呢军服，脚穿长筒皮靴，头戴黄呢红箍军帽，青年英俊，一表人物，谈起话来，气吞胡虏，这种印象还留在我的脑海中。太原起义后第三日（10月31日），由姚以价担任东路军总司令，率步炮兵和陆军小学堂全体学生开赴娘子关防御清军。

（二）放弃太原

我是白天在报馆工作，晚间发稿后回学堂住宿，一天（记不清日子）黎明到报馆，才知道娘子关因清军进攻失守，军政府放弃太原，都督阎锡山率一部民军北去，副都督温寿泉还有李鸣凤（岐山）偕同杨彭龄所率敢死队南下，省城已陷于无政府状态，这时清廷官吏李盛铎等还没有觉察。自太原起义至放弃太原前后不过十几天。我正在彷徨歧路的时候，适有刚从娘子关退回来的学生军傅作义等数人，到报馆来探省城情况。他们都是晋南人，我们就商同一起南下，追寻南下部队。傅等随身带有饷银大元宝两块和一些干粮，还有几颗手榴弹。我受委托代背元宝，是用包袱包着的。同行的人除傅作义外只记得同学张履泰和师范学生韩忠（信臣）二人，其余都记不清了。我们出了太原，步行了一天多，看不见部队的踪影。我们都是剪了辫子的，头上戴着小帽，伪装假辫，恐怕途遇清兵，就避开大路，经过孝义县境绕入东南山中，爬山越岭，风餐露宿，走了好几天，一路无阻，偶遇山中居民，都承以好意相待。一日晚间到达距临汾30里的山沟内某镇，投宿一家客店，大家都疲乏不堪，刚要好好休息一下，店主告诉我们说，平阳府谢镇台（清总兵谢有功，驻平阳府，即今临汾县）的兵经常来这里巡逻驻扎，今早刚往别处去了，说不定还要回来。我们听了都认为不能在这里过夜，连饭也顾不得吃,就匆匆地把所带的手榴弹投入旅店没有生火的炕炉里边，立即动身走了。次晨路过襄陵县城（距临汾30里）南关外，一个警察看见我们形迹可疑，要把我们带进城去，我们不肯随往。旁边有一个老百姓看到我们为难，他很同情我们，提醒了我们一下说："你们把那个包袱留下吧。"我们就答应了，把包袱放在地下，那个人跟警察说："让他们走吧。"那警察只是两眼瞪着看我们，嘴里就一声不响了。想他早已看出我们包袱内是元宝，那位老百姓知道警察的贪心，他的一句话帮助了我们，还把我们送了好远，给我们指路，那位老百姓的热情，我们至今还是感念不忘的。当晚，我们歇宿稷山县某镇一家客店，到了半夜当地团练多人拿着刀矛，提着灯笼查店来了。我们在酣睡中被唤醒来，坐在被窝里，他们举起灯笼向我们头上望了一下，问我们从哪儿来，到哪儿去，干什么的，我们一一答话后，他们就走了。看起来也不过是应付公令而已。我们沿途所遇各种情形，已可见当时民众普遍厌恶清廷，是人同此心了。第二天晚上，我们到了太平县某村，找到同学李某家中后想探探河东消息。听李某说谢老镇的兵近日巡查很严，见了没辫子的人就抓就杀。张履泰和李某是同班学生，他听见这话就害怕起来，不敢走了，结果他一人留下来。我同傅作义等几个人还是冒险南下，幸途中未遇谢兵。不几天，陕西秦陇复汉军由潼关渡河"光复"运城，我们侥幸逃出了虎口。而我的数年同学又是这次同伴的张履泰，不幸在我们走后就被谢有功捉去杀头了。

当太原巡抚陆锺琦被民军击毙后，清廷任命吴禄贞继任。吴被刺后改派张锡銮。张率第三镇曹锟所部攻破娘子关后，即长驱直入，进抵太原，分向南北两路进攻，北至忻州，南至平阳，奸杀掳掠，纪律很坏。南侵的统兵官第三镇统领卢永祥，所部至赵城焚掠极惨，张瑞玑（衡玉）先生为卢永祥铸铁像怀抱两个大元宝，长跪于赵城通衢，铁像背铸长歌一首，节录如下：

汉族之贼，清廷之奴，厥名永祥，其姓曰卢。山东巨盗，袁氏走狗，贪货好色，无赖游手……筲无遗缣，盎无余粮，民苦欲死，贼已远飏。铁像道旁，不磨不灭。唾骂千秋，冤哉顽铁。

这首长歌，晋人多熟读之。张衡玉先生赵城人，是前清进士，博学能文，西安起义时，他正做长安县正堂，勤政爱民，声名很好。那天黎明，他因公乘轿出衙，途遇起义民军，民军对他颇有礼貌，向他说明反清宗旨以后，他立即下轿脱去清朝官服袍褂，扔官帽于地下，跟着民军参加了革命工作。到清帝退位，山西省议会成立，组织省政府时公推他为财政司司长，就把他从西安请回太原来了。

二　河东“光复”

（一）运城“光复”的前后

河东运城是晋南政治、经济、文化的中心，是当时的重镇。民党张士秀、王用宾等奔走联络，请来陕西秦陇复汉军于12月29日“光复”运城。秦陇复汉军是由河东节度使陈树藩统率哥老会洪门头目河东安抚使陈树发、阎飞龙等部众由潼关渡河向运城进军的。陈树发等部众于陕西起义后仓促成军，纪律欠佳。于12月28日途经我的家乡解州（今改隶运城县，是关羽故乡）西关关帝庙，这个庙建筑规模宏伟，内有春秋楼，楼上神内有关羽侧身而卧在烛旁看春秋的塑像。陈树发极崇拜关帝，在关帝庙驻了一宿，亲向关帝叩头，抽签问卦，厥签上上，签语大意是不要扰害百姓，还有其他勉励的话。事属迷信，但对陈树发却起了作用，立即约束所部严守纪律，不准扰民，违者杀头。来时去时，行径大异。

次晨（12月29日黎明），他们分两路进军，一路由阎飞龙率领绕袭运城侧面，一路由陈树发率领直趋运城。这时运城清军兵力，只有保护盐池的盐捕营，该营一部守城，一部出击。出击之敌被阎飞龙部击溃，毙其管带，陈树发率部至运城城下，身先士卒，搭云梯爬城墙登城而入，盐捕营守城官兵惊慌四散。残杀革命党人的清吏监掣府陆叙钊被杀死，河东兵备盐法道余棨潜逃，运城至是“光复”。陕军入城后，纪律严明，秋毫无犯，陈树藩因前陕甘总督升允由甘率军侵陕，即将地方军民事务和库存银10余万两均交河东人士接管，班师回陕。河东士绅集议公推张士秀任河东民政长，胡足刚任民团总司令，组织民政署，设4处3司，负责人员如下：

王平政（德卿）任秘书长，李文楷任军务处长，许鉴观（海澜）任盐政处长，陈渐贤（可均）任财政司长，张端（崇本）任司法司长，尚德（馨斋）任交通司长，孙克信任总务司长，邵修文（竹青）任高等审判厅长，姚秉钧（和轩）任地方审判厅长，严慎修（敬斋）

任兴业银行经理，曹德渊任运城警察厅长，李复佐（天伍）任盐池东场知事，关炳祥（治亭）任盐池中场知事，张士达（薦青）任盐池西场知事。我受任地方审判厅推事，同时奉民政长命创办革命机关报《河东日报》，任馆长，河津柴某任总编辑，芮城马鹤天（鸣銮）任编辑。因报上揭露芮城县知事郭朗清不法事，郭疑是马鹤天所为，率武装护兵捣毁报馆，马的头部被打受重伤。我偕马见民政长张士秀请其验伤处理此事，张对马鹤天加以安慰，只好以不了了之（郭朗清也是民党，安邑人，性情粗暴，后因他案为安邑县知事张之仲孝宣所杀）。

运城“光复”不久，陕军即回陕，仅靠少数民兵守城，力量单薄，清吏余孽未清，潜伏蠢动，一夕数惊。张士秀偕民政署各处司诸人曾一度逃出数日，我也在逃避之列。次日，景梅九的内弟解县人阎虎臣带队入城，秩序始定。张士秀等复返时，阎虎臣闭门不纳，几经交涉，始得入城，照旧供职。李鸣凤（岐山）偕杨彭龄所率敢死队从太原南下，行至河津县，杨因军中闹意见，离军渡河他往。李被推统率杨部，并招募千余新兵，编练成旅。时清廷巡防统领陈政诗负隅新绛，残杀革命党人，李率部向新绛进攻，陈政诗兵败城破，被执授首。后李移军驻运城，设司令部于旧河东兵备盐法道衙门。副都督温寿泉亦由陕西联络归来，应地方人士之请成立军政分府，以尚德为秘书长。

一日，当地哥老会头目杨某率众突袭运城，逼近城关，激战两日终被击溃，大部就歼。河东地方秩序日趋安定，民军政令所能及的河东各县县官均由民政长遴派民党人士接替，多是当地人办当地事，首先宣布豁免旧欠钱粮，释放在押罪犯，取消县衙门三班（皂班、壮班、快班）六房（吏户礼兵刑工），废除跪拜礼节，并把县官坐轿出衙由穿黑衣戴红帽的虎狼衙役拿着肃静回避牌鸣锣开道的恶习去掉，同时将县衙门的绍兴刑名师爷一律取消，官民接近，面目一新。唯清廷总兵谢有功尚盘踞临汾，军政分府决派张起凤为平阳镇守使，张启行时，身骑骏马，精神健旺。我们文武人员都欢送于运城北门外，祝他马到成功。同时由李鸣凤亲率所部进攻临汾，助张赴任。临汾城墙高而坚，谢有功负固顽抗，李命组织敢死队爬城墙，掘隧道，用火药轰炸，都未能得手，相持多日。我曾奉委到襄陵县洽筹军队粮草，顺便到尧庙前线视察，亲眼看到革命战士英勇奋斗的精神。未几，南北和议告成，清帝退位，阎锡山电袁世凯保荐董崇仁为晋南镇守使（后易张培梅），谢有功弃职潜逃，李鸣凤始班师回运城，张起凤偕返。

（二）河东民党的消灭

南北和议告成后，阎锡山因缘时会，结纳袁世凯，得任山西正式都督，于 1912 年 4 月 4 日由忻州返回太原。临时省议会成立，选出杜上化为议长，王用宾（太蕤）、陈受中（乙和）为副议长，谷如墉（树塘）为民政长，张瑞玑（衡玉）为财政司长，崔廷献（文征）为内务司长，解荣辂（子仁）为教育司长，刘绵训（翼若）为司法司长，梁济为实业司长，景定成为稽勋局长，邵修文（竹青）为高等审判厅长，王懋昭（德甫）为高等检察长，南桂馨（丕兰）为巡警道。

阎锡山为独霸全省，视晋南民党张士秀、李鸣凤为眼中钉，处心积虑，必欲去之而甘心。旋借口统一全省财政，派南桂馨为河东筹饷局长，企图从攫取河东财政入手，扼杀晋南革命势力。其时，民政署秘书长王平政调任他职，先父薛士选应张士秀之邀继任秘书长。南桂馨到河东后，与阎锡山往返密电，日有数起，全文都一字不漏地被翻译出来，曾经印刷成帙，公布社会，阎锡山不可告人的恶毒阴谋毕露无遗。张士秀、李鸣凤便把南桂馨拘押起来加以审讯。阎锡山恼羞成怒，电控张、李于袁世凯，说他们违法抗命，袁世凯电令驻豫毅军统领赵倜率军渡河，到运城将张、李拿解进京，交军政执法处看管问罪。当时陆建章任军政执法总长，先父随同张、李入京，协助奔走，代伸公道。后陆建章出任陕西将军，请袁世凯准张、李随营西去，戴罪图功。张、李恢复了自由，先父始还乡养亲。阎锡山在晋南排挤了民党张士秀、李鸣凤，接着又在晋北挤走了民党续西峰（桐溪）等，从此整个山西便成了他一人一家的私产，凭借着袁世凯的大靠山肆无忌惮地做起土皇帝而为所欲为了。

太原各学堂自1911年10月29日起义后停课，学生星散，至1912年8月始恢复开学，我在此时辞去河东地方审判厅推事和河东日报馆馆长职务，回校（这时已改为法政专门学校）继续学业。适校长张端创办《山西法政经济日报》，他任社长，命我担任总编辑，我白天上课，晚间到报馆工作。阎锡山自独霸山西军政大权后，与袁世凯同恶相济，危害共和，《法政经济日报》规模虽不大，但敢于口诛笔伐，揭发其奸，颇引起社会注意，却为阎锡山所忌恨。一日夜间，我甫回校歇宿，忽有暴徒10余人侵入报馆，捣毁编辑室并损坏书报和他物后，鸣枪一响而去，幸未伤人。我次晨到报馆查视，发现暴徒遗下呢帽一顶。这种暴行究系何人指使，何人所为，社长张端不愿究问，《法政经济日报》只好就此停办了。

附　记：

姚以价自娘子关失守，太原放弃后，即离晋他去。因不齿阎锡山，终身未回家乡。姚性情豪爽，与张绍曾相好，冯玉祥闻其名，聘为门下客，他有时谈及太原起义时情形，惜只能记忆其大略耳。

（选自全国政协文史资料研究委员会编《辛亥革命回忆录》第5集，中国文史出版社2012年6月第2版）

辛亥革命河东“光复”纪实

尚　德*

1911年辛亥秋八月，武昌起义，各省响应者风起云涌。此时河东同志萃集北京，厕身报界，日事鼓吹于《国风》《国光》《爱国》各报。九月太原“光复”，都督阎锡山派忻县李成林秘密来京，函邀各同志回晋襄助革命工作。安邑景定成、临晋姚守质先期动身，到达太原。猗氏王用宾、刘绵训，安邑邵修文、刘文渊，平陆张端、虞乡尚德、荣河陈渐贤、临晋姚秉钧、万泉李振汉等迟二日登车。火车拥挤，数日不能上车。行至保定车站停开，据闻燕晋联军总司令吴禄贞被袁世凯派人刺杀于石门车站。秩序混乱，列车不能通行。停车两日，勉达石家庄。而第三镇镇统曹锟带领全军驻石，攻打娘

* 尚德：时任河东军政分府秘书长，后任河南商水县县长。新中国成立后，任运城县政协副主席。

子关。守将总司令河津姚以价因病离职，代者败绩。正太铁路已被曹军控制，同人不能前进。逆旅会议，咸以革命工作到处相同，太原既不能去，莫若径回河东举起义旗，胜似同围太原多矣。一经决议，当即同车南下，到达观音堂终点，换雇大车，经过干壕，被匪洗劫。邵修文足受重伤，越日到达运城，即寓西大街德顺政油店，即以肩舆将邵送回其家养疴。此时运城师范学堂监督系临晋许鉴观。同人等即赴该堂商得同意，当晚即假该堂邀集河东兵备兼盐法道余棨以及该堂教职员万象、李楷、猗氏李秀、解县张作霖、永济秦汝梅、汾城董桂华、安邑惠有孚、宋万青等多人开会。首由王用宾发言，以太原“光复”有日，河东为其属区，亟应响应，不宜负固，阻碍统一。众意佥同。众目所视，集于余棨一身。余则嗫嚅对曰：诸公既来，事所应然，如何措置，容我回署加以考虑，明晨答复诸公。当日晚散会，次晨，余道果送至同人寓所一函，并附送其所刊诗稿《尘思》，每人一册。剖函视之，内有“晋南多才，共和之象已成”的恭维语，对于事实，词多模棱，且隐约中有不同情响应太原之意。盖此时娘子关弃守，袁派张锡銮带兵来晋，阎锡山有弃城北窜之传，余不立决者在此。同人集议之下，咸以该道握有盐捕营500人，汉造小口径新式快枪500支，又有南镇总兵谢有功兵权在手，巡防统领陈政诗带队到处巡防等实力；吾辈书生，手无寸铁，岂能与之对抗。

嗣经决议，由王用宾星夜驰赴西安，帮同张士秀催促陕军渡河，攻打运城。先是太原“光复”，张士秀同志以晋南负固，不肯响应，出狱后即赴西安商请陕军渡河未归。尚德则驰赴永济，以维持地方名义，怂恿蒲州府知府赖庆荣组织蒲属民团，名义上维持地方治安，实际即革命军之预备。赖虽清廷官僚，眼光尚有，因与尚德、胡足刚时常往来，渐染所及，对于党人多所爱护。商洽既定，即假府城旧贡院地址组织蒲属民兵筹备处，有志之士，咸集于斯。正在赶造军器，招募民兵之际，巡防队统领陈政诗带队巡防到蒲。陈乃党人对象，同人俱各离开，留尚一人在处。旋陈赖相偕来处视察一周，当晚赖即邀陈晚宴，尚亦在座作陪。次晨陈即带队东去，行至猗氏县属之牛杜镇，正遇同志李秀由家赴运经过，因答话失检，被捕审讯，剥尽衣服，悬于空际，备极箠楚。李因受刑不过，大声呼曰：我乃革命党人，来此欢迎渡河秦军，杀尽尔等这伙汉贼等语。陈于盛怒中喝令拉至该镇南门外，连砍数刀始将首级割下，李即壮烈牺牲。又次日同人等亦均回处，谈及此事，人人切齿，势必得陈，为李复仇而甘心。嗣由会议举张士秀为总团长，实即总司令，负统领6县民兵职责。时张去陕，回否未知，尚即亲赴该村南营探视，知其未归，当晚宿于其家。午夜忽闻叩门，阍者启视，见有马弁二人，操陕人口音，来找虞乡尚馨斋（尚德字）。尚即出户，与之接谈，始知张仍未回。来兵说我等陕军，业已渡河，现已到达黄旗营，奉命来请尚先生，会商东进事宜。南黄两村相距较近，少顷即到。该村同志胡足刚已将统兵官陈树藩、井岳秀、严庄等多人，邀至其家候尚同餐。席间陈曰：我等由陕出发时，实生（即张士秀字）送行嘱曰：道经虞乡，有尚馨斋、胡子毅（即胡足刚字）两同志，对于革命工作均极热心，尚在运城多年，情形尤熟，应如何进攻，请他参加意见，妙用必多。今幸握手，即希尽量指导，自当诚恳接受。尚曰：运城形势惟北城最矮，且与姚暹渠距离最近处不过50公尺，南堰极高，渠身宽阔，乃天然交通壕暨射击掩体。我军进至该渠三里桥时，敌人火力若强，即须分兵一部由渠内急进，一部分由陆路冲锋，城下会合。砖城剥蚀，不需云梯即可攀登。需要时，西北城角农田中瓜庵终年不拆，可以利用。城一攻开，其中同志虽少，而学界中积极者尚多，分头部署，布置亦易。语终，颇得陈等赞许，要尚随军前进，嘱胡绕道卿头镇购买军中用物，随后赶来。规划既定，天已拂晓，即开始进军。经过虞乡关家庄早餐，人民箪食壶浆，备极欢迎。饭后进军，一路毫无所阻。

农历十一月初九日薄暮，到达仅距运城 10 里之赵村，宿营于该村村南关帝庙中，饭后就寝，次日黎明盐捕营先来袭击，哨兵又报告东面五六里地方有一高梁（即姚暹渠），梁上下来骑兵三十几名，将近宿营，可否射击？此时距敌伊迩，虽高级军官亦均和衣枕戈，闻报，井先提枪跃出，刹那之间枪声已起，众亦赶出。陈即下令冲锋，敌亦略事抵抗。正在剧烈之际，而驻宿距赵村 10 里之龙居村阎飞龙带兵一营赶来参加战斗，绕于村南侧击。一时许，将盐捕指挥官击毙。敌氛已挫，向东退却，我军追击前进，甫半日，越过姚暹渠之三里桥，尚因手无寸铁，即勒马桥上，俯瞰战斗，远眺未久，忽见西北角城上已树白旗，知已占领，遂缓辔前进，沿路敌多遗尸。比到城下，而北门已合，守军见尚到达，即启门迎入，直向已占领之道署而来。时陈暨卫兵多人正在道署阶前，处置敌兵，两人握手，搜索而入。余道桌上放有饭菜一盒，探手尚温。语未久，各高级军官亦相继而至，报称余道潜逃未获，监掣陆叙钊已歼决于该署。城内肃清，彼此庆功，言笑甚欢。房内墙角置有白酒两坛，即以桌上饭菜为肴，而作黄龙痛饮。嗣以陈树藩之秦陇复汉军、河东节度使名义布告安民，开库视察。尚存库帑十七八万两，交由地方人士芮城张东生经管。

越日张士秀、王用宾已由陕偕归，秦陇复汉军、河东招讨使井勿幕、洪汉军安抚使陈树发亦各先后到达。次日会商，司令官陈树藩宣称：我等客军，不能管理地方事务，嗣经拟定以张士秀为河东民兵总司令，组织司令部管理地方军务事宜；王用宾为河东民政长组织民政部，管理河东民政事宜。当假运城女子师范学堂开会通过，并由王提出民政部内应设总务、民政、财政、司法、交通、教育、农商、盐政各司，分司其事，其人选以郭晓光长总务，王平政长民政，陈渐贤长财政，姚秉钧长司法，尚德长交通，李楷长教育，宋万青长农商，许鉴观长盐政，并以王平政兼秘书长，以许鉴观兼盐政处处长，猗氏李复佐为东场、吴炳祥为中场、虞乡张士达为西场各场长，猗氏曹德元为运城警察局局长。人选通过后，即分头组织各负其责，整饬庶政，筹备饷粮，更换官吏，秩序井然。嗣安邑景定成同志与南下晋军总司令李鸣凤带领晋军到达运城，山西副都督温寿泉带同军官台寿民、王体元，杨临洙、吴迪、谢祯祥等已相继来，尤有南京政府派特派员河南王北方亦来运视察。越日于欢迎会上，讨论军民两政进行方策时，咸以各部门虽负责有人，对于南北两政府文电往还似非有负其总责者不可。讨论之下，都督既未回省，副都督现在运城，即日组织河东军政分府，成立副都督府，以作发号施令之区。当众通过之后，温以此间情况较生，拟调交通司司长尚德充任本府秘书长一职。沟通各方意见，自较容易，通过后尚亦即时转任。

此时，陕甘总督满人升允带领甘军寇陕甚急，运城陕军各部先后西开。在升军围攻咸阳时，秦请晋援，温即选拔精锐混成一团，躬亲督师到达永济。正在渡河之际，风声所播，升即西退，温亦班师。比回运城，而猗氏张起凤已由太原来运，即有人提议南镇谢有功盘据临汾，巡防队统领陈政诗据守新绛，残杀常子发、李秀两同志，亟应大张挞伐，以伸天讨。关于人选，温提出以晋南总司令李鸣凤带领大军攻打新绛及临汾，以张起凤为晋南镇守使接替谢职。李、张两同志即整军出发。此时袁世凯任命山西都督张锡銮、民政长官李盛铎。张虽在途，李已到省，又改任李盛铎为山西都督。闻报之下，温以副都督名义代表晋南全民意见，连电南北两政府极力拒绝，欢迎都督阎锡山回省主持军民两政，煞费周章，终达目的。

旋据报称新绛攻开，陈贼政诗业已就戮，临汾久攻未克。正于此时，南北和议告成。孙中山先生为减少战争流血计，将临时大总统职让给袁世凯，自己专办实业铁道等建设事宜。从此清帝退位，南北统一。都督阎锡山业已回省，临时省议会举王用宾为副议长，电请赴省就职，遂偕刘绵训、邵修文等立即就道，所遗河东民政长职务，议以张士秀调任，递遗河东民兵总司令一职，由胡足刚同志接替。此时袁忽来电，责温不应擅委镇将，令张起凤迅即掣回。正在往返电争之际，袁已任命张培梅为晋南镇守使。在未到任之前，谢有功即行潜逃，常仇未报，河东军民不满于袁、阎者此即一端。嗣胡足刚亦因事赴省，河东民军改称游击，司令一职由景蔚文担任。迄至民元，温以南北统一，都督回省，不应再有骈枝机关存在，遂电袁请将山西副都督府裁撤，以归一致。袁遂电复，备极嘉奖，并任命李鸣凤为山西第一混成旅旅长，张士秀为山西河东观察使司观察使。时已夏令，温请回省，阎派高级军官马开崧来运欢迎。以前温、尚两人同室对榻，尚因眷属来运，下班回寓，让榻马宿。一日，温、马两人各持波浪宁手枪一支，坐于其床，对面拆擦。尚则伏案批阅公牍，于外出解手之际，忽闻砰然一声，温呼极惨。尚急返室，见温躺卧床上，鲜血渗透单衣，粗一检视，弹由脐左偏上射入，由背右偏下洞出。正在嘈喳之际，温之副官王晋魁举刀进房，大呼先砍刺客。尚极力阻止，马始免祸。当下温自以伤重，生命难保，紧握尚手嘱托后事。马亦哭做一团。尚则一面安慰，一面饬人向当地福音堂请医，正消毒、洗涤、包扎间，全城军民首长咸来探慰。尚即电阎，告知此案及温伤势。阎接电后，即派陆军医院院长刘葆箴带同护士星夜赶来，为之医疗。温脱离危险期后，刘始回省，两月以后幸告痊愈。其间温虽说明马因擦枪走火，并无加害之意，而河东军民终有疑团，其对阎不满，又一原因。辗转已至民元农历六月，温即偕其秘书长尚德，带同前副都督府全体员司，由运起节回省矣。

（选自山西省政协文史资料研究委员会编《山西文史资料》第1辑，1961年10月）

娘子关陷落后的分兵计划

景梅九*

武昌起兵　一张白版

自广东七十二烈士一役后，革命潮一时觉得沉寂了；其实是“万木无声待雨来”的光景。及四川争路风潮起，全国沸腾，民党一时大活动起来，有乘南北洋秋操起事的谣言；吓的清廷要停止秋操，大有“山雨欲来风满楼”的气势了。果然到农历八月十九日，霹雳一声，革命军发现于武昌！北京同志得到电报，说是：“黄克强亲到湖北，运动革命，爆发后1点钟，占据了武昌城，清帅瑞澂败走！”大家兴奋达于极端。《国风日报》才到了应用的时节，用二号字特别标出大

* 景梅九：时任山西军政府军政部部长，后任陕西农业学校校长，民革中央监委。新中国成立后，任陕西省政协委员，陕西省文史研究馆馆员。

题目，以及各地响应的电报。北京住民大为慌恐，做官的更是忙了手脚。每日正阳门外东西两车站，行客拥挤，市面亦为之大动摇。警察来干涉报馆，不准登载各种消息。白逾桓君忽然想起一桩故事来，他道："法兰西革命时，全国革军蜂起，巴黎报馆受政府干涉，不准登载革命消息，他们一律出白纸，人心更慌恐，我们也试办一下！"我也没考究他说的这故事，从甚么地方得来，但觉得这种方法很妙，便赞成他的话。除一版广告及社会新闻外，正面一版，全空白；却在上面排了一行二号字道："本报从各方面得到消息甚多；因警察干涉，一律削去，阅者恕之！"这真灵验！这纸白报一出，人心更是汹汹不定，都乱猜起来，嚷嚷着说："大概革命军完全胜利了！清兵大失败了！各省都响应起来了吧！不然哪有一版禁登的消息呢？"呵呵！警察先生觉得不妙，又赶紧来馆告诉编辑说："除过靠不住的谣言，准你们登载就是！"自然是照常继续登载起来。时北京有一画报，专画各报登过的趣闻，颇有滑稽风味。他见本报出了一张空白报，却想出一种插画，画的是四家打麻雀牌，一家放出一张白版在桌面上，从下家的口里画出两道话线来，中间写得是疑问口气道："你为甚么出这一张白版呢？"趣极！也算一种纪念。

《鄂乱怀疑篇》之底面山西独立

大家若要知道武昌起义，北京人心慌恐的实况，有我当时所做的《鄂乱怀疑篇》为证。今录于左，并加注释以明其始末，文云：

当鄂警之初至，吾人固未敢置信也（这自然是假话，实则深信不疑。当日立论于所谓辇毂之下，非此不可）。盖以武昌据长江上流，为南北重镇，水陆形胜之区，兵备集屯之域也（此反写革命之声势；因最初同盟会计划，以云南、广州为根据，所以先有镇南关、河口两役，皆不成，然后定由中区起义，以作四方八面之标帜）；有瑞澂为之督，黎元洪、张彪等为之将，瑞于疆吏中称能者，有手挥如意，自拟诸葛之概；张彪虽一鄙陋小人，而治兵颇严；黎元洪则欧人称为第一流名将，为南皮最倚重之人物（一片假话，黎并无大名，瑞、张亦碌碌；特因黎被党人举为都督，故加意鼓吹，皆反笔也），岂区区革命人所能争取于俄顷间者哉？乃无何而谘议局议员汤化龙等，为党人之参谋，炮台军器，归党人之掌握；无何而陆军大臣荫昌出征，袁世凯起用（此时袁尚未入京，已有起用说，因荫昌资望不足故），军政两界之风云，因之骤然变色；无何而京师戒严，市面恐慌，束制报馆调遣兵警；于是都人士女相惊以革命党且至。风声鹤唳草木皆兵，而达官富人争提取藏金于银行，至有携眷纷逃者。天下本无事，庸人自扰之，良可浩叹！无何而太白昼见（一日到大栅栏，忽有数人仰首望空，众人受了一种暗示，一齐仰首，我也随着看起来，果见一个星，警察也不禁止，但说怪事！怪事！我想起彗星谣言，说了一声，这叫“太白昼见，天下大乱”！其实不定是太白星），日有食之，于此科学彰著之时代，亦寻常耳。乃皆因之为妖异（这是占脚步地方）。于是谣诼四起，人心动摇，尤为可虞也！无何而陆军败绩，水师降敌，瑞澂、萨镇冰退归九江，荫昌不敢南下；于是鄂省乱象，乃有燎原之势，不可扑灭矣！无何而西安兵变（农历九月一日，有电来，此消息同人早知，乃豫定之计划故），长沙失守，九江、广州俱有乱耗（一半谣言，广州独立尚在山西之后）。不意旬日之间，大局糜难至此，使吾人冷静之脑髓，为之震激弗宁（早有投笔意矣），欲不置信而不可得已！虽然吾人对于鄂乱，尚有怀疑者数事，故乞海内贤士大夫一解之也！

这是第一篇，又连续作了两篇，对于臣节种族立论，尚未终篇。因山西独立军已起，我不能再在北京逗留了。

协和南下　苏芗失守

当山西未独立以前，我在北京和同志协商运动的事太多了，一时也说不清。捡几种说罢！先是听得李侠璜因南北合操（此事虽中止，但已发起，所以各省军人，都来北京。其中同志很多，我注意唯李）到京中，寓西河沿金台旅馆。赶紧到那里，去见他。他一见甚喜，说："你们鼓吹成功了！用着我们实行哪！"我问他几时回南，他说："我听说政府到德国运来大炮好多座，我想运动带一团炮兵，到前敌上，再转过头反攻，岂不是好！"我只道他是学炮兵的，有这个资格，很赞成他的话。刚说了两句，从外面来了他一位同学，却不是同志，张皇地说："革命党声势不小！"侠璜很机警，怕我误认来人为同志，故意地发嗔道："甚么革命党，不过几个无知识东西瞎闹；我若带上几门大炮到前敌，管包几炮就打完了！"我心里好笑，口里自然不再说甚么，便告辞走了。唯临行，我对他说："炮骗不到，你还是南下为要！"他笑道："那是自然！"过了两天，他打听德国大炮一时还运不到，于是一溜烟走了。到南边，算作了一场大事，以后再表。我一面请李子高、李阁臣、郭润轩诸人，陆续回山西。子高约定从雁门关以外起事，特惧子药不足，打听作子弹机器，未到手，很惘怅！这和井勿幕打算买机关枪，一样心理。我对他说："义旗一举，清兵必有来降者，利用他们子药好了！"子高曰："是，吾志决矣！"遂去。一日张华飞君来，约我到小李纱帽胡同某小班，见陈尔庵，说他很有计划。我如约前往，见陈，听他议论很圆满周到，但不是革命的派头。他对吴禄贞有些不满，怕他弄不好（时吴已奉清命，率第六师去征山西）。我在他话中，却听见许多秘密消息，并知张绍曾已在奉天有预备。心里很满足！我已决定回晋和大家一同革命。意思在和吴定约，截断清师后路。当时有一个笑话，就是子青、连三和报馆同人，怕我恋董素仙，便在"情天棒喝"栏里，登了一段骂素仙的话；我笑对他们说："苏芗失守！"失守是那时新闻纸上熟语，天天都登着"某处失守——某处失守"的消息。其实苏芗不失守，我也要走的。他们算白用了一番心机和战略。呵呵！

留别京友　石家庄大失望

我要回山西参与革命，主意决定后，曾问同人谁愿意同去？姚太素和江汇川两君，说他们愿意同行。于是戏对疯子、子青诸人说："鄂乱我也不怀疑了，苏芗我也不恢复了，说走便走，北京革命责任，全放在你们身上了！"因为当时同志在北京的，并没有停止革命运动。记得有一少年名岑楼者，从东京来，自谓来北京负的是"暗杀"义务。同志留他住在国风报馆，且秘密运输炸弹，以备应用；中央革命，原非爆烈物不为功！我嘱托大家的话，精神全在于此。我何以定要回山西呢？一来因为山西南北同志，和我都有密约，我不回去，怕大家不接头，且生怨望；二来外省同志，也算我交识较广些，我不回去，怕大家有些隔膜的毛病，便不好共事；三来若得机会，还想把社会革命，同时干起来，所以早下了一番决心，要回去。且预定的计划，是山西最后再响应，不防备爆发得太快了。所以他们有密信来，也教我快点回晋，好给大家定主意。闲话少说，我同姚、江二君，从北京乘火车，向石家庄进行，中途过保定就有六镇兵上车的，听他们说山西革命军，占了娘子关，现在吴统领还没到，尚未进攻。又看车中人的颜色，都是仓皇不定，好像逃难光景的多；也没工夫理会这些。到石家庄，3 人下车，把简便行装，亲自提着；正要走，听见车中有人唤我，一看才是张君崇本，凭定车窗，摆手说："赶紧回家！"我说："我们要到太原。"他面带慌遽状，正要答说，车已经开了；也可见当时人心不靖的光景。却说我们 3 人，找了一个栈房休息，占定了上房，茶水毕，又到外边，看石家庄到底是谁带的兵。冒问一个兵。问了一句，他道："是第六镇。"问："你统领姓甚么？"说："姓吴。"这便够了。我们回到栈房商议说："能在这里见一见老吴才行！"向栈房人打听老吴的消息，说："没听得人说吴统领来。"这真教人纳闷！石家庄到太原车，已经不通了！若不见老吴，怎么能过去？正筹思中间，栈房的人来，说："请三位暂受一点屈，移到厢房里；因为吴统领说今晚要来，差官来定占上房。"若在平时，这些话是很教人可恼的，保不定要反抗几句，在这时却成了一种喜信。我说："好吧！我们和吴统领认识，还要见他，情愿让出上房来！"栈房主人还说了几句客气话，才把我们行李移至厢房。我对姚、江二位说："这倒凑巧得很！我们若见了老吴，便不愁道路不通行了。"不妙！等了半夜，也没见有人到这栈房来，心里说："莫非转了栈房？或者没到？"第二天早晨一打听，据办差人讲，才知道老吴（绶卿）昨晚下车，没停留，便乘火车到娘子关，和山西民军首领交涉去了。啊呀！这真是糟糕！怎么办呢？

平山绕道　十八盘

第六镇里边一定还有熟人，却一时遇不到。娘子关是过不去了。翻回北京？不可！我们目的在山西，非到太原不可！搭火车到清化，从清化越太行山，向入翼城关，再走太原？太远了！这怎么好！又不知老吴几时才能回石家庄？困死这里不成？真是"胡思乱想心不定！"3个人正没个办法，才问栈房人道："火车未通以前，从这里向山西走，还有别路么？"他说："有的，从平山县绕过去，经十八盘，可以到盂县；再由盂县到寿阳，才能搭火车！"我听了对姚、江二君说："只有走这条路了！"于是大家决定这样走，又问栈房人，向这条路走，有"马车可以雇得么？"他说："我给你打听一下。"还好！有拉土货来的回头车。那时自然没有拣择，且车费也不贵。当时3人雇定了一辆车，向平山县方面去。记得绕过这县的城，到了旷野，看见农家子女，在陌头玩耍，嬉笑无猜，真是一片和平风味，不减世外桃源！特别此处小孩长得五官整齐，某客说："平山出美人。"不觉动念；于是留心看那些小孩，比别处大是优美，颇解旅愁。又经过一个温汤，只下车瞧了一瞧，也没留恋。第二天走入山地，弃车乘驴，登十八盘，石径危逼，只得下驴步行；因为有个目的，也不觉疲倦。到山顶，赶驴的遥遥北指，有些高山影子，说：“那就是五台山！这里另有一条路直通到那边。”我们只遥遥一望罢了。及到盂县，在店房寄宿，问店房近来太原有甚么事？先是不肯说，我和太素谈起革命声势，毫不避忌，店房才说：“听得省城乱了，开兵到南天门了，都督听说是阎锡山。”我急欲打听吴禄贞和晋军近来接洽如何？那是听不到的了。盂县已有巡警，查店也没细问。我们只说要回太原，不知寿阳火车通否？据云：“火车只运兵不许人行。”我们也不便深谈。早起雇脚赶路，中途息肩，却遇见盂县县官的少爷，从省中来，把最近情形说得很详细；才知道晋军和吴军未冲突，心才放下。他并携有革命军安民告示，已改用中华民国，自然是痛快极了！我们把外边革命军声势，以及共和真谛告诉他，使他鼓吹，斟重分别。路经山中，九月飘雪，也有些感兴，共计四日，才到寿阳车站。

小拿破仑翁　报告军情

到寿阳车站上，见有臂缠白布者，却不认得。知道是革命军里人员，便问他谁在这里？适逢火车刚到，车中有我认得的史正轩。我便招呼他，他说：“先生来好了！镂甫也在这里。”说话，甫已到面前，狂喜！让我们上车说：“好极了！我们盼望你来好久了！你一来可敌十万师。”我便问吴禄贞近状，他说：“已经在娘子关开始谈判，计划联合攻打北京！”我看镂甫这时威风凛凛，杀气逼人，随口赞了一句道：“小拿破仑翁！”他嗔道：“拿破仑翁就是了，何言小？”我笑了。史正轩陕西兴平人，曾改良姓名，逃亡到山西，因交文案牵连入狱。我在陕西曾函托太原诸友营救，得出狱，入了营盘，和镂甫、岐山最好。我于前回到太原，为国风筹款时候，才见了面；不料到寿阳车站，就先遇见了他，省却许多唇舌。事有巧合，往往如此。我到了太原，先见了润轩，他已经办起《山西民报》，标着中华民国年号。高兴极了！然后镂甫一直领我到谘议局——都督府，见了阎伯川、黄少斋诸友，皆在座。非常欢喜！他们见我穿的棉裤，破裂不堪，都笑说：“梅九总不讲究。”是的，哪里顾到这些事？若不是他们看见，我还不知道哩！他们问外边情形，我说了个大概，伯川主张教我在议场报告，以释群疑；并坚同志的心。于是招集都督府人员，议长议员等参与其中的很多。大家坐定，我便登坛报告，说：“我出京时节，南方各省独立者纷纷，清廷无力兼顾。吴统领是革命同志，决不打山西！我可以去见他，协定一切。此次革命成功，可操左券……云云。”大家听了，仿佛以为可信，面带些喜色。伯川对我说：“清廷命吴绶卿为山西巡抚，怕他贪图此位，变了卦？”我说：“绝不至如此，革命成功，他的位置，何止一巡抚！”伯川首肯说：“你可同着仇亮君，再到石家庄去一遭！”我说：“好，事不宜迟，我立刻便去！”于是告别了大家，偕同太素、正轩、镂甫，齐向娘子关出发。

恶消息　吴绶卿被刺

我同着仇亮、姚太素、史正轩几个人，搭火车连夜赶到娘子关，到前敌总司令部办公处，商量进行办法。那时前敌总司令，是姚君维藩，是我的老朋友。他抱病到前敌，精神不大振作；然性情慷爽，对大家尚能畅谈。说话中间，至半夜1点钟时候，忽从石家庄来一电话，报告："火车站上有枪声，旗军兵变！"大家听了，尚不以为奇怪。因阎伯川曾与吴绶卿，订秘密条约，令旗军攻打娘子关，晋兵迎其前，吴军乘其后，使旗军腹背受敌，可一举而歼之；并藉以坚决吴氏革命之心。吴氏虽未从其计，但对于旗军，未免薄待。今旗军兵变，似乎是意中事。未几又来一电话，报告："吴绶卿被刺！旗军已向保定方面退却！"大家听见这恶消息，相对无言。仇亮君尤为懊丧！因晋军和吴氏交涉，全是他一人从中间说话。最后由我发言说："吴统制被刺，原因虽不明，但就旗军退却看来，或是满人暗遣刺客行凶，也未可知？那么，军心一定振动。我们乘此机会，到石家庄运动第六镇兵，替他们统制报仇，同着咱们一齐革命，岂不是好？况且山西还有好些兵在那里，我们也应该去看一看！"这段话，仇亮君听见了非常赞成，说："是，这个计划很好！我一定去的！"我说："要去大家通去。"便征求姚君、史君同意，他们都慷慨答应，姚君说："可以带几个兵去。"我说："可以不要。"因为我这个时候，只记得孟子说的："自返而缩，虽千万人吾往矣！"两句说，以及《史记》上"知死必勇"的说法。况且每当一番恶风暴雨后，必有一阵清明天气。吴氏一死自不至再有纷扰。所以我才下了这个决心，情愿身无寸铁，同大家向石家庄一行。当时意气甚豪壮，中途仇亮君对我说："不意君投笔从戎后，有如此勇气！"我笑说："革命不是空谈的！"

遇何叙甫　开鸿门宴

大家到石家庄，下车后，看见六镇兵，散乱在车站两旁，有些臂缠白布的。那时到处革命军，都用白布为记号；我看见了这种情形，心里颇觉有办法了。但苦没一个认识人讲话，正在没道理处，忽见一人痛哭流涕，神气激越异常，我猜着这一定是和死者有感情的；便向前和他说起话来，并说明我们来意，是要联合六镇兵给吴统制报仇的。他听见了，很感动，说出他的姓字来，才知他是何叙甫，福建人，充六镇参谋官。受吴知遇，今吴遭奇祸，痛愤达于极点，所以有点“人忙无智”的情形。我问明吴统制死在车站一边，便主张约六镇兵同到那里，围定吴统制遗骸，头已被贼割去，只余巨躯，其状很惨！大家便大声疾呼：“非报仇不可！”我便道：“军无主不行，今吴统制已死，你们何参谋，就可以作你们的统制！”大家同声赞成。其热心出人意外，可想见当时人心愤激的程度了。说毕，我们说找一个地方，再议进行。忽遇见几个军官，里面有个年纪大的，兵士对他致敬，群趋其前；并道是他们标统（官名不准，或是统领）。何对我们说出他姓名来，叫吴鸿昌，一面介绍我们见他。我看见兵士亲付吴氏情形，知道军队中阶级关系非轻；但看他态度，非常冷静，不及何氏之热烈。他并劝何氏道：“兄弟！你脑筋静一静，不要忙乱，他们大家既然来了，总有个办法，我们同到司令部再讲！”于是同到一个栈房里，就是他们的司令部。时已过午，吴氏说：“我们先吃了饭，再讲话。”于是让我同仇氏上坐，何氏与某军官一旁坐，太素与正轩一旁坐，吴氏坐主位，其余副官，皆站立桌旁。我心里想道：“这大似鸿门宴！正轩要作樊哙了（因他携带手枪故）；

不知能唱一出好戏否？”却大吃大喝起来。吃喝中间，来了一穿军服青年，进来向正轩谈了两句话。吴氏问他何人，他说：“是倪普香，来此投效于吴统制，奉命和晋军接洽。”吴氏也不再问。后来才知道他那时却安排了一队山西兵，在门外警备，想不到樊哙这脚色，才是他充当了。

电约张绍曾　运回绶卿心血

宴罢——吃饭以毕——大家莫离座，便开始谈判，拟仇亮氏以晋军参谋长，我们皆权自命为参谋；我开口向吴氏说：“吴统制虽死，但是他和晋军的联合计划，我们还应该继续实行！”吴氏问：“我们的军饷，晋军能担任么？”我慨然道：“能，晋军不缺饷，即再增数万兵，也有力担任！”这几句话，却不是应酬门面，我心里有个筹款计划，以为定能办到的，所以毫不含糊的答应了。吴氏见我答应的慷慨，便道：“好极了！有甚么意见，都可以发表。”仇氏主张先发一电，给张绍曾氏，请他由奉天发兵，直攻北京，第六镇为声援，何参谋拟拟即发，并主张发令先断南北铁道两段，以阻清兵南下，而解武汉革命军之围。此项命令亦由吴氏许可，由何拟定发出。我到石家庄，才知绶卿招忌在截留向汉口运送的德国造枪炮子弹数百万。所以当席发言曰：“吴统制截留之子弹，可移存娘子关，较为妥适；恐此间军队如一旦开发，恐不能携带故。”吴氏也认可。仇氏主张由吴氏集合六镇兵，由我们集合山西兵，为吴统制举哀，并誓师北伐。吴氏也没说别的。此外还有些小问题，都解决了，并邀他先到娘子关一行。说话中间，时已垂暮，于是大家抬身，要分头去集合军队；我又向吴氏说了两句话道：“兵贵神速，若乘此机北上，大事可成！”吴氏却说了一句不中听的话道：“怕我们的兵不开通！”我便不向他应酬了。对仇氏曰：“吴某靠不住！”仇氏曰：“有约在，且何参谋可以监视他。”我们大家到车站，集合晋军，正要说明为吴统制复仇，却久不见吴军消息。少顷，有人报告说：“吴氏集合军队，向正定方面退去了。”问何参谋，他说：“我为发电报，不防吴某率队走了。”这真败兴！但是那几百万枪炮弹还在。大家商定运回娘子关。有人说，怕吴某回来见怪，我笑道：“他若是回来，又何必走？且定约说明此项炮弹，应存于山西，怕甚么？况这是吴统制的心血换来的，我们怎能不给他放在安稳地方！”大家听这话有理，才命兵士，一箱一箱地向货车上搬，兵数不多，有些百姓，也帮着搬运，不多一阵，把几百箱枪弹炮弹——榴霰弹等，齐转上货车，还有十几包大米，也装载上，还有些军装兵士外套，都分给各兵士穿了。这一切都弄停当了，只差一件，没人开火车。真着急！因这时天已黑，野风四起，冷气逼人，大家又冻又饿，有些不好受。我发了一个口令道：“有能开车的每人赏银200元！”呵！真灵验！转眼便找到几个开车的来了，把一辆机关车，从火车房中登时运动出来，将客车货车，一齐挂上，汽笛一声，向娘子关发动。这时在车上却看不见那位何参谋，问仇氏，仇氏说：“刚才还见他到车上来，或者他到别处去了。”我说：“不是，他是预备棺木收殓绶卿死尸去了罢！反正，明天还要派兵到这里来搬运的，如今顾不得他了。”当时饿肚子，实在难受，感觉到面包问题来；因为那时同车人，都没精打采的。几点钟已到娘子关，大家才找到饭吃。别的话，都顾不得讲了。姚君听见把枪炮弹运来，自然欢喜，一面命人搬运下来，一面又派杨镂甫君到石家庄，查看断绝铁路的情形，和何参谋的下落。第二天，他们一同载绶卿骸棺回关，镂甫报告，已断绝东西线路数十里，姚君曰：“我今日始得安枕了！”我问镂甫曰：“石家庄还有存留晋军否？”镂甫曰：“无！”我说：“不妥！应该多留兵分守附近桥梁才行；但折断几条铁轨无益。”他说：“山西哪里有兵可派，我们回去再讲！”我无法，只得回去。但我当时也有一个痴想误了事。

罪案中心　分兵计划

你道我有甚么痴想？我以为石家庄一番停顿，使南北交通中断，清军在武汉前敌者，必发生慌恐，民军乘势可以得利，则武胜关不难下。一面张绍曾念同仇被刺，直以一军拊北京之背，则中央必生绝大风波，同人在内响应，成功有望。且北洋军队，多汉人主帅，当此种族主义昌明，必有一番觉悟，不肯替满人出力，自残同种了，还有甚么仗打？嗳，大错特错！哪知道这些奴才们，一点觉悟也没有，仍是一肚子红顶花翎，但想借同胞髑髅，作升官发财的资料啊！所以他们不但不和革命军表同情，而且要极力破灭民军的实力。当石家庄铁路中断了数日，山西并未继续出兵，固然是兵力不敷，以及统军者精神不振，也由于我主持不力（即误于痴想），以致让袁世凯得乘隙入北京，遂不能彻底澄清，遗恨何限！此实为种族革命时代罪案的焦点，终身莫赎此耻了！写到这里，实在不想再续下去。但前车之覆，仍足为后车之鉴；况失败中夹带着无限同胞血泪，有不忍使之埋没在“表里河山”间者，故只得忍痛叙出，以供世人的指摘！袁氏入京，姚君亦痴望其能藉众力以覆清廷，不至再与革命军为难；谁知袁氏心怀奸诈，既想利用民党，覆灭清室；又想制服民党，归依一己；故入京不久，即遣第三镇到石家庄，谋攻山西。我曾亲身查看娘子关阵地，如所谓南天门、雪花山，都走到了；但见重峦环抱，障蔽天成，和海口大炮台的形势，一般无二，若得 10 尊大炮镇守，虽敌有百万雄兵，未易飞过，可惜山西新军，炮兵独缺，有可守之地，无能守之器！我曾谓守者曰："此不能恃吾之能守，而恃敌之不我攻，始可！"是以当日回至太原，和伯川商量南北分兵计划。为秘谋曰："娘子关终不可守，一旦失败，非南退必北进，今不速图，将来恐北不能过雁门，南不能逾霍山，我辈必进退失据，奈何！"伯川深然之。乃分派兵于南、北，预为退军地。适续君西峰，有函来报告："将由繁峙绕过代州，直趋大同！"我阅此大喜，曰"如此则雁门不攻自破矣！"

筹款　提起社会问题

我当时于分兵建议外，尚有一重要建议，即筹款。因我自石家庄归来，颇感晋军实力不充，非多加练新军，不敷分布。时赵次陇君，亦参密要。一日议及兵饷，我说只有一法，向太原有名富豪家通借，千百万金不难立集，座中有人谓，恐有扰民的嫌疑，我道；"此次革命，不但解决种族政治问题，并社会问题，也应该一并解决。山西富豪，家资敌国，乘此机会，一为平均之，乃是革命要着，不惟筹款而已！"赵君极赞之曰："梅九说是！我们就实行起来，先向最便家，派人去借好了！"伯川听从此言，教大家先公推几家，于是第一便推到祁县渠楚南家；再次太谷某家，再次榆次常家。但说到常家，我想起一件事情来，就是前边叙过的“竹杠失败”的笑话，我所敲的正是常君。今天若主持向他家借债，恐人讲咱藉端报复，乃特别提一议道：“我听说榆次常家近已中落，可以不向他借！”伯川答应了。却不知我别有这段心事。至于向渠家借银，我主张命姚太素、李梅峰率学生军一队去借，伯川许可，即时命人拟就公事，派大家去了。我密告姚君曰：“至少百万始可！”过了两天，有电来说：“渠家准借 40 万现银，先解 20 万来。”伯川回电照准，实不满我意。然因此军需运用已灵，市面金融也活动起来，兵心也一振，新招之兵也不愁无饷了。据筹饷学生说：“初到渠家，楚南的父亲，尚思闭门谢客，学生等乃向其门口，空放了几枪，渠老先生大恐，央人说：‘再不要放枪！家里小孩害怕，我早想帮助饷的！’于是引大家到存放现银的房中，听大家照数去取。”好笑！财主家的老少，胆子都太小了。当时有直隶同志绕道来晋说：“想在保定一带运动民军起义，为牵制敌人攻晋军队，并可放刺客入北京，实行暗杀。”我力主张，并向渠家为筹生金 20 锭与之。伯川也说：“这一万金可当十万金用。”

政事部长　朔方兴讨使

革命军初起，意在破坏，故无人留心政治者。我入晋后，参与军事进行，对于分兵筹款等事，亦曾积极主张。虽在石家庄，自命为参谋，其实并无名义。及二次到晋，颇有人欲位置我，伯川乃命孔君繁霨及仇君亮商议取法于湖北军政府的组织，于都督府中，分设“军事部”“军需部”“参谋部”“政事部”等，邀我共订章程。孔君颇斤斤于诸部权限问题；又言军事时代，以兵为主，政事可以不要，我亦谓然；但他的意思，仿佛说我有心揽政权。我乃大笑道：“我是主张无政府的，你莫拿这些玩意对我剖析；况且大家还不定几时滚蛋，有甚么争论的呢？……”这几句话，把大家说的没话了，就照当时通行的军政府大纲，组织起来。以副都督温静庵君，充军事部长；以黄少斋君，充参谋部长；以我充政事部长；以陈汉阁君，充军需部长，大略如此。我即组政事部，内分内务、外交、财政、交通各司，以利进行；规模三日即大定。外交司对于保护外侨颇得力；我特别组织一参议部，邀请同志自由议政。我当时却想到一旦分向南北进兵，图谋大举，过路知县官，非先换成同志不可，于是派了几多知县官出去。唯有作为的同志，不肯去，结果仍被好做官的人抢去了，因而更讨厌了政治！我当时随应承长政事，每日仍参与军事进行；且各省同志到山西来的，以长于军事者居多，又和我素日有些来往。最著的，如从前说过的楚馆主人孔庚（文掀）和李敏，王敬轩诸位于吴绶卿死后，也由石家庄乘机到晋，我特别介绍见了伯川。文掀慷慨陈辞，大骂袁世凯说：“此奴万不可信！绶卿之死，有疑袁遣人刺死的。若拥戴袁氏，则民党可谓无人，山西可谓无人！”伯川大赞许，聘为高等军事顾问。时议分兵北上，出雁门解大同之围（因续君已率偏师入大同），请孔君主其事。我给他想出个特别名称，为历史所未有的，叫做“朔方兴讨使”，意在兴师讨罪，为李子高诸同志复仇故。伯川也没驳回，就照办了。

发挥种族主义的一封书

仇亮氏自绶卿死后，居恒郁郁不自得。一日听说袁世凯与黎元洪，有议和消息，对我道：“袁世凯欲利用和议，懈怠革命军进取之志，黎元洪本非民党，恐由此让步下去，革命大事，必至失败！我有心到湖北亲见黄克强，力阻此种和议，坚持我辈宗旨，非打破北京，自建共和，绝不罢休！你以为如何？”我说，“君言极是！但此间借重君处很多，伯川恐不放君行！”仇君极言其心已动，再留亦无益，终至痛哭流涕以求去。我不忍阻他，乃商之伯川，伯川闻其去志甚坚，无法挽止，乃予以代表晋军名义，请其到武汉一行。同志荣子文说：“当由伯川与黎宋卿一函表明我辈的决心。这封信非你自己下手不可！”我受此鼓荡，且对于当时革命大势亦有一番感慨，乃启墨伸纸，执笔直书，真所谓：“文不加点，一挥而就！”把肚子里种族主义，发挥了一个不亦快哉！其实并不以为得意；但同志却推为革命时期中有数文字。今全录于左曰：

宋卿大都督麾下：

锡山本山右武夫，不识天下大计；惟念炎黄神胄，沦于异族，几三百年！古云：“胡无百年之运！”兹乃过倍，斯诚汉族男儿之奇耻大辱，无面目以见天下者也！曩在倭岛，与二三同志，酒酣耳热，论太平遗事，未尝不痛恨于曾、李诸奴罔知大义，自戕同胞！而洪、杨亦失雄图远略，死守金陵，无北伐志，为自隳光复之大业也！自时厥后，汉家儿之谋兴复旧物者，断脰陷胸，相继流血于赤县神州。今岁广州之役，黄花岗山长埋七十二雄鬼，实吾党革命已来之最大牺牲也。其在满虏，以吾党势力，仅能达粤土，经此败挫，当为不复燃之死灰。不图麾下，奖率同志，倡义武汉，克定南疆，旬日之间，天下响应，三晋健儿，闻之鼓舞，于前月八日，纠合同志，乘虏臣不备，攻陷太原，树汉帜于并州城上，随将进兵井陉、获鹿之野，实欲断虏师后路，以为我南军之遥援。惟自审军力单薄，未克大举深入，乃与吴帅禄贞谋，将联直军为北上之计，事为旗奴窥破，戕我元戎，引师北遁；吴军亦半溃于中途，图北之策，为之一阻！锡山诚愤懑填胸，拔剑斫地，誓欲联合南北义旅，灭虏朝食，以复我同胞大仇也。奈邮电隔绝，谣诼四起，谓麾下已与袁世凯订约休战；且有要求满虏改制共和之说，锡山且大惑不解！夫汉族与满虏不两立，爱新觉罗之子孙，率孱弱无能，今所持以抗我义师者，仅袁奴一人，奚足为虑（后有媚袁者，将袁奴句，改为汉奸一二人，可哂）！麾下诚能张皇六师，长驱北上，则败清师，易于摧枯拉朽也。且改制共和，我大汉民族自主之耳，何要求协议之有？休战议和之说，实懈我军心（仇君观书到此，曾鼓掌赞之，与其意相和故）。锡山闻三楚多奇略智能之士，未必无谋至此！特惧千虑一失，故敢贡其戆言。为今之计，诚宜命水师，由海道直攻津沽，与齐鲁之众联合，扼其项嗌；大师由陆路北上，锡山不敏，亦且躬率晋军，偕同秦豫之师，西出燕郊，据其腹心，务使虏众首尾不相顾，则成功真旦夕间事也！用遣一介之使，略陈鄙衷，且问大计。昔人有言："楚虽三户，亡秦必楚。"天而既厌满德矣，虏岂能与汉争乎（两句融化盲左自是得意辞语）？兵贵神速，亦贵果决（记得续君西峰，将以偏师攻大同，曾来一书，密求我同意，传语者且曰："非见梅九话，不出发。"我说："那有此事！"然不可无一言，因大书"兵贵奇，奇贵速，速贵果"三熟语付之。亦一纪念）。若迟疑不断，则晋军孤悬一隅，师久无功，将使中原父老，望断汉家旌旗也！临颖神遥，即祈伟盼！

此书颇为一时传诵，而山西革命文告，见于当时报章者，只此一篇。故虽违本心，亦觉有录载的必要。

函拒段祺瑞　欢迎刘越西

袁氏入京后，命第三镇进军石家庄，闻统军者，曰段祺瑞。我曾代阎伯川致段一书，略云：

朔风凄厉，未审君之涉吾境也何故？尝闻中原名将，首称段、黎；今黎已高举义旗，声动寰球，君胡不自振，以与争功名于史册耶！我军屯次苇泽，愿与国人，共解时局。此地为淮阴拔赵帜树汉帜之地，望阁下能一张吾汉帜而媲美于古英！

这封书，由常君子发带去，偕同贾某见段。段轻笑，且曰："可劝伯川取消都督，再休胡闹了！"其气焰逼人太甚。子发对我说："如能捕段，必拿他的态度作报复！"我知北洋军官，尚未觉悟。一日到娘子关，亲访前敌状况，在张星斋所率营中闲坐；忽有兵士领一穿北洋军服的官长来见，我一见其人魁伟英爽，即知为同志，大喜！与之握手攀谈，他道："我乃第三镇炮兵营长刘廷森字越西者，与何叙甫同学，曾入同盟会，存心革命有年；今率队来此，于早晨命本营炮兵登火车向娘子关进发，意在将所带炮兵一齐运动到此，和晋军联合革命，及车过五里铺，兵士看见情形不对，命火车停住；我乃向兵演说革命，请大家跟我过来，无奈他们胆小无知，不肯下车，并催我回去。我说：‘大家不革命，我一个人也要革命！’便跳下车，孤身到这里来了！兵士和我还有些感情，不肯伤我；惟向空中放了两枪，就退去了，可惜！”我听了非常感动。晋军无炮队人才，可惜所载大炮未能带过来！又我们在石家庄运来的炮弹，有弹无炮，真没法子想。但刘君这一来，敌军情形，我们便知道个大概，不用放什么侦探（曾派兵扮僧人探敌）；且敌军失一将才，也要顿挫一下，革命军便可进行。我亲介绍刘君见了姚君，并带他到太原见了伯川。伯川便命他到雪花山领炮队，刘君到娘子关时，赵次陇君亦在彼，很服刘君的勇敢热心，密谓我曰：“兵法，大将去于军不利，是我军之得也。”

山西像一把刀　一片死气

越西亲临前敌，叙甫在省城主练新招民兵，7 日速成，并自编革命军歌，发扬蹈厉，使人兴起。叙甫心太热，几欲练成10 万精锐，亲自率之，直趋北京，为绶卿复仇。尝指山西地图对我说：“山西省像一把大刀临北京之颈，欲斫倒北京，非山西这把刀不可！”真快语。一日他正在金营外教场练兵，我偕李岐山君往视（是时岐山从河东来，欲自成一军南下，联合诸军，东出巩洛，以乘清军之后。伯川不许，岐山密与叙甫镂甫相接纳，以谋大举），刚走到所谓万寿宫后，遥见叙甫指挥亲兵，东西疾驰，有狂风卷地之势。兵俱灰服，一望如云。我不觉冲口而出曰：“一片死气！”岐山曰：“非也！一片杀气！”我乃点头，连声曰：“好一片杀气！”当我说一片死气时，心中融化着“有死之心，无生之气”两语，率尔出口，岐山以为不吉利，改曰杀气，未免有心掩饰，非眼前自然现象。我也回想“死气”不祥，然又自知无心说出，不在好处，勉强跟岐山说了一声“杀气”，而终不释然。于是同叙甫说了几句鼓励兵士话道：“有此劲旅，可以出奇制胜，乘敌不备，一试其锋！”叙甫慷慨自矢，愿效前驱。时娘子关风云正紧，我原主张“与人乘我，宁我乘人”。当越西归来，敌阵未整，我极力劝伯川出师，并曰：“处则娘子，出则获鹿！”是由处如处女、出如脱兔来，自拟为名句。且乘势突出，未尝不可以侥幸万分，总强似死守一关，奄奄待毙。伯川不听，且以我轻听叙甫诸人愚计，将误山西。我则因南北道通，进退绰绰，胜固可长驱中原，获鹿巨野，败亦可北渡雁门，再谋卷土。时戏与友人曰：“我若得统师，早上出师表矣！”时越南阮鼎南氏在晋，亦赞成出师说；我并从容与议及革命成功后，将助越南恢复故疆，鼎南君笔答我曰：“一语令人万感！”每思此言，不禁愧恧！

推袁作总统　幸不是劝进表

外报不至，娘子关外消息，完全无闻知；其时南京已下，孙中山由海外归来，革命军声势日振。袁世凯氏，且藉以恐吓清廷，希报往日削职之仇，并图帝位。而一般人，则力倡共和，绝非袁氏所欲。此事由刘君芙若从北京来，始告我知道。芙若名为受袁克定氏委托来晋疏通，实则欲入甘肃，对回族宣布革命共和的利益，使他们赞成，以免兵祸。及到山西后，对我说明外边实情，略谓：“昔日主张君宪的人，如范源濂辈，都极力提倡民主共和。袁克定密联民党，也劝老袁颠覆帝政，我曾与克定氏约，若项城主张共和政体，我可以劝山西民军首领，承认项城为第一任总统；并以不攻山西为条件。否则恐山西不能让步。”我听了这话，意谓果能藉此免目前战祸，不妨暂且承认。因密与伯川议，伯川也赞成，命我作一咨文，我乃同段君砚田两人，俱到农林学堂一密室中，提笔写成一张契约体文字。略道：

古今中外历史，已证明君主专制，其后世子孙必招灭身亡族之惨祸（便是当头一棒，以醒其皇帝梦）。是以最近各国革命，改易政体，皆以共和民主为归趣。阁下如能协同民军，颠覆专制，然后敷政共和，与民更始，则第一任大总统舍公其谁？须知咨者！山西都督某

文成，笑告砚田曰：“幸不是劝进表！”砚田也笑起来，并道：“是一篇惊醒痴梦的文章；未免太潦草了。”我又笑曰：“算了罢！买菜乎，求益也？我便是这种意思。”于是携到伯川处，教他看过，他也没驳回，就命人另誊出，使常子发君协同芙若前往。芙若说明来意，欲走甘肃，伯川说：“你先到北京辛苦一趟，回来，我教乔子和君同你到甘肃一行；他系回教徒，比较有利益。”芙若听此话有理，乃答应和子发同入北京。

娘子关失守　决意南下

芙若既去之第二日，即有第三镇曹锟率兵，进攻娘子关警报。

我对伯川说："袁奴远交近攻，欺人太甚！唯有一战，不可退让：胜则长驱北上，败则分兵南北，另作计划。"伯川曰："然，我亲赴前敌一看，请君留守。"我一面答应了，一面到中华民报馆，和润轩计议，说："此战必不胜，但娘子关内，节节可守，不可不预备接应；等岐山由太谷回，看筹得枪炮若干，再议。"午后1时，有电报来，云："刘越西在雪花山拒敌，派兵一队，夺得敌大炮一尊。"我对润轩云："他们道越西不可靠，今何如？但得炮一尊，何济于事？怕刘君有失！"未几又得电报云："敌炮火甚烈，我守兵不能敌，纷纷退下！"我曰："败矣！但不可张皇，等伯川回来，商议退守策。"未几姚君即由娘子关回太原，我方疑其退兵过速，1时阎、黄俱返，神色仓皇；但云："刘越西君苦战雪花山，身浴炮火中，很勇壮！但不能当敌炮火连发；且命中甚准，弹已落前敌司令部，故我辈不能再守！"我道："宜镇定，勿张皇！我拟一文告安人心，彼军未必敢入关。"阎不答，我即辞出，到政事部，拟安民文告成，张贴街市。然阎已出城北走，人心不靖，此固预定计划，但如此慌迫，实违我心。我因到报馆，对润轩说："他们走了，不要紧，我们守城，效死勿去！"张翙之君强拉我去陆军学堂，见杨镜甫。杨方椎胸痛哭曰："我对不起山西人！"一面说，一面以手枪自拟。周耀武君连忙抢过来，从杨手中夺下手枪来说："要死大家死在一处，现在他们走了，我们把军队整顿起来，还可以自守，为甚么要死？还没到死的时候哩！"我很壮周君的话；也劝了镜甫几句。时岐山已从太谷来，说："我共得枪数十支，和娘子关下来的军队联成一气，还可以革命。"他又对我说："南下军队和我有旧，且陕西民军，都和我们有关系，南下可与联合下河东，出河南，再谋大举。”这几句话很使我动意，因我正念井勿幕故。温静庵君亦主南下，我乃劝周君牺牲意见，同到南路再讲，并道：“你们可以率队前行，我率学生队保守辎重车殿后！”

（选自山西省政协文史资料研究委员会编《山西文史资料》第76、77辑，1991年9月）

我参加北洋第三镇攻打山西的经过

王　坦*

一　初到第三镇

清宣统三年（1911 年）五月，陆军第三镇统制官曹锟丁母艰，政府给假 3 个月，命其回籍治丧，所有统制一切事务，着第五协统领官卢永祥护理，所以第三镇内的官兵皆称卢为护统。

奉天官费在日本留学陆军第八期的学生亦于此时回国。当时赵尔巽任东三省总督，赵以为这些学生都须到北京去复试，但须到八月才能成行，这两三个月之间，若任他们在家闲旷，未免荒废学业，消耗精神，不如送到军队里去，可以资观感，帮助实习。距奉天近的军

* 王坦：时任清军第三镇队官（连长），后任北洋政府陆军部参事、次长。

队，长春有陆军第三镇，奉天北大营有第二混成协（统领官蓝天蔚）。我和同学施承凯、张建衡、杨玉亭（后改宇霆）、于珍、于国翰等共11人被送到宽城子（后改长春）南岭第三镇司令部内，月给津贴30两，以为伙食费。送往第二混成协的刘德权、王静修、安泽普等亦如之。我们入第三镇者，与卢护统初见面，两方都觉得情意甚为和洽。卢与其二等参谋官王承斌暇时亦常走来叙话。某日，卢、王到我们屋里来，王承斌忽然问我们说："若是本镇有机会留你们在这里干事，你们得什么阶级才可以干呢？"杨玉亭就问王承斌说："从前你们全用什么阶级待遇这些人？"王承斌说："管带官。"我一听，觉得国家也太看重日本士官生了，就大声说："那可不行！我不干，干不了。你们别看我们这留学，那留学，我们是什么也不懂啊！愿意给，就给一个队官我们当一当，试试看。若是能行，半年以后再给管带。若是最初就给管带当，我管保准出笑话。一队几口锅煮饭我全不知道，你让我管什么？带谁呀？"我们在第三镇司令部里本是闲住的性质，一无工作，二无责任，当然也就可以随便回家。有一天，我在沈阳家里住，接到王承斌一封信，说我的扎委队官下来了，请我回去。信中并说，我的扎委一下来，别人都搬行李走了。大家都嫌官儿小，不愿干。当时我虽不嫌小，但因同学都走了，心里也有些不愿意。但须回去说个明白，有个交代，总督的文书公事不可漫不经心地马虎过去。我心中想官的大小与我毫无关系，我要队官，人家就给我队官，焉有不愿意的道理呢！于是，拔笔写了封回信说：我是愿意的，但须等我两天，赶做一身当队官的衣服。到第三天，我取得衣服，即刻上车到了宽城子司令部。卢永祥与王承斌也不过刚吃完早饭，待了片刻，卢与王也都走过客厅来，告诉我说："你的同学，他们大家都是不辞而别的呀。”我就问卢护统说：“我得哪一天去队里？”卢说：“你愿意哪一天去就哪一天去。”我又问：“我明天就去可以吗？”卢说：“可以。”于是第二天，我就随着王承斌到炮标第三营见管带刘庭森，随后就接事如仪。从此以后，我很高兴，每天早起晚睡，和3个排长、一个司务长、一个司书生6个人一桌吃饭，大碗炖肉，大馒头，伙食钱一个月才不过一块多钱。不到一个月，我把这一队的目兵，所有的日本士兵的动作全教会了。以后打山西，全仗着这一队目兵，因为他们已经全成为顶好的炮手了。

我在第三镇里充当队官，未满一个月，忽然护兵说：“护统来电话，叫你上司令部去。”恰巧当时我正无事，随即带上刀，往司令部去了。一进门，听到仪门哗啦一声就开了，里边的马弁说了一声请，我一怔，心想我不应该一直走进仪门，随即往旁边一绕，由屏风板左首绕进去了。进屋后知道卢护统正在屋里等候我。落座后，卢护统说：“叫你来没有别的事情，是奉天来电报了，叫你们上北京复试去。”我问：“什么时候去？”卢说：“你须到奉天，大家会齐后才可以去。今天叫你来，就是为了告诉你，复试完了，无论好坏，千万不可在北京就事，赶紧回家来。你的父母也是惦记你的。你回来我另有办法。”我问：“我何时可以离营？”卢说：“哪天离营都可以。回头你应该到你们的标统刘学信（子言）那里去。”于是我就到刘标统那里去了。他也是那两句话：不让我在外延误时间，快快回来，他有办法等语。我只有遵命，唯唯而已。回到营中，把队里事情交代理队官徐冠荣，当晚我就回奉天去了。

二　进关打革命党

在沈阳住了四五天。某天，我上总督府总参议蒋方震那儿闲玩，忽然崇恭（崇当时是讲武堂总办，兼学兵营营长）来了。崇告诉我说："你们的护统来了。"我问他来做什么，崇说："你还不知道吗，他会议来了。"我说："会议什么？"崇说："湖北起了革命了，叫你们三镇抽编混成协，上湖北打革命党去。"我又问他，卢在哪儿住，崇说大西门里万福客栈。于是，我就往万福客栈去看卢，见面后，方知编制里有我这一标队。卢护统说："你可以不必去。你们在外国住了五六年，刚回来就去打仗也不太好。我把你编在营底子里吧。"我说："不然，打仗是当军人百年不遇，万金难买的好事情，我愿意去，我实在是愿意去的。"卢说："你无论怎样愿意去，也不必跟我回长春。你就在家中（沈阳）等着，若是我来电报，你就回长春；若是我没电报来，过些日子你们还是上北京复试去。不用我们的军队出动，当地能够平复下去，那就是国家之福。"说罢，我就兴辞出来了。我在家住到第三天，半夜有人叫门说是送电报，一看，方知叫我回营。第二天晨，我就打点回营去了。到长春司令部，卢也没有说叫我回营的话，就立刻叫我往奉天找总参议蒋方震要火车。我到了奉天，蒋打电话叫了一个兵备处的赵科员来，陪同我到皇姑屯车站调动车辆。大约用了一天半的时间，就把车调齐了。我就回到东三省总督衙门，往长春打电报，请军队即刻出发；顺便在皇姑屯车站后方看好了一块空地，作为军队来到后的宿营地。前方即是天泰栈，计划等着大部分队伍到齐，卢护统及其幕僚等可以住天泰栈。

第二天早晨吃完饭，我就往天泰栈等候卢护统和大部队到来。1

点多钟以后，他们陆续都到齐了，就在我指示的地点扎下帐房。卢护统召集各营官长讲话以后，随即命我和骑兵营长王金山带骑兵一营，明日早晨开往丰台候命。我二人早起带队，开车先行，第二天正午就到了山海关。进山海关，沿途听说二十镇在滦州河洼里搭着帐房，帐房顶上满插白旗，表示革命。我对王金山营长说："滦州不定怎样。你我二人要看事做事。反正咱们这是骑兵，你我二人又是骑兵出身，有什么情形难不住你我。"说话之间，到了滦州，远远望见二十镇帐房上尽是白旗。我是满不在乎，毫不惊心。当时，我们的火车头也应该上水了，我们的军队也应该饮马，于是，到站就停下了车。在我们车将要停时，上来了七八个人。其中穿少将服者，旁人指说他是二十镇协统刘一清。还有几个，自己说是步标标统某人、炮标标统某人、参谋长某人。谁是谁，当时我也没弄清楚。其穿少将服者开口就请我下车，和他们住在一处，我说："那是不可能的。非要我们下车不可，那只有缴了我们的械才能呢。"我指着王金山说："他是老骑兵营管带官，我也是骑兵出身。我们即刻就能下车，和你们翻脸，出了笑话，都是你们逼迫的，其罪不在我二人身上。"刘协统赶紧把话拉回去说："老兄，你我本是近人，不可把话说远啦。"我说："即是近人，你们几位先请回你们帐房，给卢护统打电报，商议此事，卢护统若能回电，命我下车和你们合在一处，那我们就照办，否则，就凭你们几位两句话，白白地捡去我这一营骑兵，那我两人也太不成人了。"这时候我们的马已饮完了水，我就要开车，他们还是嚷嚷不完地要说话，我即请他们快快下车，推推搡搡，就把他们挤下车去了。只有邵保（二十镇炮标标统）一个人，被我们带到了丰台。

晚八九点钟的时候，我们到了丰台，得知吴禄贞统制昨晚 8 点钟在石家庄被刺身死，我茫然地也不知前途究竟是怎样，只好在丰台等候卢护统到来。12点，卢护统带着一列兵车到站。他一无表示，住了一夜，第二天卢护统往北京贤良祠去见王士珍。晚9点钟以后，卢护统由北京回到丰台，才拿定主意说，先到石家庄驻下，暂时不往湖北去。

三　侦查石家庄

在卢护统由北京见到王士珍、回到丰台的翌日早晨，卢护统命我和王金山营长各带护兵一名、火车头一辆、铁棚闷子车一辆，往石家庄去看看光景。于是，我和王营长坐上铁棚车一直往南去。过了长辛店，就看见沿途装械完整的兵三三五五，也有骑马的，也有骑驴的，也有步行的，由南往北，络绎不绝。他们问我由哪里来的，我们回答他说："由关外第三镇来的。"也有问我们往哪里去的，我说："往石家庄去。"我问他们石家庄怎样了，他们说："石家庄乱了。"也有的说："石家庄反了。"午后两点多钟，到达石家庄，下车四顾无人，铺户住户全是关门闭户。在火车站门前，只有一个小孩蹲着在拾煤核，我凑到他面前问话，他好似不懂一样。北边有一所高大的洋式房屋，问这小孩，他说是烟卷公司，又说门口还有个没脑袋的死人呢。我二人一直奔向这孩子所说的死人那里一看，腔子冲着西北，腿脚冲着东南，衣服是陆军中将，这尸骸当然是吴统制禄贞了。进屋内看了看，屋内桌椅东倒西歪，玻璃更是破碎不堪，巡回了一阵，其他情况毫无所得，只好回到丰台，向卢护统报告所见而已。

四 开往石家庄驻扎

卢护统认为石家庄方面无障碍，明日早起，即命拔队直到石家庄扎营（驻地即吴禄贞被刺时所住的烟卷公司大楼后面，该公司为法人密拉哈所开设）。我们到石家庄后，住到第三天，铺户也开门了，慢慢地澡堂子也开张了。

住到第五天，第六镇某步标标统吴鸿昌由河间来见卢护统，坐谈一小时之久始辞去。我和王承斌二人的帐房和卢护统的帐房紧挨着，听到吴鸿昌向卢诉说吴统制被刺的事情。他知道得不太详细，据说吴先到太原去了一趟，山西人在羊市大街鸿宾楼请吴统制宴会。吴统制只带骑兵营长马步周一人。据马步周说，原来请清帝发表虚君共和的十九条办法是张绍曾所撰定的，联名的有吴禄贞、曹锟、蓝天蔚、卢永祥。卢问他其他的事情，他则言辞闪烁，吞吞吐吐，使人不得要领。但听他说话的口气，带有贬抑吴统制的意味。以后听王金山（王是马步周同学）传说，马步周跟随吴统制由山西回来后，在烟卷公司西北方某处，他们有七八个人曾开会商议，说的是山西省城羊市大街会议的结果，请吴禄贞往北京打电报，要求清室发表虚君共和。若清室不理，则由第六镇先进兵琉璃河，实行兵谏。吴禄贞仍是山西巡抚。第六镇的官们因吴动辄撤换人，对吴感情太坏了。当马步周对那六七个人报告了山西鸿宾楼宴会的情况之后，那六七个人里就有人说，这不是反了吗？又有人说不如弄死他。以后就又接着研究谁去主办。吴鸿昌说了一声："仍是步周老弟吧。"

我们在石家庄住到一个月前后，忽然听说袁项城由河南彰德上北京主持大计，卢护统即到车站去照应一切。不大的工夫，第十标标统唐天喜装车随项城往北京，去作项城的护卫队，炮标第三营中队队官王德福也跟随前去。项城过去未及半月，段芝贵忽然又从北京来到石家庄。段在车站和卢护统说了一会话，就匆匆地走了。段去后我问卢，段芝贵干什么来了？卢说：“项城不让打。想是阎和袁疏通好了。”以后有许多事实证明，袁、阎确有勾结。袁虽然不让打，娘子关跟石家庄距离太近，三天五日的有代表来石。大家都感到他们过于讨厌了。有一天，山西代表景定成说话太不好听，把卢护统的火气斗上来了，卢才决心打他们。

五　攻打山西

十一月中旬，打娘子关的头一天早晨，由石家庄西进到井陉县东关外，住在北张村。第二天又西进，爬到一个山上，名曰东岳岭。这岭面对着娘子关外的雪花山，这个雪花山是娘子关对东方最好的一个防御阵地。但山西因为学术、兵器着着落后，终处于劣势的地位。山西用的是五生的七口径汉阳厂造笨炮，三镇用的则是七生的五口径法国克虏伯厂造管退山炮。山西队伍也不精射法，只知道把着一尊炮射击，不会使数炮一齐射击。开仗的头一天，我们在东岳岭上刚一露头，雪花山上的炮弹就来了，但是半点钟才来一发炮弹，他原有 19 尊炮，倘能集合使用，也够我们张皇一阵的。敌炮弹来过了五六发，不是落在我们脚前钻入土里不炸，就是落在我们的背后山涧里沟底下去了。如此情形，山西只有死挨打。我只用到第三发炮弹，就算出射击距离 3600 米和 3550 米。他的炮位每尊以 20 米为准，19 尊炮的间隔是 380 米宽。我的炮队是 6 尊编成，我取六六 360 米宽的射面，足以盖满他的炮兵阵地。所以在我的第一排炮放完，他的炮兵阵地人影都不见了。第二排炮等于替他清除阵地一样。第三排炮装上未放，我就变换了目标，冲着雪花山两胁沟里用百米梯级距离纵深打了两排炮。这回杀伤的人数足有 200 以上，把昨日向东岳岭山脚下来攻的那些步兵打得跑到包头去了。这一战，时间不过两点钟，炮弹不过 30 发，偌大的一场战争轻松就完了。我们第六协的官兵只是在老西们屁股后头追击了一下，表示一点形式而已（只到娘子关口外）。跟随第六协的追击部队遂派宪兵队官郑才佐到雪花山上清点山西军队的战利品，第二天点清数目，共小笨炮 19 尊，就报请作废了。

六　曹锟释放革命党

雪花山上的革命军被我们歼灭已尽，太阳将落的时候，有人来报告说，统制曹锟来了，现住在井陉县小学堂里。我便跟着卢护统上小学去见统制。进到屋里，曹锟站起来说："这两天你们劳苦得很可以的，大概还未曾吃饭吧？"说着即吩咐底下说，给他们预备吃的吧。底下人便去准备晚饭去了。我们正在闲话的时候，只见队官牛起顺（外号牛皋）手里拿着大把宽背大砍刀，辫子挽着一个疙瘩，押着两个人从外边进来。牛起顺拿刀一指，对那捆着手的两人说："跪下！"这两个人就跪下了。牛起顺随着又说："跟大人回，我拿住两个革命党。"统制看见这两个人，即由小坐箱上跳下来，骂了一声说："你这样的哪配革命呢！"一人打了一个嘴巴。牛起顺接着又说："跟大人回，我把他们杀了吧？"统制立即说："不用！不用！交给号房，我还有用处呢。”牛起顺答应一声是就走了。牛起顺去后，我们3人吃完晚饭，就睡了。我正在熟睡中，不知道有什么动静把我惊醒了。我还未睁眼睛，一听正是昨晚那两个人跪在地下，统制站在他二人旁边说：“你二人出门往西北去，慢慢钻山就回去了。千万别向南走，南边尽是我第六协的人。若是别人逮着你们两个人，你们可就不易活了。回家好好的吧，可别干这个了。你们快去吧。”他二人千恩万谢地叩了几个头，站起来就走了。从此以后，我对于曹锟的为人特别佩服。

七　进驻太原

山西革命军在娘子关驴桥口溃败后，黄国梁、乔煦（号子和，代阎锡山在自团指挥作战，阎当时在太原）、孔繁蔚率残部逃往包头，阎锡山亦由省城跑往包头。于是，太原省城内外安静如恒，我军遂于冬月二十二日进驻省城太原。司令部驻南门里栖凤栈，十一标阎相文第二营随同司令部驻城里法政学堂，十一标吴佩孚第一营、王维城第三营、马队王金山营、炮队窦世芳营，全驻在太原南门外原山西混成协营房内。

在我们进军驴桥口时，王治国标统于当地拾得山西军用手票3箱。吴佩孚看见想要一箱，王治国坚持不肯分给，吴佩孚因此大生其气。此事一经哄传，士兵们全知道了。财帛动人心，兵们不平，就说起坏话来。吴佩孚腊月初十日请假10天，揆其用意，不过要到曹统制面前搬弄些是非而已。吴佩孚请假，王治国标统并未呈报协统，所以我们大家全不知道，王反而派其标副官葛某代理管带。腊月初十日晚上，我与王承斌刚吃完晚饭，协统刚才过来，王治国标统也进屋来了。4个人正谈笑间，忽听枪声乱响，协统说："这是怎么了？"王承斌也说："这不是兵变啦？"我对王治国说："统领（旧军标统也称统领，协统也称统领）可以出去看看。"王治国说："这大概不是好事。我得回标部看看，等着有什么电话报告没有。"王走出后，我就叫人备马，叫第二营电话给我开城门。这天是阴天，我到了城外，就冲着人声嘈杂、枪声乱响的地方去。在一处，见有一人向兵们说话。我凑近细听，是劝兵们回营的意思。我就问这个人："你叫什么名字？"他说："跟大人回，我叫张福来。"我又问："你是什么官儿？"他说："我是十一标第一营左队队官儿。"我又问："你们管带呢？"他说："没在家。"我问："他哪里去了？"他说："在请假中。"我又问："你当队官几年？"他说他是三镇成军的队官。我又问，你原来是哪一军的，他说跟大人回，我是武卫右军的老人儿。我说，好啦，明天早晨你进城找我见卢统领去。当晚我回到栖凤栈，报告了卢统领，卢统领甚是喜欢。但对王治国准吴佩孚的假而不报告，甚是生气。

第二天一早，张福来就来了，我领他见了卢统领，统领说好，这一营就归你带吧。张福来给统领叩了一个头，统领又说你好好整理整理吧，张福来又答应一声是，就走了。张福来去后，统领拿下一个电稿来，文曰："十一标第一营长吴佩孚擅离职守，着即撤差，遗缺以队官张福来升补。"第三天北京回电照准。第四天召集各营长官会议，统领发表谈话说："我本想在省城里多休息几天，想不到前天晚上又出了这个事情（指吴营兵变），弄得咱们面子上太不好看。前几天北京来电就说晋南有匪，让我们去剿，现在既是这样，我们到晋南去也可以遮遮羞，明天大家收拾好了，要随时准备动身。”

八　晋南作战

腊月十五日由太原出发南进，经徐沟、祁县、平遥、介休，十七日晚住平遥，十八日行进在介休东偏，赶大车的人指着层峦叠嶂的山势说：“这就是介之推和他母亲一同烧死的绵山。”因为他这一句话，我作了打油诗两首。其一：“云树苍茫郁翠鬟，舆夫遥指是绵山；之推若肯为亲计，何至同归一炬烟。”其二：“从亡诸子共艰辛，割股供君一个臣；返国论功行赏日，曾无斗米养贤人。”十八日晚住在灵石，六七点钟的时候，突然接到北京一份统密电报，文曰：“前敌各将领纷纷来电请清帝退位，台衔亦列在内。”我看过这份电报后，一言未敢发，拿起一支香烟就抽。王承斌也不做声，看我抽烟，他也抽起来。卢统领看看我两人，也一言不发地抽起烟来。就这样，我们3人相对无言地呆坐了有两个钟头，谁也没敢谈论这个电报。

在灵石住下以后，不大的工夫，县官来了。见面后，自己说姓恩，是奉天铁岭人，在山西14年多了。他还送来一桌饭，进屋就开。先是我们在屋里吃饭，县官站在房门外边侍候着。我感觉不太好，就叫姜德顺拿个凳子来请他坐下。我问他：“在我们前头走的人，可是阎锡山的人吗？”县官说：“一定不是。昨天以前往南去的人，有自报是温寿泉的、有自报是李鸣凤的人。温寿泉是由太原方面来的，李鸣凤是由河南开封方面来的，说他与南京有联络，是真革命党，但是他们 3 家（阎、温、李）大旗上的官衔是一个样子，都是晋军 5 路招讨使兵马大元帅山西都督。”县官又接着说：“你们明天还需要什么东西不需要？”王承斌答曰：“我们不需要什么东西了。您请休息，改日再见吧。”于是县官兴辞，我们道谢而散了。

第四天（十九日）早晨起来，我们往霍州进军。过午不久，进到霍州城里，正预备住下。做饭时，听说外边抢起来了，到太阳落尽的时候，听说把个当铺也抢了，又听说当铺东家姓张，不在此地而在赵城，是晋南有名的绅士。

第五天（二十日）上午 11 点钟的时候，到达韩侯岭上。这岭上的道路是直南直北，贴近道路右面，南向有 3 间正殿。殿内有塑像一尊，白面，乌须五绺，无配享亦无陈设，但东西两壁间，过往行人，题咏甚多，读壁间题咏，知此庙即是韩信庙。

第六天（二十一日），下了韩侯岭不到 20 多里，就是赵城北门，城墙上有十几个土炮，这土炮就是镇台出门用的土炮，不能打远，射程不过一箭多远，土炮里装的是中国盖房子用的大铁钉子。在赵城北面，我们打了五六炮，城上的革命军就跑了。但因城门屯住，我们进不去城，于是从门外关厢搬来石头马槽，往城门上硬撞，三五十回后才撞开了城门。进城后，即刻登城，这里守城的兵比较以前各处的兵好些，待他们完全退净以后，我们全在城里住下了。这一夜平静得很。

第七天（二十二日）早起，我们自己觉得甚好，可是到七八点我们出发的时候，才知道我们的队伍，在此一夜，做了不少坏事，掘地三尺的名誉，就是住在赵城这一夜博得的。后来当地人在赵城北门瓮圈内铸有一个铁像，跪在地下双手托着元宝，胸前有 4 个字曰“卢贼永祥”。直到民国 2 年我们住在正定府的时候，我给孔云生（繁蔚）去信疏通，3 个月后才把铁像取消。

第八天（二十三日），正午路过洪洞。

第九天（二十四日），进了平阳府东门，住在临汾县学堂里，房屋高爽，这所县学堂眼前有一个琉璃塔，塔底层有一个大佛头，佛头有 4 个立方丈大小。

第十天（二十五日），北京来电文曰：“有 200 多人在蒲州，需步枪 20 支，子弹若干，大米 20 包，钱若干，该军就近给予，作正开支。”卢即遵令派人送去了。这 200 多人都是什么人，直到现在我也不明白，袁世凯的鬼把戏真多呀！

第十一天（二十六日），北京来密电曰：“清帝退位，国体改为共和，特电通知全国各机关知照。”

第十五天（三十日）上午，由曲沃县来了 4 个绅士，要见卢统领，说革命党全走啦，留下一个知县，请大人（对卢）告诉革命党的知县让他走开，还让我们的旧知县回来当知县，我们好过年。卢统领也未问一问详细情况，对着我就说：“明天（二十八日）你去一趟吧，他若是不听话，你把他拴在马脖子上，把他带来。昨天发表共和的电报稿，你可以带去给他们知道。”

二十八日早晨，我起来吃了一顿饱饭，带了一个马队的王排长和 12 个马队，一共 14 人，向曲沃出发。120 里的路程，太阳未落尽时，我们就到了曲沃西城门外。我们叫城，他们不理不开，越等城墙上的来人越多。忽然上来一个人拿枪对我瞄准，被我呵斥下去。西城门外路南有一座大车店，我带的人马全进店了，喂马饮马的工夫也不太小了，怎样对付他们仍是不开门，无法子，我只好照旧道回平阳府去。走出有一二十里，在南北大道道东有个大车店，道西有个买卖家，我带的人住在大车店里，我及一个护兵住在道西买卖家里。睡着了以后被枪声惊醒，道西买卖家有后墙，我由后墙上跳出去，往南一拐就到了我住的买卖家面向东的大门。这时候王排长及几个马兵都出来了，还拿住一个人，把这个人带到大车店里，问他是干什么来的，他说是请大人回去，我说请我回去干什么，他说不知道。王排长说，把他杀了吧，我说不要，我还要用他呢。我就对这个人说："我想用你带个信回去，限你们这革命党的知县明天 12 点以前把曲沃县交给旧知县，错一点儿，后天初三日我带人来洗你这个曲沃县，到那时候不论好人坏人一样都要遭灾。"说完我就由屋里墙上扯下一个拜帖，用铅笔写道："限明天（大年初一）把曲沃县交给旧知县，错一点儿，后天（大年初三）我来洗曲沃城，不免玉石俱焚了。"这是清宣统三年（1911 年）腊月二十九日小建过年的一天，这天 3 点多钟我们进了平阳府南门，到县学堂里太阳全落了，酒席也全摆好了，我报告卢统领说明我去曲沃的经过和我对这事是怎样处理的。第二天初一不过吃吃喝喝，到初三这一天早起就备马吃东西，正预备要出发前往曲沃，那四个绅士又来了，先向我说："请不要去啦，革命党的知县大年初一不到正午就走了，曲沃城里已恢复了旧观，特来给卢统领道谢来了。"到民国 2 年暮春时节，我们即调驻正定。

（选自全国政协文史资料研究委员会编《辛亥革命回忆录》第 8 集，中国文史出版社 2012 年 6 月第 2 版）